0500

O ESTADO
e suas crises

E79   O estado e suas crises / Angela Araujo da Silveira
       Espindola ... [et al.] ; org. José Luis Bolzan de
       Morais. – Porto Alegre: Livraria do Advoga-
       do Ed., 2005.
       315 p.; 16 x 23 cm.
       ISBN 85-7348-346-6

       1. Teoria do estado. I. Espindola, Angela Ara-
ujo da Silveira. II. Morais, José Luis Bolzan de.

                                                   CDU - 342.2

       Índice para o catálogo sistemático:
       Teoria do estado

(Bibliotecária responsável: Marta Roberto, CRB-10/652)

José Luis Bolzan de Morais
Organizador

O ESTADO
e suas crises

**Angela Araujo da Silveira Espindola
Doglas Cesar Lucas
Fabiana Marion Spengler
José Luis Bolzan de Morais
Marciano Buffon
Thiago Fabres de Carvalho
Wilson Engelmann**

livraria
DO ADVOGADO
editora

Porto Alegre, 2005

©
José Luis Bolzan de Morais (organizador)
Angela Araujo da Silveira Espindola
Doglas Cesar Lucas
Fabiana Marion Spengler
Marciano Buffon
Thiago Fabres de Carvalho
Wilson Engelmann
2005

Capa, projeto gráfico e composição de
Livraria do Advogado Editora

Revisão de
Rosane Marques Borba

Direitos desta edição reservados por
Livraria do Advogado Editora Ltda.
Rua Riachuelo, 1338
90010-273 Porto Alegre RS
Fone/fax: 0800-51-7522
editora@livrariadoadvogado.com.br
www.doadvogado.com.br

Impresso no Brasil / Printed in Brazil

Sumário

Apresentação 7

1. As Crises do Estado
   José Luis Bolzan de Morais 9

2. A Crise Conceitual e a (re)construção interrompida da Soberania: o fim do Estado-Nação?
   Angela Araujo da Silveira Espindola 29

3. A Crise Estrutural do Estado contemporâneo: a falência da neotributação e a reconstrução do fundamento da solidariedade
   Marciano Buffon 73

4. Crise Funcional: morte ou transformação do Estado?
   Fabiana Marion Spengler 125

5. A Crise Funcional do Estado e o cenário da Jurisdição desafiada
   Doglas Cesar Lucas 169

6. A Crise Constitucional: a linguagem e os direitos humanos como condição de possibilidade para preservar o papel da Constituição no mundo globalizado
   Wilson Engelmann 225

7. A Crise Política no mal-estar pós-moderno: (di)lemas e desafios dos Estados democráticos na contemporaneidade
   Thiago Fabres de Carvalho 273

Apresentação

A obra que ora se publica é fruto de um trabalho coletivo que teve como "celeiro" o Seminário de Doutorado *Transformações do Estado Contemporâneo* junto ao Programa de Pós-Graduação em Direito da UNISINOS, correspondente ao ano de 2004.

Dessa forma a reflexão que se põe reflete, desde um eixo comum – uma "certa" *teoria das crises* do Estado –, pontos de vista individuais e específicos, ressaltando a percepção de cada um dos autores, todos doutorandos do Programa.

A base reflexiva vem suportada pelas propostas que vêm sendo apresentadas pelo organizador desta obra – o Prof. José Luis Bolzan de Morais – em alguns de seus trabalhos, já desde aquele publicado em América Latina: cidadania, desenvolvimento e Estado, por esta editora, sob o título *As Crises do Estado Contemporâneo*, no ano de 1996. De lá para cá, muitos acréscimos foram feitos a tais estudos, estando ele presente na Coleção Estado e Constituição, nº 1, sob o título *As Crises do Estado e da Constituição e a Transformação Espacial dos Direitos Humanos*, de 2002.

Com isso, cada um dos autores procurou evidenciar um dos aspectos de tais *crises*, apondo ao mesmo aquelas particularidades que lhe pareceram pertinentes.

O conjunto de trabalhos pretende, assim, ser, além de um mosaico reflexivo, instrumento de análise coerente acerca de algumas das questões prementes que afetam o modelo institucional da modernidade, o Estado.

Portanto, estas contribuições, além de não pretenderem esgotar o debate, não se apresentam como definitivas, sequer como açambarcadoras de todas as possibilidades que a complexidade do tema apresenta.

De qualquer sorte, esta obra vem para fomentar a reflexão e a dúvida acerca do presente e do futuro do Estado, de sua continuidade, transformação ou superação, questões para as quais ainda não temos respostas.

José Luis Bolzan de Morais
Organizador

— 1 —

As Crises do Estado

JOSÉ LUIS BOLZAN DE MORAIS

Procurador do Estado do Rio Grande do Sul; Mestre (PUC-RJ) e Doutor em Direito do Estado (UFSC/Université de Montpellier I); Professor da UNISINOS/RS e da UNISC/RS. Professor Associado do Doutorado em Sistemas Jurídico-Políticos Comparados da Universidade de Lecce – Itália. Pesquisador do CNPQ e da FAPERGS. Membro do Comitê de Ciências Humanas da FAPERGS. Consultor *ad hoc* do CNPQ, da CAPES e do MEC/SESU/INEP. Coordenador do Círculo Constitucional Euro-Americano (CCEUAM).

Sumário: 1. Crise Conceitual. O poder como soberania; 2. Crise Estrutural. O fim do Estado de Bem-Estar Social(!); 3. Crise Constitucional (Institucional); 4. Crise Funcional; 5. Crise Política (e da Representação).

> *Que estranha cena descreves*
> *e que estranhos prisioneiros.*
> *São iguais a nós.*
> (Platão, *República*, Livro VII)

Falar de crise(s) tornou-se referência ao longo das últimas décadas do Século XX e ganhou contornos de inevitabilidade nos primeiros anos do Século XXI, supostamente frente à desconstrução dos paradigmas que orientaram a construção dos saberes e das instituições da modernidade, projetando um conjunto de respostas as mais variadas para o enfrentamento e/ou o tratamento das desconstruções próprias destes tempos (pós) modernos.

De lá para cá, tudo o que havia de sólido – real ou aparentemente – foi-se esboroando ou sendo desconstituído, seja por *envelhecimento* – precoce muitas vezes, induzido outras tantas –, seja por *incompatibilidade* com as estratégias hegemônicas atuais, seja, ainda, por outros motivos, mais ou menos nobres, os quais não referiremos nominalmente.

Neste contexto é que pretendemos retomar o debate acerca da instituição central da modernidade, o Estado, para, a partir de enfrentamentos pontuais, buscarmos contribuir para o desenvolvimento histórico das dúvidas que temos.

Este trabalho, assim, propõe reunir um conjunto de trabalhos desenvolvidos no Seminário "Transformações do Estado Contemporâneo" junto ao Programa de Pós-Graduação em Direito da UNISINOS, no período 2004/1, os quais visam a contribuir com a reflexão proposta pelo Grupo de Pesquisa "Estado e Constituição" sob a coordenação do signatário.

Neste sentido, o conjunto de trabalhos aqui reunidos reflete, desde posturas particulares, alguns dos temas centrais para a Teoria do Estado, em conexão a uma Teoria da Constituição, buscando refletir acerca de uma *teoria das crises* do Estado proposta, por primeiro, em nosso As Crises do Estado Contemporâneo, publicado em 1996, na obra coletiva *América Latina: cidadania, desenvolvimento e Estado*.

De lá para cá temos buscado aprofundar a reflexão acerca deste tema, propondo um debate permanente com alunos, professores, pesquisadores e profissionais de várias áreas, seja através de publicações, seja em conferências, debates e mesas-redondas, no Brasil e em Universidades Européias. Os resultados colhidos têm nos conduzido, muitas vezes, para posturas céticas quanto às possibilidades dos projetos modernos, porém têm nos questionado, também, acerca das possibilidades de constituição de formas e fórmulas outras que assegurem os fundamentos civilizatórios do processo democrático e das conquistas sociais.

Ou seja, o que propomos, agora, é uma reflexão conjunta acerca do tema, tomando como referência alguns dos aspectos que abaixo se explicitam, partindo da desconstrução mesma dos fundamentos conceituais da modernidade estatal.

1. Crise Conceitual. O poder como soberania

Desde logo, o que nos interroga diz com o caráter mesmo do Estado Moderno[1] e sua principal característica: o Poder.

A idéia de soberania, antiga conhecida dos lidadores no campo da Teoria do Estado, da Ciência Política e do Direito – não vamos aqui adentrar no debate ultrapassado e artificial da separação *público/privado*

---

[1] Parece-nos, como já expressamos, ser uma tautologia tal expressão, posto que só há Estado na modernidade, sendo as demais experiências apropriáveis como *formas estatais*. Ver: BOLZAN DE MORAIS, José Luis e STRECK, Lenio Luiz. *Ciência Política e Teoria Geral do Estado*, em especial Parte I, item 1, p. 19 e ss.

da tradição do Direito liberal-individualista –, é um conceito que emerge e se consagra já nos anos 1500. De lá para cá o tema tem sofrido transformações significativas, especialmente no que tange ao seu conteúdo, para adaptar-se às novas circunstâncias históricas impostas pelas mutações por que passaram os Estados, bem como pelos novos laços que os unem nas relações interestatais, entre outras circunstâncias que lhes são inerentes.

Desde sua origem, a soberania, como poder característico da autoridade estatal,[2] reflete a idéia de sua absolutização e perpetuidade.

Todavia, o desenvolvimento histórico do conceito de soberania prossegue, atribuindo-se-á à burguesia, à nação para, já no século XIX, aparecer como emanação do poder político. Posteriormente, será o próprio Estado, como personalidade jurídica, que deterá a titularidade da mesma, acrescentando-a como uma de suas peculiaridades.

Assim, a soberania caracteriza-se, historicamente, como um poder que é juridicamente incontrastável, pelo qual se tem a capacidade de definir e decidir acerca do conteúdo e aplicação das normas, impondo-as coercitivamente dentro de um determinado espaço geográfico, bem como fazer frente a eventuais injunções externas. Ela é, assim, tradicionalmente tida como una, indivisível, inalienável e imprescritível. Neste viés, pode-se dizer que a soberania é aquela caracterizada por uma estrutura de poder centralizado e que exerce o monopólio da força e da política – legislativa, executiva e jurisdicional – sobre um determinado território – como um espaço geográfico delimitado por suas fronteiras – e a população – como um conjunto de indivíduos que é reconhecido como cidadão/nacional – que o habita.[3]

Assim, a soberania constitui, é constitutiva e constituída pela idéia de Estado-Nação ou Estado Nacional, própria da modernidade.

Por outro lado, o que nos importa aqui é salientar a transformação que vai se operar no conteúdo mesmo do poder soberano que implica uma revisão em muitos dos seus postulados, favorecendo uma revisão de seu conceito mais tradicional como poder superior.

---

[2] Tendo emergido como uma característica fundamental do Estado Moderno, a soberania é tratada teoricamente por primeira vez em *Les Six Livres de la République* de Jean Bodin, no ano de 1576. Antes disso, a construção deste conceito vem-se formando, embora não apareça, ainda, permeada pela idéia que lhe será fundante, como poder supremo, o que irá acontecer já no final da Idade Média, quando a supremacia da monarquia já não encontra poder paralelo que lhe faça sombra – o rei tornara-se, então, detentor de uma vontade incontrastada em face de outros poderes, ou melhor, de outros poderosos, e.g., os barões ou os senhores feudais nos limites de suas propriedades. Ou seja, deixa de existir uma concorrência entre poderes distintos, e ocorre uma conjugação dos mesmos em mãos da monarquia, do rei, do soberano.

[3] Ver: SINGER, André. *O Contra-Império Ataca*. Folha de São Paulo, Caderno Mais. 24.09.2000. p. 11. Também: MELLO, Celso de A. (Coord). Anuário Direito e Globalização. 1: a soberania. Rio de Janeiro: Renovar. 1999; HARDT, Michael e NEGRI, Antonio. *Império*. 3.ed. Rio de Janeiro: Record, 2001.

Falar em soberania, nos dias que correm, como um poder irrestrito, muito embora seus limites jurídicos, parece mais um saudosismo do que uma avaliação lúcida dos vínculos que a circunscrevem.[4] Ao lado de tais circunscrições, pode-se apontar, além dos vínculos criados pelo Estado Constitucional, a crise do Estado Moderno em apresentar-se tradiconalmente como centro único e autônomo de poder, sujeito exclusivo da política, único protagonista na arena internacional e ator supremo no âmbito do espaço territorial de um determinado ente estatal nacional.[5]

O que se percebe neste movimento é que, ao lado do aprofundamento democrático das sociedades, o que ocasionou um descompasso entre a pretensão de um poder unitário e o caráter plural das mesmas, ocorre uma dispersão nos centros de poder. Pode-se vislumbrar como que uma atitude centrífuga, de dispersão dos *loci* de atuação política na sociedade, seja no âmbito interior, seja no exterior.

Talvez aqui fosse possível falar-se em um novo conceito de soberania alicerçada, como querem alguns, na capacidade de seu poder econômico, no seu papel hegemônico como poder bélico e na ampliação da velocidade e quantidade da troca de informação em nível global, como sugerido por Victor Aiello Tsu.[6]

Estar-se-ia, assim, frente a uma soberania pós-moderna cujas fronteiras, próprias do modelo moderno do Estado Nacional, seriam flexíveis, sem que se saiba ao certo onde se iniciam e onde terminam, se é que se iniciam ou terminam em algum lugar demarcado.[7]

A interdependência que se estabelece contemporaneamente entre os Estados-Nação aponta para um cada vez maior atrelamento entre as idéias de soberania e de cooperação jurídica, econômica e social, por um lado, e o de soberania e de intervenção política, econômica e/ou militar, de outro, o que afeta drasticamente a pretensão à autonomia em sua configuração clássica.[8]

---

[4] Destes, muito já se falou de seus parâmetros democráticos que implicam um efetivo controle conteudístico de sua atuação. Ora, se o Estado caracteriza-se por uma organização democrática, é evidente que a sua atuação fica vinculada inexoravelmente ao conteúdo mesmo da democracia e a tudo o mais que isto implica relativamente a controles públicos, limites procedimentais, garantias cidadãs, etc.

[5] BOBBIO, Norberto et all. *Dicionário de Política*. 2ª ed. Brasília: UnB. 1986. Verbete SOBERANIA, em especial, p. 1187-1188.

[6] Para este autor, a "nova" soberania estaria *no poderio econômico, no monopólio da arma final e na ampliaação da velocidade e quantidade da troca de informação em nível global*. Ver: TSU, Victor Aiello. *A Nova Soberania*. Folha de São Paulo, Caderno Mais, 24.09.2000, p. 6.

[7] Ver: SINGER, André, op. cit., p. 11.

[8] O termo *autonomia* não está utilizado, aqui, no seu contraste à soberania, como capacidade que têm os entes federados de um determinado País de se auto-organizarem, mas como seu sinônimo.

As chamadas comunidades supranacionais – Comunidade Econômica Européia/CEE/União Européia, NAFTA, MERCOSUL, CAN, etc. – particularmente a primeira, impuseram uma nova lógica às relações internacionais – ou, agora, regionais – e, conseqüentemente atingiram profundamente as pretensões de uma soberania descolada de qualquer vínculo, limitação ou comprometimento recíproco.[9]

Sob o aspecto das organizações econômicas, não se pode olvidar o papel jogado pelas chamadas empresas transnacionais no bojo de um capitalismo financeiro que, exatamente por não terem nenhum vínculo com algum Estado em particular e, mais ainda, por disporem de um poder de decisão, em especial financeiro, que pode afetar profundamente a situação de muitos países, especialmente aqueles débeis economicamente, superposto a um modelo produtivo de novo tipo onde a produção cede lugar à auto-reprodução do próprio capital, adquirem um papel fundamental na ordem internacional e, em especial, impõem atitudes que não podem ser contrastadas sob o argumento da soberania estatal.[10]

Outro agente fundamental neste processo de transformação – de eclipse, para alguns – da noção de soberania são as Organizações Não-Governamentais (ONGs). O papel das mesmas vem se aprofundando, sendo, nos dias que correm, muitas vezes imprescindíveis para que certos Estados tenham acesso a programas internacionais de ajuda, possam ser admitidos em determinados acontecimentos da ordem internacional, etc.

Voltando-se ao âmbito do próprio Estado, deve-se referir que a emergência e consolidação de novas relações sociais, tendo como protagonistas sujeitos outros que não os indivíduos isolados, implicaram um açambarcamento por tais atores de funções tradicionalmente públicas, que passa-

---

[9] Neste ponto poder-se-ia levantar a questão de até que ponto a emergência e consolidação destas novas realidades não significam também uma radical transformação na idéia mesma de Estado Nacional ou, de outra banda, se não projetam uma transferência das estruturas estatais nacionais para o nível comunitário ou, ainda, se não requerem uma retomada do estudo e compreensão dos modelos supostos das *formas de Estado*, em particular de uma reflexão acerca do modelo federativo. Todavia, tal debate fugiria aos propósitos deste estudo, o que não significa dizer que o mesmo é despiciendo de interesse teórico e, mesmo, prático no campo do Direito e da Política.

[10] Deve-se ter presente, como uma constatação e um alerta, que, o brutal crescimento e autonomização do poder econômico, a ponto de ver-se por sobre o controle dos governos dos Estado Nacionais e até de órgãos de caráter supra e internacionais, como a União Européia ou a Organização das Nações Unidas (ONU), para ficar com apenas dois exemplos, esvazia de poder as autoridades eleitas, deixando-as mesmo sem comporem um Poder de Estado, fragilizando o modelo democrático moderno, alicerçado nos pressupostos da decisão vinculante tomada por órgãos representativos do conjunto da comunidade interessada. Não há mais a quem se queixar, pois o poder político vê-se submetido e/ou condicionado por agentes econômicos que, ao contrário dos agentes políticos, não possuem visibilidade pública, impondo direcionamentos e sentidos à ação estatal que, longe de serem o resultado do debate público e da vontade medida pela escala da representação política, são o reflexo dos "humores" de "instituições" fictícias.

ram a patrocinar determinadas atividades e produzir certas decisões que caracteristicamente se incluiriam no rol do poder soberano do Estado.

Ainda, deve-se referir a transformação mesma do Estado como outro aspecto relevante a considerar. A passagem do modelo de estado mínimo ao feitio liberal clássico para o tipo de Estado de Bem-estar Social impõe a reconsideração do fenômeno da soberania. Enquanto o modelo liberal incorporava uma idéia de soberania como poder incontrastável, próprio a uma sociedade de "indivíduos livres e iguais" para os quais importava apenas o papel de garantidor da paz social atribuído ao Estado, o modelo de *welfare state* adjudica a idéia de uma comunidade solidária onde ao poder público cabe a tarefa de produzir a incorporação dos grupos sociais aos benefícios da sociedade contemporânea. Nesta função de *patrocínio da igualdade* transfere-se ao Estado um novo atributo que contrasta com este poder ordenador, qual seja a *solidariedade*. O caráter solidário do poder estatal, para muitos, substitui a sua característica soberana para incorporá-lo na batalha cotidiana de superação das desigualdades e de promoção do bem-estar social, percebido como um benefício compartilhado pela humanidade toda.[11]

Não se olvide, por fim e sem a pretensão de esgotar as possibilidades, o papel marcantemente interventivo assumido por alguns organismos internacionais que acabam por respaldar, sob as alegações as mais variadas, ações contraditórias às possibilidades de atuação desvinculada dos Estados, o que tanto pode gerar situações de interferência direta,[12] como também tomada de atitudes por organismos públicos dos Estados centrais que afetam direta ou indiretamente interesses de algum(ns) país(es).

Percebe-se, assim, que não se trata mais da constituição de uma ordem todo-poderosa, absoluta. Parece, indubitavelmente, que se caminha para o seu esmaecimento e/ou transformação como elemento caracterizador do poderio estatal.

No dizer de Gustavo Zagrebelsky, pode-se resumir esta corrosão da noção de soberania estatal a partir de 4 vertentes distintas, porém não excludentes,[13] quais sejam:

---

[11] Esta idéia se fará presente novamente quando nos debruçarmos na problemática dos direitos humanos, adiante.

[12] Por evidente que possa parecer a necessidade de se pôr fim a certas situações paroxísticas no contexto internacional, não se pode negar a contradição que tal atitude implica com respeito à idéia mesma de soberania. Pense-se, e.g., na Guerra do Golfo, na Ex-Iugoslávia, Panamá, no Haiti, evidentemente que todos eles dentro de suas especificidades. Talvez devesse, ainda, ser referido o(s) evento(s) decorrente(s) do 11 de setembro de 2001 por seu caráter paroxístico, assim como tudo o que envolve a proclamada *guerra contra o terror* sustentada a partir da política externa americana – do Norte, em particular no Afeganistão e no Iraque.

[13] Ver: ZAGREBELSKY, Gustavo. *El Derecho Dúctil*. 3ª ed. Madrid: Trotta, 1999, p. 11-12.

1. O pluralismo político-social interno, que se opõe à própria idéia de soberania e de sujeição;
2. Formação de centros de poder alternativos e concorrentes com o Estado que operam no campo político, econômico, cultural e religioso, frequentemente em dimensões totalmente independentes do território estatal;
3. A progressiva institucionalização de "contextos" que integram seus poderes em dimensões supraestatais, subtraindo-os à disponibilidade dos Estados particulares e;
4. A atribuição de direitos aos indivíduos, os quais podem fazê-los valer perante jurisdições internacionais em face dos Estados a que pertencem

Nesta perspectiva, poder-se-ia questionar quais as alternativas que se colocam para os Estados Nacionais e para as nações que os substratam: manter-se incólumes, transformar-se, desconstituir-se, reconstituir-se, etc.

Para Nicolás López Calera, desde o final do século passado o destino das nações não estaria mais vinculado à idéia de constituir-se como Estado Nacional, mas sobretudo colaborar para a democratização daqueles já existentes e, mais ainda, em contribuir para a construção de estruturas supranacionais, as quais apareceriam como os "novos" Estados no século XXI.[14]

Com isso as interrogações relativas ao futuro da instituição estatal, constituída pela modernidade, sob seu aspecto conceitual, nos conduz a refletir sobre a suficiência e eficiência dos elementos característicos que temos disponíveis, tais a idéia de povo, de território e, particularmente, de poder como soberania.

Aqui é preciso que se tenha presente que a crise conceitual, como aqui refletida, atinge indistintamente a todos os Estados Nacionais, com maior ou menor intensidade. Também, neste sentido, é preciso que se considere que a permeabilidade dos espaços nacionais tem, em algumas circunstâncias, uma dupla via, onde ao mesmo tempo em que o Estado Nacional sofre influências externas há a possibilidade de agregar efeitos extraterritoriais às suas decisões.

Ou seja, o que se quer referir aqui é que o modelo de Estado construído na modernidade, com sua tríplice caracterização – sem esquecermos o quarto elemento proposto por alguns doutrinadores, o finalístico, como função a ser cumprida – já não consegue dar conta da complexidade das (des)estruturas institucionais que se superpõem hoje. Ao invés da unidade estatal própria dos últimos cinco séculos, tem-se uma multipolarização de

---

[14] Diz o autor: "(...)en este final de siglo el destino de las naciones no está en ser un Estado, sino en colaborar a la democratización de los existentes para que lo particular y la diferencia tengan su digno lugar, pero sobre todo colaborar a la construcción de entidades supraestatales, que son *los nuevos Estados del siglo XXI*, desde la igualdad y la libertad, desde la solidaridad y la diferencia, que envuelva a más individuos y a más grupos sociales en niveles de justicia más perfctos". Ver: CALERA, Nicolás López. *Nacionalismo y Derechos Humanos*. In: GARCÍA, José Antonio López e REAL, J. Alberto del (eds.). *Los Derechos: entre la ética, el poder y el derecho*, p. 86.

estruturas, ou da falta delas – locais, regionais, nacionais, continentais, internacionais, supranacionais, mundiais; públicas, privadas, semipúblicas; oficiais, inoficiais, marginais; formais, informais, para-formais; democráticas, autocráticas; etc.

Tais circunstâncias impõem o enfrentamento deste tema não mais a partir uma fórmula dogmatizada, mas e sobretudo, desde estruturas abertas que permitam ter presentes tais pulverizações, sem perder de vista as conseqüências de tais possibilidades, assim como o papel fundamental das estruturas públicas estatais no contexto das sociedades periféricas o enfrentamento das desigualdades e na promoção de políticas de inclusão social, o que nos leva a enfrentar o tema da(s) crise(s) que afeta(m) uma expressão peculiar do Estado – dito Moderno –, qual seja a que, a partir de sua formulação moderna, privilegia o seu papel interventivo/transformador, o Estado Social em suas múltiplas facetas.

Tendo isso presente, o trabalho de Ângela Araújo da Silveira Espíndola questiona acerca das possibilidades de continuidade ou ruptura do projeto moderno de Estado.

2. Crise Estrutural.
O fim do Estado de Bem-Estar Social(!)

De outra banda, podemos/devemos (re)pensar o Estado Contemporâneo[15] sob a ótica da estrutura que lhe conforma a partir das transformações impostas e operadas pela incorporação da *questão social*, a qual lhe agrega um caráter finalístico percebido como função social, forjando-o como Estado Social[16] e impondo-lhe um caráter interventivo-promocional.

A construção de um Estado como *Welfare state* está ligada a um processo histórico que conta já de muitos anos. Pode-se dizer que o mesmo acompanha o desenvolvimento do projeto liberal transformado em Estado do Bem-Estar Social no transcurso da primeira metade do século XX e que ganha contornos definitivos após a Segunda Guerra Mundial.

A história desta passagem, de todos conhecida, vincula-se em especial na luta dos movimentos operários.[17] São as conquistas relativas às

---

[15] Pretendemos aqui distinguir a terminologia. Entendemos, assim, Estado Contemporâneo como aquele Estado cuja substância esteja vinculada à idéia genérica de Estado Social e, por outro lado, Estado contemporâneo como aquele Estado que se nos é apresentado nos dias atuais, independentemente do conteúdo assumido.

[16] Ver acerca desta nomenclatura: GARCIA-PELAYO, Manuel. *Las Transformaciones del Estado Contemporáneo*. 3ª ed. Madrid: Alianza. 1922.

[17] Nesta história de transformação do perfil do Estado, importância definitiva teve a luta operária, em particular, no embate por melhores condições de trabalho, a começar pela delimitação de uma

relações de produção e seus reflexos, como a previdência e assistência sociais, o transporte, a salubridade pública, a moradia, etc., que vão impulsionar a passagem do chamado Estado Mínimo – onde lhe cabia tão-só assegurar o não-impedimento do livre desenvolvimento das relações sociais no âmbito do mercado caracterizado por vínculos intersubjetivos a partir de indivíduos formalmente livres e iguais – para o Estado Social de caráter intervencionista – que passa a assumir tarefas até então próprias ao espaço privado através de seu ator principal, o indivíduo.[18]

A democratização das relações sociais significou, por outro lado, a abertura de canais que permitiram a quantificação e a qualificação das demandas por parte da sociedade civil em face, em especial, da incorporação de novos atores – movimentos sociais, particularmente os movimentos dos trabalhadores ingressos no novo sistema fabril –, bem como diante das questões novas trazidas pelos mesmos e que implicavam não apenas a necessidade de respostas inéditas por seu conteúdo, como também precursoras em razão dos mecanismos que tiveram que lançar mão para dar conta com suficiência e eficiência das mesmas, tais foram as novas políticas sociais vinculadas aos direitos sociais de caráter prestacional, e.g. regulação das relações de trabalho, seguridade social, educação, saúde, infra-estrutura urbana, política energética, política de transportes, infra-estrutura industrial, câmbio, juros, etc...

Este fato será, posteriormente, um dos obstáculos críticos ao próprio desenvolvimento do Estado do Bem-Estar Social se pensarmos que, com o aumento da atividade estatal, crescia, também, a sua burocracia, como

---

jornada de trabalho de oito horas. Neste sentido, ver: BOLZAN DE MORAIS, José Luis. *A Subjetividade do Tempo. Perspectivas transdisciplinares do direito e da democracia.* Porto Alegre: Livraria do Advogado. 1998. Também, em uma perspectiva historiográfica de tradição inglesa, pode-se buscar subsídios em autores tais como: Eric Hobsbawn, E. P. Thompson, Cristopher Hill, entre outros.

[18] Deve-se reconhecer que o processo de crescimento/aprofundamento/transformação do papel, do conteúdo e das formas de atuação do Estado não beneficiou unicamente as classes trabalhadoras com o asseguramento de determinados direitos, com o estabelecimento de certos paradigmas ou com a promoção de políticas de caráter assistencial ou promocional. A atuação estatal em muitos setores significou também a possibilidade de investimentos em estruturas básicas alavancadoras do processo produtivo industrial – pense-se, aqui, por ex., na construção de usinas hidrelétricas, estradas, financiamentos, etc. – que viabilizaram, muitas vezes, o investimento privado. Pode-se dizer que esta dupla face faz parte da trajetória peculiar ao Estado Social, onde, ao mesmo tempo em que a intervenção pública fazia eco aos reclames dos movimentos soicais, em particular aos movimentos de trabalhadores, a atividade interventiva do Estado permitia uma flexibilização do sistema, garantindo a sua manutenção e continuidade, assim como dava e constituía condições infra-estruturais para o seu próprio desenvolvimento. Neste sentido, ver: SCAFF, Fernando Facury. *A Responsabilidade do Estado Intervencionista.* São Paulo: Saraiva. 1990. Para este autor, a formação do Estado Social produziu uma tríplice vantagem para a burguesia, a saber: flexibilização do sistema, divisão de custos de infra-estrutura básica e concessão de obras e serviços públicos. Também: STRECK, Lenio Luiz e BOLZAN DE MORAIS, José Luis. *Ciência Política e Teoria Geral do Estado.* 2ª ed. Porto Alegre: Livraria do Advogado, 2001, p. 69-70.

instrumento de concretização dos serviços e, como sabido, democracia e burocracia andam em caminhos com sentidos opostos.[19]

Deve-se salientar, sobretudo, que um aspecto assume grande importância, qual seja, o de que desaparece o caráter assistencial, caritativo da prestação de serviços e estes passam a ser vistos como *direitos* próprios da cidadania, inerentes ao pressuposto da dignidade da pessoa humana, constituindo, assim, um patrimônio do cidadão, aqui, ainda, tido como aquele que adquire tal característica em razão de sua relação de pertinência a uma determinada comunidade estatal aos moldes tradicionais do Estado.

O modelo constitucional do *Welfare State* principiou a ser construído com as Constituições Mexicana de 1917 e de Weimar de 1919, contudo, não tem uma aparência uniforme. O conteúdo e os instrumentos próprios desta forma estatal se alteram, se reconstroem e se adaptam a situações diversas. Assim é que não se poderia falar em "o" Estado do Bem-Estar, mas em suas diversas expressões, muito embora este possa ser compreendido como aquele Estado no qual o cidadão, independente de sua situação social, tem direito a ser protegido, através de mecanismos/prestações públicas estatais, contra dependências e/ou ocorrências de curta ou longa duração, dando guarida a uma fórmula onde a *questão da igualdade* aparece – ou deveria aparecer – como fundamento para a atitude interventiva do Estado.

Mas, dado o seu viés mutante, o Estado de Bem-Estar não se constitui definitivamente, de uma vez por todas. A sua história é feita de constantes mudanças de rumo, direção, mantendo, apenas, o sentido que lhe é próprio, o do atingimento da função social.

O Estado Democrático de Direito, na esteira desta tradição, emerge como um aprofundamento/transformação da fórmula, de um lado, do Estado de Direito e, de outro, do *Welfare State*.

Assim, o conteúdo deste modelo se aprimora e complexifica, posto que impõe à ordem jurídica e à atividade estatal um conteúdo utópico de transformação do *status quo*,[20] muito embora se ressinta de afetações que

---

[19] Pode-se dizer, sinteticamente, que enquanto a democracia tem uma trajetória ascendente, a burocracia faz o percurso inverso, ou seja, descendente como uma estratégia decisória de caráter técnico-burocrático, o que torna frágeis os vínculos que conectam a demanda social, de caráter político, da resposta institucional, de cunho tecnocrático. Ver: BOBBIO, Norberto. *O Futuro da Democracia. Uma defesa das regras do jogo*. São Paulo: Paz e Terra. 171 p. Ainda: BOLZAN DE MORAIS, José Luis e STRECK, Lenio Luiz. *Ciência Política e Teoria Geral do Estado*. Passim.

[20] E é este o conceito que, vindo estampado no texto constitucional (art. 1º), define os contornos do Estado brasileiro, a partir de 1988, tendo-se presente que o constituinte nacional foi buscá-lo em Constituições produzidas em situações similares à nossa, como é o caso da Constituição Portuguesa pós-Revolução dos Cravos e da Constituição Espanhola seguinte à derrubada do regime franquista, ou seja, documentos legislativos produzidos no interior de processos de redemocratização, muito embora a tradição das políticas sociais brasileiras apontem para um *déficit democrático e de cidadania* forjados ao longo de séculos de experiências autoritárias recorrentes, o que produz uma falta do que poderíamos chamar de *sentimento de apropriação* do patrimônio social como constitutivo da vida social.

se lhe apresentam a partir já dos anos 1970, tomados como referência histórica circunstancial. Estas que podem advir da reação de seus opositores, tal como hoje o fazem os ditos *neoliberais* faustores de uma política de reforma do Estado, ou do seu próprio desenvolvimento contraditório, muitas vezes titubeante ou fragilizado pela insuficiência ou, por vezes, inexistência de uma(s) teoria(s) que lhe dê sustentação, em particular no que diz com a sua estrutura jurídica, expondo-se como *criise fiscal, crise estrutural* e *crise filosófica.*

A crise fiscal-financeira do Estado parece estar por trás de todas, ou da maioria, das críticas que se fazem a ele e das propostas de sua revisão tendentes a um retorno atrás, na perspectiva da flexibilização/fragilização das estruturas de políticas públicas de caráter social, embora tal não nos pareça viável.

Ou seja, esta transformação não necessariamente deve ter o mote que lhe é imposto pelas políticas reformistas ditadas por *necessidades técnico-econômicas*. Ao contrário, deve-se supor que não há respostas unívocas para os desafios que se colocam, sendo indispensável que busquemos retrospectivamente os fundamentos desta "falência" do Estado de Bem-Estar Social, como apontado alhures.[21]

Para superar esta situação, duas perspectivas principais são apontadas: aumento na carga fiscal ou redução de custos via diminuição da ação estatal. Há, também, quem sugira, diante de certas situações paradigmáticas, a extensão da incidência tributária via aumento da faixa de contribuintes. Ou seja, conjuga-se o aumento da tributação seja pelo crescimento das alíquotas, seja pela quantificação subjetiva do papel de agente passivo da relação tributária, embora não estejamos aqui considerando as diferenças peculiares a ambas as possibilidades.

Por outro lado, os anos 1980 irão trazer à tona uma nova debilidade no Estado Social, uma crise de legitimação.

Se, anteriormente, ressentíamos as deficiências que a estrutura de formação de poupança pública do Estado Social possuía para adaptar-se a circunstâncias novas, em particular de decréscimo da atividade produtiva, agora a dúvida que se estabelece, então, é quanto às formas de organização e gestão próprias ao Estado de Bem-Estar Social. Ocorre, então, o que vai ser designado como uma crise ideológica**,** patrocinada pelo embate, antes mencionado, entre a democratização do acesso ao espaço público da política, oportunizando que, pela participação alargada, tenha-se um aumento significativo de demandas e, para além, tenha-se, também, a complexificação das pretensões sociais, até mesmo pelo perfil dos novos atores que

---

[21] Ver, a respeito, o nosso *As Crises do Estado e da Constituição e a Transformação espacial dos Direitos Humanos.* In: Col. Estado e Constituição, n. 1, Porto Alegre: Livraria do Advogado, 2002.

se colocam em cena, e a burocratização das fórmulas para responder a tais pretensões a partir da constituição de um corpo técnico-burocrático a quem incumbe a tarefa de elaborar estratégia de atendimento de demandas, na medida em que a lógica política democrática, como poder ascendente, vai de encontro à lógica da decisão tecnoburocrática, caracterizada por uma verticalidade descendente.

Por fim, a crise filosófica atinge exatamente os fundamentos sobre os quais se assenta o modelo do Bem-Estar Social. Esta crise aponta para a desagregação da base do Estado Social, calcada esta no seu fundamento a *solidariedade*, impondo um enfraquecimento ainda maior no conteúdo tradicional dos direitos sociais, das estratégias de políticas públicas a eles inerentes, bem como nas fórmulas interventivas, característicos deste modelo Estado.

Assim, o fundamento filosófico do modelo fragmentou-se, o que implicou o solapamento das suas bases e produziu fissuras que necessitam de um projeto de reconstrução que vá além de fórmulas matemáticas de compatibilização de recursos, e que ultrapasse os limites de uma sociedade individualista-liberal, constituída a partir de uma *mônada isolada*, cujos compromissos não ultrapassam as fronteiras de seu universo individual, o que, com certeza, pressuporia a refundação de seus fundamentos mesmos.[22]

Diante disso, o que se coloca neste momento é o enfrentamento das crises e as eventuais estratégias passíveis de serem adotadas ou aquelas até então propostas.

Parece-nos que por trás da moldura do bem-estar social vislumbra-se um projeto simbólico de rearranjo das relações intersubjetivas que está calcado não só no consenso democrático que se constrói não apenas definindo-se *quem* e *com quais procedimentos* está legitimado a decidir,[23] mas e também, na idéia de um viver comunitário, onde os interesses que atingem os indivíduos produzem inevitavelmente benefícios ou prejuízos compartilhados, desde uma perspectiva na qual o projeto democrático apresenta-se como uma utopia em constante (re)construção.[24]

---

[22] Utilizamos o termos *refundação* na perspectiva adotada por Nicolás L. Callera, uma vez que, na seqüência faremos referência ao autor e ao tema a partir de sua obra *Yo, El Estado*.

[23] Ver a respeito o trabalho de Norberto Bobbio, *O Futuro da Democracia. Em defesa das Regras do Jogo*. Passim.

[24] Para esta discussão, seria de interesse retomar a leitura de Claude Lefort, em particular do seu *A Invenção Democrática*. Nesta mesma linha, pode-se sugerir a leitura dos trabalhos de Luis Alberto Warat, particularmente o *Manifesto do Surrealismo Jurídico*, de Leonel Severo Rocha, em *Epistemologia Jurídica e Democracia*, e José Luis Bolzan de Morais, em *Subjetividade do Tempo. Perspectivas Transdisciplinares do Direito e da Democracia*.

Todavia, para além do até aqui questionado, tem-se que o processo de desterritorialização das estruturas de autoridade modernas trazem outras novidades, as quais podemos referir como *crise político-democrática*, compreendida sob três momentos distintos: o da crise constitucional/institucional, o da crise funcional e o da crise política, em sentido estrito, no seu aspecto ligado ao modelo de democracia dos modernos, a democracia representativa.

É esta a interrogação enfrentada por Marciano Buffon sob a perspectiva de uma polítca (neo)tributária como referência para a reconstrução dos fundamentos solidários de uma sociedade de bem-estar.

3. Crise Constitucional (Institucional)

Parece inevitável que, como consectário das crises anteriormente referidas, tenhamos a fragilização do instrumento que, na modernidade, serviu como *locus* privilegiado para a instalação dos conteúdos políticos definidos pela sociedade, desde um projeto que se consolida como uma fórmula para a organização do poder político e asseguramento da(s) liberdade(s) e se constitui como estratégia de racionalização do poder e das relações entre Estado e Sociedade Civil, tomando por ora a dicotomia celebrizada pelo pensamento liberal em sua versão clássica.[25]

A Constituição, como documento jurídico-político, sempre esteve submersa em um jogo de tensões e poderes, o que não pode significar, como querem alguns, a sua transformação em programa de governo, fragilizando-a como paradigma ético-jurídico da sociedade e do poder, ao invés de este se constitucionalizar, pondo em prática o conteúdo constitucional, como tem ocorrido, v. g., na história político-constitucional brasileira recente, quando se observa que o modelo Estado Constitucional, para além de sofrer os influxos de um processo de desterritorialização do poder, o que implica, enquanto o constitucionalismo permanece caudatário da idéia de Estado (Nacional), a perda/desaparecimento de seu lugar referencial, sofre, também, de uma política de "colonização econômica", restando a mercê de resultados positivos da balança comercial ou do afastamento de limites impeditivos à atuação dos agentes econômicos hegemônicos.

O fenômeno constitucional aparece, neste contexto, imerso em circunstâncias que funcionam como elementos desestabilizadores de um projeto que nasceu como a grande chave mestra para o desenho e construção

---

[25] A este respeito ver: MATTEUCI, Nicola. *Organización del Poder y Libertad*. Passim. Acerca do tema *liberalismo*, em seus aspectos histórico-constitutivos ver: MERQUIOR, José Guilherme. *O Liberalismo. Antigo e Moderno*. Passim.

de um modelo de Estado em cujo cerne estava, por um lado, a idéia de especialização de funções do Estado, funcionando como um instrumento de desconcentração do poder, e, de outro, o conjunto dos ideais revolucionários elencados no conjunto de direitos expressos na Declaração Francesa dos Direitos do Homem e do Cidadão, e que evoluiu rumo à integração de mecanismos e conteúdos novos como expressão destas mesmas tensões renovadas.

Entretanto, o constitucionalismo se ressente, nos dias atuais, seja pela fragilização/fragmentação daquilo que ele mesmo "constitui" e do qual se sustenta, o Estado, seja pela tentativa de apontá-lo como, ao contrário de sua idéia inicial e a partir do desenho que impõe, um instrumento impeditivo do desenvolvimento – econômico – apesar de resultante do projeto jurídico-político liberal-burguês,[26] apesar de ter marcado o seu nascimento como instrumento de segurança e legitimidade social.[27]

Dito de outra forma, a crise constitucional se apresenta, na linha primordial para a presente discussão, desde fora, como processo de desconstitucionalização promovido pelo dito neoliberalismo.[28]

Assim, o que temos vislumbrado na prática é o reforço desta postura, quando as Constituições dos Estados Nacionais e o próprio constitucionalismo moderno são revisitados, sobretudo quando visto desde o perfil mercadológico característico do capitalismo financeiro globalizado, na medida em que com o *prevalecimento da lógica mercantil e a já mencionada contaminação de todas as esferas da vida social pelos imperativos categóricos do sistema econômico, a concepção de uma ordem constitucional subordinada a um padrão político e moral se esvanece.*[29]

---

[26] Como diz José Eduardo Faria, "no limiar do século XXI, contudo, a idéia de constituição cada vez mais é apontada como entrave ao funcionamento do mercado, como freio da competitividade dos agentes econômicos e como obstáculo à expansão da economia". In CITTADINO, Gisele. *Pluralismo, Direito e Justiça Distributiva. Elementos da Filosofia Constitucional Contemporânea.* 2ª ed. Rio de Janeiro: Lumen Juris, 2000, p. xv.

[27] É ilustrativo o texto de J.E. Faria a respeito. Diz ele que a Constituição iniciou (...)o século XX encarado como sinônimo de segurança e legitimidade, delimitando o exercício dos mecanismos de violência monopolizados pelo Estado, institucionalizando seus procedimentos decisórios, legislativos e adjudicatórios, estabelecendo as formas de participação política e definindo o espaço soberano da palavra e da ação em contextos sociais marcados pelo relativismo ideológico e em cujo âmbito o poder do Estado depende de critérios externos aos governantes para ser aceito como válido. Id. ibid.

[28] Como sustenta Lenio Streck: Assim, se de um lado existem vários fatores que colaboram para a "crise de constitucionalidade", parte dos quais podem ser denominados de "endógenos", porque debitáveis à própria crise paradigmática que atravessa a dogmática jurídica, doutro há fatores exógenos que provcam fortes abalos no Direito e debilitam o texto constitucional e as condições de sua aplicação. Refiro-me ao crescente processo de deregulamentação proporcionado pelo neoliberalismo. Ver, do autor: *Jurisdição Constitucional e Hermenêutica. Uma nova crítica do Direito.* Porto Alegre: Livraria do Advogado, 2002, p. 53-54.

[29] Id. ibid., p. xvii.

Para pretendermos fazer frente a tais interrogações, faz-se necessário percorrermos alguns caminhos que dizem respeito à compreensão mesma do projeto constitucional que experienciamos, abordando o que diz com o debate acerca de o que é? e por quê? Constituição na teoria e prática constitucionais destes dias, quais sejam a globalização, repercutindo não apenas na economia, como também nos direitos humanos e nos processos de regionalização sob o modelo unionista, e a mutação constitucional, cuja experiência da jurisprudencialização ou tribunalização dos conteúdos constitucionais, bem como da sua executivização/administrativização precisam ser considerados com relevância, tendo presente o papel inafastável deste documento jurídico-político, como se vê do trabalho de Wilson Engelmann, o qual busca articular tal reflexão particularmente como o projeto de dos Direitos Humanos em uma sociedade "global".

4. Crise Funcional

Outro aspecto que não pode ser ignorado quando pensamos o Estado é o que diz respeito a sua tradicional forma de funcionamento, concebida, como dito acima, como uma estratégia de desconcentração do poder a partir da adoção de uma estrutura tripartite quanto às atividades próprias do ente público – a legislativa, a executiva e a jurisdicional – no interior do pensamento liberal, desde John Locke e consagrada com a obra de Montesquieu, muito embora deva a sua formulação não apenas ao autor francês.

Portanto, sem discorrermos acerca da teoria tripartite, o que não é objeto da presente análise, pressuposto que está o seu conhecimento, devemos avançar diretamente para aquilo que diz respeito à sua revisão diante do contexto de perda de centralidade e exclusividade da figura do Estado, como até aqui refletido.

Assim, o que nominamos crise funcional do Estado, entendida esta na esteira da multiplicidade dos *loci* de poder, gerando a referida perda de centralidade e exclusividade do Estado, pode ser sentida pelos órgãos incumbidos do desempenho de funções estatais, aos quais são atribuídas tarefas que lhes são inerentes no modelo clássico da tripartição de funções, bem como outras que se conjugam com as demais atribuições públicas estatais, seja pela concorrência que recebem de outras *agências* produtoras de decisões de natureza legislativa, executiva e/ou jurisdicional, seja, a muito mais, pela incapacidade sentida em fazer valer aquelas decisões que produzem com a perspectiva de vê-las suportadas no caráter coercitivo que seria próprio às decisões de Estado.

Esta perda referencial – de centralidade e de exclusividade –, aqui, não pode ser pensada apenas em seus aspectos internos, na seqüência do desenvolvimento do debate próprio à Teoria Geral do Estado/Ciência Política, ou seja, a dialética da separação/harmonia das funções estatais. Ou seja é preciso que descortinemos outros aspectos para que desde fora, possamos perceber os influxos sentidos pela ação especializada do Estado.

Diante disso, é preciso que a vejamos também em seu viés externo, onde se observa, além de uma mudança no perfil clássico das funções estatais produzida pela transformação mesma da instituição Estado – onde cada vez mais a especialização se vê substituída pela ocupação de espaços de um dos setores por outro (e.g. Comissões Parlamentares de Inquérito, atividade legislativa pelo Executivo, como no caso das Medidas Provisórias, substituindo a regulação construída no debate parlamentar por aquela elaborada para interagir conjunturalmente com a volatilidade dos *humores* da "instituição" mercado) –, a fragilização do mesmo – Estado – em suas diversas expressões, quando perde a *concorrência* para outros setores – semi-públicos, privados, marginais, nacionais, locais, regionais, internacionais, supranacionais, etc. – acerca da capacidade, bem como muitas vezes da legitimidade, de decidir vinculativamente a respeito da lei, sua execução e da resolução de conflitos.

Nesta perspectiva, podemos apontar para um certo pluralismo de ações e um pluralismo funcional, sejam legislativas, executivas ou jurisdicionais, quando o ente público estatal, no reflexo de sua fragilização/fragmentação como espaço público de tomada de decisões, como autoridade pública, se coloca ao lado, em paralelo ou abaixo de outras estratégias de diversos matizes e procedências, como apontado acima que buscam sua *força* na legitimidade democrática, no medo, na inevitabilidade, na inexorabilidade, na dramatização de expectativas, na força física, etc.

De outro lado, é preciso que se remonte mais uma vez e ainda às transformações que se observam nas relações mesmas entre as funções estatais tradicionais quando, ao que parece, cada uma delas, como reflexo de sua perda de importância própria, se projeta por sobre aquilo que tradicionalmente seria atribuição característica de outra. Neste ponto teríamos que retomar o histórico caracterizador da teoria da especialização de funções do Estado para percebermos que autofagicamente, hoje, um pretende/busca sobreviver "à custa" da(s) outra(s).

Nesta esteira, podemos sugerir como matéria de análise futura, e.g., além da atuação da jurisdição constitucional – seja *difusa* ou *concentrada* –, que voltará a aparecer neste trabalho quando operarmos alguns aspectos ligados à concretização da Constituição e, sobretudo, do seu catálogo de direitos e garantias, onde há a ocupação da função legislativa em seu mais alto nível – constitucional/constituinte – pela jurisdição, a prática das

Comissões Parlamentares de Inquérito (CPIs), já mencionadas, nas quais há um reforço de tarefas próprias à jurisdição praticadas no âmbito do legislativo ou seja pela projeção do Executivo, quando viável, no campo das práticas legislativas e jurisdicionais.

Sendo este um debate aberto, vem tratado por Fabiana Marion Spengler e por Doglas César Lucas, dando especial atenção à pretensão monopolista do Estado seja quanto a produção exclusiva do Direito, seja quanto à sua função de aplicação no tratamento de conflitos.

Isto no leva a refletir acerca de um outro dilema, para não esquercermos de um outro aspecto que se vê envolto neste processo de (des)(re)construção do espaço público e que diz com a opção moderna acerca dos mecanismos de tomada de decisão coletiva, objeto de reflexão de Thiago Fabres de Carvalho quando enfrenta a condições de possibilidade de sobrevivência do/para os Estados Democráticos contemporâneos.

5. Crise Política (e da Representação)

A questão da representação política, como o mecanismo moderno da democracia, não passa incólume neste processo de rupturas.

O modelo da *democracia representativa*, como alternativa possível em uma sociedade que se complexificou – seja em razão do número crescente daqueles que conquistavam a inserção no jogo político, o que inviabilizou a tomada de decisão por todos os interessados através das *assembléias de cidadãos*, como versão renovada da caricatura de democracia direta da Grécia Antiga, seja em face das dificuldades técnicas trazidas pelo tipo e conteúdo dos temas postos em discussão, o que transformou a política, muitas vezes, em refém das referências tecnológicas, das estatísticas, das probabilidades e das valorações macro e microeconômicas, o que dificultou/inviabilizou a tarefa política como o jogo dialético de pretensões, seja, ainda, pelo volume quantitativo de questões postas à solução, o que implicou uma atividade *full time* que exclui o cidadão – ocupado demais em prover o seu cotidiano – do jogo político, ao mesmo tempo que exclui o político do debate social dos temas –, se tornou um instrumento incapaz de responder adequadamente a todos os anseios, pretensões, intenções, etc., o que conduz a tentativas de esvaziá-la como lugar adequado ao jogo da política, a tentativas de *fantochizá-la* – tornando-a apenas um esteréotipo formal pela ausência de alternativas reais de escolha –, a tentativas de transformá-la, incorporando instrumentos de participação popular direta no seu interior ou reconstruindo-a com a transformação de seu caráter intrínseco.

A estes dois últimos aspectos queremos nos referir, muito embora não sejam desprezíveis as experiências de ruptura da ordem política-democrática, seja pela adoção de regimes autoritários em seus matizes os mais variados, seja pelo deslocamento/ocupação do espaço decisório para outros *loci* de poder onde mesmo a democracia como procedimento ainda não chegou.[30]

Em primeiro lugar, quando referimos a possibilidade de *fantochização* da democracia, estamos tentando ilustrar a idéia de que para que se constitua efetivamente a democracia representativa, um de seus pressupostos, embora não seja o único e sequer o suficiente, estamos dizendo que, diante dos quadros de enfraquecimento do espaço público da política e da sua economicização, em um contexto de jogo econômico global de um capitalismo financeiro, constata-se, ao menos tendencialmente, o desaparecimento de alternativas reais de escolha posto que estabelece-se um esterótipo de desdiferenciação de propostas, de desidentificação de candidaturas, etc., conduzindo o cidadão a um processo de apatia política diante da percepção da total desnecessidade mesmo dos próprios instrumentos de escolha dos representantes – as eleições.

Ora, se, em razão de contextos econômicos ou de pautas do capitalismo financeiro, os *mercados* alteram seus humores com a rapidez volátil da transferência eletrônica de *ativos* financeiros, fazendo com que as candidaturas dêem respostas idênticas às questões que lhes são postas, desaparece o caráter representativo do sistema, diluído na homogeneidade de respostas. Quando a incerteza, própria do jogo político eleitoral, produz o pânico econômico e se a este cabe a função de estabelecer as pautas políticas, o sistema representativo, calcado na diferença, na alternância, na incerteza dos resultados, etc., a representação política cede espaço às *certezas* econômicas e desfaz-se o espaço próprio da política e de seus mecanismos.[31]

Sob um outro aspecto, e menos catastrófico – pelo contrário –, observa-se que o modelo da democracia moderna – de representação – passa por transformações experimentais de dois níveis. No primeiro, ela experi-

---

[30] Quanto a isso, ainda que passado o tempo, e talvez até mesmo em razão disso, remanesce razão a Bobbio quando afirma que, resolvido o problema de *quem vota?*, precisamos enfrentar a questão do *onde se vota?*, porquanto há, e parece que cada vez mais, muitos espaços cujos procedimentos decisórios ainda não se pautam por metodologias, as mais simples, da tradição democrática liberal, sequer o princípio da maioria ou, quando tal ocorre, não constitui instrumentos que assegurem efetivamente a possibilidade de que a *maioria* se construa legitimamente. Ver: BOBBIO, Norberto. *O Futuro da Democracia*....passim.

[31] O caso do Brasil, ao lado de outros, é paradigmático. A cada momento eleitoral o grande temor que se instaura diz com a qualidade própria do jogo da democracia representativa, a possibilidade da alternância do poder. Dessa forma, tem-se observado que, para acomodar os ânimos, optou-se pela homogeinização das candidaturas. De ora em diante todos são iguais. E, se todos são...

menta a adoção no seu interior de mecanismos de intervenção decisória direta, através da introdução de fórmulas de democracia direta conjugadas com a representação política. Tais são o plebiscito, o *referendum* e a iniciativa popular de leis, para ficar apenas com aqueles referidos na Carta Magna brasileira de 1988.

Mas, o que é mais interessante é a construção de modelos democráticos alternativos, que embora não se afastem totalmente das fórmulas *semi-diretas (ou mistas)*, podem fazer frente não apenas a esta perda de sentido da democracia moderna (representativa), mas de alguma forma permitem dar conta deste processo, já detalhado acima, de desconstrução do modelo de Estado da modernidade, calcado na sua configuração tríplice clássica (território, povo e poder) e de reconstrução de outros lugares de tomada de decisão, sobretudo quando estamos diante de uma cidadania que se rearticula em espaços públicos reduzidos ou, até mesmo, constitui-se em estruturas coletivas de caráter público, embora não necessariamente vinculados ao Estado.

As fórmulas da chamada *democracia participativa* talvez se constituam como alternativas possíveis de rearticulação de espaços públicos que constituam uma fonte de autoridade cuja legitimidade ultrapasse até mesmo os esquemas procedimentais característicos da democracia representativa, escapando, incusive, às insuficiências – outras – que esta enfrenta, em particular no que tange à formação da opinião em sociedades dominadas por sistemas de informação cujo controle público é diminuído.

Todavia, não há como desconhecer que, como todo o resto, o sistema político calcado na idéia da representação política padece, como as demais estratégias erigidas pela modernidade ocidental, de insuficiências para dar conta de um contexto de profunda transformação das estruturas e estratégias de poder, apesar de precisarmos, ainda, insistir que a fórmula constitucional sustentada no projeto utópico dos direitos humanos ainda aparece como instrumento necessário para que se ultrapasse este *momento neofeudal*.[32]

Assim, são estas as reflexões postas. São estes os questionamentos que conduziram um período de estudos que, agora publicados, visam a contribuir para a reflexão e o enfrentamento das circunstâncias atuais de complexidade e crise do fenômeno moderno de organização do poder político com vistas a responder e sustentar o projeto utópico de uma sociedade justa e solidária, atribuindo sentido à incerteza peculiar a um modo de vida democrático.

---

[32] Esta nomenclatura foi tomada emprestada de Andre Noel Roth.

— 2 —

A Crise Conceitual e a (re)construção interrompida da soberania: o fim do Estado-Nação?[1]

ANGELA ARAUJO DA SILVEIRA ESPINDOLA

Mestre e Doutoranda do Programa de Pós-Graduação *stricto sensu* em Direito da Universidade do Vale do Rio dos Sinos (Unisinos). Advogada. Professora dos Cursos de Graduação e Pós-Graduação em Direito do Centro Universitário Franciscano (Unifra) e da Faculdade de Direito de Santa Maria (Fadisma).

Sumário: 1. Considerações Iniciais; 2. Apontamentos sobre o Estado Moderno; 3. O perfil da Soberania ao longo das diversas roupagens do Estado Moderno; 4. A Soberania sob o espectro da Globalização; 5. Construção, interrupção, desconstrução: a crise da Soberania do Estado contemporâneo; 6. O fim ou o recomeço do Estado-Nação: rumo às considerações finais; 7. Referências bibliográficas.

> *Às vezes o espelho aumenta o valor das coisas, às vezes anula. Nem tudo o que parece valer acima do espelho resiste a si próprio refletido no espelho. As duas cidades gêmeas não são iguais, porque nada do que acontece em Valdrada é simétrico: para cada face ou gesto, há uma face ou gesto correspondente invertido ponto por ponto no espelho. As duas Valdradas vivem uma para a outra, olhando-se nos olhos continuamente, mas sem se amar.*
> (Ítalo Calvino, *As Cidades Invisíveis*)

---

[1] Texto apresentado no seminário "Transformações do Estado Contemporâneo", ministrado pelo Prof. Dr. José Luis Bolzan de Morais, no Programa de Pós-Graduação em Direito *stricto sensu* nível doutorado da Universidade do Vale do Rio dos Sinos (Unisinos), em 2004/1.

1. Considerações iniciais

A humanidade dos séculos XX e XXI testemunha uma era em que o tempo e o espaço estão comprimidos. Informática, realidade virtual, cibernética, robótica, biotecnologia, capitais, mercadorias, mercados, enfim, as informações contemporâneas, em uma velocidade instantânea, rompem as fronteiras tradicionais. Tudo se mistura! "Em lugar das sociedades nacionais", diz Octavio Ianni, "a sociedade global".[2] A noção de Estado-Nação parece insuficiente e inadequada para os novos tempos, tornando-se quase obsoleta e antiquada. Aquela imagem clássica de um Estado delimitado pelo seu território, caracterizado pelo seu povo e coroado pelo seu governo soberano e absoluto, tende a esboroar-se na contemporaneidade. Na verdade, a construção dessa imagem interrompeu-se, ficando descolada da realidade atual, marcada pelos problemas e dilemas da globalização ou mundialização.

As mudanças iniciadas ao longo do século passado e as sentidas ainda neste limiar de século embaçaram conceitos outrora utilizados como paradigmas. Ianni deixa bastante claro que essas mudanças podem ser intensamente percebidas, na medida em que "o mundo não é mais uma coleção de países agrários ou industrializados, pobres ou ricos, colônias ou metrópoles, dependentes ou dominantes, arcaicos ou modernos".[3]

Por óbvio, que o parco da globalização não foi montado todo ele de uma só vez, em um só tempo. O processo acirrou-se a partir do contexto do segundo pós-guerra, tendo o seu germe em períodos anteriores da história. A partir de então, nesse momento de reconstrução do mundo, percebe-se uma forte tendência à internacionalização do capital, desenhada pela busca de espaços mais amplos e desregulamentados.

Essa tendência a internacionalização vai ser colocada, segundo Ianni, a partir de três formas. Na sua primeira forma, o capitalismo organiza-se em moldes nacionais, sintetizando a sociedade civil no Estado à medida que define as formações sociais nacionais. A partir de então, o capitalismo assume sua segunda forma, transbordando fronteiras, mares e oceanos. Nesse momento, subsistem e florescem as formações econômicas nacionais, na mesma proporção em que se desenvolvem e prosperam os sistemas mundiais. Metrópoles simbolizavam países dominantes e coloniais, dependentes e associados. No entanto, vai-se além; novas transformações emergem. Na sua terceira forma, o capitalismo assume um perfil propriamente global; é quando, segundo Ianni, se vê o declínio dos Estados-Nações, tanto os dependentes como os dominantes.[4]

---

[2] Ianni, Octavio. *A sociedade global*. 11. ed. Rio de Janeiro: Civilização brasileira, 2003, p. 35.

[3] Ibidem, p. 35-36.

[4] Ibidem, p. 36-38.

Paradoxalmente, parece que se resiste ao prognóstico, agarrando-se à noção de Estado. Ora, o Estado não só é redefinido, como também acaba despindo-se de algumas de suas prerrogativas econômicas, políticas, culturais e sociais, debilitando-se. Esfumaça-se aquele invólucro da Soberania estatal.

Na verdade, indagar acerca da noção de Estado e seus contornos soberanos nesse contexto de globalização é apenas um dos focos pelo qual se pode mirar as insuficiências e deficiências do Estado contemporâneo. Se é verdade que a globalização, dentre outros fenômenos da contemporaneidade, tende a borrar as fronteiras dos Estados nacionais, há que se falar, então, em uma crise da Soberania e, em última análise, em uma crise conceitual do Estado. Por óbvio, que esta não se trata de uma crise isolada, ou desconectada dos avanços e retrocessos que marcam os passos do Estado contemporâneo sob outros aspectos. Ao lado dessa crise conceitual, inúmeras outras podem ser apontadas a partir do atual cenário de (in)suficiências e (d)eficiências que marcam o Estado contemporâneo.

Não obstante, o debate em torno da crise do Estado-Nação impõe que se resgatem algumas premissas e se abandonem outras, servindo assim de esteio para a pré-compreensão das múltiplas crises que ferem o Estado contemporâneo. É exatamente este o palco da discussão que se pretende travar nesse momento. A Soberania e o Estado-Nação foram as grandes criações da primeira modernidade.[5] Sustentar as suas concepções originárias em tempos atuais consiste em mero saudosismo.

Ora, se de fato a humanidade vive em uma sociedade mundializada, globalizada, em que as fronteiras perdem nitidez; se de fato a humanidade está frente ao enfraquecimento da Soberania estatal ou ao redimensionamento do Estado; então se torna sustentável a tese de que a humanidade caminha rumo a uma identidade mundial, em que todos são ao mesmo tempo daqui e de toda a parte e de lugar algum. De certo modo, a globalização prega um processo de uniformização do mundo.

---

[5] Alain Touraine refere que "para unir o racionalismo triunfante e o individualismo estimulado pela Reforma e pela crítica das instituições políticas e religiosas, os modernos dos séculos XVII e XVIII forjaram a idéia de soberania popular, na qual foram unidos individualismo e racionalismo, dando ao ser legal uma supremacia absoluta ao ser social ao opor o direito natural ao direito positivo, até chegar a uma formulação mais elevada, a das declarações americana e francesa dos direitos do homem e do cidadão. O individualismo universalista torna-se o fundamento da ordem política, ordem da liberdade, único capaz de governar a ordem social, que está sempre dominada pelo interesse privado, pelas tradições, pelos privilégios e pelo irracionalismo. Mas foi esse reino do político que aos poucos foi destruído pela autonomia crescente dos fatos econômicos que se libertaram no quadro crescente dos fatos econômicos que se libertaram do quadro social, sobretudo a partir do fim do século XIX, após a Segunda Guerra Mundial e o período de construção ou reconstrução nacional que a seguiu, como conseqüência da globalização econômica, do aparecimento de numerosos países industriais novos e das revoluções tecnológicas." Touraine, Alain. *Poderemos viver juntos? Iguais e diferentes*. 2. ed. Rio de Janeiro: Vozes, 2003, p. 17-18.

Os Estados, porém, não desaparecem!! A Soberania, de outro lado, não se dilui! Ambos, interrompidos, redimensionam-se. Na verdade, Estado-Nação e Soberania não se confundem. Para que os Estados nacionais coexistam em um contexto global, não precisam passar por um processo de uniformização (padronização), tampouco precisam sustentar a qualquer preço aquela máscara soberana um no outro. Os Estados não precisam ser um o reflexo do outro, para reconhecerem-se enquanto tais, ou melhor, precisam reconhecer os seus sujeitos. A igualdade pressupõe a diferença. A decomposição dos Estados nacionais, da cultura, da economia, da política e da personalidade precisa ser detida, mas não através de respostas nostálgicas que resgatam construções, categorias ou paradigmas do passado, tampouco por meio de soluções autoritárias. O Estado-Nação há de ser colocado não sobre o tripé povo-território-soberania, mas antes pôr-se a serviço do sujeito, promovendo e protegendo em especial os direitos sociais e transindividuais. É preciso ultrapassar soluções simplistas (ou remédios temporários) que apelem para o liberalismo econômico, ou para os regimes autoritários e ditatoriais, ou, ainda, para a globalização dirigida pelos países "mais soberanos".

Rumo a essa discussão, a qual é provocante e instigante, na medida em que se desdobra em infindáveis caminhos, não se erguem respostas seguras ou absolutas, tampouco se esgotam as perspectivas de análise, mas antes se tenta compreender aquilo que Ulrich Beck denominou de "sociedade de risco", comandada pela incerteza.

Para tanto, organizou-se a exposição em dois grandes momentos. A primeira parte destina-se a apresentar o Estado Moderno e as crises que o assolam na contemporaneidade,[6] focalizando o debate em torno da crise conceitual no que se refere à problemática da Soberania e à universalização dos direitos humanos no contexto da globalização/mundialização.[7] Parte-se, assim, da premissa de que essa crise conceitual é uma conseqüência/seqüência da definição do Estado.[8]

---

[6] Para discorrer acerca das crises do Estado contemporâneo adotam-se como paradigma as obras de Bolzan de Morais, em especial *As crises do estado e da constituição e a transformação espacial dos direitos humanos*. Porto Alegre: Livraria do Advogado, 2002; bem como *Ciência Política e Teoria Geral do Estado*. Porto Alegre: Livraria do Advogado, 2000. Nessa linha, ainda, imprescindível consultar a obra de Rosanvallon, Pierre. *A crise do estado-providência*. Goiânia: UFG; Brasília: UnB, 1997.

[7] Há quem prefira a expressão "mundialização" à expressão "globalização", visto que esta se refere a um aspecto mais econômico, enquanto aquela se atém a um quadro mais amplo e variado de conceitos. Para os limites desse ensaio, como se viu, não se fará a distinção entre as expressões, utilizando-se indistintamente o termo "globalização". De qualquer modo, não se pode apontar um marco inicial para a globalização ou mundialização. Trata-se de fenômeno sem data de nascimento (Rodrigues, Maurício Adreiuolo), que a partir de meados do século XX assistiu a um aumento no seu ritmo. Utiliza-se, no contexto desse ensaio, a globalização/mundialização no sentido apresentado por Ianni, ou seja, enquanto um ciclo de expansão do capitalismo, como modo de produção e processo civilizatório de alcance mundial, tendo como resultado o desaparecimento das fronteiras existentes entre os três mundos, prenunciando outros horizonte. (Ianni, Octavio. *A era do globalismo*. Op. cit.)

[8] Bolzan de Morais, José Luis. *As crises do estado e da constituição...* Op. cit.

Neste momento inicial, pretende-se compreender as linhas básicas do aparecimento do Estado Moderno e da noção de Soberania, direcionando o debate para a construção e desconstrução da concepção clássica desta enquanto poder uno, indivisível, imprescritível e inalienável. Trata-se de uma análise necessariamente descritiva a qual servirá de pressuposto para o desenvolvimento do segundo momento deste ensaio, o qual se pretende mais reflexivo, partindo da compreensão de que as noções de Soberania e Estado sofreram diversas alterações ao longo do século XX, sob pena de, não o fazendo, deixarem de sê-los. Discutem-se, a partir daí, os reflexos e implicações em face do Estado Moderno, bem como as alternativas possíveis para a superação da problemática da Soberania em um contexto globalizado.

Assim sendo, a segunda parte desse ensaio, na qualidade de espaço reflexivo, quer discutir a fragilização do conceito clássico de Soberania, em especial a partir da globalização, trazendo provocações para o debate contemporâneo. Nessa linha, há que se ter bem clara a direta influência das alterações vivenciadas hoje, no contexto do direito constitucional e internacional, seja do ponto de vista jurídico, político, econômico ou social. Estima-se uma compreensão do Estado contemporâneo voltada para a concretização de seu papel no mundo globalizado, marcado por mudanças permanentes e incontroláveis.

Parafraseando Boris Fausto,[9] vê-se que a crise da Soberania do Estado identifica-se melhor com um "déficit" de Soberania. Segundo o historiador, a expressão *crise* sugere um objetivo que chegou a ser de algum modo alcançado, em tempos passados, o que não parece ser correto se partirmos do conceito clássico de Soberania ou da concretização dos direitos humanos na órbita do Estado-Nação enquanto Estado Democrático de Direito. A construção da Soberania dos Estados nacionais foi, portanto, interrompida ao longo do século XX. E, por conseqüência, como dito acima, o Estado não pode mais descansar sobre o tripé povo-território-soberania, mas antes pôr-se a serviço do sujeito, promovendo e protegendo em especial os direitos sociais e transindividuais.

2. Apontamentos sobre o Estado Moderno

As reflexões sobre o Estado Moderno e suas implicações na contemporaneidade consiste em temática recorrente e que está sempre na pauta do dia, em especial, no contexto de um mundo globalizado. As mudanças

---

[9] Fausto, Boris. Estado e sociedade civil. *Folha de São Paulo. Caderno Opinião*. Tendências/Debates, 04.06.2004, p. A3.

estruturais das políticas nacional e internacional vêm provocando profundas transformações no poder do Estado, seja no que diz respeito às suas funções, aos arranjos institucionais, à base social, à legitimidade política, à autonomia, ou ainda no que diz respeito à Soberania ou à promoção e proteção de direitos humanos. De longa data se vê que os contornos do Estado Moderno vêm sendo redefinidos. Como bem refere Adauto Novaes,[10] a globalização põe em xeque a identidade e a Soberania dos Estados. José Maria Gómez, ao falar sobre os impactos da globalização sobre o Estado e a comunidade política democrática, registra que os padrões de globalização e regionalização geram tensões sobre os planos decisionais, institucionais, distributivo e estrutural do Estado das sociedades de capitalismo avançado.[11] O processo de tomada de decisões dos Estados nacionais, alerta Gómez, se vê "forçado a levar em consideração crescentes normas e compromissos internacionais e a abrir-se a extensas consultas e negociações com outros Estados, agências internacionais e atores não estatais transnacionais".[12]

Na verdade, quebraram-se os pés do tripé do Estado Moderno, quais sejam, povo-território-soberania. A civilização moderna, por sua vez, testemunha essa mutação estatal. Os impactos da (in)evolução do Estado Moderno e de seus elementos constitutivos na sociedade, no direito constitucional e no direito internacional são sentidos pelos Estados Nacionais. Exatamente por isso, é lugar-comum falar que existem inúmeras acepções que o conceito de Estado tem assumido desde a sua origem até a contemporaneidade.[13] Deste modo, antes de construir – e depois desconstruir – a noção clássica da Soberania dos Estados Nacionais, mister que se mergulhe na delicada gênese do Estado, ou melhor, do Estado Moderno, adotando-se alguns referências.

Neste caminho, há que se trazer Lourival Vilanova, para quem o conceito de Estado é amplamente usado na ciência da história, na sociologia, na teoria do direito público, na ciência política, na filosofia do Estado e na filosofia da cultura, e em cada uma destas ciências parte-se de um conceito de Estado que pode guardar certa analogia entre si, porém, sem qualquer equivalência. Segundo Vilanova, as imprecisões conceituais consistem em uma contingência (a qual deriva do objeto) das ciências sociais. Para ele, a Teoria Geral do Estado é mais uma confirma-

---

[10] Novaes, Adauto. Invenção e crise do estado-nação. *In: A crise do estado-nação*. Rio de Janeiro: Civilização brasileira, 2003.

[11] Gómez, José Maria. *Política e democracia em tempos de globalização*. Petrópolis, RJ: Vozes, 2000, p. 115.

[12] Ibidem.

[13] Neste sentido, consultar Bonavides, Paulo. *Ciência política*. 10ed. rev. atual. São Paulo: Malheiros, 1999, p. 36-37.

ção disto, ou seja, não existe um desejado consenso quando ao conceito de Estado.[14]

Sob este espectro, pode-se inferir que o emprego da expressão "Estado" assume perspectivas distintas, variando em seu sentido conforme a escola ou a doutrina que irá cuidar de sua compreensão.[15] Paulo Bonavides anuncia que não há que se falar em uma caracterização plenamente satisfatória de Estado,[16] visto que o mesmo apresenta formas e tipos que variam (e continuam a variar) no tempo e no espaço.

Diante da complexidade social e da pluralidade de acepções, não foram raros os estudiosos e as teorias que emergiram na tentativa de construir uma definição satisfatória para o Estado, bem como para explicar sua existência e sua formação, além de dar-lhe uma justificação.[17] Conhecida a dificuldade, mas filtrando a presente discussão, percebe-se que o emprego da expressão "Estado" pode seguir uma acepção ampla e em uma acepção mais restrita.[18]

Para defini-lo em um sentido amplo,[19] há que se reportar à gênese das sociedades rudimentares, desde a Antiguidade. Nesta construção, o

---

[14] Vilanova, Lourival. *O problema do objeto da teoria geral do estado*. Recife: 1953, p.62. Segundo Vilanova, "verifica-se uma margem ponderável de discordância nas definições do que seja Estado. E a discrepância é mais que simplesmente verbal; é conceptual. [...] A dificuldade para a Teoria Geral do Estado, provém do objeto, do pluralismo constitucional desse objeto, que permite considerá-lo sob vários pontos de vista." (Ibidem, p. 63). Para uma análise detalhada acerca das variações do termo "Estado", consultar ibidem.

[15] O termo "Estado" impôs-se indubitavelmente a partir da obra "Príncipe", de Nicolau Maquiavel, no século XVI. Logo no início da obra já se faz constar a seguinte assertiva: "Todos os Estados, os domínios todos que existiram e existem sobre os homens, foram e são repúblicas ou principados". A partir de então, o uso do termo Estado vai gradativamente substituindo os tradicionais termos (*polis, civitas, res publica*...) utilizados para designar organizações de um grupo de indivíduos sobre um território em virtude de um poder de comando, consagrando-se universalmente (Bobbio, Norberto. *Estado, governo, sociedade: por uma teoria geral da política*. Rio de Janeiro: Paz e Terra, 1999). Consultar ainda: Streck, Lenio Luiz; Bolzan de Morais, José Luis. *Ciência Política e Teoria Geral do Estado*. Op. cit.; Bonavides, Paulo. *Ciência política*. Op. cit.; Dallari, Dalmo de Abreu. *Elementos de teoria geral do estado*. 21. ed. atual. São Paulo: Saraiva, 2000; Idem, *O futuro do estado*. São Paulo: Moderna, 1980, 184p.

[16] Da leitura de Bonavides podemos recordar que "o Estado como ordem política da Sociedade é conhecido desde a Antigüidade aos nossos dias. Todavia nem sempre teve essa denominação, nem tampouco encobriu a mesma realidade." Da Antiguidade ao Medievo o que se tem é uma "idéia de Estado", diz Bonavides. O emprego moderno do nome Estado remonta à Maquiavel, com sua obra "O Príncipe". Bonavides, Paulo. *Ciência Política*. Op. cit., p. 62.

[17] A par dessa dificuldade, Quadro de Magalhães assevera que "saber o que é Estado é desvendar parte do sublime mistério que nos cerca no palco da vida jurídica". Magalhães, José Luis Quadro de; Robert, Cinthia. *Teoria do estado, democracia e poder local*. Rio de Janeiro: Lumen Juris, 2000, p. 1.

[18] Fazendo referência às divergências quanto ao conceito de Estado, Dallari cita dois extremos: de um lado, Edward Meyer, que faz alusão a um conceito bastante amplo para Estado; e de outro lado, Balladore Pallieri, o qual restringe consideravelmente a concepção de Estado. (Dallari, Dalmo de Abreu. *O futuro do estado*. Op. cit.)

[19] Diz Saldanha que em sentido amplo o termo designa "todo grupo político autônomo, e então encontraremos tribos primitivas que já são Estados (...) Os egípcios, os persas, os caldeus, que

Estado é entendido como todo e qualquer tipo de grupo político autônomo que tenha existido na história, passando pelo Medievo até chegar à Modernidade.[20] Na Antiguidade caberia falar-se no conceito de "autarquia" enquanto qualidade da *polis*, identificando aquela como a auto-suficiência desta, embora muito diferente da noção contemporânea que se tem sobre Soberania.[21] Adotando-se essa acepção, é preciso admitir que existe uma perfeita continuidade entre organizações estatais da Antiguidade, do Medievo e da Modernidade.[22]

Em contrapartida, valendo-se de um sentido mais restrito – e mais adequado para esta discussão – a expressão "Estado" surge apenas no começo dos tempos modernos, em especial a partir do século XV. Esta conotação de Estado ergue-se para atender a uma nova realidade, apresentando-se como uma organização estatal completamente distinta das anteriores. Esta acepção, portanto, justificaria a descontinuidade[23] entre o Estado Moderno e aquelas formas organizacionais que o precederam, denominadas por Bolzan de Morais e Streck como formas estatais pré-modernas, dentre as quais destaca-se o "medievo".[24] A unidade política que se desenhava ao final da Idade Média era o reino e a fórmula do monarca era o "imperador em seu reino", na qual combinava-se, paradoxalmente, diz Novaes, "a idéia de 'imperium' reservada ao soberano do mundo com a idéia de um poder que se exerce nos limites de um país",[25] coincidindo com a existência de um território delimitado por fronteiras sobre o qual se exerce uma autoridade. Deste modo, Bolzan de Morais e Streck, bali-

---

construíram impérios altamente organizados, obviamente conheceram o Estado, como também os romanos". Saldanha, Nelson. *Pequeno Dicionário da Teoria do Direito e Filosofia Política*. Porto Alegre: Fabris, 1987, p. 100.

[20] Retornando à Antiguidade, é notável a preocupação quanto à compreensão do Estado e suas estruturas. Pistas dessa preocupação podem ser encontradas nas obras clássicas de Aristóteles (A Política), bem como de Platão (República). Também na Idade Média essa preocupação persiste, notável nas obras de Santo Agostinho e de Santo Tomás de Aquino. No entanto, foi a partir de Maquiavél (O Príncipe), no século XVI que a expressão 'Estado' consagrou-se universalmente, indicando a sociedade política organizada. Adiante, outros pensadores deram continuidade aos estudos do Estado, a exemplo de Hobbes, Locke, Montesquieu e Rousseau. (Magalhães, José Luis Quadro de; Robert, Cinthia. *Teoria do Estado, democracia e poder local*. Op. cit., p. 2)

[21] Bonavides, Paulo. *Ciência Política*. 10. ed. São Paulo: Malheiros, 1997, p. 122-123. Para uma análise mais aprofundada acerca da origem e evolução histórica da soberania, recomenda-se Jellinek. *Teoria General del Estado*. Buenos Aires: Editorial Albatroz. Paupério, Machado. *Teoria Democrática a Soberania*. 3. ed. Rio de Janeiro: Forense universitária. 1997, v. 2.

[22] Sobre os argumentos a favor e contra a continuidade entre Estado Antigo, Medievo e Estado Moderno, a leitura de Bobbio se faz bastante esclarecedora. Consultar Bobbio, Norberto. *Estado, governo, sociedade*. Op. cit., p. 67-73.

[23] Sobre a questão da continuidade e descontinuidade entre os ordenamentos da Antiguidade e da Modernidade vide nota de rodapé n° 24.

[24] Sobre a discussão acerca das formas estatais pré-modernas ver Streck, Lenio Luiz e Bolzan de Morais, José Luis. *Ciência Política e Teoria Reral do Estado*. Op. cit.

[25] Novaes, Adauto. *Invenção e Crise do Estado-Nação*. Op. cit., p. 63.

zados em Lourival Vilanova e Herman Heller dentre outros, vão afirmar que "não existiu Estado centralizado no decorrer do período medieval, exatamente pela fragmentação dos poderes em reinos, feudos etc.".[26] Somente a partir do século XIV é que se dará a inscrição da Soberania sobre um território determinado, culminando com a formação do Estado, com a concentração dos meios de poder nas mãos do monarca.[27]

Nestes termos, a utilização da expressão *Estado Moderno* estaria adequada para apresentar as formações políticas que emergiram a partir das crises da sociedade medieval, efetuando um importante corte na história da humanidade.[28] A passagem do Medievo para o Estado Moderno se deu na mesma medida em que se avança do feudalismo em direção ao capitalismo, momento em que surge o Estado Moderno em sua primeira versão, qual seja, absolutista. A partir de então se fala também em Soberania do Estado.[29]

Em sentido estrito, portanto, somente a partir do Estado Moderno é viável falar-se em Estado, tornando-se redundante a expressão "Estado Moderno". Sob está ótica, o Estado consistiria em um fenômeno da modernidade, tendo como sustentáculo, em seu surgimento, as teorias absolutistas e um cenário concreto de urgência da concentração de poder.[30] É certo, no entanto, que durante certo período, a forma estatal pré-moderna (medievo) coexistiu com o Estado Moderno.[31] As ordens que precederam o Estado Moderno, sob este enfoque, consistiriam em "meras formas estatais" ou "formas estatais pré-modernas", conforme lecionam Bolzan de Morais e Streck.[32] Dentre estas formas estatais pré-modernas estariam: o

---

[26] Para Bolzan de Morais e Streck, "a forma de Estado centralizado – o Estado como poder institucionalizado – é pós-medieval, vindo a surgir como decorrência/exigência das relações que se formaram a partir do novo modelo de produção – o capitalismo – então emergente". (Streck, Lenio Luiz e Bolzan de Morais, José Luis. *Ciência Política e Teoria Geral do Estado*. Op. cit., p. 23.)

[27] Novaes, Adauto. *Invenção e Crise do Estado-Nação*. Op. cit., p. 64.

[28] Nesse sentido, consultar: Streck, Lenio Luiz e Bolzan de Morais, José Luis. *Ciência Política*. Op. cit.

[29] Muito embora o termo *soberania* seja utilizado na Idade Média e até na Antiguidade, sua conotação não se aproxima da construção moderna. Bobbio registra que "a palavra soberano, na Idade Média, indica apenas uma posição de proeminência, isto é, a posição daquele que era superior num bem definido sistema hierárquico; por isso, até os barões era soberanos em suas baronias." Bobbio, Norberto. *Dicionário de política*. Verbete soberania, p. 1181. Paupério vai registrar, com base em Jellinek, que "faltava ao mundo antigo o que era essencial para criar o conceito de soberania: a oposição do poder do Estado a outros poderes". (Paupério, A. Machado. *O conceito polêmico de soberania*. 2. ed. Rio de Janeiro: Forense. 1958, p. 15.)

[30] Seitenfus, Ricardo; Ventura, Deisy. *Introdução ao Direito Internacional Público*. 2. ed. Porto Alegre: Livraria do Advogado, 2001.

[31] Durante essa coexistência, dizem Bolzan e Streck, o feudalismo se esvaía, e o capitalismo nascia.

[32] Para os autores, "não existiu Estado centralizado no decorrer do período medieval, exatamente pela fragmentação dos poderes em reinos, feudos etc. A forma de Estado centralizado – o Estado como poder institucionalizado – é pós-medieval, vindo a surgir como decorrência/exigência das relações que se formaram a partir do novo modo de produção – o capitalismo – então emergente". Streck, Lenio Luiz e Bolzan de Morais, José Luis. *Ciência Política*. Op. cit., p. 23.

Estado Antigo[33] (Oriental ou Teocrático), o Estado Grego, o Estado Romano e, por fim, o Medievo.[34]

Inserido nesta discussão, Bobbio é bastante oportuno ao tratar da questão do nascimento da expressão "Estado", bem como da questão da (des)continuidade histórica do Estado Moderno em relação às ordens estatais precedentes. Para ele, saber se o Estado existiu sempre, ou se existe somente a partir da Era Moderna, consiste em uma questão dependente unicamente da definição da qual se opte: se por uma definição mais ampla ou se por uma definição mais restrita.[35] Assim, "a escolha de uma definição depende de critérios de oportunidade e não de verdade".[36]

Desta forma, a opção pelo Estado Moderno, como ponto de partida para o presente estudo, se faz pautada na lição de Heller ao insistir ser evidente que durante meio milênio, na Idade Média, não existiu o Estado no sentido de uma unidade de dominação, independente no exterior e interior, que atuasse de modo contínuo com poder próprio e claramente delimitado.[37] nem mesmo ao longo do medievo.

Na verdade, como mencionado outrora, foram as deficiências da sociedade política medieval que inspiraram os elementos caracterizadores do Estado Moderno.[38] De qualquer sorte, os primeiros passos em direção

---

[33] As formas estatais da Antiguidade são singulares em face das monarquias absolutas exercidas em nome de divindades, inexistindo uma doutrina política específica, havendo, por conseguinte, a concentração do poder nas mãos de uma pessoa só, representante da vontade divina. Tem-se que "o Estado Antigo é formado e mantido por forças das armas. É unitário, não admitindo divisão, sequer territorial", há nessa forma estatal uma nítida contaminação pelo poder divino (religiosidade), razão pela qual costuma-se atribuir-lhe a designação de Estado Teocrático, em que a vontade e comando do governante possui inspiração divina. Assim sendo, apenas a divindade (sacerdotes) limita o poder do governante. Magalhães, José Luis Quadro de; Robert, Cinthia. *Teoria do Estado, democracia e poder local*. Op. cit., p. 5.

[34] Streck, Lenio Luiz e Bolzan de Morais, José Luis. *Ciência Política e Teoria Geral do Estado*. Op. cit., p. 20.

[35] Bobbio, Norberto. *Estado, governo, sociedade*. Op. cit., p. 65 e segs.

[36] Ibidem, p. 69.

[37] Tradução livre da autora. Texto original: "Es patente el hecho de que durante medio milenio, en la Edad Media, no existió el Estado en el sentido de una unidad de dominación, independientemente en lo exterior y interior, que actuara de modo continuo con medios de poder proprios, y claramente delimitada en lo personal y territorial" (Heller, Herman. *Teoria del estado*. México: Fondo de Cultura Economica, 1987, p. 143-144). Segundo Heller, "para compreender lo que há llegado a ser el Estado actual no es preciso [...] rastrear sus "predecesores" hasta tiempos remotos, cuando no hasta la epoca primitiva de la humanidad. Siempre que se intentó hacer tal cosa, se desatendió, en general aquelo que a nuestro objeto principalmente interessa, la consciencia histórica de que el Estado, como nombre y como realidad, es algo, desde el punto de vista histórico, absolutamente peculiar y que, en esta su moderna individualidad, no puede ser transladado a los tiempos passados". Ibidem, p. 141.

[38] Alguns autores costumam elencar, ao lado destes três elementos constitutivos do Estado, o elemento finalístico, tomando, assim, a finalidade e funções do Estado, como um quarto elemento constitutivo do Estado (Moderno). Dallari, Dalmo de Abreu. *Elementos de Teoria Geral do Estado*. Op. cit.

à formação do Estado Moderno foram sentidos durante o Medievo,[39] ante a decadência da sociedade política medieval, marcada pelo desfalecimento do feudalismo, pela expansão mercantilista, pelo fortalecimento da burguesia e pela necessidade de unificação do poder.[40]

Inicia-se, assim, uma seqüência de transformações no plano das relações socioeconômicas no final do Medievo e início de Era Moderna. Ocorre, a partir do século XVI, a desagregação do mundo medieval, com a desestruturação do modo de produção feudal. O Estado Moderno tomava formas mais concretas e visíveis, materializando-se como uma nova forma de organização política distinta das poliarquias medievais. Inserido neste quadro, é de se notar a influência de diversas obras defendendo o poder unificado e centralizado, a exemplo da obra *O Príncipe*, da autoria do pensador florentino Nicolau Maquiavel, publicada em 1513. E da obra *Les six livres de la republique*, publicada em 1576, pelo jurista francês Jean Bodin[41] e do contratualista Jean-Jacques Rousseu, com seu *Contrato Social*,[42] publicado em 1757.

Assim como o berço do Estado Moderno foi a modernidade, também nesta se deu o surgimento da Soberania. O surgimento do conceito de Soberania, portanto, coincide com a formação do Estado Moderno, consistindo em expressão que só pode ser utilizada no contexto deste, tendo funcionado, em sua origem, como embasamento teórico para o fortalecimento da figura do rei.[43] Ambos – Estado Moderno e Soberania – nascem em oposição à sociedade medieval pluralista, que compreendia diversas fontes de direito, caracterizando-se pela multiplicidade e descentralização do poder.

---

[39] Não se pode afastar as dúvidas quanto ao exato momento em que um período termina e o outro começa. Na verdade, não houve um corte brusco, mas sim uma lenta evolução do mundo medieval para o mundo moderno. Durante algum tempo, coexistiram dois tipos de relações em realidade pouco compatíveis: uma ordem de relações feudais fixas, em que as pessoas tinham distintos estatutos segundo sua posição de classe, e uma ordem de capitalismo mercantil, em que as pessoas valiam em função do que podiam comprar, independentemente de sua origem social. Streck, Lenio Luiz e Bolzan de Morais, José Luis. *Ciência Política e Teoria Geral do Estado*. Op. cit., p. 23.

[40] Não cabe, nesta proposta de pesquisa, esmiuçar ou aprofundar as razões que conduziram a queda do feudalismo, restringindo-se a pontuar os aspectos históricos para a formulação de um raciocínio acerca do surgimento Estado Moderno.

[41] Jean Bodin, nesta obra do século XV, é o primeiro escritor a dar especial atenção ao tema da "soberania". Após, outros pensadores também se destacaram, a exemplo de Hobbes, Rousseau, Bentham e Austin. Para Bodin, a soberania pressupõe um poder absoluto e perpétuo, livre de qualquer limite ou responsabilidade. O poder soberano sequer estaria sujeito às próprias leis por ele ditadas. Nesse mesmo sentido ver Heller, Herman. *La soberania*. México: UNAM. 1995. (Reis, Márcio Monteiro. *Mercosul, União Européia e Constituição*. A integração dos estados e os ordenamentos jurídicos nacionais. Rio de Janeiro: Renovar. 2001, p. 14)

[42] Jean-Jacques Rousseau contribui para a evolução do conceito de Soberania, operando a transferência da pessoa (rei) para o povo, além de acrescentar as características da inalienabilidade e da indivisibilidade. Essa construção foi o alicerce da Revolução Francesa, responsável pelo eclipse do Estado Absolutista.

[43] Reis, Márcio Monteiro. *Mercosul, união européia e constituição*. Op. cit., p. 13-14.

A partir da modernidade, o poder estatal e a criação jurídica passam a ser canalizados para um soberano, dentro de um território, sujeitando todos os demais.[44] O Estado Moderno ergueu-se sobre os escombros da sociedade feudal, apresentando-se inicialmente sob a forma de um Estado Absolutista,[45] moldado sob a perspectiva das monarquias absolutistas. Nesse momento, a Soberania, enquanto poder uno, indivisível e absoluto, centrava-se nas mãos do monarca, identificando-a com a pessoa desse. Não obstante essa primeira roupagem do Estado Moderno, gradativamente percebe-se a mutação estatal, com reflexos sob a Soberania. A humanidade passa a testemunhar as diferentes versões do Estado Moderno, as quais correspondem à seqüência de experiências que a evolução histórica atravessou.[46]

3. O perfil da Soberania ao longo das diversas roupagens do Estado Moderno

Como dito acima, o Estado Moderno tem como sustentáculo, em seu surgimento, as teorias absolutistas e um cenário concreto de urgência da concentração do poder.[47] A par disso, resta claro que a expressão 'Soberania' somente pode ser utilizada no contexto do Estado Moderno, tendo sido utilizada, em sua origem, como embasamento teórico para o fortalecimento da figura do rei. Paupério afirma que é a Soberania a "causa formal do Estado".[48]

O conceito de Soberania nasce[49] em oposição à sociedade medieval pluralista, a multiplicidade e a descentralização do poder, na tentativa de

---

[44] Diz Heller que "la unidad jurídica y de poder del Estado fue, en el continente europeo, obra de la monarquia absoluta". Heller, Herman. *Teoria del Estado*. Op. cit., p. 145 e segs.

[45] Nas palavras de Miranda, o Estado estamental da sociedade medieval foi substituído pelo Estado absoluto, o qual afirmava princípio da soberania, não aceitando qualquer interposição a separar o poder do Príncipe e os súditos. Miranda, Jorge. *Teoria do Estado e da Constituição*. Rio de Janeiro: Forense. 2002.

[46] De forma bastante sucinta e estanque, pode-se adiantar que o Estado, apresentou-se à humanidade com um caráter absolutista, a seguir, transformou-se em um Estado Liberal ou Absenteísta, o qual não resistiu, assumindo, então, uma versão intervencionista, chegando ao atual Estado Contemporâneo. Bolzan de Morais, José Luis. *Do Direito Social aos Interesses Transindividuais*: o Estado e o Direito na ordem Contemporânea. Porto Alegre: Livraria do Advogado, 1996. Streck, Lenio Luiz e Bolzan de Morais, José Luis. *Ciência Política e Teoria Geral do Estado*. Op. cit.

[47] Seitenfus, Ricardo; Ventura; Deisy. *Introdução ao Direito Internacional Público*. Op. cit.

[48] Paupério, A. Machado. *O Conceito Polêmico de Soberania*. Op. cit., p. 15.

[49] Na Antigüidade, a qualidade da polis que consistia em sua auto-suficiência correspondia ao conceito de "autarquia", concebido por Aristóteles, porém distinto da atual noção de soberania (Reis, Márcio Monteiro. *Mercosul, União Européia e Constituição*. Op. cit., p. 7). Ao trabalhar com a questão dos precedentes da palavra "soberania" e seu conceito, Matteucci afirma que não foram invenções do século XVI. Na Antigüidade e no Medievo já eram utilizadas expressões para designar

obter um critério único de aplicação da justiça.⁵⁰ O nascimento do Estado Moderno inaugurou a institucionalização do poder.⁵¹ Como bem refere Miranda, talvez o conceito de Soberania não fosse um conceito inteiramente novo, mas Jean Bodin pô-lo a claro, purificou-o e fortaleceu-o, fazendo dele um conceito jurídico unitário.⁵² A partir de Bodin, a Soberania passa a ser vista como característica essencial do poder do Estado. Bodin atribui uma versão legal para a força soberana.⁵³ Para Miranda, apesar de Bodin definir Soberania (*souveraineté, puissance souveraine absolute et perpétuelle*, ou seja, poder absoluto e perpétuo de uma república) tomando-a em relação a qualquer Estado, a sua obra revela-se um estudo situado; havendo a fundamentação jurídica do poder do Rei em França, marcando o momento da libertação dos vínculos feudais e da centralização.⁵⁴

Por óbvio, que ao longo da história da humanidade o conceito de Soberania apresentou-se de forma distinta, caracterizando-se conforme as diferentes formas de organização do poder testemunhadas pelos Estados. Ao longo das civilizações é possível sempre identificar uma autoridade suprema, mesmo que na prática, como bem refere Matteucci,⁵⁵ esta autoridade explicite ou venha a ser explicitada de modos bastante diferentes.⁵⁶

---

a sede última do poder (*summa potestas, summum imperium, maiestas, plenitudo postestis*), que guardavam a noção de independência e de poder supremo. No Medievo, surge a expressão "soberano" (não a de soberania), para indicar situação de proeminência, ou seja, a situação daquele que está em posição hierarquicamente superior, não se submetendo a mais ninguém. No entanto, na Idade Média o soberano estava *sub Deo*. Apenas com a chegada da Idade Moderna e com a construção da moderna teoria da soberania é que vai se dar uma reviravolta, segundo expõe Matteucci. Nesse período, o soberano faz a lei, não estando a ela limitado, eis que se encontra *supra legem*. No entanto, em sentido restrito, na sua significação moderna, o conceito de soberania surge simultaneamente com a formação do Estado moderno, ou seja, a partir do século XVI. Sendo assim, diz Matteucci, o termo *soberania* indicará, em toda a sua plenitude, o poder estatal, sujeito único e exclusivo do Estado. (Bobbio, Norberto et all. *Dicionário de política*. 5. ed. Brasília: UnB. 2000, p.1181)

[50] Seitenfus, Ricardo; Ventura; Deisy. *Introdução ao Direito Internacional Público*. Op. cit.

[51] Contrapondo ambos os períodos da história, é perfeitamente verificável que a transição do paradigma medieval para o paradigma das monarquias absolutas da modernidade se dá em decorrência de uma alteração nas relações de poder. Entende-se, nestes termos, que o Estado Moderno, aqui considerado, é o resultado da institucionalização do poder, da centralização do poder que se sobrepõe à sociedade fracionada e policêntrica que delineava o Medievo. Constitui uma realidade totalmente distinta das poliarquias medievais, imprecisas em termos de delimitação territorial e instáveis no que respeita à estruturação do poder. Lewandowski, Enrique Ricardo. *Proteção dos Direitos Humanos na Ordem Interna e Internacional*. Rio de Janeiro: Forense, 1984, p. 19-20.

[52] Miranda, Jorge. *Teoria do Estado e da Constituição*. Op. cit., p. 37.

[53] Zippelius, Reinhold. *Teoria Geral do Estado*. Op. cit., p. 57.

[54] Miranda, Jorge. *Teoria do Estado e da Constituição*. Op. cit., p. 37.

[55] MATTEUCCI, Nicola. Verbete "soberania". In: BOBBIO, Norberto *et all*. *Dicionário de Política*. 5. ed. Brasília: UnB. 2000, p. 1179-1188.

[56] A idéia de soberania sempre foi mais forte do que a realidade, havendo, segundo Seitenfus e Ventura, "um rude contraste entre o brilho da teoria e a materialidade política". (Seitenfus, Ricardo; Ventura, Deisy. *Introdução ao Direito Internacional Público*. Op. cit.)

O constante e dinâmico processo evolutivo do Estado Moderno foi marcado primeiramente pela presença de um poder ilimitado, absoluto e perpétuo, concentrado nas mãos do monarca e justificado ideologicamente na teoria do direito divino dos reis/monarcas,[57] correspondente à roupagem de um Estado Absolutista, marcado pela teoria clássica de Soberania;[58] paulatinamente o poder estatal passou a ser tomado como instituição.[59] Nesse sentido, referem Bolzan de Morais e Streck que:

> [...] naquilo que se passou a denominar de Estado Moderno, o Poder se torna instituição (uma empresa a serviço de uma idéia, com potência superior a dos indivíduos). É a idéia de uma dissociação da autoridade e do indivíduo que a exerce. O Poder despersonalizado precisa de um titular: o Estado. Assim, o Estado procede da institucionalização do Poder, sendo que suas condições de existência são o território, a nação, mais potência e autoridade. Esses elementos dão origem à idéia de Estado. Ou seja, o Estado Moderno deixa de ser patrimonial. Ao contrário da forma estatal medieval, em que os monarcas, marqueses, condes e barões eram donos do território e de tudo o que neles se encontrava (homens e bens), no Estado Moderno passa a haver a identificação absoluta entre Estado e monarca em termos de Soberania estatal. L'Etat c'est moi.[60]

De fato, na teoria da Soberania em Bodin havia uma identificação entre o Estado e governante (monarca), o que se refletia na conhecida expressão acima citada "L'Etat c'est moi". Na verdade, atribuía-se ao soberano, pessoalmente, aquela Soberania que incumbia ao Estado na sua totalidade.[61] Essa construção da Soberania representava a primeira versão do Estado Moderno, carecendo de um desenvolvimento, visto que a Soberania deveria ser atribuída ao Estado, enquanto unidade de poder e eficácia, consoante, alerta Zippelius.[62]

---

[57] "O poder que se aglutina neste momento reflete a idéia de sua absolutização e perpetuidade. Absoluto, pois não sofre limitações sequer quanto à duração e, por isso, também perpétuo. Resta, apenas, adstrito às leis divinas e naturais." Bolzan de Morais, José Luis. *Mediação e Arbitragem: alternativas à jurisdição*. Porto Alegre: Livraria do Advogado, 1999, p. 29.

[58] Neste aspecto, pode-se ilustrar citando que "o absolutismo do poder monárquico é alcançado, ao menos em teoria, na medida em que o príncipe não encontra mais limites para o exercício de seu poder nem dentro nem fora do Estado nascente." Bobbio, Norberto *et all*. *Dicionário de Política*. Op. cit., p. 429, verbete "absolutismo".

[59] Para Filomeno "[...] o Estado surge quando o poder se institucionaliza, tem-se que é ele, a um só tempo, a fonte irradiadora de direito e ente garantidor de sua efetiva observância, mediante meios coercitivos". Filomeno, José Geraldo Brito. *Manual de Teoria Geral do Estado e Ciência Política*. 2ª ed. Rio de Janeiro: Forense Universitária, 1997, p. 64. O poder estatal, por conseguinte, vai reclamar certos limites nas suas relações com os indivíduos/súditos. Quer-se com esse raciocínio apontar para a materialização da idéia de um Estado limitado pelo Direito, primando pela supremacia da lei. Fala-se do Estado de Direito, conforme será observado adiante.

[60] Streck, Lenio Luiz e Bolzan de Morais, José Luis. *Ciência Política e Teoria Geral do Estado*. Op. cit., p. 27.

[61] Zippelius, Reinhold. *Teoria Geral do Estado*. Op. cit., p. 58.

[62] Id., ibid.

Por óbvio que o conceito de Soberania, inicialmente consolidado na figura do Rei (monarca), evoluiu, sendo transferido da pessoa do soberano para o povo, conforme construção de Jean-Jacques Rousseau,[63] germinando aí o ânimo para a Revolução Francesa e extinção do absolutismo.

De qualquer sorte, é certo que foi o Estado Absolutista[64] que inaugurou a unidade de poder contínua e fortemente organizada, responsável pela enumeração das regras de convivência de seus membros, impondo aos seus súditos o dever de obediência. O Estado Absolutista[65] torna-se o grande tutor dos seus cidadãos, em cujas mãos se encontraram o poder político, a autoridade religiosa e a política econômica do país.[66] Nesse período, a legitimidade para o exercício do poder soberano sustenta-se em uma espécie de doutrina teocrática, a qual afirmam a origem divina do poder.

As monarquias absolutistas, aos poucos, apresentaram-se como uma ameaça aos anseios da burguesia em ascensão e aos ideais dos grupos protestantes. Seu poder absoluto e ilimitado, antes necessário, transformou-se em um obstáculo.[67] "O Estado Absoluto, de incentivador da bur-

---

[63] Rousseau, Jean-Jacques. *Contrato Social*. Col. Os Pensadores. São Paulo: Nova cultural. 1999.

[64] Interessante lembrar que o Estado Absolutista marcou a vitória (parcial) da burguesia, que erigiu suas aspirações em ideais do Estado, que com o advento do Estado Liberal consubstanciou tais ideais. (Scaff, Fernando Facury. *Responsabilidade Civil do Estado Intervencionista*. Op. cit.)

[65] A principal função estatal, nesta versão absolutista, era "fornecer um padrão objetivo de resolução de conflitos, a lei, a uma sociedade cujo pluralismo poderia levar à dissolução" (Barzotto, Luis Fernando. *O Positivismo Jurídico Contemporâneo*. São Leopoldo: Unisinos, 2000, p. 14.) Na tentativa de elencar algumas peculiaridades do Estado Absoluto, Wolkmer vai dizer que: "O Estado Absolutista tem suas particularidades: a) um regime de governo absolutista: centralização de todos os poderes na pessoa do rei; b) o Estado é territorial e nacional: surge na França, Inglaterra e Espanha, a consciência de Nação e nacionalidade; c) o Estado se reveste de um poder supremo e ilimitado: a soberania; d) o processo de secularização gera um Estado secular, marcando a separação entre Estado e Igreja; e) materializa-se um conceito de Direito laicizado, produto da generalidade, dessacralização e racionalização burguesa; f) desenvolve-se o mercantilismo econômico e o advento da economia monetária". (Wolkmer, Antônio Carlos. *Elementos para uma Crítica do Estado*. Porto Alegre: Safe. 1990, p. 25.).

[66] Zippelius, Reinhold. *Teoria Geral do Estado*. 2. ed. Lisboa: Fundação Calouste Gulbenkian, 1984, p. 136. "Com efeito, enquanto instituição centralizada, o Estado, em sua primeira versão absolutista, foi fundamental para os propósitos da burguesia no nascedouro do capitalismo, quando esta, por razões econômicas, abriu mão do poder político, delegando-o ao soberano. Na virada do século XVIII, entretanto, essa mesma classe não mais se contentava em ter o poder econômico; queria, sim, agora, tomar para si o poder político, até então privilégio da aristocracia". No entanto, apesar de o Estado absolutista ter como um de seus alicerces o apoio da burguesia aos monarcas, o ente estatal não foi controlado pela burguesia. Esta não ocupou os postos do poder político do Estado Absolutista, restringindo-se ao domínio do poder econômico. Porém, a partir do século XVIII, a burguesia não estava mais satisfeita em deter apenas o poder econômico, reivindicando o espaço político para fazer par ao poder econômico já conquistado, eis que era a classe detentora das atividades comerciais. Testemunha-se, então, uma nova tensão: a tensão entre o político e o econômico. (Streck, Lenio Luiz e Bolzan de Morais, José Luis. *Ciência Política e Teoria Geral do Estado*. Op. cit., p. 44.).

[67] "Esgotada a sua função histórica como moldura institucional propícia à acumulação capitalista, o Estado absoluto passou a constituir um entrave à expansão das forças produtivas, na medida em que

guesia, passou a ser obstrutor".[68] Os crescimentos das economias de mercado e das mudanças na orientação econômicas demandavam novos rumos. Como bem registra Scaff,[69] "o Estado absolutista passou a ser considerado um empecilho ao desenvolvimento das atividades econômicas", a expansão do capital precisava ir além das fronteiras nacionais.

Diante das exigências por uma autonomia política e mais respeito às liberdades individuais, especialmente religiosas, houve um sério abalo ao edifício absolutista, resultante da luta travada entre a burguesia em ascensão e a monarquia em decadência. Paulatinamente, a burguesia – auxiliada pelas forças sociais populares e pelos pensadores liberais – vai enriquecendo e fortalecendo-se ainda mais.[70] Era hora da revolução! A burguesia alcançava o comando do Estado.

A derrocada das monarquias absolutas tem como grande marco a Revolução Francesa, de 1789.[71] Assumem, ainda, especial relevância nessa mudança a Inglaterra e os Estados Unidos. Aquela com a evolução desencadeada há um século - Revolução Gloriosa - e com a Revolução Industrial; estes com as primeiras Constituições escritas em sentido moderno, com a Revolução Americana.

É neste contexto de repúdio às tendências absolutistas que Locke sustentou a sua tese dos direitos inalienáveis da pessoa, em oposição à teoria de Bodin da Soberania do poder político.[72] O indivíduo passou a contrapor-se ao Estado. De outro lado, Rousseau[73] transfere a Soberania da pessoa do monarca para o povo, emergindo; a partir daí, emergem

---

impunha limitação à propriedade, ao continuar legitimando a estrutura fundiária feudal, e cerceava a livre concorrência, ao persistir na manutenção das corporações de ofício. Além disso, os antigos privilégios da nobreza, em especial, a isenção de impostos, continuavam a subsistir, onerando, assim, as demais classes sociais, notadamente a burguesia e o campesinato". Lewandowski, Enrique Ricardo. *Proteção dos Direitos Humanos na Ordem Interna e Internacional.* Op. cit., p. 21-22.

[68] Scaff, Fernando Facury. *Responsabilidade Civil do Estado Intervencionista.* Op. cit., p. 64.

[69] Id., ibid.

[70] Heller refere que a independência política do Estado Absolutista, vê-se ameaçada pelos poderes econômicos privados que haviam crescido poderosamente – poder econômico da burguesia. Reproduzindo as palavras de Heller, tem-se que "el poder del capital les permite dirigir la opinión pública de modo indirecto, valiéndose de las cajas de los partidos políticos y de los periódicos, del cine, de la radio y de otros muchos medios de influir en las masas, com lo cual adquiere un enorme poder político. Pero también pueden ejercer un influjo político formidable, de un modo directo, por la presión de su potencialidad econômica sobre el pode del Estado, como, v. gr., mediante la financiación de la acción directa de fuerzas de choque de carácter político-militar, o también por su competencia en materias técnico-econômicas que los sitúan por encima de la burocracia, y, en fin, mediante sus grandes relaciones internacionales." Heller, Herman. *Teoria del Estado.* Op. cit., p. 153-154.

[71] Os ideais do liberalismo justificaram a luta contra as monarquias absolutas, contra a concepção teocrática do poder e ainda contra as práticas feudais que persistiam. Proclamava-se o individualismo e as liberdades individuais, visando à limitação do poder político absoluto.

[72] Zippelius, Reinhold. *Teoria Geral do Estado.* Op. cit., p. 162.

[73] Rousseau, Jean-Jacques. *Do Contrato Social.* São Paulo: Nova Cultura, 1999.

teorias democráticas que se contrapõem àquelas concepções teocráticas do poder. Inaugura-se a teoria da Soberania popular, fundada na igualdade política dos cidadãos e no sufrágio universal.[74] A Soberania sai, portanto, das mãos de uma única pessoa (rei) e passa para as mãos do povo (cidadão).[75] Nascem aí os ideais das Revoluções burguesas. Com a Revolução Francesa, em especial, surge a definição de cidadania e uma transferência da Soberania do monarca à nação, encontrando sua justa formulação na Declaração de 1789.[76] Ao mesmo tempo em que se proclama a Soberania da nação, estipula-se que a lei é a expressão da vontade geral e que todos os cidadãos têm o direito de concorrer para a sua formação.[77]

Assim, observa-se que enquanto em um primeiro momento demandava-se um poder absoluto, garantidor da segurança dos indivíduos contra outros indivíduos, ou seja, nas relações entre particulares; em um segundo momento passa-se a exigir certa segurança aos indivíduos em face do próprio ente estatal, desenhando-se, então, a segunda articulação institucional sucessora do Estado Absolutista, qual seja, o Estado Liberal com conotação absenteísta – Estado Mínimo.[78] No entanto, como bem registra Scaff, não se trata de um Estado absenteísta por ordem natural, mas sim por imposição dos seus dirigentes. A partir de então, deu-se a estatização da produção normativa, cujo grande marco foi o Código Napoleônico, servo dos objetivos do Estado Liberal, tendo entrado em vigor em 1804.

Prevalece, portanto, a concepção de um poder estatal limitado, controlado, com "dever de obediência a certas normas jurídicas, cuja finalidade é impor limites ao poder e permitir, em conseqüência, o controle do poder pelos seus destinatários".[79] O poder soberano não está mais exclusivamente nas mãos de uma única pessoa (rei), mas antes nas mãos do povo (Soberania popular).

Na verdade, o Estado Liberal, cuja semente foi burguesa, adotava a mesma retórica do Estado Absolutista, particularizada pela fundamentação da Soberania não em Deus (poder divino do monarca), mas antes no povo.

---

[74] Reis, Márcio Monteiro. *Mercosul, união européia e constituição*. Op. cit., p. 12.
[75] Zippelius, Reinhold. *Teoria Geral do Estado*. Op. cit.
[76] Lefort, Claude. *Nação e Soberania*. Op. cit., p. 69.
[77] Id., ibid.
[78] A partir da consolidação e expansão do liberalismo, rompe-se com o Estado Absoluto e um novo perfil é assumido pelo Estado Moderno, caracterizado pela omissão frente às questões de ordem social e econômica, baseado no princípio da não-intervenção. É neste contexto que o Estado Liberal é forjado, assumindo uma postura de Estado Mínimo ou Absenteísta, dotado de funções ligadas tão-somente à garantia da segurança e da propriedade privada, calcado no absenteísmo estatal.
[79] Sundfeld, Carlos Ari. *Fundamentos do Direito Público*. São Paulo: Malheiros, 1992, p. 35.

O Estado Liberal Mínimo representou a primeira forma de Estado de Direito,[80] concebido como aquele que realiza suas atividades subordinadas ao Direito,[81] atuando em conformidade com a ordem jurídica. Foi este o cenário do movimento de codificação presenciado pela modernidade. Assim, o modelo liberal formaliza-se como Estado de Direito, contrapondo-se ao modelo absolutista.

A partir do Estado Liberal de Direito, generaliza-se a idéia de direitos humanos naturais, inalienáveis e inatacáveis.[82] O Estado passou a sofrer limitações advindas do reconhecimento de algumas garantias próprias aos indivíduos.[83] Há, portanto, uma preocupação quanto à reivindicação de direitos individuais, verificando-se um considerável avanço no que tange à conquista de direitos e garantias – em especial liberdades individuais e propriedade –, bem como no que se refere ao constitucionalismo. Com o advento do Estado Liberal de Direito,[84] promoveu-se o direito de o indivíduo traçar o seu próprio destino. Os direitos, antes entendidos como concessões do soberano (que a qualquer instante poderia revogá-los), tornaram-se inerentes ao qualificativo humano e, portanto, oponíveis contra o Estado.

O direito no Estado Liberal, diz Roth, destinava-se à proteção dos direitos dos indivíduos contra toda pretensão de interferência do Estado em sua vida privada. "Ele garante ao cidadão, com força se necessário, o uso e o respeito de suas liberdades privadas"; protegendo o direito de propriedade, da liberdade de comércio e de indústria, e da liberdade de

---

[80] A locução "Estado de Direito" foi cunhada pela primeira vez na Alemanha, na obra de Weicker, publicada em 1813. Consultar: Hayek, Friedrich August Von. *Los fundamentos de la libertad*. 5. ed. Madrid: Union, 1991, 510p (capítulo 18). Ao abordar a temática sobre o Estado de Direito, Canotilho refere que "contra a idéia de um Estado de Polícia que tudo regula e que assume como tarefa própria a prossecução da "felicidade dos súditos, o Estado de Direito é um Estado Liberal de Direito no seu verdadeiro sentido. Limita-se à defesa da ordem e segurança públicas ('Estado de Polícia', 'Estado Gendame', 'Estado guarda-noturno'), remetendo-se os domínios econômicos e sociais para os mecanismos da liberdade individual e da liberdade de concorrência. Neste contexto, os direitos fundamentais liberais decorriam não tanto de uma declaração revolucionária de direitos, mas do respeito de uma esfera de liberdade individual". Canotilho, J. J. Gomes. *Direito Constitucional e Teoria da Constituição*. 3. ed. Coimbra: Almedina, 1999, p. 92-93.

[81] Segundo Ferreira Filho, "é ao Direito que o Liberalismo, descendente direto e imediato do iluminismo, confia a tarefa de limitar, instituir e organizar o Poder, bem como de disciplinar a sua atuação, sempre resguardando-se o fundamental: a liberdade, os direitos do homem". Ferreira Filho, Manoel Gonçalves. *Estado de Direito e Constituição*. 2. ed. São Paulo: Saraiva, 1999, p. 3-4.

[82] Zippelius, Reinhold. *Teoria Geral do Estado*. Op. cit., p. 152.

[83] O Estado Liberal, animado pelos ideais do liberalismo clássico, inicialmente caracterizou-se por uma autoridade nacional central com poderes bem definidos, havendo um amplo grau de liberdade civil. A liberdade pregada pelos liberais clássicos estava em consonância com o pensamento de Hobbes, ou seja, referia-se à liberdade como ausência de coerção, ou de obstáculos externos. Consultar Merquior, José Guilherme. *O Liberalismo: antigo e moderno*. Rio de Janeiro: Nova Fronteira, 1991, p. 27 e segs.

[84] O modelo liberal formaliza-se como Estado de Direito para contrapor-se ao modelo absolutista.

contratar. Funda-se, sobretudo, contra o direito do Estado e assegura a regulação espontânea da sociedade.[85]

A autovinculação e a autolimitação jurídica do poder estatal, portanto, impôs-se cada vez mais, fomentando o movimento constitucionalista do século XIX, ou seja, a afirmação do caráter plenamente normativo da Constituição dos Estados, considerada instância jurídica superior, símbolo maior do poder soberano.

Ocorre que o modelo liberal do Estado de direito esgota-se, havendo a carência de orientação das condutas humanas para a promoção do desenvolvimento econômico e social. A sociedade passou a exigir a presença de um Estado intervencionista.[86] O ideal de um Estado Liberal, com postura absenteísta, que não interferisse no domínio econômico, não correspondia mais à realidade da época.[87] Nesse momento, o período do pós-guerra foi decisivo. Como refere Sundfeld, a "crise econômica do primeiro pós-guerra levou o Estado a assumir – forçado, diga-se, pelas exigências da própria sociedade – um papel ativo, seja como agente econômico (instalando indústrias, ampliando serviços, gerando empregos, financiando atividades), seja como intermediário na disputa entre poderes econômicos e miséria (defendendo trabalhadores em face dos patrões, consumidores em face de empresários)".[88]

Neste cenário, prescinde-se de uma ação interventiva do Estado sobre o domínio socioeconômico, refletindo em um progressivo alargamento das funções públicas. Novamente a burguesia atua como personagem na transformação do Estado. Scaff infere desse cenário que a burguesia, ao sentir-se ameaçada pelas tensões sociais existentes, acaba por facilitar a realocação das forças do Estado, permitindo sua participação no processo produtivo do sistema econômico-político.[89] Dá-se, portanto, a transição do Estado Liberal de Direito para o Estado Social de Direito, permanecendo alguns caracteres essenciais do Estado Absolutista e outros do Estado Liberal, como a base nacional-territorial e a unificação administrativa depois o arcabouço constitucional e a referência aos direitos e garantias fundamentais.[90]

---

[85] Roth, André-Noël. *O direito em crise: fim do estado moderno?* In: Faria, José Eduardo. *Direito e Globalização Econômica*: implicações e perspectivas, p. 19-20.

[86] Garcia-Pelayo, Manuel. *Las Transformaciones del Estado Contemporáneo*. 3. ed., Madrid: Alianza, 1982, p. 23.

[87] Dallari refere que apesar de o Estado Liberal, com um mínimo de interferência na vida social, ter trazido, de início, alguns inegáveis benefícios (valorização do indivíduo, desenvolvimento da idéia de poder legal a sobrepor-se a idéia de poder pessoal...), o próprio modelo liberal criou as condições para a sua própria superação. Dallari, Dalmo de Abreu. *Elementos de Teoria Geral do Estado*. Op. cit.

[88] Sundfeld, Carlos Ari. *Fundamentos do Direito Público*. Op. cit., p. 54.

[89] Scaff, Fernando Facury. *Responsabilidade Civil do Estado Intervencionista*. Op. cit., p. 39.

[90] Saldanha, Nelson. *Pequeno Dicionário da Teoria do Direito e Filosofia Política*. Op. cit., p. 112.

Insere-se, no entanto, um novo componente, qual seja, a função social.[91] Neste contexto, Zippelius constata que "a passagem do Estado Liberal ao Estado Social Moderno foi caracterizada por o Estado ter incluído no âmbito da sua atuação política, em medida crescente, aquelas decisões respeitantes às finalidades sociais e econômicas e à sua efectivação planeada. Os principais elementos componentes deste alargamento das funções públicas foram a promoção do bem comum e da justiça social".[92]

No Estado Social de Direito, o seu conteúdo jurídico passa a ser a questão social, visando ao bem-estar geral e dispondo-se a controlar os aspectos econômicos, sociais e culturais da sociedade.[93] Sobre essa nova roupagem do Estado de Direito, Garcia-Pelayo vai afirmar que não só se incluem direitos para limitar a ação do Estado, como também direitos a serem prestados pelo Estado, que, naturalmente, deverão obedecer a um princípio de eficácia, o que exige a harmonização entre a racionalidade jurídica e a racionalidade técnica.[94]

Não obstante as discrepâncias e sinais de transformação, há que se trazer a lume o fato de que o núcleo básico em ambas as formulações estatais – Liberal e Social – não se altera. O Estado Liberal e o Estado Social apresentam certa similitude, segundo Streck e Bolzan de Morais, no que tange à finalidade última; em ambas as situações, o fim ultimado é a adaptação à ordem estabelecida.[95]

Na seqüência de transformações verificadas no Estado de Direito, percebe-se que a garantia de liberdades negativas, privilegiando o indivíduo, e a promoção de liberdades positivas, atendendo ao bem-estar comum,

---

[91] A partir da leitura de Pasold, observa-se que a função social do Estado, apesar de não possuir um conteúdo fixado *a priori* e imediatamente, não pode ser compreendida com uma conotação de paternalismo ou de protecionismo, mas como uma conseqüência da necessária interação continuada entre Estado e Sociedade. Em sendo assim, o Estado necessariamente precisa assumir dimensões fundamentais, executando determinadas atividades para a consecução dos objetivos pretendidos correspondendo aos anseios do todo social, considerando as peculiaridades da época, haja vista tratar-se de um dever do Estado frente à Sociedade. Para a compreensão da função social do Estado, Pasold parte dos elementos sujeito, objeto e objetivo, afirmando que a função social do Estado deve englobar a execução de ações que respeitem e valorizem o sujeito, observando o seu objeto e cumprindo com o seu objetivo, privilegiando o social e valores fundamentais do ser humano. A função social relaciona-se com a justiça social. Pasold, Cesar Luiz. *Função Social do Estado Contemporâneo*. Florianópolis: Ed. do Autor, 1984, 79p.

[92] Zippelius, Reinhold. *Teoria Geral do Estado*. Op. cit., p. 144.

[93] Garcia-Pelayo, Manuel. *Las Transformaciones del Estado Contemporâneo*. Op. cit., p. 24.

[94] Tradução livre da autora. No original: "[...] no sólo incluye derechos para limitar la acción del Estado sino también derechos a las prestaciones del Estado, que, naturalmente, han de obedecer al principio de la eficacia, lo que exige una armonización entre la racionalidade jurídica y la racionalidade técnica" Garcia-Pelayo, Manuel. *Las Transformaciones del Estado Contemporâneo*. Op. cit., p. 56.

[95] Streck, Lenio Luiz e Bolzan de Morais, José Luis. *Ciência Política e Teoria Geral do Estado*. Op. cit., p.91. Bolzan de Morais, José Luis. *Do Direito Social aos Interesses Transindividuais*. Op. cit., p. 83.

não são mais suficientes para suprir os anseios da sociedade, a qual passa a reivindicar uma pretensão à igualdade. Dá-se, desta forma, uma tentativa de transformação do *status quo* com o acréscimo do elemento democrático ao Estado de Direito. Trata-se o Estado Democrático de Direito.

Os modelos do Estado Liberal de Direito e do Estado Social de Direito não conseguem dar conta das progressivas e constantes demandas sociais, em especial no âmbito do ideal de liberdade e igualdade, da limitação do poder, da proteção e implementação dos direitos.[96] O novo modelo de Estado de Direito – o Estado Democrático de Direito – visa a imprimir o ideal democrático ao Estado de Direito, onde a "preocupação básica é a transformação do *status quo*".[97] O Estado Democrático de Direito, segundo Bolzan de Morais e Streck, possui um "conteúdo transformador da realidade", distinguindo-se do Estado Social de Direito, que visava à "adaptação melhorada das condições sociais de existência".[98] Streck diz que "o Estado Democrático de Direito representa, assim, a vontade constitucional de realização do Estado Social".[99]

Os princípios que o orientam são, adotando a enumeração feita por Bolzan de Morais e Streck, os seguintes: (a) constitucionalismo; (b) organização democrática da sociedade; (c) sistema de direitos fundamentais individuais e coletivos; (d) justiça social; (e) igualdade; (f) divisão de poderes ou funções; (g) legalidade; (h) segurança e certeza jurídicas.[100] Traz em seu conteúdo a reivindicação pela efetivação da igualdade, agregando-a aos conteúdos liberal e social, visando para tanto a garantir e assegurar juridicamente "condições mínimas de vida ao cidadão e à comunidade".[101] É preciso referir que a questão da igualdade, embora presente no Estado Social de Direito, não obteve uma solução satisfatória, refletindo na necessidade da construção do Estado Democrático de Direito, o qual pretende uma integração entre Estado, Direito e Democracia, mediante uma alteração nos conteúdos do Estado de Direito, e não apenas na garantia e quantidade dos direitos.[102]

Sundfeld refere que um mero Estado de Direito protege direitos individuais e limita o poder estatal, porém não garante a participação dos

---

[96] Leal, Rogério Gesta. *Perspectivas Hermenêuticas dos Direitos Humanos e Fundamentais no Brasil*. Porto Alegre: Livraria do Advogado, 2000, p. 77.

[97] Bolzan de Morais, José Luiz. *Do Direito Social aos Interesses Transindividuais*. Op. cit., p. 74.

[98] Streck, Lenio Luiz e Bolzan de Morais, José Luis. *Ciência Política e Teoria Geral do Estado*. Op. cit., p. 90.

[99] Streck, Lenio Luiz. *Hermenêutica Jurídica e(m) Crise*: a exploração hermenêutica da construção do Direito. 2. ed. Porto Alegre: Livraria do Advogado, 2000, p. 39.

[100] Ibidem, p. 90.

[101] Streck, Lenio Luiz e Bolzan de Morais, José Luis. *Ciência Política e Teoria Geral do Estado*. Op. cit., p. 94.

[102] Consultar Silva, José Afonso da. O Estado Democrático de Direito. *In: Revista da PGE/SP*.

destinatários em seu exercício.[103] A par das rupturas e transformações que causaram as sístoles e diástoles no núcleo do poder estatal, observa-se que o Direito tenta acompanhar os avanços e retrocessos do Estado, espelhando a realidade estatal frente à sociedade e seus anseios. De outro lado, há uma profunda revisão acerca do conceito de Soberania. Diante destas modificações sofridas pelo Estado Moderno, parece inevitável contrapor tais transformações ao contexto atual.

4. A Soberania sob o espectro da Globalização

Não é de hoje que se tem notícia do fenômeno da globalização. De fato, vive-se hoje diante da transnacionalização dos mercados, da volatilização do capital financeiro, da reorganização dos processos produtivos. O impacto da globalização se faz sentir de tal maneira, que se tem falado que a "globalização econômica [...] está substituindo a política pelo mercado, como instância privilegiada de regulação social".[104]

O fenômeno da globalização é, portanto, apontado como uma das principais causas da(s) crise(s) do Estado e do direito. Os mecanismos sociais, econômicos e jurídicos de regulação erigidos a partir do Estado social já não funcionam mais! A interdependência dos Estados, diz André-Noël Roth, influi sempre mais na definição das políticas públicas internas de cada Estado. Por via de conseqüência, não se pode negar uma perda da Soberania e da autonomia dos Estados Nacionais na formulação de políticas públicas.[105] Segundo Roth, "no plano externo, o Estado Social já não pode pretender regular a sociedade civil nacional de maneira soberana. E, no plano interno, sua ação não permite resolver a crise e aparece como impotente. A distância entre sua vontade e a realidade, entre a lei e sua aplicação, vai crescendo".[106]

Inafastável constatar, acompanhado José Eduardo Faria, o impacto desagregador sobre as "estruturas político-institucionais e sobre a ordem jurídica forjados pelo Estado-nação com base nos princípios da Soberania e da territorialidade".[107] Acompanhando esse raciocínio, Roth vai afirmar que "de fato assistimos a um deslocamento e a uma fragmentação das instancias legitimadas a promulgar regras. O Estado social, tal como ins-

---

[103] Sundfeld, Carlos Ari. *Fundamentos do Direito Público.* Op. cit., p. 37.
[104] Faria, José Eduardo C. Direitos Humanos e Globalização Econômica. *In: Revista O Mundo da Saúde,* v. 22, n. 2, Centro Universitário São Camilo, 1998, p. 74.
[105] Roth, André-Noël. *O direito em crise: fim do estado moderno?* Op. cit., p. 19.
[106] Id., ibid.
[107] Faria, José Eduardo C. *Direitos Humanos e Globalização Econômica.* Op. cit.

tância central, encontra-se superado por instâncias a pretensões legitimadoras de nível superior (o nível internacional, CEE, ONU, mecanismos do mercado internacional) e de nível inferior, e não necessariamente de tipo público (regionais, locais, empresas...)".[108] E mais! Segundo Roth,

> [...] a interdependência crescente dos países, desde o ponto de vista econômico, financeiro, assim como a complexidade dos problemas novos (meio-ambiente) e a rapidez das mudanças do transtorno, levaram que à impossibilidade da seqüência desse modo de produção e de aplicação das regras jurídicas, que a uma crise do direito. Crise que se reflete na dificuldade que tem o Estado para aplicar seus programas legislativos e no reconhecimento da existência de um pluralismo jurídico. O Estado perde a sua pretensão na detenção do monopólio de promulgar regras. [...] Agora cada Estado tem que levar em consideração a situação internacional para promulgar leis de caráter nacional, em setores cada vez mais numerosos.[109]

A par desta conjuntura, fala-se que o Estado contemporâneo vive mergulhado em meio a crises, as quais apresentam-se interconectadas. Assim sendo, falar sobre Estado Moderno na atualidade implica obrigatoriamente refletir acerca de sua(s) crise(s). Orientados pelo debate de Bolzan de Morais[110] e inspirados em Pierre Rosanvallon,[111] é possível desenhar cinco crises do Estado contemporâneo. São elas: (a) a crise conceitual; (b) a crise estrutural; (c) a crise institucional; (d) a crise funcional; e, por fim, (e) a crise política ou de representação.[112] Todas elas estão presentes no contexto do Estado contemporâneo. Podemos distingui-las, porém, não separá-las![113]

A primeira delas, a crise conceitual, é resultado da reflexão sobre a suficiência e eficiência dos elementos característicos do Estado, quais sejam, o povo, o território e a Soberania. Atinge, no entanto, particularmente a problemática da Soberania e da universalização de direitos humanos. A segunda, a crise estrutural, decorre do questionamento sobre o modelo de Estado do Bem-Estar Social, podendo ser observada sob três aspectos, quais sejam, o fiscal-financeiro, o ideológico e o filosófico. No que pertine às três últimas crises, nomeadas por Bolzan de Morais como "novas crises" (constitucional, funcional e política), verifica-se que decor-

---

[108] Roth, André-Noël. *O Direito em Crise: fim do estado moderno?* Op. cit., p. 20-21.

[109] Id., ibid.

[110] Bolzan de Morais, José Luis. *As Crises do Estado e da Constituição e a Transformação Espacial dos Direitos Humanos.* Op. cit., Porto Alegre: Livraria do Advogado, 2002, 104p.

[111] Rosanvallon, Pierre. *A Crise do Estado-Providência.* Op. cit.

[112] Bolzan de Morais, José Luis. *As crises do estado e da constituição e a transformação espacial dos direitos humanos.* Op. cit.

[113] Tendo em vista os limites do presente ensaio, não se pretende realizar, pr este aspecto, uma análise aprofundada acerca de todas as crises do Estado contemporâneo. Para um estudo detido em cada uma daquelas crises, sugere-se Bolzan de Morais, José Luis. *As crises do estado e da constituição e transformação espacial dos direitos humanos.* Op. cit.

rem da fragilização dos instrumentos jurídicos e políticos, da ordenação do poder político e da organização estrutural da sociedade.[114] A crise institucional refere-se à fragilidade da Constituição enquanto paradigma ético-jurídico da sociedade e do poder; a crise funcional refere-se à perda de centralidade e exclusividade do Estado e às multiplicidades dos *loci* de poder; e, por fim, a crise política refere-se à incapacidade do modelo da democracia representativa responder aos anseios sociais e ao enfraquecimento do espaço público da política e de sua economicização.[115] Para fazer uso das palavras de Castells, sem intenção de praticar futurologia, pode-se sugerir que, apesar das crises, o "Estado não desaparece".[116]

Não pesa dúvida que o Estado contemporâneo está em meio a antigos e novos paradigmas que o estão conduzindo, talvez, a novos elementos identificadores do Estado e de suas funções. Bonavides, ao falar sobre "as quatro crises do Brasil constitucional",[117] de forma poética, vai afirmar que "o passado se apaga, o presente não sobrevive, e o futuro não chega".

É sabido que, o que caracteriza o Estado Moderno, contrapondo-o àquelas formas estatais pré-modernas, são os conceitos de Soberania, de povo e território. Não se pode negar, todavia, que a globalização e as mudanças vivenciadas pela civilização mundial no último século irá abalar esse tripé do Estado. O fator mais suscetível, em especial para os limites desta discussão, parece ser sua Soberania e sua unidade nacional.

Como referido anteriormente, o processo de globalização e as modificações do contexto contemporâneo acabam borrando as fronteiras dos Estados nacionais. A trilogia, que outrora podia ser apontada como identificador do Estado Moderno, não serve mais para conceituar o Estado contemporâneo. Fala-se agora de uma crise conceitual do Estado. Por óbvio, não é a única crise que preocupa o Estado contemporâneo, mas certamente é um aspecto que merece atenção quando se pretende medir os avanços e retrocessos que marcam o caminho a ser percorrido pelo Estado.

Na verdade, o Estado contemporâneo em meio a um paradoxo. De um lado, a globalização econômica e a necessidade de adaptar-se às exigências do mercado; de outro, o retrato do Estado Moderno e o sentimento de pertinência e a Soberania. Nesse cenário, ainda, organismos internacio-

---

[114] Bolzan de Morais, José Luis. *As Crises do Estado e da Constituição e a Transformação Espacial dos Direitos Humanos*. Op. cit.

[115] Ibidem.

[116] Castells, Manuel. *Fim de Milênio*. 2. ed. São Paulo: Paz e Terra, 1990, p. 435.

[117] Bonavides trabalha as crises do Estado sob quatro prismas: a crise constituinte, a crise constitucional e por fim, a crise de soberania e a crise da unidade nacional. Bonavides, Paulo. *Do País Constitucional ao País Neocolonial*: a derrubada da constituição e a recolonização pelo golpe de Estado institucional. 2. ed. São Paulo: Malheiros. 2001, p. 47.

nais, comunidades supranacionais e alianças entre Estados. Seriam compatíveis a globalização e os projetos nacionais? Por óbvio, uma reflexão nesse sentido conduz a uma outra indagação, no sentido de pensar ou sobre o enfraquecimento do Estado ou sobre a redefinição de seu papel, tendo como palco o discurso da Soberania em tempos de globalização.

Se for verdade que a globalização está impressa na formação de oligopólios transnacionais, na formação de um mercado mundial unificado, na formação de uma nova divisão internacional do trabalho, baseado na desconcentração industrial... Se for verdade que a globalização apresenta-se, ainda, em espaços supranacionais e na onda de inovações tecnológicas (informática, robótica, biotecnologia)... Como falar então em Soberania, ou mesmo em território e povo. Ora, a humanidade de hoje o resultado das tensões do segundo pós-guerra, que não deixou outra alternativa senão a busca por espaços mais amplos e desregulamentados (NAFTA, MERCOSUL...) e a reestruturação e reorganização da produção nacional (novas tecnologias, produção em massa, redução da força de trabalho).[118] O que se percebe é uma interrupção no perfil do Estado Moderno, resultando na sua redefinição a partir das crises do Estado contemporâneo. Há, portanto, que se refletir acerca da Soberania no mundo atual.

5. Construção, interrupção, desconstrução: a crise da Soberania do Estado contemporâneo

Recentemente, noticiou-se que os Estados Unidos, em um movimento surpresa, anteciparam a Soberania aos iraquianos. Em 28 de junho de 2004, o premiê interino assume o governo, dois dias antes do previsto, estando previsto o prazo para a eleição de Assembléia Nacional que redigirá a Constituição. Kofi Annan, na oportunidade, deu as boas-vindas ao Iraque - "de volta à família das nações independentes e soberanas".[119] A cerimônia de transferência da Soberania recebeu ampla divulgação na mídia, juntamente com a ressalva de que os Estados Unidos continuarão

---

[118] Para melhor compreensão da temática sugere-se Corsi, Francisco Luiz. A globalização e a crise dos estados nacionais. In: Dowbor, Ladislau, *et all. Desafios da Globalização*. 3. ed. Rio de Janeiro: Vozes. 2000. Gómez, José Maria. *Política e Democracia em Tempos de Globalização*. Petrópolis, RJ: Vozes, 2000. Guerra, Sidney *et all. Soberania: antigos e novos paradigmas*. Rio de Janeiro: Freitas Bastos, p. 326-345, 2004. Mello, Celso de Albuquerque. *Anuário direito e globalização. Soberania*. Rio de Janeiro: Renovar. 1999.

[119] *Folha de S. Paulo*, 29 de junho de 2004. Caderno Folha Mundo. A manchete da Folha de São Paulo que circulou no dia seguinte à cerimônia de transferência de Soberania tinha a seguinte redação: "EUA adiantam 'soberania', mas Iraque segue sob tutela".

dominando,[120] na prática, a economia e a segurança. Essa é apenas uma das situações, reflexo do contexto atual, que torna flagrante a diluição daquela noção que se trazia outrora sobre Soberania. Seria possível um determinado Estado nacional transferir a soberania a outro? Seria razoável imaginar uma Soberania identificada como um poder uno, absoluto, inalienável e indivisível?

Ora, em que pese a interconexão entre as crises do Estado contemporâneo, o presente debate foca-se na órbita da crise conceitual do Estado, tomando-se, para os limites aqui estabelecidos, como destaque a problemática da Soberania e a universalização dos direitos humanos no contexto da globalização. Há muito se tem discutido/refletido sobre as (in)suficiências e as (d)eficiências do Estado Moderno e de seus elementos característicos, em especial a partir do fenômeno da globalização e do aumento das relações internacionais.

Apesar da história nos conduzir até a Antiguidade Clássica, mais especificamente à Grécia, para explicar a noção de Soberania, foi apenas no século XVI que se formulou um conceito de Soberania. Assim, em 1576, Jean Bodin afirmou que Soberania é "o poder absoluto e perpétuo de uma República".[121] Esse poder soberano, conforme nos mostra a evolução histórica acima descrita, nasce, inicialmente, nas mãos da figura do rei (soberano). Há uma identificação do poder estatal com a pessoa do monarca, do soberano ou do rei. O poder soberano, nessa etapa, corresponde a um poder absoluto, incontrastável e perpétuo. Essa noção, que marcou o Estado Absolutista, guarda raízes no final da idade média, em que se prenunciava a origem divida no poder (*omnis potestas a Deo* – todo o poder vem de Deus). Assim, o titular da Soberania era a pessoa do monarca (Príncipe), que a recebia por concessão de Deus (*L'Etat c'est moi*). Dois séculos depois, em 1762, Jean-Jacques Rousseau enfatiza o conceito de Soberania, tomando-a como Soberania popular, ou seja, concentrada nas mãos do povo.

Foi, portanto, somente a partir de Rousseau, que se verifica uma profunda modificação no que diz respeito à titularidade da Soberania. Nessa face, a Soberania passa às mãos do povo. Desenvolve-se, assim, a teoria da Soberania popular[122] (teoria democrática). A Soberania continua

---

[120] Noticia-se que 160 mil soldados permanecerão no Iraque, os quais não responderão ao comando do novo governo. E apesar do ministério iraquiano controlar a produção do petróleo, as receitas serão remetidas a fundo específico, com monitoramento internacional.

[121] Ferreira Jr., Lier Pires. *Estado e soberania no contexto da globalização*. In: Guerra, Sidney *et all. Soberania: antigos e novos paradigmas*. Rio de Janeiro: Freitas Bastos, 2004, p.162. Mello, Celso D. de Albuquerque. *Soberania através da historia*. Op. cit., p. 10.

[122] Rousseau, Jean-Jacques. *Do contrato social*. Op. cit. Em Rousseau, assim com em Locke, a soberania é a alma em relação ao corpo político estatal. (Seitenfus & Ventura. *Introdução ao direito internacional*. Op. cit.)

correspondendo a um poder absoluto, porém limitado pelo contrato originário do Estado. Abandona-se, assim, a idéia de Soberania identificada com a pessoa do soberano.

Na verdade, não há uma alteração quanto ao monopólio estatal almejado, discute-se tão-somente quanto à titularidade daquele poder soberano, bem como quanto às suas fronteiras. A Soberania, historicamente, vem sendo apontada como uma qualidade intrínseca e definidora do Estado.[123] Mas foi após a Revolução Francesa que a idéia de Soberania evolui para a de Soberania nacional, quando a sua titularidade é atribuída à nação. Há um novo deslocamento do poder soberano, saindo das mãos do povo e direcionando-se à nação, entendida esta como um complexo indivisível, como o povo organizado em uma ordem instituída.[124]

Ambas, a Soberania popular e a Soberania nacional, são herdeiras de um regime democrático, distinguindo-se apenas quanto à forma de participação política. Esta última corresponde ao modelo adotado atualmente pelos Estados Modernos, em especial após a Revolução Francesa, predominando nos Estados que se organizam como Democracias constitucionais.

O conceito de Soberania nacional contribuiu para a legitimação do Estado Moderno, determinando as bases da política e do direito internacional público.[125] Sobre isso, Bolzan de Morais registra que "a Soberania caracteriza-se, historicamente, como um poder que é juridicamente incontrastável, pelo qual se tem a capacidade de definir e decidir acerca do conteúdo e da aplicação das normas, impondo-as coercitivamente dentro de um determinado espaço geográfico, bem como fazer frente a eventuais injunções externas. Ela é, assim, tradicionalmente tida como una, indivisível, inalienável e imprescritível. Neste viés, pode-se dizer que a Soberania moderna é aquela típica do Estado-Nação. Aquela caracterizada por uma estrutura de poder centralizado e que exerce o monopólio da força e da política – legislativa, executiva e jurisdicional – sobre um determinado território – como um espaço geográfico delimitado por suas fronteiras – e a população – como um conjunto de indivíduos que é reconhecido como cidadão/nacional – que o habita".[126]

---

[123] Mello, Celso D. de Albuquerque. Soberania através da historia. In: *Anuário Direito e Globalização – A soberania* 1. Rio de Janeiro: Renovar, 1999, p. 7.

[124] Canotilho, J. J. Gomes. *Direito Constitucional e Teoria da Constituição*. 3. ed. Coimbra: Almedina, 1999, p. 90-100.

[125] Para Jean Bodin, "assim como o navio não é mais do que madeira informe quando se lhe tiram a quilha, que sustém o costado, a proa, a popa e o convés, também a República, sem poder soberano, que une todos os membros e partes da mesma, e todos os lares e colégios num só corpo, não é mais República". Ferreira Jr., Lier Pires. *Estado e soberania no contexto da globalização*. Op. cit., p. 162.

[126] Bolzan de Morais, José Luis. *As Crises do Estado e da Constituição e a Transformação Espacial dos Direitos Humanos*. Op. cit., p. 25.

Atualmente, em pleno século XXI, ainda prevalece o modelo de Estado-Nação, jurídica e politicamente constituído com base na idéia de Soberania. Os Estados ainda se pretendem soberanos (!).[127] Há quem durma abraçado com aquela noção clássica. Veja-se o caso descrito acima sobre a cerimônia de transferência de Soberania ao Iraque.

Não obstante, fenômenos da modernidade acabam por corroer esta tradicional noção de Soberania que vem sendo esculpida desde a formação do Estado Moderno. O principal fenômeno da modernidade que provoca esta instabilidade, como dito, é a globalização. Nesse contexto, Matteucci fala em eclipse da Soberania, afirmando que no último século "conceito político-jurídico de Soberania entrou em crise, quer teórica quer praticamente. Teoricamente, com o prevalecer das teorias constitucionalistas; praticamente, com a crise do Estado Moderno, não mais capaz de se apresentar como centro único e autônomo de poder, sujeito exclusivo da política, único protagonista da arena internacional".[128] Segundo ele, contribuíram simultaneamente para o fim desse monismo "a realidade cada vez mais pluralista das sociedades democráticas"[129] além do "novo caráter dado às relações internacionais, nas quais a interdependência entre os diferentes Estados se torna cada vez mais forte e mais estreita, quer no aspecto jurídico e econômico, quer no aspecto político e ideológico".[130] Há que se concordar com Matteucci, quando ele conclui que "está desaparecendo a plenitude do poder estatal, caracterizada justamente pela Soberania; por isso o Estado acabou quase se esvaziando e quase desapareceram os seus limites".[131]

Desenha-se, assim, a problemática quanto à definição do Estado contemporâneo, a qual não encontra respaldo nos elementos que antes serviam para tanto. Trata-se da crise conceitual do Estado contemporâneo, a qual, segundo Bolzan de Morais, pode ser discutida sob duas variantes: "uma pelo surgimento de pretensões universais da humanidade e pela emergência dos direitos humanos; outra pela superação da supremacia da ordem estatal por outros *loci* de poder, tais como as organizações supranacionais e, particularmente, pela ordem econômica privada ou pública.[132]

---

[127] Ferreira Filho, Manoel Gonçalves. *O Estado e os Direitos Fundamentais em Face da Globalização*. In: Mello, Celso D. de Albuquerque, Torres, Ricardo Lobo. Arquivo de Direitos Humanos. Rio de Janeiro., São Paulo: Renovar. 2000, p. 103-104.
[128] Bobbio, Norberto *et all. Dicionário de Política*. Op. cit., p. 1187.
[129] Id., ibid.
[130] Id., ibid.
[131] Id., ibid.
[132] Bolzan de Morais, José Luis. *As Crises do Estado e da Constituição e a Transformação Espacial dos Direitos Humanos*. Op. cit., p. 16.

Na sua origem, portanto, o Estado via-se impregnado por um poder soberano e centralizado apto a exercer o monopólio da força em um determinado território e povo, conforme se anotou anteriormente. Hoje, no entanto, por força da complexidade social e da pluralidade das sociedades democráticas, bem como devido ao fenômeno da globalização e ao novo caráter dado às relações internacionais, questiona-se o conceito da Soberania e a unidade nacional.[133] No contexto internacional, testemunha-se o estreitamento da colaboração internacional, o surgimento de comunidades supranacionais e empresas multinacionais, o avanço tecnológico e a ampliação dos meios de comunicação – responsáveis pela formação de uma opinião pública mundial e pela imediatidade das informações. Parafraseando Matteucci, "a plenitude do poder estatal encontra-se em ocaso".[134] No entanto, o autor alerta que "não desaparece o poder, desaparece apenas uma determinada forma de organização do poder, que teve seu ponte de força no conceito político-jurídico de Soberania".[135] Para Matteucci, "faz-se necessário agora, mediante uma leitura atenta dos fenômenos políticos que estão ocorrendo, proceder a uma nova síntese político-jurídica capaz de racionalizar e disciplinar juridicamente as novas formas de poder, as novas "autoridades" que estão surgindo".[136]

A fixação de Soberania enquanto poder absoluto inerente e inexorável da comunidade política foi, sem dúvida, o primado do equilíbrio do poder estatal. Apesar dos desequilíbrios econômicos e militares sentidos ao longo da história, a imagem do Estado-Nação solidificou-se como "ente primaz das relações internacionais e do próprio direito internacional público, estando desobrigado a reconhecer qualquer aspecto jurídico ou legal estranho aos seus interesses e/ou proveniente de poderes alienígenas".[137] De qualquer sorte, essa não parece ser uma imagem clara do que se testemunha hoje.

Assim, para que se possa revisitar o conceito de Soberania no contexto do Estado contemporâneo, há que se evidenciar a dupla face da mesma. Delineia-se uma Soberania interna e uma Soberania externa, aquela vista como autonomia, e esta como independência. Matteucci irá referir-se a essa dicotomia como a dupla face da Soberania. No que se refere à Soberania interna, Matteucci registra que o soberano moderno procede à eliminação dos poderes feudais, dos privilégios dos Estados e das categorias, das autonomias locais, enfim dos organismos intermediários, com

---

[133] A expressão *crise da unidade nacional* é da autoria de Bonavides (Bonavides, Paulo. *Do País Constitucional ao País Neoconstitucional*. Op. cit.)
[134] Bobbio, Norberto. *Dicionário de Política*. Op. cit., p. 1187.
[135] Idem, p. 1187-1188.
[136] Id., ibid.
[137] Ferreira Jr., Lier Pires. *Estado e Soberania no Contexto da Globalização*. Op. cit., p. 163.

sua função de mediador político entre os indivíduos e o Estado: isto é, ele procura a eliminação dos conflitos internos, mediante a neutralização e a despolitização da sociedade, a ser governada de fora, mediante processos administrativos, antítese de processos políticos".[138] Paralelamente, no que se refere à Soberania externa, Matteucci afirma que "cabe ao soberano decidir acerca da guerra e da paz: isto implica um sistema de estados que não têm juiz algum acima de si próprios (o Papa ou o imperador), que equilibram suas relações mediante a guerra, mesmo sendo esta cada vez mais disciplinada e racionalizada pela elaboração, através de tratados, do direito internacional ou, mais correntemente, do direito público europeu".[139]

A par disso, tem-se que no âmbito externo "o soberano encontra nos outros soberanos seus iguais, achando-se conseqüentemente numa posição de igualdade, enquanto, a nível interno, o soberano se encontra numa posição de absoluta supremacia, uma vez que tem abaixo de si os súditos, obrigados à obediência".[140] Enquanto "se o Estado é soberano internamente, ele o é por necessidade, não existindo fontes normativas a ele superiores, também externamente. Mas a sua Soberania externa, juntando-se a Soberania paritária externa de outros Estados, equivale a uma liberdade selvagem que reproduz, na comunidade internacional, o estado de natural desregramento, que internamente a sua própria instituição havia negado e superado".[141]

Configura-se, deste modo, uma sociedade internacional dos Estados, que, ao lado de outros fatores, passa a exigir a limitação da Soberania interna. Dito isso, comprova-se que apesar da construção da noção de Soberania como um atributo e qualidade do poder dotado de um caráter absoluto, não se pode negar que se trata de um conceito fluido, com designações historicamente diferenciadas, cujo significado dominante consolidado entre os séculos XVI e XIX, vem sendo problematizado no contexto da Globalização.[142]

Bolzan de Morais registra que "muito embora a Soberania permaneça adstrita à idéia de insubmissão, independência e de poder supremo juridicamente organizado, deve-se atentar para as novas realidades que impõem à mesma uma série de matizes, transformando-a por vezes".[143]

---

[138] Bobbio, Norberto *et all. Dicionário de Política*. Op. cit., p. 1180.
[139] Id., ibid.
[140] Id., ibid.
[141] Ferrajoli, Liugi. *A Soberania no Mundo Moderno*. São Paulo: Martins Fontes, 2002, p. 20.
[142] Ferreira Jr., Lier Pires. *Estado e Soberania no Contexto da Globalização*. Op. cit., p. 160.
[143] Bolzan de Morais, José Luis. *As Crises do Estado e da Constituição e a Transformação Espacial dos Direitos Humanos*. Op. cit., p. 26.

Não há que se duvidar que o auge da construção da Soberania, responsável pela sacralização do Estado, foi gradativamente mitigado. A tradicional concepção de Soberania sofreu seu primeiro abalo (derretimento) logo após a Primeira Guerra Mundial, quando surge a Liga das Nações. Segundo Ferreira Jr., esta foi o "primeiro grande movimento sistemático com fito a regular a ação internacional dos Estados e, por decorrência, determinar limites ou injunções ao poder soberano".[144]

Nesta esteira, novos impactos foram detectados após a Segunda Guerra Mundial. "A esfera internacional necessitava de algum tipo de regulação que, sem prescindir do Estado, limitasse sua atuação".[145] Surgiram, nesse cenário, as Nações Unidas. Para Ferrajoli, o fim do paradigma da Soberania, no plano do direito internacional, é sancionado pela Carta da ONU (1945) e sucessivamente pela Declaração Universal dos Direitos do Homem (1948).[146]

Opera-se uma transformação, ao menos no plano normativo, na ordem jurídica do mundo, levando-o do estado de natureza ao estado civil. A Soberania, interna e externa, deixa de ser uma liberdade absoluta, subordinando-se, consoante Ferrajoli, "a duas normas fundamentais: o imperativo da paz e a tutela dos direitos humanos".[147] Assim, "caem todos os pressupostos e todas as características da Soberania, seja interna, seja externa. A Soberania, que já se havia esvaziado até o ponto de dissolver-se na sua dimensão interna com o desenvolvimento do Estado Constitucional de Direito, se esvaece também em sua dimensão externa na presença de um sistema de normas internacionais caraterizáveis como *ius cogens*, ou seja, como direito imediatamente vinculador para os Estados-membros".[148]

Corrobora-se, desse modo, a noção de Soberania como um conceito fluido, com designações historicamente diferenciadas, cujo significado antes dominante vem sendo problematizado.[149]

Ainda no cenário das relações internacionais, corroem a noção clássica de Soberania (a) as comunidades supranacionais, (b) as organizações econômicas (capital sem pátria; empresas transnacionais), (c) as organizações não-governamentais, (d) a emergência e consolidação de novas relações sociais cujos protagonistas não são indivíduos, mas sindicatos ou organizações empresariais, e ainda (e) o caráter solidário do poder estatal. Delineia-se uma nova geometria do poder.

---

[144] Ferreira Jr., Lier Pires. *Estado e Soberania no Contexto da Globalização*. Op. cit., p. 163.
[145] Ibidem, p. 164.
[146] Ferrajoli, Liugi. *A Soberania no Mundo Moderno*. Op. cit., p. 39.
[147] Ibidem, p. 39-40.
[148] Ibidem, p. 41.
[149] Ferreira Jr., Lier Pires. *Estado e Soberania no Contexto da Globalização*. Op. cit., p. 160.

Nesse aspecto, registra André-Noël Roth que a(s) crise(s) do Estado Moderno resulta(m) do processo da globalização, provocando rupturas com a ordem mundial. Diz o autor:

> a crise atual do Estado indica que os mecanismos econômicos, sociais e jurídicos de regulação já não funcionam. O Estado Nacional já não está em capacidade de impor soluções, seja de um modo autoritário, ou seja, em negociação com os principais atores sociopolíticos nacionais, aos problemas sociais e econômicos atuais. Uma das principais causas, se não a principal da crise de regulação, encontra-se no fenômeno da globalização. Essa interdependência dos Estados influi sempre mais na definição das políticas publicas internas de cada Estado.[150]

A Soberania, como acontece com o Estado, não está sendo solapada, e, sim, transformada.[151] Faria, nessa perspectiva, assinala esse processo de revisão dos conceitos de Estado e de Soberania afirmando que "o denominador comum dessas rupturas é, como se vê, o esvaziamento da Soberania e da autonomia dos Estados nacionais". Com muita propriedade, José Eduardo Faria infere que se "por um lado, o Estado já não pode mais almejar regular a sociedade civil nacional por meio de seus instrumentos jurídicos tradicionais, dada a crescente redução de seu poder de intervenção, controle, direção e indução. Por outro lado, ele é obrigado a compartilhar sua Soberania com outras forças que transcendem o nível nacional. Ao promulgar suas leis, portanto, os Estados nacionais acabam sendo obrigados a levar em conta o contexto econômico-financeiro internacional, para saber o que podem regular e quais as suas normas serão efetivamente respeitadas. A conseqüência desse processo [...] é paradoxal".[152]

Para o autor, essa situação paradoxal consiste no fato de que simultaneamente a internacionalização de direitos nacionais, há também a ampliação de normas privadas no plano infranacional, em especial por parte das organizações empresariais, que se vêm autônomas face ao poder público.[153] Testemunha-se, a partir desse contexto, aquilo que Faria denomina de crise de identidade.[154]

Nessa mesma perspectiva, sobre os abalos à concepção tradicional de Soberania, Bolzan de Morais refere que "a imbricação do poderes sobera-

---

[150] Roth, André-Noël. *O direito em crise: fim do Estado moderno?* Op. cit., p. 18-19.

[151] Gómez, José Maria. *Política e democracia em tempos de globalização.* Op. cit., p. 116.

[152] Faria, José Eduardo. *Direito e globalização econômica: implicações e perspectivas.* Op. cit., p. 11.

[153] Ibidem.

[154] Para Faria, essa crise de identidade dos Estados Nacionais advém especificamente da "incapacidade de assegurar uma efetiva regulação social, no âmbito de uma economia globalizada, despreparados para administrar conflitos coletivos pluridimencionais por meio de sua engenharia jurídico-positiva concebida para lidar basicamente com conflitos unidimencionais e inter-individuais, impotentes diante da multiplicação das fontes materiais de direito e sem condições de deter a diluição de sua ordem normativa gerada pelo advento de um efetivo pluralismo jurídico". (Ibidem, p. 11-12)

nos na ordem internacional implica uma revisão em muitos dos seus postulados, favorecendo uma revisão de seu conceito mais tradicional como poder superior".[155] Nesse quadrante, fala-se que o Estado contemporâneo guarda o germe de uma nova Soberania, a qual terá como pivô o regime internacional dos direitos humanos e o sujeito. Exige-se, hodiernamente, uma convivência entre a idéia de Soberania e a de uma cooperação jurídica, econômica e social; bem como uma convivência entre a idéia de Soberania (redefinida) e de intervenção política, econômica e/ou militar.[156] Do Estado contemporâneo, portanto, exige-se o abandono/revisão da noção de Soberania. Há quem afaste, enquanto elemento caracterizador do Estado-nação, a idéia de Soberania clássica. Enquanto, de outro lado, há quem sustente que a cooperação/intervenção internacional consiste em exercício da própria Soberania, a qual permite a um Estado vincular-se a outro(s) em questões que lhe interessem ou para fazer frente a situações paradigmáticas.[157]

Como bem refere Nasser Ferreira e Pupio, o conceito e ideário da Soberania sofreram diversas alterações ao longo do tempo, "por influência ora dos jusfilósofos, ora dos acontecimentos sociais que vieram a permear o universo de sua configuração, e outras vezes, pelas constantes realizações sociais que a obrigaram a atualizar-se, sob pena de não o fazendo, não mais ser".[158]

De qualquer sorte, a fragilização[159] da noção de Soberania – ou o eclipse da Soberania, para adotar a expressão de Matteucci[160] – tem como resultado o enfraquecimento da nação e, por óbvio, a crise do Estado contemporâneo, consoante se observou.[161] Para Lefort, esse enfraqueci-

---

[155] Bolzan de Morais, José Luis. *As Crises do Estado e da Constituição e a Transformação Espacial dos Direitos Humanos.* Op. cit., p. 26.
[156] Ibidem, p. 27.
[157] Ibidem, p. 28.
[158] Nasser Ferreira, Jussara Suzi Assis Borges; Pupio, Cíntia Laia dos Reis e Silva. *A soberania e os novos paradigmas do direito privado.* In: Guerra, Sidney *et all. Soberania: antigos e novos paradigmas.* Rio de Janeiro: Freitas Bastos, 2004, p. 138.
[159] Fala-se em fragilização, e não em extinção do conceito de soberania, visto que "sob os impactos dos processos de globalização e regionalização, a soberania, como acontece com o Estado, não está sendo solapada e sim transformada." (Gómez, José Maria. *Política e Democracia em Tempos de Globalização.* Op. cit., p. 116)
[160] Bobbio, Norberto, *et all. Dicionário de Política.* Op. cit.
[161] Nesse sentido, Roth vai falar em um modelo de regulação social neofeudal. A expressão surge por força da diluição de especificidades que outrora eram utilizadas como distinções entre o Estado moderno e o Medievo, a exemplo da (a) distinção entre esfera privada e pública; (b) da dissociação entre o poderio político e econômico; e (c) da separação entre as funções administrativas, políticas e a sociedade civil. Na contemporaneidade, vivencia-se (a) a privatização da esfera pública e a publicização da esfera privada; (b) a sobreposição do poderio econômico sobre as políticas socioeconômicas internas e (c) a multiplicação das instâncias decisórias. Segundo Roth, há a emergência de uma forma de neofeudalismo, onde as normas de regulação de um setor econômico estão definidas

mento da nação vai gerar duas tendências. De um lado, constrói a imagem de um mundo no seio do qual as fronteiras dos Estados seriam apagadas e no qual se imporia o reino universal do mercado: um mundo que não constituiria mais que uma imensa rede de inter-relações de indivíduos. De outro, implica a "entrada em uma nova Idade Média", utilizando-se da expressão de Pierre Hassner.[162]

De uma forma ou de outra, o que se desvela é a relativização de um dos pilares do Estado contemporâneo: a Soberania. "A criação de supra-estados, como a comunidade européia, enfraquece o conceito de Soberania, e a necessidade de reconhecer direitos coletivos, como os de meio ambiente, limitam o exercício do direito individual de propriedade".[163] Marés afirma categoricamente que a Soberania nasceu como um ideal libertário, mas nunca conseguiu passar de um falacioso e intangível programa.[164]

Na verdade, o prognóstico que se pode fazer é o seguinte: os primórdios da noção de Soberania, vital para a compreensão do Estado Moderno, guarda suas raízes na formação deste, ou seja, a partir da transição do feudalismo para o capitalismo. Constrói-se o conceito de Soberania a partir do poder do monarca, do poder do povo, do poder da nação. Ocorre que a última camada da formação do conceito de Soberania, diferentemente daquilo que vinha acontecendo não se desenvolveu, ao revés, foi interrompida. Veja-se: em todos os momentos que precederam o atual contexto, via-se uma transferência da titularidade desse poder.

Ocorre que agora, sob o foco da globalização e do mercado, não se pode dizer que a Soberania tenha saído das mãos da nação ou do Estado nacional e se transferido para algum outro titular. A menos que se imaginasse um Estado soberano supranacional. De qualquer forma, o que se sente é que a Soberania não é transferida, mas sim interrompida. E mais, passa por um processo de desconstrução, no qual se questiona sobre sua permanência no Estado Moderno. É preciso, todavia, que se assegure a permanência desse. A partir daí pode-se indagar se a afirmação quanto à diluição ou relativização da Soberania irá desaguar no fim do Estado nacional.

---

por empresas comerciais dominantes no setor. Roth, André-Noël. *Direito e globalização econômica: implicações e perspectiva*. Op. cit.

[162] Lefort, Claude. *Nação e soberania*. In: Novaes, Adauto (org). *A crise do Estado-nação*. Rio de Janeiro: Civilização Brasileira, 2003, p. 58.

[163] Marés, Carlos Frederico. *Soberania do Povo, Poder do Estado*. In: Novaes, Adauto (org). *A Crise do Estado-Nação*. Rio de Janeiro: Civilização Brasileira, 2003, p. 231.

[164] Idem, p. 231.

6. O fim ou o recomeço do Estado-Nação: rumo às considerações finais

Como visto, a noção clássica de Soberania tem enfrentado várias transformações desde a sua formulação inicial. O próprio Estado, por conseqüência, tem sido o grande alvo de críticas e ceticismo dos últimos séculos, em especial, após o período das grandes guerras. Fala-se em crise do Estado Moderno, a qual tem como vértice a crise da Soberania e da identidade nacional, ao que, de forma mais ampla, se convencionou chamar de crise conceitual.[165]

Não se pode negar que esse cenário desenhou-se principalmente a partir do fenômeno da globalização/mundialização,[166] provocado pelo progresso da humanidade, em especial no que diz respeito às tecnologias (Era da informação)[167] e a proteção e promoção de novos direitos.[168] Para Carlos Frederico Mares "a crise do Estado contemporâneo, ou seu ocaso, se dá em um lado pela globalização e, portanto, pelo enfraquecimento da supremacia das Constituições ou da Soberania, e de outro, pelos direitos coletivos constitucionalizados que abrem fissuras no sistema, levando para o mundo local o que antes era universalmente reconhecido como direito individual".[169]

Inúmeros fenômenos têm abalado, de modos diferenciados, a concepção tradicional de Soberania. Não são raras as normas constitucionais, órgãos jurisdicionais, estatais, comunitários e até mesmo doutrinadores que utilizam expressões como "cessão", "transferência", "delegação" ou "limitação" da Soberania, representando desse modo uma certa fragilização da expressão e de seu conteúdo diante do Estado Moderno.

Por óbvio que a idéia clássica de Soberania, nos termos bodinianos,[170] merece ser abandonada. Afirmar o caráter absoluto da Soberania é negar o próprio direito internacional, quiçá a proteção dos direitos huma-

---

[165] Como visto outrora, Faria vai denominá-la de crise de identidade, e Bonavides irá desdobrá-la em crise de soberania e crise de unidade nacional (Faria, José Eduardo. *Direito e Globalização Econômica: Implicações e Perspectivas*. Op. cit. Bonavides, Paulo. *Do País Constitucional ao País Neocolonial*. Op. cit.). Há ainda quem se refira à crise de legimitidade do Estado nacional.

[166] Não se pode apontar uma data precisa para o início desse processo de globalização ou de mundialização, com preferem os franceses. É possível, no entanto, concluir que a partir desse último final de século a humanidade pôde testemunhar uma ampliação significativa do fenômeno da globalização ou mundialização, bem como o acirramento de suas conseqüências.

[167] Sobre a Era da Informação consultar Castells, Manuel. *Fim de Milênio*. Op. cit.

[168] Sobre os novos direitos sugere-se a leitura de Oliveira Jr., José Alcebíades de. *Teoria Jurídica e novos Direitos*. Rio de Janeiro: Lumem juris. 2000, em especial seu capítulo VIII, onde trabalha com o desafio dos novos direitos para a ciência jurídica.

[169] Marés, Carlos Frederico. *Soberania do Povo, Poder do Estado*. Op. cit., p. 235.

[170] Jean Bodin, *Le Six Livres de la République*, 1576.

nos, o que se mostra absolutamente inconcebível na atual conjuntura, marcada pela flexibilização das fronteiras.

Nesse cenário, é possível destacar a visão dos constitucionalistas e a visão dos internacionalistas. Aqueles – os constitucionalistas – admitem, no máximo, uma relativização da supremacia dos Estados quando confrontada com as relações exteriores. Estes – os internacionalistas – sustentam a corrosão da Soberania e a subordinação da ordem interna à ordem jurídica internacional, compreendendo o direito positivo nacional como ordem parcial de direito. Na ótica destes últimos, a Soberania estatal é tomada apenas para significar a inexistência de nenhum outro Estado ou poder acima do Estado-nação, mas apenas o direito internacional.[171]

Inevitável concluir que à medida que se presencia o avanço do direito internacional, ocorre, de outro lado, o recuo do poder estatal como absoluto e perpétuo. Dito de outro modo, para que se tenha êxito na construção de uma ordem econômica internacional juridicamente sustentável, o conceito clássico de Soberania precisa ser desconstruído e reconstruído, eis que a subordinação e a cooperação estatal são imprescindíveis.

Uma das alternativas que se tem colocado em destaque é a da teoria da Soberania compartilhada. A proposta pretende a criação de órgãos supranacionais através dos quais, por meio de um processo de integração, os Estados nacionais irão exercer, em conjunto, o poder. Não se trata de renunciar a Soberania. Na verdade, consiste em compartilhar a Soberania com outros Estados. Esta supranacionalidade, enquanto instituto do direito internacional, conduziu a criação do Direito Comunitário, provocando transformações no Estado contemporâneo.

Não se está testemunhando o fim do Estado-Nação, mas antes o fim da antiga concepção da Soberania nacional. Parafraseando Castells, tem-se que "os estados-nação sobreviverão, mas não sua Soberania. Eles se unirão em redes multilaterais com geometria variável de compromissos, responsabilidades, alianças e subordinações. O Estado não desaparece, porém. É apenas redimencionado na Era da informação".[172]

Ora, falar em esgotamento da concepção clássica de Soberania, enquanto poder independente, supremo e exclusivo, que tem como principais características a inalienabilidade, a incondicionalidade e a perenidade do poder, implica necessariamente imaginar hipótese(s) para superar a crise/déficit[173] de Soberania no Estado contemporâneo. Ao que parece, o

---

[171] Ventura, Deisy de Freitas Lima. *A Ordem Jurídica do Mercosul*. Porto Alegre: Livraria do Advogado, 1996, p. 87-93.

[172] Castells, Manuel. *Fim de Milênio*. Op. cit., p. 432-435.

[173] Boris Fausto, no artigo "Estado e sociedade civil" utiliza a expressão "déficit" em substituição a expressão "crise", justificando, para tanto, que esta expressão sugere a idéia de um objetivo que chegou a de algum modo alcançado. Assim sendo, parece mais adequado, no que tange à crise de

pensamento jurídico tem tentado, sem êxito, superar a crise de conceitual do Estado contemporâneo. No entanto, tem-se que é melhor aceitá-la, e a partir dessa aceitação, tentar compreender melhor a sua natureza.[174] Como dito acima, a idéia sempre foi mais forte que a realidade. Talvez jamais o Estado-Nação tivesse atuado/agido efetivamente com Soberania, demonstrando o contraste entre o brilho da teoria e a materialidade política,[175] o que corrobora a afirmativa feita acima de que a construção do conceito de Soberania foi interrompido, merecendo agora ser reconstruído sob novo paradigma. Resta, agora, apontar este.

Não há como recuperar a concepção tradicional de Soberania. A humanidade trilha um caminho sem volta. Gómez afirma que "dadas as transformações estruturais implicadas pela globalização, uma política de enclausuramento do Estado nacional desencadearia pesadas sanções, sem que fosse possível recuperar a concepção tradicional de Soberania".[176] André Singer refere à passagem da Soberania moderna para a Soberania pós-moderna, nos termos apresentados por Negri e Hardt. A Soberania moderna consiste naquele poder típico do Estado-nação, um poder central que exerce o monopólio da força sobre um determinado território e a população que o habita. Já a Soberania pós-moderna tem fronteiras flexíveis, não sendo possível determinar onde começam e onde terminam.[177]

Essa Soberania (pós-)moderna corresponde a uma nova ordem mundial, provocada pelo poderio econômico e na ampliação da velocidade e quantidade da troca de informação em nível global.[178] De um lado as comunidades européias; de outro, organizações econômicas e empresas

---

soberania, falar-se em déficit de soberania, eis que esta sempre foi sua idéia, sempre foi mais forte que a sua realidade (discrepância entre a teoria e a materialidade política).

No artigo, Boris Fausto vai noticiar, a partir de pesquisas da ONU, que 54,7% das pessoas entrevistas na América Latina declararam preferir um regime autoritário, se este for capaz de reduzir a pobreza e as dificuldades econômicas. Ao longo do texto, Boris concentra a problemática do Estado e da sociedade civil neste século entre dois pontos: um, o impulso organizatório da sociedade; dois, a emergência de temas de regulação de ordem internacional. Ao final, a partir de Manuel Castells, sustenta que o Estado não irá desaparecer, ao menos em um futuro previsível, mas antes uma transformação pragmática dos Estados nacionais para que se dê a adaptação ao contexto atual. Três são os mecanismos básicos para essa transformação: (a) a criação de redes de Estados associados; (b) a tentativa de reformular instituições globais existentes (a ONU em primeiro lugar) e as formas novas (como a OMC e o Tribunal Penal Internacional) e, por fim, (c) a concessão de espaço a governos regionais e locais e às ONGs, na expectativa de obter maior legitimidade. (Fausto, Boris. *Estado e sociedade civil*. Folha de São Paulo, Caderno Opinião. Tendências/Debates, 04.06.2004, p. A3)

[174] Negri, Antonio. Poder constituinte: o conceito de uma crise. In: *O poder constituinte: ensaios sobre as alternativas da modernidade*. Rio de Janeiro: DP&A, 2002, p. 24.

[175] Seitenfus; Ventura. *Introdução ao Direito Internacional Público*. Op. cit.

[176] Gómez, José Maria. *Política e democracia em tempos de globalização*. Op. cit., 125. Diz o autor: "não é contra a globalização que tem que se lutar para procurar sair dele; é no contexto da globalização em curso que é preciso lutar por uma globalização diferente." (idem, p. 125, n. 17)

[177] Singer, André. *O contra-império ataca*. Folha de São Paulo, Caderno Mais, 24.09.2000, p. 10-11.

[178] Ver Tsu, Victor Aiello. *A nova soberania*. Folha de São Paulo, Caderno Mais, 24.09.2000, p. 5-9.

transnacionais. Entre estes, têm-se as organizações não-governamentais (ONGs). A partir destes, sentem-se as alterações nas relações internacionais, o que implica fragilidade da idéia de Soberania enquanto poder ilimitado e incontrastável.

No âmbito interno, na esfera do próprio Estado, vê-se o alargamento dos bens a serem tutelados, do número de sujeitos de direito, bem como uma ampliação do *status* dos sujeitos,[179] resultando na aceleração do processo de multiplicação dos direitos e estabelecimento de novas relações sociais. Espaços não estatais acabam patrocinando determinadas atividades e produzindo decisões que seriam exclusivas da condição soberana do Estado.[180]

De qualquer modo, Gómez afirma que "o que interessa destacar é que a concepção tradicional da Soberania como forma ilimitada, indivisível e exclusiva de poder público, está-se deslocando em outras direções. Direções essas que, embora indefinidas, inclusas e sujeitas aos riscos das seletividades inerentes à assimetria de poder existente na política mundial, parecem apontar no sentido de considerar que a Soberania divide-se entre um número de agências ou instâncias – nacionais, regionais e internacionais – e que é limitada pela própria natureza dessa pluralidade".[181]

É nesse aspecto que emerge a discussão acerca do princípio da autonomia e a ordem cosmopolita. A consolidação do direito público democrático é o alicerce para a autonomia, mas para tanto a Soberania deve ser limitada. A Soberania permanece, porém limitada por um conjunto de condições sociais, políticas e econômicas que viabilizem a vida democrática. Deste modo, a autonomia democrática apresenta-se entre a Soberania popular e a Soberania estatal. Esse modelo cosmopolita, tem como principal formulador David Held. Segundo ele, o modelo cosmopolita de democracia é um modelo de organização política no qual os cidadãos, qualquer que seja sua localização no mundo, têm voz, entrada e representação política nos assuntos internacionais, paralela e independentemente de seus respectivos governos. Gómez registra que na base desse modelo "há uma convicção de que o incremento, a aceleração e o aprofundamento dos padrões de interconexão regionais e globais no contexto atual provocam o surgimento de uma ordem pós-Vestfália".[182] Para o autor "isto significa que a Soberania estatal e a territorialidade perdem progressivamente o domínio sobre a vida política contemporânea e, por-

---

[179] Oliveira Jr., José Alcebíades. *Teoria Jurídica e novos Direitos*. Op. cit., p. 101.

[180] Bolzan de Morais, José Luis. *As Crises do Estado e da Constituição e a Transformação Espacial dos Direitos Humanos*. Op. cit., p. 30.

[181] Gómez, José Maria. *Política e Democracia em Tempos de Globalização*. Op. cit., p. 119.

[182] Ibidem, p. 81.

tanto, que as formas nacionais de democracia política estão minadas diante da crescente concentração de poder econômico e político transnacional".[183]

Visa, portanto,a uma governança democrática nos, entre, e através dos, Estados, fundada no princípio ético da autonomia. Para David Held, a adesão ao princípio da autonomia implica em trabalhar para o estabelecimento de uma comunidade internacional de Estados e sociedades democráticas que se comprometam em apoiar o direito público dentro e fora de suas fronteiras: uma comunidade democrática cosmopolita.[184] O Estado-Nação, por conseqüência, não poderá avocar para si a condição de único centro de poder legítimo nas suas fronteiras. Ao revés! Deve assumir uma postura de mediador entre os planos nacional, subnacional e internacional.

A proposta de uma ordem cosmopolita, por sua vez, pretende não uma reforma do Estado, mas antes uma reconstrução, a partir da necessidade de democratizar a ordem mundial em face da realidade de poderes transnacionais fora de controle e da dissolução progressiva da identidade histórica entre democracia e Estado-Nação soberano.[185] Do mesmo modo que a Soberania partilhada apresenta riscos, também a tese do cosmopolitismo apresenta suas interrogações.[186]

Na verdade, seja qual for a alternativa que se desenhe para a atual crise de Soberania, quiçá para a atual crise do Estado contemporâneo, esta será uma solução a longo prazo. Não existem, além de placebos, alternativas com resultados efetivos em um curto prazo.

Como bem refere Bolzan de Morais, considerar sujeitos como indivíduos, proteger para além dos direitos individuais, também direitos transindividuais, falar sobre o princípio da dignidade da pessoa humana, proteção e promoção de direitos humanos não espelham problemas simples com soluções imediatas. A imediatidade e a urgência aumentam as chances dos autoritarismos institucionais.

---

[183] Gómez, José Maria. *Política e Democracia em Tempos de Globalização*. Op. cit., p. 81.

[184] Tradução livre da autora. No original "la adhesión al principio de la autonomia implica el deber de trabajar por el establecimiento de una comunidad internacional de Estados y sociedades democráticos que se comprometan a respaldar el derecho público democrático dentro y fuera de sus fronteras: una comunidad democrática cosmopolita". (Held, David. La comunidad política y el ordem cosmopolita. *In: La Democracia y el Orden Global*: Del estado moderno al gobierno cosmopolita. Barcelona: Paidós, 1997, p. 273)

[185] Gómez, José Maria. *Política e Democracia em Tempos de Globalização*. Op. cit., p. 85.

[186] Nesse aspecto, bastante oportuna a construção de Cristovam Buarque ao falar sobre a internacionalização do mundo, quando cita a proposta de internacionalizar as reservas ambientais do mundo, registrando que antes disso há que se internacionalizar as crianças, tratando-as como patrimônio da humanidade, evitando que trabalhem quando deveriam estar estudando, que morram quando deveriam viver.

Boaventura de Sousa Santos, ao falar sobre a utopia e os conflitos paradigmáticos, assinala que "o futuro prometido pela modernidade não tem, de fato, futuro". Para ele, "depois de séculos de modernidade, o vazio do futuro não pode ser preenchido nem pelo passado nem pelo presente", existindo apenas "uma solução: a utopia". Acredita ele que a modernidade seja uma época fértil em utopias, consideradas como a "exploração de novas possibilidades e vontades humanas".[187] Há um longo caminho a ser percorrido, ou melhor, há um longo caminho a ser inventado. Edgar Morin também acena nesse sentido ao dizer que "a imaginação tem por tarefa inventar um possível, mesmo se ele é hoje improvável".

Certo é que o ângulo democrático do Estado contemporâneo somente pode ser visto a partir da premissa de que é necessário que os Estados nacionais, em última análise os homens propriamente dito, vivam juntos, iguais e diferentes, com suas discrepâncias, o que necessariamente passa pela recorrente necessidade de promover e proteger os direitos humanos.

De fato, correndo o risco de uma redução simplista, vê-se um duplo viés: de um lado a proposta do cosmopolistismo e de outro a da desagregação medieval. A tendência que se percebe é ir além, ou seja, é avançar para a idéia de uma unidade e multiplicidade, equilibrando-se a tentação do uno, recorrente durante a evolução do conceito de Soberania, e a tendência ao múltiplo, marcante durante a desagregação medieval.

Nesse contexto, Touraine afirma que "para superar a oposição insuportável entre os que só querem a unidade e os que só procuram a diversidade, entre os que só dizem "nós", correndo o risco de excluir o que chamamos de minorias, e os que só dizem "ego" ou "id", proibindo a si mesmos toda intervenção na vida social, toda ação em nome da justiça e da equidade, é que se formou uma terceira resposta".[188] Trata-se, diz ele, de viver juntos permanecendo diferentes. Touraine alerta para a necessidade de resistir a uma e outra tentação, sob pena de aniquilar a capacidade de compreender o novo mundo que emerge, de agir nele e lutar contra seus perigos.[189]

Claude Lefort,[190] ao falar sobre Nação e Soberania, em busca de uma conclusão para a crise do Estado-Nação, registra a sua repugnância aos extremos, desabafando:

> Como desembaraçar a análise do Estado-nação da análise política? Não sei, finalmente, responder a tal questão. Na falta de uma conclusão, e por temor de dar a

---

[187] Santos, Boaventura de Sousa. *Pela mão de Alice. O social e o político na pós-modernidade*. 7.ed. São Paulo: Cortez, 2000, p. 322-323.

[188] Touraine, Alain. *Poderemos viver juntos? Iguais e diferentes*. Op. cit., p. 16.

[189] Ibidem, p. 365.

[190] Lefort, Claude. Nação e Soberania. In: Novaes, Adauto. *A crise do Estado-Nação*. Op. cit.

entender que posso imaginar alguma nação, mesmo que de tipo liberal, que seja suscetível de exigir obediência incondicional, declaro simplesmente a repugnância que sempre me causou a máxima inglesa: right ou wrong, it is my country. Qual não foi minha surpresa ao vê-la certa feita explorada por Trotski...! Curiosa e significativamente, ele a usou, no momento culminante de seu conflito com Stalin e de sua capitulação (temporária, é bem verdade), para dar a entender que o Partido, tenha ele razão ou não, está acima de tudo... O nacionalismo como o comunismo, corre o risco de precipitar o pensamento em um abismo.[191]

Diante das tendências atuais, é razoável imaginar a possibilidade de uma comunidade internacional de Estados e sociedades democráticas que se comprometam em apoiar o direito público dentro e fora de suas fronteiras, organizando, assim, uma comunidade democrática. Resta, no entanto, trabalhar para que essa construção não cegue os seus defensores, deixando a todos em total eclipse. Novamente, citando Touraine, tem-se que em um mundo em mudança permanente e incontrolável, o único ponto de apoio é o esforço do indivíduo para transformar experiências vividas em construção de si próprio. Em sendo ator, o indivíduo deixa de sê-lo e passa a sujeito. E isso pode ser dito sobre o Estado-Nação, que continua a existir.

7. Referências bibliográficas

BARZOTTO, Luis Fernando. *O Positivismo Jurídico Contemporâneo*. São Leopoldo: Unisinos, 2000.

BOBBIO, Norberto. *Estado, Governo, Sociedade*. Por uma teoria geral da política. Rio de Janeiro: Paz e Terra, 1999.

——; Mateucci, Nicola; Pasquino, Gianfranco. *Dicionário de Política*. 5ed. Brasília: UnB. 2000.

BOLZAN DE MORAIS, José Luis; STRECK, Lenio Luis. *Ciência Política e Teoria Geral do Estado*. Porto Alegre: Livraria do Advogado, 2000.

——. As crises do estado contemporâneo. In: *América Latina: Cidadania, Desenvolvimento e Estado*. Porto Alegre: Livraria do Advogado, 1996.

——. *As Crises do Estado e da Constituição e a Transformação Espacial dos Direitos Humanos*. Porto Alegre: Livraria do Advogado, 2002.

——. Constituição ou barbárie. In: SARLET, Ingo W. (org). *A Constituição Concretizadora*. Porto Alegre: Livraria do Advogado, 2000.

——. *Do Direito Social aos Interesses Transindividuais*. O Estado e o direito na ordem contemporânea. Porto Alegre: Livraria do Advogado, 1996.

——. Soberania, Direitos Humanos e Ingerência. Problemas fundamentais da ordem contemporânea. *In: O Mercosul em Movimento*. Porto Alegre: Livraria do Advogado, p. 130-150, 1995.

BONAVIDES, Paulo. *Ciência Política*. 10. ed. rev. atual. São Paulo: Malheiros, 1999.

---

[191] Lefort, Claude. Nação e Soberania. In: Novaes, Adauto. *A crise do Estado-nação*. Op. cit., p. 77.

——. *Do país constitucional ao país neocolonial*: a derrubada da constituição e a recolonização pelo golpe de Estado institucional. 2. ed. São Paulo: Malheiros. 2001.
CANOTILHO, J. J. Gomes. *Direito Constitucional e Teoria da Constituição*. 3. ed. Coimbra: Almedina, 1999.
CASTELLS, Manuel. *Fim de milênio*. 2. ed. São Paulo: Paz e Terra, 1990.
DALLARI, Dalmo de Abreu. *Elementos de Teoria Geral do Estado*. 21. ed. São Paulo: Saraiva, 2000.
——. *O futuro de Estado*. São Paulo: Saraiva, 2001.
DOWBOR, Ladislau; IANNI, Octavio; RESENDE, Paulo-Edgar. *Desafios da globalização*. 3.ed. Rio de Janeiro: Vozes. 2000.
FARIA, José Eduardo C. Direitos Humanos e Globalização Econômica. *In: Revista O Mundo da Saúde*, v. 22, n. 2, Centro Universitário São Camilo, 1998.
FAUSTO, Boris. Estado e sociedade civil. Folha de São Paulo. *Caderno Opinião. Tendências/Debates*, 04.06.2004, p.A3
FERRAJOLI, Luigi. *A soberania no mundo moderno*. São Paulo: Martins Fontes, 2002.
FERREIRA FILHO, Manoel Gonçalves. *Estado de Direito e Constituição*. 2. ed. São Paulo: Saraiva, 1999.
——. O estado e os Direitos Fundamentais em Face da Globalização. In: MELLO, Celso D. de Albuquerque, TORRES, Ricardo Lobo. *Arquivo de Direitos Humanos*. Rio de Janeiro, São Paulo: Renovar. p.101-113. 2000.
FERREIRA JR., Lier Pires. Estado e soberania no contexto da globalização. In: GUERRA, Sidney *et all. Soberania: antigos e novos paradigmas*. Rio de Janeiro: Freitas Bastos, p.161-178, 2004.
FILOMENO, José Geraldo Brito. *Manual de Teoria Geral do Estado e Ciência Política*. 2. ed. Rio de Janeiro: Forense Universitária, 1997.
GARCÍA-PELAYO, Gabriel. *Las transformaciones del estado contemporaneo*. 3. ed. Madrid: Alianza, 1982.
GÓMEZ, José Maria. *Política e democracia em tempos de globalização*. Petrópolis, Rio de Janeiro: Vozes, 2000.
GUERRA, Sidney. Soberania e globalização: o fim do estado-nação? In: GUERRA, Sidney *et all. Soberania: antigos e novos paradigmas*. Rio de Janeiro: Freitas Bastos, p.326-345, 2004.
HAYEK, Friedrich August Von. *Los Fundamentos de la Libertad*. 5. ed. Madrid: Union, 1991.
HELD, David. La comunidad política y el orden cosmopolita. *In: La democracia y el orden global*: Del estado moderno al gobierno cosmopolita. Barcelona: Paidós, p. 265-283. 1997.
HELLER, Hermann. *Teoría del Estado*. México: Fondo de Cultura Económica, 1987.
IANNI, Octavio. *A sociedade global*. 11. ed. Rio de Janeiro: Civilização brasileira, 2003.
LEAL, Rogério Gesta. *Perspectivas Hermenêuticas dos Direitos Humanos e Fundamentais no Brasil*. Porto Alegre: Livraria do Advogado, 2000.
LEFORT, Claude. Nação e soberania. In: NOVAES, Adauto (org). *A crise do Estado-Nação*. Rio de Janeiro: Civilização Brasileira, p. 56-78. 2003.
LEWANDOWSKI, Enrique Ricardo. *Proteção dos Direitos Humanos na Ordem Interna e Internacional*. Rio de Janeiro: Forense, 1984.
MAGALHÃES, José Luis Quadro de; Robert, Cinthia. *Teoria do Estado, Democracia e Poder Local*. Rio de Janeiro: Lumen Juris, 2000.
MARÉS, Carlos Frederico. Soberania do povo, poder do estado. In: NOVAES, Adauto (org). *A crise do Estado-Nação*. Rio de Janeiro: Civilização Brasileira, p. 231-256. 2003.

MAZZUOLI, Valério de Oliveira. Soberania e a proteção internacional dos direitos humanos. In: GUERRA, Sidney *et all. Soberania: antigos e novos paradigmas.* Rio de Janeiro: Freitas Bastos, p. 346-359, 2004.

MELLO, Celso D. de Albuquerque. Soberania através da historia. *In: Anuário: Direito e Globalização*, 1: a soberania. Rio de Janeiro: Renovar, p.7-22, 1999.

MERQUIOR, José Guilherme. *O Liberalismo: Antigo e Moderno.* Rio de Janeiro: Nova Fronteira, 1991.

MIRANDA, Jorge. *Teoria do Estado e da Constituição.* Rio de Janeiro: Forense. 2002.

NASSER FERREIRA, Jussara Suzi Assis Borges; PUPIO, Cíntia Laia dos Reis e Silva. A soberania e os novos paradigmas do direito privado. In: GUERRA, Sidney *et all. Soberania: antigos e novos paradigmas.* Rio de Janeiro: Freitas Bastos, p. 137-160, 2004.

PASOLD, Cesar Luiz. *Função social do Estado contemporâneo.* Florianópolis: Ed. do Autor, 1984.

PAUPÉRIO, A. Machado. *O conceito polêmico de soberania.* 2. ed. Rio de Janeiro: Forense, 1958.

ROSANVALLON, Pierre. *A crise do estado-providência.* Goiânia: Editora da UFG; Brasília: Editora da UnB, 1997.

ROTH, André-Noël. O direito em crise: o fim do Estado Moderno? In: FARIA: José Eduardo. *Direito e globalização econômica: implicações e perspectivas.* São Paulo: Malheiros. 1998.

ROUSSEAU, Jean Jacques. *Contrato social. Os pensadores.* São Paulo: Nova cultural. 1999.

SALDANHA, Nelson. *Pequeno Dicionário da Teoria do Direito e Filosofia Política.* Porto Alegre: Fabris, 1987.

SANTOS, Boaventura de Sousa. *Pela mão de Alice. O social e o político na pós-modernidade.* 7. ed. São Paulo: Cortez, 2000.

SCAFF, Fernando Facury. *Responsabilidade civil do estado intervencionista.* 2. ed. Rio de Janeiro: Renovar. 2001.

SEITENFUS, Ricardo; Ventura; Deisy. *Introdução ao Direito Internacional Público.* 2. ed. Porto Alegre: Livraria do Advogado, 2001.

SINGER, André. O contra-império ataca. *Folha de São Paulo*, Caderno Mais, 24.09.2000, p. 10-11.

STRECK, Lenio Luiz. *Hermenêutica Jurídica e(m) crise: a exploração hermenêutica da construção do Direito.* 2. ed., rev. e ampl. Porto Alegre: Livraria do Advogado, 2000.

SUNDFELD, Carlos Ari. *Fundamentos do Direito Público.* São Paulo: Malheiros, 1992.

TOURAINE, Alain. *Poderemos viver juntos? Iguais e diferentes.* 2. ed. Rio de Janeiro: Editora Vozes. 2003.

TSU, Victor Aiello. A nova soberania. *Folha de São Paulo*, Caderno Mais, 24.09.2000, p.5-9.

VENTURA, Deisy de Freitas Lima. *A ordem jurídica do Mercosul.* Porto Alegre: Livraria do Advogado, 1996.

VILANOVA, Lourival. *O Problema do Objeto da Teoria Geral do Estado.* Recife: 1953.

WOLKMER, Antônio Carlos. *Elementos para uma crítica do Estado.* Porto Alegre: Safe. 1990.

ZIPPELIUS, Reinhold. *Teoria Geral do Estado.* 2. ed. Lisboa: Fundação Calouste Gulbenkian, 1984.

— 3 —

A Crise Estrutural do Estado contemporâneo: a falência da neotributação e a reconstrução do fundamento da solidariedade.[1]

MARCIANO BUFFON

Doutorando em Direito do Estado e Mestre em Direito Público pela UNISINOS. Advogado e Professor de Direito Tributário da graduação e especialização na UNISINOS e em Cursos de Especialização em Direito Tributário na Univates e UPF/RS.

Sumário: 1. Considerações Iniciais; 2. O Estado do Bem-Estar Social e sua evolução; 3. A emergência dos novos riscos e a crise fiscal do Estado do Bem-Estar Social; 4. O abalo intelectual no Estado do Bem-Estar Social; 5. O ideário neoliberal de Estado; 6. Os efeitos sociais da globalização construída a partir do ideário liberal; 7. Os limites da prudência financeira do Estado: combatendo o déficit público para evitar a inflação a qualquer custo; 8. Os caminhos alternativos ao modelo de globalização excludente; 9. A neotributação construída a partir do paradigma liberal contemporâneo; 10. As perspectivas de um novo modelo de Estado; 11. Os instrumentos de ordem tributária no processo de reconstrução da solidariedade social; 12. Considerações finais; 13. Referências; Anexo - Carga Tributária comparativamente ao PIB e níveis de emprego.

Toda verdade instalada,
mesmo aquela a que aderi,
é suspeita.
(José Saramago)

---

[1] Trabalho apresentado no seminário "Transformações do Estado Contemporâneo", ministrado pelo professor Dr. José Luis Bolzan de Morais, junto ao Programa de Pós-Graduação em Direito – Doutorado – na Universidade do Vale do Rio dos Sinos – UNISINOS – 2004/1.

1. Considerações Iniciais

O presente trabalho tem por objetivo analisar a denominada crise Estrutural do Estado e a reação a essa crise, consubstanciada com o surgimento do ideário neoliberal que, dentre outras soluções, propugnou a minimização do Estado. Além disso, faz-se necessário avaliar o modelo de globalização que foi sendo construído sob a influência dos novos fundamentos ideológicos e as conseqüências da implementação desses, sobretudo em países ditos periféricos, em especial no que tange ao modelo de tributação adotado, para, por fim, poderem ser apontadas alternativas e caminhos teoricamente viáveis à construção de uma nova concepção estatal.

Num primeiro momento, definir-se-á os contornos e limites do modelo de Estado implantado, sobretudo na Europa do pós-guerra, o qual representou um significativo avanço no campo social, à medida que foi reconhecidamente eficaz, por um período significativo, no sentido de atingir os objetivos de sua existência: assegurar a proteção social e reduzir as desigualdades.

Com a emergência dos denominados novos riscos sociais, esse modelo de Estado entra em crise, a qual se torna especialmente visível a partir da década de oitenta e se aprofunda na década de noventa do século XX. Paralelamente ao agravamento da crise, emerge um novo ideário, denominado de neoliberalismo, o qual sustenta, dentre outras concepções, que o Estado deve romper com intervencionismo keynesiano e voltar a ser aquele Estado que assegura, exclusivamente, a vida, a liberdade e a propriedade (Estado mínimo).

Essa concepção foi ganhando força, concomitantemente ao período no qual o mundo experimentou uma verdadeira revolução sem precedentes, sobretudo no campo das relações econômicas, o que se convencionou denominar de globalização. Como não poderia deixar de ser, esse fenômeno foi se aprofundando em consonância com o "senso comum dominante" – neoliberal –, para o qual o crescimento econômico, por si só, traria a redução das desigualdades entre os países e dentro deles. Ocorre que, paradoxalmente, essa promessa se confirmou num sentido diametralmente aposto àquele no qual foi formulada, uma vez que se constata um processo de exclusão social nunca antes visto.

A partir do novo ideário dominante, foi sendo concebido, da mesma forma, um modelo de tributação divorciado daquelas concepções que alicerçavam o outrora Estado do Bem-Estar Social, posto que a neotributação (denominação adotada nesse trabalho para caracterizar a hodierna tributação) distanciou-se longamente de um dos fundamentos basilares desse Estado: o pilar da solidariedade. Com a neotributação, reforça-se a idéia do tributo meramente no sentido de troca pelos serviços públicos prestados, em detrimento das já clássicas idéias da: a) tributação segundo a efetiva capacidade econômica; e b) tributação como instrumento de redistribuição de renda.

Da mesma forma como o modelo de globalização adotado, a neotributação entra em crise, pois se constata que ela serviu como um importante instrumento de redistribuição de renda literalmente "às avessas", ou seja, a tributação cumpriu significativo papel no agravamento das desigualdades sociais, especialmente em relação àqueles países, nos quais o Estado do Bem-Estar Social foi concebido apenas como "obra literária", uma vez que existente, unicamente, sob o aspecto formal (o Brasil é o melhor exemplo).

Em vista disso, pode-se afirmar que se vive um momento de transição, à medida que se percebe a falência das promessas, segundo as quais, o crescimento traria redução das desigualdades e, concomitantemente, se verifica que o modelo tributário vigente colaborou expressivamente no processo de empobrecimento, justamente da parcela da população com baixo ou médio poder aquisitivo.

A partir desse cenário, busca-se uma nova definição do papel do Estado, discuti-se a definição de um novo contrato social e busca-se, sobretudo, resgatar ou reconstruir a idéia da solidariedade, como pilar de sustentação de um novo modelo Estado, não desconsiderando a circunstância de que os novos contornos deverão ser traçados dentro da realidade multifacetada e complexa do século XXI.

2. O Estado do Bem-Estar Social e sua evolução

O advento do Estado do Bem-Estar Social – com essa ou outras denominações conforme adiante abordadas – representou uma espécie de ruptura significativa com os alicerces que tradicionalmente fundamentavam o Estado, entendido como fenômeno da modernidade e sendo, portanto, prescindível adjetivá-lo de "moderno".

Pode-se afirmar que os primeiros marcos identificadores do surgimento do Estado "Social" são encontrados na Alemanha, sendo que, como ocorreu na maior parte dos países, os passos iniciais foram dados em relação à questão de acidentes de trabalho. Assim que Império foi constituído (1871), uma lei formulou o princípio de uma responsabilidade limitada dos industriais, em caso de culpa, nos acidentes de trabalho. Por outro lado, foi apenas em 1897, na Grã-Bretanha, e em 1898, na França, que leis semelhantes surgiram.[2]

---

[2] Rosanvallon, Pierre. *A crise do Estado-providência*. Tradução Joel Pimentel de Ulhôa. Goiânia: Editora da UFG; Brasília: Editora da UnB, 1997, p. 128.

Dados os primeiros passos, estava sedimentado o terreno para que fossem aprovadas, de 1883 a 1889, três importantes leis sociais na Alemanha. A Lei de 15 de junho de 1883, sobre o seguro-doença, foi a primeira e tornou esse benefício obrigatório, mas apenas para operários da indústria, cujo rendimento anual não ultrapassasse 2.000 marcos, sendo que dois terços das cotizações estavam a cargo dos assalariados, e um terço a cargo dos empregadores. Em 1884, surge a lei sobre acidentes de trabalho, em face da qual os patrões deveriam cotizar-se em caixas corporativas para cobrir os casos de invalidez permanente resultantes de acidente de trabalho. Em 1889 é aprovada, na Alemanha, a lei da aposentaria e invalidez, cujos benefícios seriam custeados em partes iguais pelos empregados e empregadores. Em 1911, tais leis são objeto de um compêndio (Código dos seguros sociais), surgindo assim, um primeiro modelo do gênero.[3]

O fato de os marcos iniciais serem identificados na Alemanha implicou também a origem terminológica desse modelo de Estado. A expressão "Estado Social" é a primeira denominação utilizada naquele país, por obra de Lorenz von Stein, lá pela metade do século XIX. A importância dessa expressão evolui de tal forma que, na Lei Fundamental Alemã de 1949, passa a fazer parte da definição da nova República Federal.[4]

No entanto, conforme informa Esteruelas, o grande salto quantitativo e qualitativo ocorre no Reino Unido, com o plano Beveridge de 1942. Nesse momento, nasce propriamente, o denominado "Welfare State", versão britânica do Estado Social. De outra baila, o incremento da ação do Estado no campo social e sua ambiciosa meta na proteção fizeram nascer um novo conceito, com ressonância religiosa: o Estado-Providência,[5] que significa dizer que o Estado está obrigado a cuidar dos cidadãos, da mesma forma que Deus tem cuidado de todas as criaturas. Assim, o Estado-Providência (terminologia adotada pelos franceses) vem a ser, prometeicamente, a assunção laica de tão gigantesca missão.[6]

É inegável, porém, que a consolidação do Estado Social, do Bem-Estar Social ou do Estado-Providência[7] está conectada intimamente ao

---

[3] Rosanvallon, Pierre. *A crise do Estado-providência*. Op. cit., p. 128/129.

[4] Esteruelas, Cruz Martinez. *La agonía del Estado. ¿Un nuevo orden mundial?* Madrid: Laxes, S.L. Ediciones, p. 120/121.

[5] Segundo Rosanvallon, é no segundo império (francês) que surge a expressão Estado-Providência na língua francesa. Ela é criada por pensadores liberais hostis ao aumento das atribuições do Estado, mas igualmente críticos em relação a uma filosofia individualista muito radical. Émile Ollivier, deputado republicano, partidário do Império a partir de 1860, desenvolveu essa abordagem em seu Relatório apresentado pela comissão encarregada de examinar o projeto de lei referente às coalizões. (op. cit., p. 121).

[6] Op. cit., p. 121.

[7] Para fins desse trabalho optou-se por utilizar as três expressões – Estado Social, Estado do Bem-Estar Social e Estado-Providência – como sinônimos, razão pela qual, para se referir a esse modelo de Estado, utilizar-se-ão alternativamente as referidas expressões.

constitucionalismo contemporâneo, tendo como marcos históricos a Constituição Mexicana de 1917 e a Constituição de Weimer de 1919. Esse modelo diverge do anteriormente vigente, posto que, para o Estado Liberal, bastava garantir a paz social dos indivíduos livres e iguais, para que seu papel restasse cumprindo; ao passo que, para o modelo do Bem-Estar, cabe ao Estado uma intervenção efetiva em diversos setores econômicos, sociais e culturais, no sentido de construir uma comunidade solidária, onde ao poder público cabe a tarefa de produzir a incorporação dos grupos sociais aos benefícios da sociedade contemporânea.[8]

Como explica Rosanvallon, o Estado-Providência é, de fato, muito mais complexo que o Estado-Protetor clássico, cuja obrigação restringia-se a assegurar a vida e a propriedade. Tal ocorre, porque esse modelo objetiva, além de suas obrigações clássicas, "ações positivas (de redistribuição de renda, de regulamentação das relações sociais, de responsabilização por certos serviços coletivos)".[9] Em resumo, Rosanvallon assim menciona a passagem do Estado moderno (clássico) para o modelo do Estado-Providência:

1. O Estado moderno define-se fundamentalmente como um Estado-protetor.
2. O Estado-providência é uma extensão e um aprofundamento do Estado-protetor.
3. A passagem do Estado-protetor ao Estado-providência acompanha o movimento pelo qual a sociedade deixa de se pensar com base no modelo de corpo para se conceber sob o modo do mercado.
4. O Estado-providência visa substituir a incerteza da providência religiosa pela certeza da providência estatal.
5. É a noção de probabilidade estatística que torna praticamente possível e teoricamente pensável a integração da idéia de Providência no Estado.[10]

Conforme esclarece García-Pelayo, nesse modelo de Estado, não se nega importância aos valores da liberdade e da propriedade, mas sim, pretende-se torná-los mais efetivos, dando-lhes uma base e conteúdo material, à medida que se parte do pressuposto de que o indivíduo e a sociedade não são categorias isoladas e contraditórias, uma vez que essas categorias estão conectadas numa relação de dependência. Assim, não há possibilidade de garantir a liberdade, se o seu estabelecimento e as garantias formais, não estão acompanhadas de condições mínimas que tornem possível seu exercício real. Enquanto que nos séculos XVIII e XIX se pensava que a liberdade era uma exigência da dignidade humana, agora se

---

[8] Bolzan de Morais, José Luis. *As Crises do Estado e da Constituição e a Transformação Espacial dos Direitos Humanos*, (Estado e Constituição 1) Porto Alegre: Livraria do Advogado, 2002, p. 30.

[9] Rosanvallon, Pierre. *A crise do Estado-providência*. Tradução: Joel Pimentel de Ulhôa. Goiânia: Editora da UFG; Brasília: Editora da UnB, 1997, p. 20.

[10] Op. cit., p. 20.

pensa que a dignidade humana (manifestada nos pressupostos socioeconômicos) é uma condição para o exercício da liberdade.[11]

Para o Estado do Bem-Estar Social, portanto, não basta assegurar, por exemplo, o direito à liberdade de expressão num plano meramente formal – garantir a todos que manifestem livremente o pensamento. É necessário assegurar os meios necessários para que os indivíduos tenham acesso à educação e à cultura para que, com isso, tal direito possa ser exercido de uma forma plena, visto que, de nada adianta garantir liberdade de expressão, àquele que está desprovido das condições mínimas para exercê-la.

Enfim, a idéia de liberdade está fundada na possibilidade de fazer escolhas, as quais apenas são factíveis se preenchidos os pressupostos materiais necessários, sendo que esses, correndo os riscos da brevidade, não podem ser entendidos como presentes, quando inexistir alimentação, habitação, saúde, educação, segurança e renda mínima.

É certo que o Estado do Bem-Estar Social não se trata de um modelo que foi gerado com contornos definitivos. É, sim, um modelo que vai se aperfeiçoando ao longo do século XX, mediante a incorporação dos denominados "novos direitos" à cidadania, bem como pelo consenso acerca da necessidade de que o Estado estivesse presente como ator privilegiado dentro do cenário econômico. Conforme explica Bolzan de Morais:

> A construção de um Estado como Welfare State está ligada a um processo histórico que conta já de muitos anos. Pode-se dizer que o mesmo acompanha o desenvolvimento do projeto liberal transformado em Estado do Bem-Estar Social no transcurso da primeira metade do século XX e que ganha contornos definitivos após a Segunda Guerra Mundial.[12]
> [...]
> São os direitos relativos às relações de produção e seus reflexos, como a previdência e assistência sociais, o transporte, a salubridade pública, a moradia, etc. que vão impulsionar a passagem do chamado Estado mínimo – onde lhe cabia tão-só assegurar o não-impedimento do livre desenvolvimento das relações sociais no âmbito do mercado caracterizado por vínculos intersubjetivos a partir de indivíduos formalmente livres e iguais – para o Estado Social de caráter intervencionista – que passa a assumir tarefas até então próprias ao espaço privado através de seu ator principal: o indivíduo.[13]

Em relação à eficácia dos direitos sociais emergentes do novo modelo, Eduardo Faria explica que:

---

[11] Garcia-Pelayo, Manuel. *Las Transformaciones del Estado contemporáneo*. 4. ed. Alianza, Madrid: 1996, p. 26.

[12] Op. cit., p. 34.

[13] Ibidem, p. 35.

> Ao contrário dos direitos individuais, civis e políticos e das garantias fundamentais desenvolvidos pelo liberalismo burguês com base no positivismo normativista, cuja eficácia requer apenas que o Estado jamais permita a violação, os direitos sociais não podem ser atribuídos aos cidadãos. Como não são self-executing nem muito menos fruíveis ou exeqüíveis individualmente, esses direitos têm sua efetividade dependente de um welfare commitment. Em outras palavras, necessitam de uma ampla e complexa gama de programas governamentais e de políticas públicas dirigidas a segmentos específicos da sociedade.[14]

Diferentemente do que se possa pensar numa análise superficial, o aprofundamento do papel do Estado Social não significou apenas uma atuação voltada aos interesses das classes sociais menos favorecidas, através de mecanismos de proteção social. Ao contrário, constata-se que a atuação do Estado, pelo menos no que tange à gama de recursos empregada, esteve paradoxalmente a serviço do capital ou do que se convencionou denominar de "elites dominantes". Além da construção de usinas hidrelétricas, estradas e financiamentos, exemplificadas por Bolzan de Morais,[15] cabe referir aqui a enxurrada de concessões de benefícios fiscais, ora explicitamente – mediante desonerações – ora mediante efetivas doações, travestidas de "empréstimos",

Nesse sentido, Scaff lembra Giannini[16] o qual sustentava que: "é também verdadeiro que a classe dominante transfere para a coletividade o custo dos próprios conflitos internos". Em vista disso, Scaff enumera a "tripla vantagem obtida pela burguesia com a implantação e o aprofundamento do Welfare State: 1) flexibilização do sistema possibilitando sua manutenção de forma mitigada; 2) a divisão por todo o povo dos custos de infra-estrutura básica necessária para o desenvolvimento do capital; e 3) o benefício decorrente da concessão de obras e serviços públicos".[17]

Por outro lado, Streck menciona que a democratização das relações sociais implicou "a abertura de canais que permitiram o crescimento das demandas por parte da sociedade civil".[18] Este fato, prossegue Streck,

> será posteriormente, um dos obstáculos críticos ao próprio desenvolvimento do Estado do Bem-Estar Social se pensarmos que, com o aumento da atividade estatal, crescia, também, a sua burocracia, como instrumento de concretização dos serviços e, como sabido, a democracia e burocracia andam em caminhos com sentidos opostos.[19]

---

[14] Faria, José Eduardo. *O direito na Economia Globalizada*. 2ª tiragem. São Paulo: Malheiros. 2000, p. 272/273.
[15] Op. cit., p. 35.
[16] Giannini, Massimo Severo. *Diritto pubblico dell'economia*. Bologna: Mulino, 1977, p. 33.
[17] Scaff, Fernando Facury. *Responsabilidade civil do Estado intervencionista*. 2. ed. Rio de Janeiro: Renovar, 2001, p. 96.
[18] Streck, Lenio Luiz. *Jurisdição Constitucional e Hermenêutica: uma nova crítica do direito*. 2. ed. Rio de Janeiro: Forense 2004, p. 55.
[19] Ibidem p. 55/56.

A idéia do Estado do Bem-Estar foi se desenvolvendo sob influências de particularidades políticas, econômicas e culturais, sendo que a própria questão da denominação é bastante controversa, conforme já examinado. Mesmo com a discussão terminológica, é imperioso reconhecer que esse modelo de Estado tem um núcleo temático comum.

Conforme sustenta Bolzan de Morais,[20] em que pese não ser possível falar na existência de um modelo único de Estado do Bem-Estar (por exemplo o modelo do *État Providence* francês difere em muito do modelo dos Estados Unidos), é possível identificar características comuns, relativamente à intervenção Estatal e ao direito do cidadão, independentemente da sua condição social, de "ser protegido contra dependências de curta ou longa duração".[21] Ou seja, conforme define Bobbio, o Estado do Bem-Estar seria aquele "que garante tipos mínimos de renda, alimentação, saúde, habitação, educação, assegurados a todo o cidadão, não como caridade mas como direito político".[22]

Com o aprofundamento das experiências, o modelo de Estado do Bem-Estar, face às circunstâncias e contingências históricas, sofistica-se e transforma-se no modelo do Estado Democrático de Direito, o qual assume uma inegável função transformadora da realidade social, haja vista que essa nova concepção impõe ao Estado o papel de direcionar suas ações no sentido da construção de uma sociedade menos desigual. Ou seja, cabe ao Estado Democrático de Direito a utopia (?) da concretização da igualdade material, razão pela qual Bolzan de Morais explica que:[23]

> O *Estado Democrático de Direito* emerge como um aprofundamento da fórmula, de um lado, do Estado de Direito e, de outro, do Welfare state. Resumidamente pode-se dizer que, ao mesmo tempo em que se tem a permanência em voga da já tradicional questão social, há como quê sua qualificação pela questão da igualdade. Assim o conteúdo deste se aprimora e se complexifica, posto que impõe à ordem jurídica e à atividade estatal um conteúdo utópico de transformação do *status quo*. (grifos no original)

Nessa nova organização social, o Estado tem um papel decisivo, no sentido de não apenas assegurar a igualdade formal, mas, sobretudo, de alcançar a igualdade material, isto é, o Estado passa a ter como condição

---

[20] A idéia das crises do Estado Bem-Estar foi publicada originalmente em artigo intitulado "Revisitando o Estado! Da crise conceitual à crise institucional (constitucional)", in: *Anuário do Programa de Pós-Graduação em Direito – Mestrado/Doutorado – 2000*, UNISINOS/Centro de Ciências Jurídicas, p. 82.

[21] Bolzan de Morais, José Luis. "Revisitando o Estado! Da crise conceitual à crise institucional (constitucional)", in: *Anuário do Programa de Pós-Graduação em Direito – Mestrado/Doutorado – 2000*, UNISINOS/Centro de Ciências Jurídicas.

[22] Bobbio, Norberto. *Dicionário de Política*. Brasília: UNB, 1986, p. 416.

[23] Bolzan de Morais, José Luis. "Revisitando o Estado! Da crise conceitual à crise institucional (constitucional)", op. cit., p. 82.

de existência a busca de meios que possam minimizar as desigualdades decorrentes do modelo econômico vigente. Nessa linha, Bonavides afirma que:

> O Estado social é enfim Estado produtor de igualdade fática. Trata-se de um conceito que deve iluminar sempre toda a hermenêutica constitucional, em se tratando de estabelecer equivalência de direitos. Obriga o Estado, se for o caso, a prestações positivas; a prover meios, se necessário, para concretizar comandos normativos de isonomia.[24]

Entre as características marcantes desse modelo de Estado, conforme exposto por Garcia-Pelayo ao descrever o Estado Democrático de Direito espanhol, podem ser destacadas: a) a superação das possíveis contradições entre a titularidade formal dos direitos públicos subjetivos e o exercício efetivo; b) a ação estatal destinada a criar as condições de satisfação daquelas necessidades vitais que, nas complexas condições da sociedade atual, não podem ser satisfeitas, nem pelos indivíduos, nem por grupos; c) uma concepção de cidadania não apenas como participação em valores e direitos políticos, mas também dos bens econômicos e culturais; e conseqüentemente, d) o fato de se caracterizar como um Estado de prestações, de modo que os preceitos constitucionais que limitam a sua atividade convivem com outros que estabelecem objetivos para a ação legislativa e administrativa.[25]

Enfim, do modelo Estado Liberal clássico passa-se, em menos de um século, para o modelo do Estado Democrático de Direito, numa velocidade típica do século XX, sem que as contradições e dificuldades tenham sido devidamente assimiladas e superadas, sem que, em muitos países, se consiga efetivamente perceber que o modelo do Estado Liberal tenha sido definitivamente aposentado e, sem que, inclusive, importantes atores do cenário político, econômico e social tenham percebido que, num plano formal pelo menos, estavam vivendo uma realidade antagônica daquela outrora vigente.

Diante desse contexto, seria perfeitamente possível projetar as inevitáveis crises que aguardavam para eclodir. Essas crises (conceitual, estrutural, institucional e funcional) começam a ser constatadas ainda na década de sessenta do século XX, sendo que uma delas pode ser entendida como o marco zero das demais: a crise estrutural.

Uma vez que começam a faltar os recursos materiais para que o Estado de Bem-Estar cumpra seu papel e se aprofunde diante das novas demandas da sociedade, passa-se a questionar se o próprio modelo é viável e, se viável, até que ponto poderia ser amesquinhado sem que perdesse

---

[24] Bonavides, Paulo. *Curso de Direito Constitucional*. 11. ed. São Paulo: Malheiros, 2001, p. 343.
[25] Garcia-Pelayo, Manuel. *Las Transformaciones del Estado contemporáneo*. Op. cit., p. 95.

suas características fundamentais. No entanto, tal discussão tem algo que precede: a emergência dos novos riscos sociais e a sensação de impotência frente a eles, conforme análise que segue.

3. A emergência dos novos riscos e a crise fiscal do Estado do Bem-Estar Social

À medida que o Estado do Bem-Estar Social se aprofundava e incorporava elementos, os problemas relativamente à estrutura tornaram-se mais evidentes. Apareceram novos riscos sociais, pois o Estado deixou de ter apenas a obrigação de cobrir riscos clássicos – doença, desemprego, terceira idade – e passou a assumir a cobertura de novos riscos sociais, tais como: o desemprego de longa duração, a proteção ao meio ambiente, bem como a necessidade de desenvolver políticas públicas que fossem aptas a minimizar as desigualdades econômicas e sociais decorrentes do modelo econômico vigente.

As alterações demográficas, decorrentes do envelhecimento da população e da conseqüente diminuição da população ativa, pressionam o sistema de aposentarias e pensões, aumentando a necessidade de cuidados de saúde e de serviços de apoio e proteção social para a terceira idade. A maior participação das mulheres no mercado de trabalho traduz-se numa necessidade crescente de serviços sociais de proteção à infância.

Em relação ao progresso tecnológico, experimentado principalmente no final do século passado, são inegáveis os resultados altamente positivos, em setores como da saúde, da produtividade e da comunicação humana, para citar apenas três exemplos. No entanto, como observa Ladislau Dowbor,

> a verdade é que o dramático avanço tecnológico, sem um avanço comparável em termos institucionais, se torna explosivo para a humanidade: gigantescos barcos de pesca industrial limpam os mares sem se preocupar com o amanhã; a química fina e os transportes modernos levaram à constituição de uma rede mundial de produção e distribuição de drogas que destroem centenas de milhões de pessoas; milhares de laboratórios ensaiam hoje manipulações genéticas sem nenhum controle ou regulamentação; armas cada vez mais letais são vendidas de maneira cada vez mais irresponsável; a tecnificação da agricultura está destruindo os solos do planeta e gerando um caos climático de efeitos imprevisíveis e assim por diante.[26]

Além disso, no campo social, o desenvolvimento tecnológico, inegavelmente, contribuiu para o aumento do desemprego de longa duração e o

---

[26] Dowbor, Ladislau. "Globalização e Tendências Institucionais", in *Desafios da Globalização*. Orgs. Ladislau Dowbor, Octavio Ianni, Paulo-Edgar A. Resende: Petrópolis-RS, Vozes, 1997, p. 6.

subemprego, que afetam, sobretudo, os jovens, as mulheres e os trabalhadores com mais idade e, em especial e cruelmente, aqueles que se encontram na base da pirâmide social. Isso tudo colaborou para a introdução de novos riscos sociais que o Estado teria de fazer frente,[27] pois se multiplicaram as demandas de proteção por parte daqueles que haviam sido literalmente excluídos do mercado de trabalho.

Como sustentava Beveridge,[28] a política de previdência social só tem sentido se estiver ligada a uma política de pleno emprego. Segundo ele, o desemprego é o principal risco social, sendo que a função do Estado concernente à proteção de seus cidadãos contra o desemprego em massa é tão importante quanto à função concernente à defesa dos cidadãos contra os ataques externos e contra os roubos e violências internas.[29]

O debate acerca da crise decorrente da emergência de novos riscos inicia-se a partir da crise econômica internacional da década de 70, quando passa a ganhar força a crítica ao Estado de Bem-Estar Social. Tal crise ocorre após um período – de quase trinta anos – de inequívoca prosperidade econômica, vivenciado depois da segunda grande guerra. O ápice do modelo é viabilizado por uma boa interação entre políticas de "welfare", que minimizam os conflitos sociais e possibilitam o crescimento dos modelos econômicos, concebidos a partir de uma orientação intervencionista keynesiana.

Quando se passa a constatar a associação de um baixo crescimento econômico, com a aceleração inflacionária e desequilíbrios orçamentários, surgem os primeiros conflitos entre política econômica e política social. Isso vai paulatinamente implicando descrença na possibilidade de se compatibilizar o crescimento econômico com justiça social, principalmente através de transferência de renda e de gastos de governos. Aliado a isso, verifica-se um crescente descrédito na capacidade gerencial do próprio Estado.

No que tange aos países periféricos, entre os quais especialmente o Brasil, há um outro componente decisivo: os custos suportados pelo endividamento do próprio Estado. Se, em relação aos países ditos desenvolvidos, os juros pagos para financiamento de eventual déficit público eram perfeitamente toleráveis, nos países periféricos isso representou a assunção de um ônus insuportável e a necessidade de carrear fabulosos recursos para fins de manutenção do denominado "serviço da dívida". Logicamente,

---

[27] Vide quadro no qual podem ser constatados os alarmantes índices de desemprego, sobretudo em relação às mulheres, no anexo ao final desse trabalho.

[28] Sir Willian Beveridge elaborou, em 1942, o denominado "Plano Beveridge", que correspondia a um relatório sobre a organização de um sistema britânico de previdência, considerado o marco do advento do "Welfare State" inglês.

[29] Rosanvallon, Pierre. *A crise do Estado-providência*, op. cit., p. 127.

isso contribuiu sobremaneira para que houvesse uma significativa redução de recursos disponíveis para fazer face às demandas sociais emergentes.

Além disso, nas economias periféricas, onde Estado Social é muito mais frágil (quando não inexistente), esse processo de enfraquecimento ocorre com maior velocidade e profundidade, trazendo um novo e importante dado: o capital globalizado começa a se deslocar com enorme facilidade à procura de Estados que lhe ofereçam melhores condições para expansão dos seus lucros.[30]

Dentro desse quadro, seria pouco provável que deixassem de emergir problemas relacionados com o financiamento desses novos "riscos sociais", à medida que as demandas se multiplicam numa velocidade desproporcional ao surgimento de fontes para financiá-las. Conforme relata Streck:

> Os problemas de caixa do Welfare State já estão presentes na década de 1960, quando os primeiros sinais de que receitas e despesas estão em descompasso, estas superando aquelas são percebidos. Os anos 70 irão aprofunda-la, à medida em que o aumento da atividade estatal e a crise econômica mundial implicam um acréscimo ainda maior de gastos, o que implicará o crescimento do déficit público. Muitas das situações transitórias, para a solução das quais o modelo fora elaborado, passaram, dadas as conjunturas internacionais, a ser permanentes – o caso do desemprego nos países centrais exemplifica caracteristicamente este fato.[31]

A discussão acerca da questão do emprego, conforme abordado, passa a ser a tônica das discussões vinculadas à crise estrutural do Estado, à medida que se assiste a uma impiedosa exclusão e inacessibilidade de trabalhadores ao emprego formal. Tal exclusão produz um duplo efeito nefasto às finanças do Estado, posto que, uma vez alijados do emprego formal, os trabalhadores deixam de contribuir e, concomitantemente, passam a ter necessidades crescentes de assistência. Tal assistência materializa-se diretamente, via programas de seguro-desemprego, concessão de "cestas básica", etc.. e indiretamente, em face de estarem mais expostos aos riscos inerentes à ausência de renda.

Nessa linha, François Ost, lembrando Beveridge, assim explica a crise em questão:

> Acontece que, hoje, o Estado-providência está em crise: o desemprego em massa, estrutural e de longa duração minou os seus fundamentos. Já em 1942 Beveridge estava consciente de que a nova política de segurança social que preconizava só fazia sentido ligada ao pleno emprego. Hoje, com efeito, a sociedade assistencial perde seu peso, à medida em que, devido ao desemprego estrutural, aqueles que descontam reduzem-se em proporção inversa aos potenciais beneficiários; nestas

---

[30] José Luiz Quadros de Magalhães. *Globalização e Exclusão*. Artigo disponível no *site*. www.jusnavigandi.com.br, acessado em 24.03.2004.

[31] Op. cit., p. 58.

condições o risco muda de natureza e de escala e perguntamo-nos se ainda será reversível.[32]

Em vista dessa crise, assiste-se com evidente descontentamento social a uma série de pequenos e grandes retrocessos do Estado do Bem-Estar, de tal forma, que se passa a questionar até onde tais retrocessos podem prosseguir, sem que o modelo de Estado tenha que sofrer uma mutação de sua gênese e até de sua denominação. Isso é facilmente perceptível numa série de países – da União Européia inclusive – com a redução da proteção social (benefícios previdenciários, principalmente, mas também em relação à assistência aos desempregados e aos desprovidos de renda), com a redução de recursos destinados à educação, à saúde pública e à cultura, bem como o aviltamento salarial dos responsáveis pelo serviço público, para se mencionar apenas algumas manifestações mais marcantes.

Ocorre que essa crise não é apenas decorrente do descompasso entre as receitas públicas e o desproporcional crescimento das demandas sociais, em face da multiplicação dos riscos. A denominada "crise estrutural" é mais complexa, à medida que se entrelaçam outros componentes. Há uma espécie de abalo nos alicerces que fundamentavam esse modelo do Estado do Bem-Estar Social. Um abalo intelectual que mina os valores consensuais sobre os quais se apoiavam os dogmas, até então inatacáveis, desse modelo de Estado. Tal aspecto será abordado na análise que segue.

4. O abalo intelectual no Estado do Bem-Estar Social

Num primeiro momento, entendia-se que a crise fiscal se confundia com a própria crise do Estado do Bem-Estar, posto que esse não mais conseguia fazer frente às demandas por prestações estatais, em vista das crescentes necessidades de proteção do cidadão contra a emergência de novos riscos. Enfim, entendia-se que a crise era decorrente do próprio aprofundamento do papel do Estado.

No entanto, como já sustentava Rosanvallon, a crise não está relacionada apenas ao o desequilíbrio econômico, entre o que o Estado arrecada e as demandas sociais que necessitam ser atendidas. O que está em causa, pois, é um abalo muito mais profundo. Ocorre um abalo intelectual, de forma que as relações da sociedade com o Estado passam a ser são questionadas. Em vista disso, é possível reconhecer que a fonte da crise é muito mais extensa do que o simples desajuste das finanças públicas.[33]

---

[32] Op. cit., p. 339.
[33] Rosanvallon, Pierre. *A crise do Estado-providência*, p. 25.

É inegável que, paralelamente ao fato de o Estado do Bem-Estar Social ter desempenhado um papel fundamental como redutor das desigualdades, esse modelo de Estado também deu ensejo a um novo formato de cidadania. Ao invés de cidadãos, o Estado forjou o surgimento de verdadeiros "indivíduos-clientes". Ou seja, ocorre uma quebra de vínculos de solidariedade entre os cidadãos, os quais deixam de se responsabilizar pela solução de suas "crises", transferindo e exigindo do Estado o cumprimento de tal tarefa. Em outros termos, os cidadãos passam a ser tratados pelo "pai" (Estado), como filhos que, mesmo após a maioridade, permanecem dependentes e infantis.

Explicando esta outra face do Estado do Bem-Estar, constata Bolzan de Morais que:

> [...] o que se observou foi, muitas vezes, apenas a transformação do indivíduo liberal em cliente da administração, apropriando privadamente a poupança pública ou adotando estratégias clientelistas de distribuição das respostas estatais e dos serviços públicos, quando não, naqueles locais onde a fórmula do Bem-Estar Social apenas como farsa foi forjada, elaborando-se mecanismos de constituição do consenso social desde um processo de infantilização dos atores. Aparentemente, enquanto houve abundância de recursos, a sociedade não se ressentiu profundamente destas insuficiências. Entretanto, à medida em que a capacidade de financiamento público estatal se reduzia, a coesão social parece ter perdido forças em seu caráter de grupo, passando a produzir-se uma disputa iníqua pela apropriação do que restava de pressupostos públicos.[34]

O abalo intelectual é muito mais letal aos fundamentos do Estado, posto que mina suas tradicionais estruturas. Segundo Rosanvallon, esse abalo surge porque: a) passa-se a discutir sobre a finalidade do Estado-Providência, ou seja, discute-se se a igualdade é algo a ser efetivamente visado e surgem dúvidas acerca dos limites da solidariedade automática; b) num cenário de crise econômica, o crescimento deixa de desempenhar o papel de lubrificante social; c) o modelo do Estado-Providência passa a ser severamente atacado, tanto pela direita como pela esquerda, havendo uma modificação daquilo que o autor denomina de compromisso keynesiano – sobre o qual se assentava esse modelo de Estado.[35]

Enfim, ocorre uma verdadeira revolução conceitual dentro da própria sociedade, a partir do qual a solidez do modelo do Estado de Bem-Estar Social ou Providência literalmente "se desmancha no ar". Os alicerces, sobre os quais está fundamentado esse modelo de Estado, são profundamente afetados e ameaçam ruir. Há um sentimento de insegurança que se espalha de uma forma epidêmica por todas aquelas nações que, de uma

---

[34] Op. cit., p. 44.
[35] Rosanvallon, Pierre. *A crise do Estado-providência*, p. 26.

forma mais ou menos profunda, conseguiram fazer do referido modelo uma perspectiva de vida factível e uma concreta possibilidade de coexistência coletiva mais harmônica e justa.

Além disso, pode-se identificar a manifestação de outros aspectos dessa crise, os quais afetam a estrutura do Estado do Bem-Estar. Como alguns autores mencionam, trata-se, também, de uma crise de ordem ideológica e filosófica. Em relação à crise denominada de ideológica, Streck menciona que:

> Os anos 80 irão trazer à tona uma nova crise. Será, então, uma crise de legitimação que irá atingi-lo. A dúvida que se estabelece, então, é quanto às fórmulas de organização e gestão próprias ao Estado do Bem-Estar. Ocorre, então, uma crise ideológica patrocinada pelo embate antes mencionado entre a democratização do acesso e a burocracia do atendimento.[36]

Dentro dessa linha, emenda Bolzan de Morais:

> Se, anteriormente, ressentíamos as deficiências que a estrutura de formação de poupança pública do Estado Social possuía para adaptar-se a circunstâncias novas em particular de decréscimo da atividade produtiva, agora a dúvida que se estabelece, então, é quanto às formas de organização e gestão próprias ao Estado de Bem-Estar Social.

A partir da análise do pensamento de Rosanvallon, a denominada crise ideológica, para François Ost, é concebida dentro da seguinte perspectiva:

> A crise não é unicamente financeira, ela é também, e mais profundamente sem dúvida, ideológica: a dúvida instala-se quanto às finalidades do Estado-providência. Pierre Rosanvallon, que, desde 1981, estudava a crise do Estado-providência, vê nisso qualquer coisa como uma crise de representação do futuro. O futuro, escreve ele,, já não pode ser pensado como continuação de uma tendência, execução de um movimento, desenvolvimento de um progresso cumulativo, realização de uma promessa primeira. A dúvida sobre o Estado-providência está ligada a uma espécie de avaria da imaginação social. Ninguém fala mais dos progressos sociais do futuro, nem formula os objectivos de uma nova etapa, nem se arrisca a descrever utopias concretas. Aquilo que domina é a perspectiva de manter direitos adquiridos. O mecanismo jurídico de standstill (efeito de linguete) que, a falta de consagrar novos direitos, opõe-se a que cerceiem as antigas protecções, ilustra bem esta situação de tempo de paragem. Mas quando já não se luta para que o futuro seja melhor, e apenas para que não seja pior, é porque mudámos de sociedade. O medo regressa novamente e, do Estado social solidário, passamos a sociedade de risco securitário.[37]

---

[36] Op. cit., p. 58.
[37] Ost, François. *O Tempo do Direito*. Instituto Piaget, 1999, p. 340.

François Ost esclarece que, atualmente, a sociedade de risco toma lugar. Os indivíduos encontram-se novamente expostos às forças descontroladas do mercado, como se a desinstitucionalização das proteções sociais traduzisse a regressão ao estado de natureza econômico. Isso resulta numa forma extrema de atomização do indivíduo, seguida do fenômeno da exclusão. Essa mudança de paradigma, que transforma o indivíduo em vítima do sistema, deslocando a figura do agente social que promove a reivindicação política, faz apenas remendar as disfunções do passado. O risco e o medo voltam ao centro das preocupações coletivas, agravados pela despreocupação pelo futuro das gerações vindouras.[38]

A crise surge, enfim, porque os laços de solidariedade sofrem violentos abalos. Ora, para que o modelo do Estado Social se sustente, é imprescindível, pois, a idéia do coletivo, do agir dentro de uma comunidade compromissada com uma coexistência menos desigual, na qual os recursos sejam aplicados em políticas públicas direcionadas àqueles que mais do Estado precisam.

Tal modelo requer que a retórica da solidariedade não seja um discurso vazio e demagógico, mas que corresponda ao um efetivo objetivo fundamental da prática política. Quando isso vige apenas num plano formal, rompe-se com a idéia da solidariedade e emerge a crise denominada de filosófica, a qual é assim explicada por Bolzan de Morais:

> A crise filosófica atinge exatamente os fundamentos sobre os quais se assenta o modelo do Bem-Estar Social. Esta crise aponta para a desagregação da base do Estado Social, calcada esta no seu fundamento a solidariedade, impondo um enfraquecimento ainda maior no conteúdo tradicional dos direitos sociais, das estratégias de políticas públicas a eles inerentes, bem como nas fórmulas interventivas características deste modelo de Estado.[39]

A partir de todo esse cenário de crise, era inevitável que surgissem e se afirmassem novas concepções em sentidos diametralmente opostos daqueles apontados pelo modelo de Estado que em crise estava. Tratava-se de algo lógico e previsível que, numa velocidade impressionante, foi ganhando força e se impondo no plano internacional, como poucas concepções, até então, haviam se imposto. Estas novas concepções podem ser resumidas no que se convencionou denominar de "ideário neoliberal" que, literalmente, "varreu o mundo".

Tal ideário, foi forjando ao direito, à política, à economia e às instituições em geral uma nova fundamentação e, concomitantemente, foi apontando caminhos novos e supostamente melhores à humanidade. Isso implicou, por evidência, uma nova concepção de Estado, exposta a seguir.

---

[38] Op. cit. p. 336/337.
[39] *As crises do Estado e da Constituição e a Transformação Espacial dos Direitos Humanos*, p. 43.

5. O ideário neoliberal de Estado

Enquanto havia um acelerado crescimento econômico e níveis de emprego satisfatórios, o Estado Social pôde sofisticar-se, com serviços públicos cada vez melhores e proteção mais abrangentes. No entanto, com a crise econômica, que se manifesta mais fortemente nas décadas de setenta e oitenta do século vinte, há a conseqüente diminuição da arrecadação tributária e a emergência dos novos riscos sociais antes mencionados.

Em decorrência da crise do Estado Social, fortalece-se a concepção conservadora, segundo a qual, esse modelo corresponde a uma estrutura perniciosa, perversa e falida. Essa concepção é fundamentada em três argumentos básicos: a) o desequilíbrio orçamentário decorrente da expansão dos gastos sociais do Estado produz déficits públicos, que penalizam a atividade produtiva, provocam inflação e desemprego; b) a amplitude dos programas sociais, no plano político, implica significativa regulação e intervenção do Estado na vida social, reduzindo a democracia e tendendo para um autoritarismo ou totalitarismo; e c) os programas sociais estimulariam a passividade e a inatividade do cidadão, pois eliminariam os riscos, feririam a ética do trabalho e comprometeriam o mecanismo de mercado, à medida que reduzem a competitividade da mão-de-obra.

Ocorre, pois, o denominado abalo intelectual do Estado e isso tudo atinge significativamente os alicerces teóricos, sobre os quais se fundamentava o modelo do Bem-Estar, sobretudo na questão do enfrentamento das desigualdades. Em decorrência disso Dworkin relata que muitos economistas passam a sustentar e acreditar que

> [...] reduzir a desigualdade econômica por meio da redistribuição é prejudicial à economia geral e, a longo prazo fracassará por si só. Os programas de assistência social, dizem eles, são inflacionários, e o sistema tributário necessário para apoiá-los reduz o estímulo e, portanto, a produção. A economia, afirma-se, só pode ser reestimulada pela redução de impostos e pela adoção de outros programas que a curto prazo, irão gerar desemprego e prejudicar especialmente os que já estão na posição mais baixa da economia. Mas esse prejuízo será apenas temporário, pois uma economia mais dinâmica irá gerar prosperidade, o que, no fim oferecerá mais empregos e mais dinheiro para os deficientes e outros realmente necessitados.[40]

Conforme enumera Quadros de Magalhães,[41] para que o capital se expandisse e posteriormente fosse possível haver a "divisão do bolo", era necessário, segundo essa concepção denominada de neoliberal, que se

---

[40] Dworkin, Ronald. *Uma questão de princípio*. (Justiça e direito) Trad. Luis Carlos Borges. São Paulo: Martins Fontes, 2000, p. 311 e 312.
[41] Magalhães, José Luiz Quadros de. *Globalização e Exclusão*. Artigo disponível em: www.jusnavigandi.com.br, acessado em 24.03.2004.

fizessem presentes as seguintes situações ideais, as quais estão intrinsecamente encadeadas:

a) diminuição do Estado com processos de privatização, permitindo que o setor privado pudesse atuar naqueles setores onde o Estado era concorrente ou único ator, sendo que com a diminuição do Estado, inclusive nas suas prestações sociais fundamentais, passa a ser possível;

b) a diminuição ou eliminação dos tributos do capital, deixando que a classe assalariada arque com o que subsiste dos serviços públicos (os dados do período Reagan nos EUA ilustram esta afirmativa);

c) o enfraquecimento dos sindicatos para minimizar a pressão sobre o valor do trabalho, que ameaçaria os lucros crescentes;

d) a substituição gradual do trabalho humano pela automação (o capital tem investimento maciço em serviços e bens sofisticados para ampliação dos lucros aumentando o consumo sem aumentar os consumidores, permitindo assim, também, a geração do desemprego, o que pode parecer incompatível);

e) a diminuição dos salários;

f) a diminuição dos direitos sociais especialmente os direitos constitucionais do trabalhador, o que significa um retorno às características da terceira fase evolutiva do Estado.

Para a nova doutrina dominante, a escolha individual é a orientação ao mercado das práticas das organizações sociais, e qualquer atividade econômica deve ser regulada pela "mão invisível" do próprio mercado, retomando-se, com isso, o liberalismo clássico de Smith. A partir dessa concepção, qualquer intervenção no "livre jogo do mercado" é necessariamente coercitiva, sendo que, mesmo as distorções que possam aparecer no funcionamento do mercado livre (monopólios empresarial ou sindical ou a desigualdade social), devem ser resolvidas sem a intervenção do Estado.

Há, dessa forma, um rompimento com os fundamentos keynesianos, à medida que se passa a negar a legitimidade do Estado em intervir para regular as distorções produzidas pelo modelo econômico. Em suma, as atividades estatais devem ser as menores possíveis, (re) surgindo assim, a concepção do "Estado-mínimo".

Essa nova perspectiva, enfim, é construída a partir da constatação, pelos ideólogos da minimização estatal, de que o Estado do Bem-Estar é o principal responsável pelas dimensões da crise que emerge. Esta interpretação considera que o financiamento do gasto público em programas sociais gerou uma ampliação do déficit público, inflação, redução da poupança privada, que acabaram desestimulando o trabalho e a concorrência. Nesse sentido, a ação do Estado no campo social deve estar restrita à caridade pública – atendimento aos pobres – de forma complementar à caridade privada que passa a ser estimulada. Com isso, a política social é entendida como um mero apêndice da política econômica.

Conforme esclarece Rosanvallon, "no cerne da argumentação liberal está a idéia de que dois Estados coexistem no Estado-moderno: um Estado de direito, guardião da democracia e fiador das liberdades essenciais, e um Estado intervencionista, destruidor dessas liberdades". Em vista disso, menciona o mesmo autor que seria necessário, pois, reduzir ou suprimir o segundo para conservar apenas o primeiro; destruir o "mau" Estado para deixar subsistir apenas o "bom". A partir disso, no entanto, questiona: "Mas como distingui-los? A partir de quais critérios? Como definir praticamente o "bom" Estado mínimo?".[42]

Enfim, ao Estado cabia apenas não prejudicar o desenvolvimento econômico, pois, acredita-se que a maneira mais eficiente de se reduzir a pobreza e a desigualdade social seria através do crescimento econômico acelerado. Contudo, a evidência empírica tem demonstrado que, embora um elevado crescimento econômico seja uma condição necessária, não se constitui, porém, numa condição suficiente para se reduzir a pobreza e a desigualdade.[43]

Além disso, a lógica do "ideário", segundo a qual seria necessário suportar sacrifícios no primeiro momento para posteriormente usufruir os benefícios do crescimento mostrou-se insustentável. Dworkin levanta objeções concretas à tal tese:

> É muito improvável que pessoas destituídas há muitos anos, sem receber nenhum treinamento eficaz, recobrem seus prejuízos mais tarde, particularmente se forem considerados os danos psicológicos. Crianças que não tiverem alimentação adequada nem chances efetivas de uma educação superior sofrerão prejuízo permanente, mesmo que a economia siga o caminho mais otimista de recuperação. Parte daqueles a quem são negados empregos e assistência social agora, particularmente os idosos, não viverão suficiente para compartilhar essa recuperação, por mais generalizada que ela venha a ser.[44]

Esse novo ideário acerca do Estado mínimo pode ser entendido como causa e, concomitantemente, como conseqüência de um fenômeno que se aprofunda de uma forma vertiginosa, sobretudo nas últimas duas décadas do século XX. Trata-se do fenômeno denominado de globalização (ou mundialização como preferem os franceses), o qual produz uma mutação radical das relações econômicas e dá ensejo ao surgimento de um cenário perverso no campo social.

---

[42] Rosanvallon, Pierre. *A crise do Estado-providência*. Op. cit., p. 49.

[43] Kliksberg, Bernardo. *Repensando o estado para o desenvolvimento social: superando dogmas e convencionalismos*. Trad. Joaquim Ozório Pires da Silva. 2. ed. São Paulo, Cortez, 2002, p. 22.

[44] Op. cit., p. 312.

Pode-se entender que a crise estrutural do Estado é causa da emergência do denominado neoliberalismo econômico e, por outro lado, é possível sustentar que esse ideário colabora decisivamente na construção de um modelo de globalização que desconsidera, quase por completo, as questões sociais, posto que concebido dentro da lógica da "não-intervenção" Estatal.

Noutros termos, o novo ideário surge a partir da crise do Estado e serve de fundamentação ideológica para construção de um processo – em escala mundial – que rompe com quase todos os dogmas outrora existentes. Nesse cenário, pois, emerge a "globalização".

A despeito das posições segundo as quais não havia outra possibilidade que se apresentasse, analisar-se-á o que esse processo representou no campo social e quais as condições de possibilidade de que um outro caminho seja trilhado pela humanidade, ou seja, passar-se-á a analisar a questão central do debate que ora se instala: outro modelo de globalização é possível?

6. Os efeitos sociais da globalização construída a partir do ideário liberal

Conforme já mencionado, a crise fiscal do Estado toma corpo no decorrer das décadas de setenta e oitenta e, como alternativa a essa crise, surge o ideário liberal, a partir do qual passa-se a questionar os fundamentos que alicerçavam o Estado do Bem-Estar Social, sobretudo o pilar "solidariedade".

Nesse período, há um aprofundamento do que se convencionou denominar de "globalização econômica" e, como não poderia deixar de ser, esse fenômeno foi se materializando a partir de concepções ideológicas e políticas atreladas ao ideário do novo liberalismo. Ou seja, a aceleração do processo de globalização ocorre num período da história[45] no qual há

---

[45] É certo que paira uma controvérsia muito grande sobre o início do processo de globalização. Nesse sentido explica Canclini que: "Sobre a data em que a globalização teria começado, vários autores a localizam no século XVI, no início da expansão capitalista e da modernidade ocidental (Chesnaux, 1989; Wallerstein, 1989). Outros datam a origem em meados do século XX, quando as inovações tecnológicas e comunicacionais articulam os mercados em escala mundial. Essa conjunção de mudanças tecnológicas e mercantis só ganha contornos globais quando se estabelecem mercados planetários nas comunicações e na circulação do dinheiro, e se consolida com o desaparecimento da URSS e o esgotamento da divisão bipolar do mundo (Albrow, 1997; Giddens, 1997; Ortiz, 1997). Essas discrepâncias na datação têm que ver com diferentes modos de definir a globalização. Aqueles que lhe atribuem uma origem mais remota privilegiam seu aspecto econômico, ao passo que quem justifica a aparição recente desse processo dá mais peso a suas dimensões políticas, culturais e comunicacionais". No entanto, para fins desse trabalho, adotar-se-á a conclusão de Canclini sobre a questão: "Eu, de minha parte, entendo que há boas razões para afirmar, segundo a expressão de Giddens, que somos a primeira geração a ter acesso a uma era global (Giddens, 1997). Canclini, Néstor Garcia. *A globalização imaginada*. trad. Sérgio Molina. São Paulo: Iluminuras, 2003. p. 41.

um profundo questionamento acerca do papel do Estado intervencionista e da própria necessidade de se combater desigualdades econômicas e sociais. Nesse contexto, era inevitável que o processo de globalização tivesse, como conseqüência, um aprofundamento das desigualdades entre os países e dentro deles.

As proposições do ideário liberal, que serviram de pano de fundo à globalização econômica, conduziram a um processo de exclusão social sem precedentes, sobretudo nos países periféricos que seguiram a "cartilha" dos organismos internacionais comprometidos com referido ideário – Fundo Monetário Internacional e Consenso de Washington especificamente. Não são necessários profundos estudos econômicos e sociológicos para se constatar indubitavelmente que tal ideário falhou cruelmente ou, ao contrário (o que é muito pior) constitui-se numa forma deliberada, nunca dantes vista, de concentração de renda.

É certo, pois, que a retórica contrária à globalização, culpando-a por todas as mazelas sociais e econômicas, é um discurso que, embora impressione, beira à ingenuidade. Ser contra a globalização é tão irracional como ser contra a comunicação, ou seja, "ser genericamente contra os mercados é tão estapafúrdio como ser contra a conversa entre as pessoas".[46]

Nesse sentido, Canclini afirma que "a reorganização mundializada das sociedades parece ser um processo irreversível, que deixa poucas chances de êxito a quem pretende voltar a épocas passadas ou construir sociedades alternativas desligadas do global".[47] No entanto, conforme arremata o autor:

> [...] esse realismo econômico, político e comunicacional não implica admitir com fatalismo o modo unidimensional em que economistas e empresários nos vêm globalizando, com a aprovação complacente ou contrariada de grande parte dos consumidores. Pensar a globalização como uma conseqüência lógica da convergência de mudanças econômicas, comunicacionais e migratórias não impede concebê-la ao mesmo tempo em várias direções.

Ou seja, não está em discussão se deve ou não haver um processo de integração e mundialização que, respeitadas as culturas locais, torne o planeta uma verdadeira "aldeia global". Isso já demonstrou que pode ser muito positivo. A discussão está centrada, sim, no modelo de globalização ora vigente, o qual reduziu-se, quase que exclusivamente, ao aspecto econômico em detrimento de outros aspectos, sobretudo sociais.

Em que pese o processo de globalização possa ser considerado uma "força para o bem" (globalização de idéias sobre a democracia e a socie-

---

[46] Sen, Amartya: *O Desenvolvimento como Liberdade*. Trad. Laura Teixeira Motta. São Paulo: Companhia das letras, 2000, p. 168.
[47] Canclini, Néstor Garcia. *A globalização imaginada*. Trad. Sérgio Molina. São Paulo: Iluminuras, 2003. p. 43.

dade civil, intensificação do comércio), é inegável que, para milhões de pessoas, ela não funcionou, pois muitas estão em pior situação, ao verem seus empregos destruídos e suas vidas se tornarem mais inseguras, o que lhes causa um sentimento de impotência e passividade. Concomitantemente, assistem suas democracias serem solapadas e suas culturas serem erodidas.[48]

A face mais visível da perversidade desse modelo reside na questão da desigualdade social e econômica. Há um agravamento, nunca antes visto, da distância entre pobres e ricos no mundo todo. Como observa e exemplifica Ladislau Dowbor, a partir do caso brasileiro:

> Hoje nenhuma pessoa em sã consciência fala de "bolsões" de pobreza, quando os bolsões se referem a cerca de 3,2 bilhões de pessoas, 60 % da humanidade, que sobrevivem com uma média de 350 dólares por ano, menos da metade do triste salário mínimo brasileiro. Isto quando o mundo produz 4.200 dólares por pessoa e por ano, portanto amplamente o suficiente para todos viverem com conforto e dignidade, caso houvesse um mínimo de lógica redistributiva. Este problema é particularmente importante para nós, já que somos o país hoje que tem a distribuição de renda mais absurda do mundo: 1% de famílias mais ricas no Brasil[49] aufere 17 % da renda do país, enquanto os 50 % mais pobres, cerca de 80 milhões de pessoas, auferem cerca de 12 %.[50]

A exclusão do "outro" é a conseqüência óbvia desta nova "ordem natural das cousas", que se instala a partir, exclusivamente, do elemento econômico. Há uma espécie de viseira ideológica deliberadamente assimilada no sentido de se ver e analisar o mundo, tão-somente, a partir da lógica dos mercados, deixando-se à margem aspectos intrinsecamente relacionados com as próprias condições de coexistência coletiva. Como Canclini observa:

> Aqueles que reduzem a globalização ao globalismo, à sua lógica mercantil, atentam apenas para a agenda integradora e comunicadora. Os estudos sociológicos e antropológicos da globalização mal começaram a revelar sua agenda segregadora e dispersiva, a complexidade multidirecional resultante dos choques e hibridações entre os que permanecem diferentes. Pouco reconhecidas pela lógica hegemônica, as diferenças derivam em desigualdades que, em muitos casos, chegam até a exclusão.[51]

O atual processo de globalização está gerando resultados desiguais entre os países e dentro deles. Está sendo gerada riqueza, porém são muitos os países e pessoas que não participam dos benefícios. Para uma

---

[48] Stiglitz, Joseph E. *A globalização e seus malefícios*. Trad. Balzan Tecnologia e Lingüística. São Paulo: Futura, 2002, p. 299.

[49] Em que pese o artigo tenha sido publicado em 1997, os dados mencionados permanecem proporcionalmente atuais.

[50] Dowbor, Ladislau. *Globalização e Tendências Institucionais*, op. cit., 1997, p. 6.

[51] Canclini, Néstor García. Op. cit., p. 168.

grande maioria de mulheres e homens, a globalização não tem sido capaz de satisfazer suas simples e legítimas aspirações de obter um trabalho decente e um futuro melhor para seus filhos. Muitos deles vivem no limbo da economia informal, sem direitos reconhecidos e em países pobres que subsistem de forma precária e à margem da economia global. Mesmo nos países com bons resultados econômicos, existem trabalhadores e comunidades que foram prejudicados pela globalização.[52]

As instituições internacionais estão inegavelmente comprometidas com interesses do mercado de capitais e das grandes corporações internacionais, sem considerar os efeitos sociais que a defesa de tais interesses possa representar. Tampouco é considerada a hipótese de se reverter essa lógica e possibilitar que os países, ditos periféricos, possam vislumbrar uma alteração de cenário. Para exemplificar essa lógica, Stiglitz faz a seguinte observação, relativamente à questão da reforma agrária:[53]

> A reforma agrária, feita de maneira adequada, pacífica e legal, garantindo que os trabalhadores recebam não só a terra, mas também acesso a crédito e a serviços de extensão que lhes ensinarão novas técnicas de plantio e falarão sobre sementes, poderia promover uma explosão enorme de resultados. Mas a reforma agrária representa uma mudança fundamental na estrutura da sociedade, uma mudança que aqueles que fazem parte da elite que povoa os ministérios da fazenda, com quem as instituições financeiras internacionais interagem, não costumam gostar. Se essas instituições realmente se preocupassem com o crescimento e a melhoria de vida dos pobres, elas teriam prestado muito mais atenção à seguinte questão: a reforma agrária precedeu diversos dos mais bem-sucedidos casos de desenvolvimento, como os da Coréia e de Taiwan.[54]

Esse verdadeiro "fundamentalismo de mercado", que conduziu as ações do Fundo Monetário Internacional,[55] ainda segue a cartilha segundo

---

[52] Resumo do estudo da Organização Internacional do Trabalho – OIT denominado "A dimensão social da globalização", p. X, disponível desde fev/2004 no site www.oit.org, com versão original em espanhol, dentre outras.

[53] A opinião de Stiglitz pode causar uma certa surpresa, à medida que não se trata de um economista vinculado com o que se convencionou denominar de esquerda. Stiglitz, um dos três ganhadores do Prêmio Nobel de Economia de 2001, foi chefe do Conselho de Consultores Econômicos do governo Clinton nos Estados Unidos, economista-chefe e vice-presidente sênior do Banco Mundial durante sete anos.

[54] Stiglitz, Joseph E. op. cit., p. 117.

[55] "Se interesses financeiros dominaram o pensamento no Fundo Monetário Internacional, interesses comerciais tiveram um papel igualmente dominante na Organização Mundial do Comércio. Da mesma forma que o FMI não perde tempo com as preocupações dos pobres – existem bilhões de dólares disponíveis para socorrer bancos, mas as somas desprezíveis destinadas ao fornecimento de subsídios para a compra de alimentos para aqueles que ficaram desempregados como resultado dos programas do Fundo – a OMC coloca o comércio acima de tudo. Aqueles que procuram proibir o uso de redes que pescam camarões, mas também aprisionam e põem tartarugas em perigo, ouvem da OMC que tal regulamentação seria uma intrusão injustificável no livre comércio. Eles descobrem que as considerações comerciais superam todas as outras, inclusive as relativas ao meio ambiente" Stiglitz, Joseph E. Op. cit., p. 265.

a qual, por exemplo, se houver desemprego,[56] isso não é de responsabilidade dos mercados, posto que se esses funcionam à perfeição, e a demanda dever ser igual à oferta de trabalho. Ou seja, segundo tal cartilha, se existir o desemprego esse só pode ser de responsabilidade dos sindicatos, dos políticos e da própria inaptidão para o trabalho (desemprego voluntário). Com isso, a solução, de acordo com tal formulação, passa necessariamente pela redução dos salários.[57]

Demonstraram-se, dessa forma, insustentáveis as teses do ideário neoliberal, segundo as quais, o Estado não poderia ter, como uma de suas razões para existir, o combate às desigualdades. Tampouco se comprovaram as teses que defendiam que, a longo prazo, haveria uma distribuição de renda em vista do crescimento econômico. Isso não ocorreu porque, indubitavelmente, o crescimento trouxe como conseqüência uma concentração ainda maior da renda e implicou um processo de exclusão, sob o ponto de vista social, potencialmente explosivo.

De outra baila, a radicalização de alguns movimentos ou o próprio fanatismo religioso constituem-se fenômenos que merecem uma atenção sociológica mais aprofundada, pois na gênese desses movimentos está a "ausência de expectativas" em relação às possibilidades de uma vida melhor. Com isso, qualquer causa ou crença que "venda" um futuro melhor passa a ser a única alternativa vislumbrada por parte daqueles que estão irremediavelmente excluídos da sociedade, por mais utópica que seja a causa ou por mais absurda que seja a crença. Diferentemente do que se possa pensar, isso corresponde à mais inequívoca prova de desesperança, desalento e desistência dos valores comunitários e sociais.

Enfim, a lógica segundo a qual foi construída a globalização desconsiderou, quase completamente, os efeitos sociais perfeitamente previsíveis desse processo. O Estado é reduzido à condição de mero espectador e transforma-se num convidado indesejado para o banquete econômico. Ao Estado (mínimo) caberia a tarefa primordial de não interferir, pois qualquer interferência distorceria o mercado e colocaria em risco a maximização dos resultados (lucros). Isso não significou somente a permanência do *status quo*, mas determinou o agravamento da situação de pobreza, mesmo dentro daqueles países que supostamente haviam alcançado o dito desenvolvimento.[58]

---

[56] Vide quadro com os alarmantes índices de desemprego no anexo, ao final desse trabalho.

[57] Stiglitz, Joseph E. Op. cit., p. 117.

[58] Para exemplificar isso, cabe lembrar que o último censo econômico divulgado na Itália, na segunda quinzena do mês de maio de 2004, apontou que cerca de 11% das famílias italianas vivem abaixo da linha da pobreza, demonstrando-se, assim, que as desigualdades ocorrem também dentro daqueles países que são admirados pelo grau de desenvolvimento alcançado.

Esse Estado também deveria restringir a sua atuação dentro dos estritos limites orçamentários, pois o déficit público é prejudicial à economia, à medida que origina o processo inflacionário. A contenção do gasto público transforma-se em meta dogmática dos organismos econômicos, a despeito de implicar efeitos sociais muito mais do que indesejáveis. Com isso, fórmulas econômicas são impostas, sobretudo em relação aos países periféricos, no sentido de que o Estado faça da prudência financeira, praticamente, a razão da sua existência.

7. Os limites da prudência financeira do Estado: combatendo o déficit público para evitar a inflação a qualquer custo

Com a eclosão da crise fiscal do Estado do Bem-Estar, a questão do déficit público emerge como principal razão das crises econômicas, as quais se tornam mais visíveis nas décadas de oitenta e noventa, principalmente em países que paradoxalmente sequer haviam, de fato, obtido êxito na tarefa de concretizar tal modelo de Estado.

Com ênfase específica nessa questão, os organismos financeiros – braços visíveis do ideário neoliberal que alicerçou o processo de globalização – venderam mundo afora a fórmula, segundo a qual, o Estado deveria ter o superávit fiscal como meta principal, mesmo que isso implicasse redução expressiva do gasto social. É evidente que isso também colaborou significativamente para a ampliação das desigualdades e fortalecimento do processo de exclusão. A partir dessa constatação, a questão que se coloca reside no seguinte: quais são os custos sociais suportáveis para que a inflação seja controlada?

Como se sabe, o déficit público é, pois, um dos elementos mais fortemente presentes num processo inflacionário, à medida que a emissão de moeda passa a ser utilizada como solução para o descompasso entre receitas e despesas públicas. Esse processo, em muitas situações, é controlado com a elevação das taxas de juros, não obstante isso implicar inequívoca retração – para não dizer recessão – econômica.

O que cabe discutir não é se deveria ou não haver inflação, pois essa é inegavelmente fonte de inúmeros problemas sociais suportados justamente pela parcela da população que tem menos alternativas para evitar seus efeitos. O que é validamente possível discutir, é a ênfase absoluta no controle inflacionário, à medida que se constata que são pífios os efeitos sociais, mesmo onde houve êxito no controle da inflação. Ou seja, os efeitos positivos de tal controle – sob aspecto social – são de, no mínimo, contestável validade. Como Stiglitz relata e compara:

Se a reforma agrária e a regulamentação do setor financeiro foram pouco enfatizadas pelo FMI e pelo Consenso de Washington, em muitos lugares a inflação era superenfatizada. Naturalmente, em regiões como a América Latina, onde a inflação era desenfreada, ela merecia mais atenção. Mas um foco excessivo na inflação por parte do Fundo Monetário Internacional conduzia a altas taxas de juros e de câmbio, gerando desemprego, mas não crescimento. Os mercados financeiros podem ter ficado satisfeitos com os baixos números da inflação, mas os trabalhadores – e todos aqueles que se preocupavam com a pobreza – não estavam nem um pouco felizes com o baixo nível de crescimento e os altos índices de desemprego.[59]

O que deve ser discutido, pois, é se tem sentido dar prioridade absoluta a um único objetivo, qual seja, evitar a inflação (uma prioridade formalizada por muitos bancos centrais); enquanto se toleram taxas notavelmente elevadas de desemprego. A análise de Amartya Sen é reveladora da essência do que está, de fato, sendo questionado:

> O verdadeiro problema aqui não é a necessidade de comedimento financeiro em si mas a crença subjacente – e com freqüência não questionada – que tem sido dominante em alguns círculos políticos de que o desenvolvimento humano é realmente um tipo de luxo que só os países ricos tem condições para bancar. O desenvolvimento humano é sobretudo um aliado dos pobres e não dos ricos e abastados. Ele proporciona a criação de oportunidades sociais, contribui para a expansão das capacidades humanas e da qualidade de vida. A expansão dos serviços de saúde, educação, seguridade social contribui diretamente para a qualidade de vida e seu florescimento. Há evidências que – mesmo com renda relativamente baixa – um país que garante tais serviços básicos obtém resultados notáveis da duração e qualidade de vida de toda a população.[60]
> [...] O comedimento financeiro deveria ser o pesadelo do militarista, em não do professor primário ou da enfermeira do hospital. É um indício do mundo desordenado em que vivemos o fato de o professor primário e a enfermeira se sentirem mais ameaçados pelo comedimento financeiro do que um general do exército. A retificação dessa anomalia requer não a crítica ao comedimento financeiro, e sim um exame mais pragmático e receptivo de reivindicações concorrentes dos fundos sociais.[61]

Como menciona Stiglitz, a austeridade fiscal, quando levada longe demais e nas circunstâncias erradas, pode causar recessão, e as altas taxas de juros podem cercear novos empreendimentos comerciais[62] e o que é mais grave, "pode levar a grande desemprego e um retalhamento do contrato social".[63]

Além disso, é inegável que ter como primeira – e muitas vezes única – prioridade o controle da inflação implica o Estado negligenciar em

---

[59] Stiglitz, Joseph E. Op. cit., p. 117.
[60] Op. cit., p. 170.
[61] Op. cit., p. 172.
[62] Stiglitz, op. cit., p. 85.
[63] Ibidem, p. 120.

relação àquelas funções que justificam – ou deveriam justificar – sua existência. Ou seja, chega-se à surreal conclusão que é muito mais importante propiciar tranqüilidade aos investimentos – boa parte composta de capital especulativo – e, com isso, manter sossegadas as agências de avaliação de riscos, do que canalizar recursos e energias na promoção de políticas públicas que minimizem a vexatória situação de miséria de desigualdades que vige, sobretudo na América Latina e parte da Ásia.[64]

É certo, entretanto, que, em países como o Brasil, o histórico do processo inflacionário representa um verdadeiro "fantasma", sendo que isso fragiliza sobremaneira os argumentos contrários à política, segundo a qual, o déficit público merece ser combatido como principal meta de governo. Os elevados índices de inflação, bem como o processo inercial que se instalou ao longo da década de oitenta e da primeira metade da década de noventa, tornam bastante discutível a opção de se conviver com índices de inflação controlados – quinze a vinte por cento ao ano por exemplo.[65]

Enfim, não restam dúvidas de que o fenômeno da inflação não é algo positivo para uma nação. Todavia, é válido discutir se as políticas públicas para o controle de tal fenômeno, excluiriam – como até agora excluíram – as possibilidades de que investimentos nas áreas sociais fossem mais generosos e efetivos.

A partir desse cenário de crise do próprio modelo de globalização, constata-se a necessidade de que sejam pensados novos caminhos para esse momento de angustiante transição. Isso não significa, porém, reforçar concepções que simploriamente rejeitam o processo de globalização, posto que tal constituir-se-ia uma retórica demagógica e inútil. Faz necessário, pois, que as energias empregadas na raivosa crítica sejam canalizadas no sentido de se buscar alternativas para um novo modelo de globalização. Sob essa ótica, trilha-se o exposto a seguir.

8. Os caminhos alternativos ao modelo de globalização excludente

Resta claro, pois, que o modelo de globalização construído a partir do ideário liberal que, dentre outras "soluções", pregava a minimização

---

[64] Essa questão está bastante presente no cenário brasileiro atual, pois o governo, a despeito de críticas cada vez mais fortes, mantém um programa econômico de rígido controle inflacionário, em detrimento de investimentos em programas sociais, os quais são entendidos como viáveis, a partir do momento que existir a denominada "estabilidade econômica", inicialmente prevista para 2004.

[65] Lembra Amartya Sen, que os efeitos negativos para o crescimento, quando há processo inflacionário controlado (até vinte por cento ao ano), são, no mínimo, obscuros até o momento. (op. cit., p. 165). Em que pese isso, a grande dúvida – para alguns certeza – reside no seguinte: no Brasil isso não representaria o ressurgimento de um descontrolado processo de inflação inercial?

do Estado e a desnecessidade de se combater desigualdades econômicas e sociais,[66] implicou insustentável e explosiva situação social, a qual potencializa as possibilidades de retrocesso, em relação às mais caras conquistas da modernidade.

Se o modelo do Estado de Bem-Estar Social entrou em crise, é inegável que o modelo do "fundamentalismo de mercado" hoje vive uma crise mais aguda e letal. Vive-se, pois, um momento de transição e, como tal, percebe-se uma insegurança e, em muitos casos, uma total falta de capacidade de imaginar um mundo melhor ou vislumbrar uma sociedade menos desigual.

Por isso, o mundo passa a discutir, de uma forma mais incisiva e consensual, quais os caminhos alternativos a esse modelo, que indiscutivelmente fracassou, pelo menos para maioria dos países e pessoas. Faz-se necessário que os protestos espetaculares e, no mais das vezes, inúteis sejam substituídos por estudos e entendimentos a partir dos quais possa haver a implantação de políticas públicas – em nível local, regional e mundial, no sentido de se construir um novo modelo, que esteja devidamente centrado na "pessoa humana". Isso passa, também, por uma redefinição e remodelação do insubstituível papel do Estado.

Dentro dessa ótica, um trabalho desenvolvido pela OIT, através de um grupo de estudiosos e autoridades do mundo todo, de diferentes matizes ideológicas, resultou na obra denominada a "Dimensão Social da Globalização",[67] a qual aponta uma série de sugestões no sentido de que o processo de globalização seja baseado em valores universalmente compartilhados, com respeito aos direitos humanos e a dignidade da pessoa. Enfim, uma globalização justa, integradora, governada democraticamente, que ofereça oportunidades e benefícios tangíveis a todos os países e todas as pessoas. Tais sugestões, podem assim ser resumidas e passariam por:

- Um enfoque centrado nas pessoas – a pedra angular de uma globalização mais justa é a satisfação das demandas de todas as pessoas, no que diz respeito aos seus direitos, identidade cultural e autonomia, o acesso a um trabalho decente, com uma plena participação nas comunidades locais nas quais vivem;
- Um Estado Democrático e eficaz – o Estado deve ser capaz de administrar sua integração na economia global, assim como proporcionar oportunidades sociais e econômicas, além de garantir a segurança;

---

[66] Há teóricos do modelo que abertamente sustentam que as desigualdades sociais sejam imprescindíveis ao bom funcionamento da economia, como aquela externada por Richard Pipes – professor de história da Harvard – no 15º Fórum da liberdade – publicada no Jornal Zero Hora de 10.04.2002, p. 4. Conforme o mencionado professor: "A racionalidade econômica exige desigualdade social. É melhor não procurar a igualdade, a desigualdade beneficia todo mundo. Se houver primazia em solucionar o problema da desigualdade, haverá miséria para todos".

[67] Disponível desde fev/2004 no site www.oit.org, com versão original em espanhol, dentre outras. A citação correspondente ao resumo, p. IX e X.

- Um desenvolvimento sustentado – a busca de uma globalização justa deve sustentar-se em dois pilares, independentes e que se reforçam mutuamente: o desenvolvimento econômico e social e a proteção do meio-ambiente em escala local, nacional, regional e mundial;
- Mercados produtivos e igualitários – é necessário dispor de instituições coerentes, que promovam oportunidades e incentivem empresas em uma economia de mercado que funcione adequadamente;
- Regras justas – as regras da economia global devem oferecer a todos os países igualdade de oportunidades e de acesso, assim como devem reconhecer as diferenças em relação às capacidades e necessidades de desenvolvimento de cada país;
- Uma globalização solidária – existe uma responsabilidade a ser compartilhada em relação à assistência dos países e indivíduos excluídos ou desfavorecidos pela globalização. A globalização deve contribuir para remediar as desigualdades que existem entre os países e dentro deles, bem como erradicar a pobreza:
- Uma maior responsabilidade entre as pessoas – os atores públicos e privados devem ter capacidade de influir sobre os resultados da globalização e ser democraticamente responsáveis pelas políticas que aplicam e medidas que adotam;
- Associações mais comprometidas – são numerosos atores que intervêm na realização dos objetivos sociais e econômicos globais (organizações internacionais, governos, parlamentos, empresas, sindicatos, sociedade civil, etc..). O diálogo entre eles representa um instrumento democrático fundamental para criar um mundo melhor.

É certo que tais proposições podem ser individualmente questionadas, além de parecerem – para muitos – ambiciosas demais. No entanto, é inegável que a implementação desse conjunto de proposições poderia representar a construção de um verdadeiramente novo "contrato social", que, ao mesmo tempo, representaria também o ressurgimento do Estado de Bem-Estar Social, com uma nova roupagem, centrado na defesa intransigente da dignidade humana e conectado com a "aldeia global".

Essa verdadeira revolução "pós-neoliberalismo", implicaria nova formatação do Estado, posto que, cada vez mais, será necessária a cooperação dos povos para a concretização dos grandes objetivos da humanidade. Nessa linha, a globalização passa a ser instrumento imprescindível na construção desta nova ordem, e aquele modelo de globalização, forjado a partir do ideário neoliberal, passará a fazer parte da história da humanidade. Para tanto, é necessária uma atuação convergente dos vários atores estatais e não-estatais, como observa Ladislau Dowbor:

> Os objetivos gerais são hoje claros. Precisamos de um desenvolvimento socialmente justo, economicamente viável e ambientalmente sustentável. Dividir estes objetivos entre o Estado que executa políticas sociais, as empresas que produzem, e as organizações não-governamentais ou comunitárias que batalham por objetivos ambientais, cada um puxando para o seu lado, nos traz à mente aquele desenho dos burros que tentam cada um alcançar o seu monte de capim, puxando em sentidos contrários em vez de comer juntos cada monte. A diferença é que aqui os burros

seriam três. Podemos, naturalmente, e segundo as nossas posições ideológicas, ter cada um uma opinião diferente sobre qual dos burros é o culpado. Mas isso não alteraria o resultado final.[68]

Parece evidente que seria ingenuidade nacionalista imaginar que todo esse processo pudesse ser revertido a partir de políticas estatais locais, desconectadas de ações multilaterais. Talvez em poucos momentos da história foi tão necessário que a cooperação e a solidariedade dos povos abandonassem a condição de postulado teórico e passassem a ser os elementos norteadores da nova lógica global, a despeito de naturais conflitos de interesses.

Por outro lado, cabe constatar que o ideário neoliberal deu ensejo, também, ao surgimento de um modelo tributário que incrivelmente serve como instrumento de redistribuição de renda às avessas, ou seja, através da tributação tornou-se possível ampliar as já elásticas desigualdades. Por isso, a partir desse momento, passa-se a examinar o modelo tributário que caracteriza o cenário de crise do Estado de Bem-Estar Social, construído a partir do paradigma do neoliberalismo econômico.

9. A neotributação construída a partir do paradigma liberal contemporâneo

Conforme já abordado, a partir da constatação da existência da crise estrutural, surgem concepções que preconizam soluções no sentido radicalmente oposto àquele a partir do qual foi construído o modelo do Estado de Bem-Estar Social. Como se todo problema não passasse de uma equação matemática, discute-se se deveria ser aumentada a carga tributária, ou se deveriam ser reduzidas prestações típicas do Estado de Bem-Estar. De um lado, o pensamento denominado neoliberal defende a redução de tributos – vide plataforma política dos Republicanos nos Estados Unidos – concomitantemente com a retirada do Estado de certos setores da vida pública, com a minimização da proteção social.[69]

Como explica Michel Bouvier,[70] no campo tributário, os americanos Milton Friedman (Escola de Chicago), J. Buchanan (Escola de Virgínia)

---

[68] Dowbor, Ladislau. *Globalização e Tendências Institucionais*, op.cit., p. 13.

[69] Conforme menciona Amartya Sem, nos Estados Unidos, um desafio crucial está na ausência de qualquer tipo de seguro-saúde ou de uma cobertura segura para um número enorme de pessoas (Os Estados Unidos são o único país dentre os países ricos com esse problema e, o número dos que não têm seguro-saúde ultrapassa 40 milhões) . O Desenvolvimento como Liberdade, Tradução Laura Teixeira Motta. Companhia das Letras, 2000, p. 168.

[70] Bouvier, Michel. *Introduction au Droit Fiscal Général et à la theorie de l'împôt*, 6ª ed. Paris: LGDJ, 2001, p. 202/206.

e o ultraliberal Murray Rothabard, apesar de seus pontos divergentes, realimentaram o antifiscalismo contemporâneo e se pautaram pelas regras: cada vez menos impostos, menos Estado e mais mercado. A escola monetarista de Friedman defendeu o desenvolvimento livre de uma economia informal ou paralela. Essa nova concepção significou uma reação a Keynes, na era que se convencionou a denominar de pós-moderna, sendo que tal reação capitaneada por F. Hayek, que preconiza uma ordem social espontânea.

Ou seja, percebe-se claramente que essa concepção aponta na direção do retorno ao Estado-mínimo e o conseqüente rompimento com os fundamentos que alicerçavam o Estado Social, sobretudo o pilar "solidariedade". Isso se manifesta em diversos campos, mas torna-se especialmente visível no modelo tributário construído em vários países, sob a influência desse paradigma liberal.

Sob a ótica da tributação, assiste-se a um processo de desintegração dos valores e princípios construídos ao longo da história do Estado do Bem-Estar Social. Passa-se a questionar a conveniência de princípios de tributação tidos como inerentes à existência desse modelo de Estado. Passa-se a questionar a validade de princípios como a da progressividade, da igualdade material e da capacidade contributiva, até então entendidos como dogmas de um sistema tributário justo (adequado ao Estado Democrático e Social de Direito).[71]

Esse fenômeno ocorre também em países periféricos, tendo como particularidade anacrônica o fato de que tais princípios – inerentes, por exemplo, ao modelo de Estado formalmente posto desde 1988 no Brasil – nunca foram implementados na plenitude de suas possibilidades (para dizer pouco). Ou seja, no plano fático, constata-se que o Estado Democrático de Direito, constituído após a redemocratização do país, permaneceu como uma bela obra literária, desprovida de qualquer eficácia social, de tal forma que, se não fosse esse o modelo de Estado adotado constitucionalmente, poucas diferenças poderiam ser percebidas na realidade nacional, comparativamente àquela que ora se apresenta.

Na arena jurídica, isso ocorre justamente porque uma parcela "respeitada" da doutrina e da jurisprudência nacional insiste em negar que esse novo modelo de Estado – pelo menos no plano formal – foi instituído pela Carta Brasileira de 1988. Isto é, o novo permanece encoberto pelo véu dos preconceitos jurídicos concebidos e eternizados a partir de outra realidade

---

[71] Conforme menciona Mizabel A.M. Derzi, "Robert Hall e Alvin Rabushka (The Flat Tax) sugerem substituir o imposto de renda progressivo por um meramente proporcional" (Pós-modernismo e Tributos: Complexidade, Descrença e Corporativismo, in *Revista Dialética de Direito Tributário* n° 100, p. 72).

constitucional. Dessa forma, cria-se o paradoxo de se discutir sobre validade de algo que sequer foi implantado, contesta-se, por exemplo, se a progressividade tributária, típica do Bem-Estar e da modernidade, tem validade na denominada pós-modernidade, sem que tal princípio, num plano fático, tenha feito parte da história do Estado Brasileiro (simulacro de Bem-Estar ou Providência).

No cenário internacional, o atual estágio da maioria dos sistemas tributários é entendido por Michel Bouvier como o retorno à Idade Média, em face da extrema diversificação da arrecadação, associada a inúmeras diferenças de estatutos.[72] Tal conclusão é obtida a partir do resgate dos marcos fundantes da tributação, paralelamente aos alicerces sobre os quais atualmente a tributação está posta.

Conforme expõe Bouvier, desde a origem, os impostos correspondiam a um instrumento de submissão ou de solidariedade entre as classes sociais, sendo que o bem comum poderia ser alcançado, mediante a exigência de impostos, por um Estado-Nação unificado e com fronteiras determinadas. Diferentemente disso, o mundo atual é composto, descrente e desencantado. Reforça-se a idéia do mero imposto-troca, a partir das concepções individualistas e às teses da fiscalidade mínima, surgidas nos anos oitenta. O corporativismo se reforça, busca e obtém privilégios fiscais, notadamente em direção aos setores econômico e financeiro, o que transforma a estrutura da fiscalidade nacional e local em um verdadeiro mosaico.[73]

Por fim, Bouvier conclui que, em tal quadro, o poder fiscal se tornou um jogo para os múltiplos centros de decisão públicos e privados que formam o tecido social, deixando de ser um atributo de um poder universal, representado até agora pelo Estado. Os organismos profissionais (sindicatos patronais ou empregados), as associações profissionais de interesse de tal ou de parte da população, as coletividades territoriais, as instituições internacionais, todos intervêm de maneira ativa no processo de decisão fiscal, reivindicam a fiscalização de certa renda ou o poder de modular a carga fiscal, criá-la, suprimi-la ou modificá-la.[74]

---

[72] Op. cit., p. 226.

[73] Op. cit., p. 225.

[74] Op. cit., p. 226. "C'est dans un tel cadre que lê pouvoir fiscal est devenu un enjeu pour les multiples centres de décisión publics et privés qui forment maintenant le tissu de la societé, tandis qu'il est de moins l'attribut d'un pouvoir universel représenté jusqu'alors par l'État. En Effet que ce soient les organisations professionnelles (syndicats patronaux ou syndicats de salaries), lê associations de protection dês intérêts de telle ou telle partie de la population, les colectivités, territoriales elles-mêmes disparates dans leurs revendications ou dans l'étendue de leur pouvoir, ou encore les institutions internacionales, tours ces organismes ou institions interviennent maintenant de manière active dans le le processus de décision fiscale".

Essas características são facilmente perceptíveis também no cenário doméstico. Para exemplificar, basta que seja examinada a denominada "guerra fiscal", travada pelas Unidades da Federação em busca de novos investimentos. Tal disputa foi justificada, *a priori*, pela necessidade de geração de empregos e pela perspectiva de incremento na arrecadação, a longo prazo. Tais promessas, todavia, não chegaram a se confirmar, pelo menos na amplitude mínima necessária que justificasse, de um lado, as expressivas exonerações fiscais travestidas de incentivos financeiros e, de outro, a concessão de financiamentos – a perder de vista – com taxas de juros generosas e inequivocamente incompatíveis com aquelas praticadas pelo "Sr. Mercado". Isso demonstra claramente o poder de determinados setores da economia no sentido da obtenção de privilégios fiscais e evidencia a idéia de "mosaico", explicitada por Bouvier.

No cenário internacional, multiplicam-se exações que se fundamentam na idéia de que a proporcionalidade (alíquotas idênticas independentemente da capacidade contributiva) seria mais adequada, prática e eficaz do que a lógica da progressividade. Isso significa um incremento substancial na carga tributária (vide anexo ao final desse trabalho). Conforme relata Mizabel Derzi:

> Diversos países, embora mantenham a progressividade inerente aos tempos intervencionistas, instituem paralelamente tributos proporcionais de bases amplas, com que elevam a arrecadação a patamares antes inusitados. A França cria a Contribution Sociale Génèralisée, destinada à manutenção da assistência social, incidente sobre a receita bruta das famílias e receita de capital, com alíquota meramente proporcional.[75]
> [...] De fato, a criação em França da chamada Contribution Sociale Génèralisée obedeceu aos parâmetros da Flat Tax e vem igualando com alíquota de 7% a arrecadação do imposto sobre a renda (que tem alíquotas progressivas muito elevadas, de 50 %). A partir dela a arrecadação chegou a mais de 46 % do PIB francês.[76]

Ainda no que tange à França (vide dados no anexo), Rosanvallon informa que esse implemento na tributação deve-se, basicamente, às cotizações sociais (contribuições), vez que em 1959 elas representavam 9,7% do PIB, saltando para 12,7 em 1970 e 20% em 1990, enquanto a pressão fiscal (demais tributos não vinculados com a seguridade) permanecia quase estável (23,1 do PIB em 1959, 23,3% em 1970 e 25% em 1990).[77]

Nos países periféricos, esse cenário é mais perverso. No Brasil, por exemplo e principalmente, ocorre um incremento significativo na carga

---

[75] Pós-modernismo e Tributos: Complexidade, Descrença e Corporativismo, *in Revista Dialética de Direito Tributário* n° 100, p. 73.

[76] Op. cit., p. 75.

[77] Rosanvallon, Pierre. *A crise do Estado-providência*, p. 14.

tributária,[78] sem que o Estado concomitantemente dê efetividade à proteção social constitucionalmente exigível. Assim, o sistema tributário vai se sofisticando de tal forma, que se converte em algo nunca dantes visto: um eficaz meio de redistribuição de renda.

Ocorre que essa redistribuição de renda é feita às avessas, ou seja, a parcela da população com menor capacidade contributiva arca com parcela significativa e insuportável da carga tributária, em favor das minorias organizadas que se encontram no topo da pirâmide social.

Isso é a manifestação da face perversa do denominado déficit democrático, pois a parcela que representa a maioria da população tem possibilidades bastante reduzidas de intervenção no processo decisório, a partir do qual a carga tributária é gestada; ao passo que as corporações – sobretudo aquelas representativas do capital – definem, através dos pseudo-representantes do povo, os limites e contornos da carga tributária "conveniente".

Com isso, agrava-se o quadro das desigualdades sociais e econômicas, uma vez que a carga tributária transforma-se num fabuloso meio de retirar daqueles que possuem baixa capacidade econômica os parcos recursos que poderiam ser empregados no sentido de construir uma vida, senão melhor, menos ruim.[79]

O que é mais paradoxal ainda é o fato de que boa parte desses míseros recursos seria empregada no sentido de atender àquelas necessidades estritamente relacionadas à sobrevivência. Ou seja, seriam consumidos para fazer frente àquilo que lhes é sonegado pelo Estado (saúde, alimentação básica, educação, habitação, transporte etc.). Em outras palavras, o Estado não cumpre com suas razões de existir, não assegura a proteção social e ainda retira parte importante dos recursos, que seriam utilizados para fazer frente, justamente, àquilo que deixa de prestar ao cidadão já empobrecido.

Aliás, cabe lembrar que a impossibilidade do Estado tributar o mínimo vital à existência humana é um postulado clássico do próprio libera-

---

[78] Conforme dados divulgados pela Secretaria da Receita Federal a carga tributária desde 1995 evoluiu da seguinte forma, relativamente ao Produto Interno Bruto: a) 1995 – 29,76%; b) 1996 – 28,97%; c) 1997 – 29,03%; d) 1998 – 29,74%; e) 1999 – 31,77 %; f) 2000 – 32,55 %; g) 2001 – 33,98; h) 2002 – 35,52 %; i) 2003 – 35,68 %. Causa uma certa perplexidade constatar que a carga tributária brasileira se encontra num plano intermediário dentre as principais economias do mundo. Como se pode constatar no anexo a esse trabalho, o Brasil ocuparia a 15ª posição na relação da OCDE. Isso evidencia que o principal problema não é o tamanho da carga tributária brasileira, mas, sim, a forma como ela é distribuída e, principalmente, a inação do Estado no sentido de cumprir com seus formais e intrínsecos compromissos de existência.

[79] Conforme os dados apurados pelo IBGE na Pesquisa de Orçamentos Familiares 2003/2003, os impostos e contribuições sobre consumo comprometem quase um quarto da renda das famílias brasileiras, com renda de até R$ 400,00. Para aquelas famílias cuja renda seja superior a mais de R$ 10.000,00 o peso destas espécies tributárias representa algo em torno de 17,3% da renda mensal.

lismo, à medida que corresponde a um direito de defesa do cidadão (direito fundamental de primeira dimensão) frente ao Estado, no sentido desse não lhe exigir algo impossível de ser atendido, sem a assunção de um prejuízo insuportável. Como menciona Lobo Torres:

> Como efeito, quando se tratar de bens necessários à sobrevivência biológica e social do cidadão em condições mínimas de dignidade humana a tributação não encontra justificativa racional. Parece-nos, como já dissemos antes, que, não obstante seja omissa a CF, é caso de imunidade tributária, a garantir o mínimo existencial, posto que é um predicado dos direitos de liberdade e tem fundamento pré-constitucional.[80]

Todo esse quadro relatado se manifesta de uma forma explícita e, concomitantemente, de uma forma sutil e literalmente indolor. Explicitamente, tal situação é facilmente constatada e sentida pela população que, por exemplo, é impelida a recolher imposto de renda pessoa física sobre valores quase irrisórios e insuficientes para a própria sobrevivência digna, à medida que:

> a) os limites de isenção do referido imposto permanecem inalterados ou sofrem pequena correção, em que pese o processo inflacionário, que continuar a existir no país, porquanto a política oficial o diga que o tem sob controle;[81]
> b) existe a previsão de poucos itens passíveis de serem deduzidos como despesas do total dos rendimentos, sendo que, além de poucos, os referidos itens são fixados em valores insuficientes e permanecem imutáveis.

Agregado a isso, ocorre a adoção de apenas duas alíquotas, o que compromete sobremaneira a progressividade do imposto, princípio inerente à idéia de solidariedade social, que sustenta intelectualmente o Estado Democrático e Social de Direito.[82] Ora, beira ao absurdo que, enquanto não havia previsão constitucional expressa (antes de 1988), existia uma efetiva progressividade do imposto de renda das pessoas físicas (alíquotas maiores de acordo com vários níveis de renda); ao passo que, atualmente – com expressa previsão constitucional – têm-se apenas duas alíquotas (15% e 27,5%). Com isso, consagra-se um arremedo de progressividade tributária, justamente em relação ao imposto que, sob o ponto de vista arrecadatório, é o mais importante e, sob o ponto de vista da justiça fiscal, está mais apto a produzi-la.

---

[80] Torres, Ricardo Lobo. *Tratado de direito constitucional financeiro e tributário*. Vol. III; Os direitos humanos e a tributação: imunidades e isonomia, Rio de Janeiro: Renovar, 1999, p. 441.

[81] A inflação medida pelo IGPM, por exemplo, em 2002 correspondeu a 25,31%; enquanto que em 2003 ficou em 8,09%.

[82] As razões expostas contribuíram decisivamente para que a arrecadação total do Imposto de Renda em 2003 tenha sido 10% maior que a arrecadação do ano anterior relativamente a esse mesmo imposto, a despeito do fato de que o Produto Interno Bruto – PIB tenha sofrido uma pequena retração (-0,2%) em 2003, conforme dados da Secretaria da Receita Federal.

De outra baila, verifica-se um efetivo incremento na carga tributária de uma forma indireta e imperceptível para a maioria da população, que passivamente suporta o padrão de vida degringolar, cada ano que passa. Isso se verifica com a expressiva majoração da carga tributária indireta. Os denominados "tributos indiretos" oneram significativamente os bens e serviços consumidos pela população que, indolor e invisivelmente, arca com os custos respectivos. Não obstante o contribuinte de direito ser outro (industrial e comerciante), é inegável que o ônus tributário é repassado ao preço final dos bens e serviços consumidos e corresponde a um indissociável e importante componente desse preço.

Se este processo estivesse restrito àqueles bens e serviços que – *a priori* – são consumidos pela parcela da população com maior poder aquisitivo seria tolerável e aceitável, à medida que a arrecadação gerada poderia ser empregada pelo Estado na consecução de seus fins. Todavia, esse processo não só atinge, mas provoca mais estragos, justamente naquela parcela da população que tem capacidade contributiva muito próxima da nulidade ou que ainda acredita fazer parte da quase extinta classe média.

Assim, a tributação construída como fruto da reação liberal à crise do Estado Social, e por isso denominada nesse trabalho de neotributação, passa a cumprir uma tarefa diametralmente oposta àquela que tradicionalmente a justificou e fundamentou. A tributação passa, enfim, a ser um importante instrumento de concretização e ampliação das desigualdades econômicas e sociais. Um modelo perverso que colaborou decisivamente na construção de uma das sociedades mais desiguais do mundo e certamente está na via contrária ao modelo de Estado, formalmente instituído pela Constituição Federal de 1988.

Ou seja, no Brasil é possível constatar que o laboratório da neotributação foi levado a efeito com todas aquelas características apontadas como necessárias à solução da crise do Estado. A partir disso, foi se construindo um modelo tributário que, paulatinamente, colaborou para agravar o quadro das desigualdades sociais e econômicas. Dessa forma, é inegável a contribuição brasileira na implementação da neotributação, à medida que se reforça a idéia do imposto troca e se molda a estrutura tributária de acordo com casuísmos e interesses de corporações econômica e politicamente influentes. Tudo isso ocorre, apenas para exemplificar, mediante:

a) a excessiva tributação indireta de produtos e serviços essenciais (cesta-básica, energia elétrica, combustíveis, telecomunicações, etc...), posto que é necessário "manter a arrecadação" (a idéia do imposto troca em detrimento à idéia da solidariedade), desconsiderando-se que isso implica, também e necessariamente, o empobrecimento cada vez maior da parcela da população que está na base da pirâmide social (classe dita "média", inclusive);

b) a criação de Contribuições de Intervenção no Domínio Econômico-CIDE, sem que intervenção alguma de fato haja, deturpando-se, com isso, a legítima idéia de que o Estado possa agir como um ator privilegiado no cenário econômico, com vistas a reduzir as distorções oriundas da própria economia e transformando ditas Contribuições em mero "imposto troca";

c) a instituição da supostamente provisória CPMF, a incidir sobre a movimentação bancária, com alíquotas proporcionais, seguindo-se com isso a concepção oposta àquela que sustentava o Estado Social, segundo a qual, a capacidade contributiva seria o elemento balizador da carga tributária;

d) a "negociação" das alíquotas do IPI de acordo com conveniências mercadológicas e pressões de grupos sociais organizados (montadoras de automóveis por exemplo), desconsiderando que tal imposto está alicerçado no princípio da seletividade, o que implica alíquotas diferentes de acordo com a essencialidade dos produtos;

e) as renúncias fiscais indiscriminadas, negociadas por representantes do Poder Executivo Estadual, nas famigeradas reuniões do CONFAZ, nas quais trocam-se "favores" entre os Estados membros da federação no sentido de beneficiar, mediante isenção, remissão ou anistia, especificados atores econômicos, que, com isso, exercem efetivamente o poder que lhes foi conferido pela circunstância de serem detentores do capital;

f) a expressiva carga tributária incidente sobre o trabalho,[83] o que, por um lado, onera significativamente a folha de salários das empresas e, por outro, reduz os rendimentos dos trabalhadores. Isso, colabora decisivamente para ampliação dos índices de desempregos,[84] sobretudo nas grandes cidades e torna mais dramática a perigosa exclusão dos cidadãos da sociedade, em face à inexistência da renda imprescindível à própria sobrevivência.

É certo, pois, que os exemplos da neotributação não se esgotam nas situações mencionadas. Há várias outras hipóteses que demonstram cabalmente que o Brasil foi construindo um modelo tributário que, explícita ou implicitamente, deu sua importante contribuição para que houvesse esse agravamento da desigualdade social. Esse modelo, concebido a partir da reação à crise do Estado Social, por evidência, está fadado a falir, se já não faliu e apenas, por insistência cega, nega-se a reconhecer tal fato.

Ou seja, da mesma forma como o modelo de globalização, construído a partir do ideário neoliberal, mostrou-se desumano, injusto e excludente,

---

[83] A tributação incidente sobre a folha de salários – da indústria, comércio e serviços – corresponde à soma das seguintes contribuições : a) 20 % sobre o total da folha; b) 1%, 2% ou 3% relativamente à contribuição para o Seguro Acidente de Trabalho c) 5,8 % relativamente às contribuições devidas aos terceiros (SENAI, SESI, SEBRAE, Salário-Educação, INCRA, SENAC e SESC). Isso tudo, sem considerar as contribuições que os empregados arcam e são descontadas diretamente dos salários recebidos, cujas alíquotas variam de 7,65 % a 11 % e a contribuição incidente sobre a folha de salários devida ao FGTS (8,5%), a qual tem discutível natureza tributária.

[84] Conforme dados do IBGE, os índices de desemprego no Brasil, relativamente aos meses de abril e maio de 2004 correspondem respectivamente a 12,8 % e 13,1 %, da população economicamente ativa, sendo evidentemente mais expressivos nos grandes centros urbanos 16,6 % Salvador, 14,5% São Paulo, 14,3 % Recife (dados esses de abril/2004).

a neotributação, gestada por esse mesmo paradigma, encontrou seu ocaso e necessariamente deverá ser objeto de uma profunda reflexão, a partir da qual seja possível firmar os pilares de um novo modelo que, no mínimo, esteja apto a recuperar os compromissos históricos da tributação, sobretudo no que tange ao fundamento solidariedade.

Para que seja possível navegar por esta transição que ora se apresenta, é fundamentalmente necessário pensar alternativas para uma espécie de novo contrato social, a ser concebido das "cinzas" do velho Estado de Bem-Estar Social, porém sem reproduzir nesse aquelas incongruências e defeitos congênitos que levaram o modelo à crise e, com isso, a própria negação de sua eficácia social. Isso passa, necessariamente, pela transformação da idéia da solidariedade em elemento estrutural da sociedade, mesmo que nesse momento tal concepção possa parecer, um tanto utópica, para muitos.

10. As perspectivas de um novo modelo de Estado

Como já analisado, a crise do Estado do Bem-Estar Social forjou o surgimento de um novo ideário que apontava para o retorno ao Estado-mínimo. Ocorre que essa concepção também não resiste ao tempo e aos desdobramentos de sua materialização. Ora, essa crise não poderia implicar o retorno do Estado mínimo – portanto liberal – sobretudo em países periféricos, nos quais não se pode nem afirmar que o modelo do Estado do Bem-Estar tenha sido implementado.

Nesses países, tampouco se pode afirmar que literalmente tenha "saído do papel" (Constituição!) o modelo do Estado Democrático de Direito, esse entendido como aquele Estado que tenha como condição de existência a persecução da igualdade material ou, pelo menos, a redução das notórias desigualdades oriundas de um modelo econômico perverso e excludente.

Para Rosanvallon, as saídas da crise não podem ser pensadas nas alternativas entre estatização *versus* privatização. O futuro do Estado passa pela definição de uma nova combinação de diferentes elementos. As lógicas da estatização e da privatização devem ser substituídas por uma tríplice dinâmica articulada da socialização, da descentralização e da autonomização, conforme sustenta:

- Desburocratizar e racionalizar a gestão dos grandes equipamentos e funções coletivas: é a via de uma socialização mais flexível. Há, ainda, grandes esforços a fazer nesse domínio para simplificar a gestão, mas não é uma via inovadora em si mesma.
- Remodelar e preparar certos serviços públicos para torná-los mais próximos dos usuários: é a vida da descentralização. Visa aumentar as tarefas e as responsabilidades das coletividades locais nos domínios sociais e culturais.

- Transferir para coletividades não públicas (associações, fundações e agrupamentos diversos) tarefas de serviço público: é a vida da autonomização. É esta via que pode ser a mais nova e a mais interessante para responder às dificuldades do Estado-providência e fazer frente às necessidades sociais do futuro.[85]

No entanto, o próprio autor reconhece que essa alternativa só tem sentido se inserida num tríplice movimento de redução da demanda do Estado, de reencaixe da solidariedade na sociedade e de produção de uma maior visibilidade social. Em relação ao primeiro item mencionado, Rosavanllon sugere:

> Em uma perspectiva prática, deve ser possível, por exemplo reconhecer um direito de substitutibilidade do estatal pelo social no domínio de certos serviços coletivos (em matéria de guarda de crianças por exemplo). Isso significa que, quando indivíduos se reúnem para prestarem a si mesmos um "serviço público" ordinariamente fornecido por uma instituição especializada, o Estado reconhece, principalmente, na forma de dedução fiscal, que sua iniciativa "privada" preenche uma função de essência pública. A única forma de reduzir de maneira não regressiva a demanda de Estado consiste em fornecer a multiplicação desses auto-serviços ou serviços públicos pontuais de iniciativa local.[86]

A crise do Estado do Bem-Estar, conforme já analisado, é fruto também – e talvez principalmente – de uma crise nos fundamentos desse modelo, sobretudo no alicerce fundamental da solidariedade. "Os mecanismos de produção da solidariedade tornaram-se abstratos, formais e incompreensíveis. O desenvolvimento dos processos burocráticos e o peso crescente da regulamentação social se nutrem dessa abstração e a redobram, por sua vez".[87]

Segundo Rosanvallon, a condição principal para o desenvolvimento da solidariedade reside no aumento do tempo livre. Faz-se necessário que haja mais tempo livre às pessoas para que possam desenvolver os mecanismos de solidariedade, razão pela qual "a redução do tempo de trabalho já não se apresenta apenas como exigência econômica de redução do desemprego; ela é condição da aprendizagem de novos modos de vida".[88]

Por outro lado, conforme abordado, constata-se a existência de uma verdadeira "neblina" que encobre um dos pilares de sustentação do Estado: a carga tributária suportada pela população. Sabe-se muito pouco sobre a real representatividade dos custos dos tributos com os quais arca-se, quando, por exemplo, se adquire um produto para ser consumido.

---

[85] Rosanvallon, Pierre. *A crise do Estado-providência*. Op. cit., p. 85 e 86.
[86] Op. cit., p. 90.
[87] Ibidem p. 90.
[88] Ibidem p. 93.

No caso brasileiro, dificilmente algum consumidor saberia precisar o montante dos impostos e contribuições que indiretamente compõem o custo das mercadorias adquiridas, assim como os trabalhadores têm certa dificuldade em dimensionar a carga tributária, por eles suportada, em relação aos seus próprios salários.

Por isso tudo, Rosanvallon sustenta a necessidade de ser aumentada a visibilidade social, em que pese haver o risco de tensões e conflitos em vista dessa nova transparência. Ora, esses conflitos são decorrência lógica de se estar inserido dentro de uma sociedade democrática, sendo indissociavelmente inerentes a essa. Como lembra o autor, "o ideal democrático não consiste em negar ou ocultar os conflitos, a pretexto de improvável consenso, mas em torná-los produtivos e construtivos".[89]

Em vista disso, é possível sustentar que aumentar a visibilidade social implica substantivar a democracia, à medida que as tensões e os conflitos sociais naturalmente decorrente desse aumento de visibilidade passem a ser vistos como instrumentos de crescimento e sofisticação da própria convivência coletiva. Encobrir e ocultar para que não haja conflitos significa negar a própria essência da democracia participativa, significa hipocritamente consagrar a doce tranqüilidade da ignorância e estimular, não paz social, mas a passividade "dos bons cordeiros".

Além disso, o aprofundamento da democracia tem como conseqüência natural a redução das possibilidades da corrupção. Se não é possível acreditar que a corrupção deixe de existir, é possível que os mecanismos de controle do Estado sejam sofisticados no sentido de minimizá-la. A introdução desses mecanismos requer uma participação ativa dos atores sociais, impossível de se viabilizar sem o aprofundamento da democracia.

Com isso tudo, é possível discutir a idéia da "refundação" do Estado, a qual, como sustenta Calera,[90] passa pelo que denomina de "relativa hegemonia do Estado", sendo essa condicionada pela inevitável dialética do individual e coletivo, o que significaria o reconhecimento da riqueza do humano da vida coletiva, isto é, a impossibilidade de que o humano possa expressar-se e realizar-se em uma só formulação organizacional. De qualquer forma, conforme defende o autor, a relativa hegemonia do Estado implica algumas exigências elementares, quais sejam:[91]

> a) é importante e decisivo que a tensão dialética sociedade civil versus Estado se mantenha na teoria da práxis social. Esse seria o melhor caminho para melhorar os níveis de igualdade e liberdade das massas sociais. O pior que pode acontecer a um povo, é o silêncio social ante o Estado e a passividade estatal ante a sociedade civil;

---

[89] Op. cit., p. 96.
[90] Calera, Nicolas Maria López. *Yo, el Estado*. Madrid: Trota, 1992.
[91] Op. cit., p. 113 e 114.

b) é decisiva a manutenção da exigência viva de uma maior democratização do Estado, de todos os órgãos e aparatos do Estado, desde os mais importantes até os mais pequenos e periféricos. Esta maior democratização significa, entre outras coisas, uma maior participação dos grupos e indivíduos na fundação e controle dos aparatos do Estado;
c) não haverá uma autêntica substancialização do Estado, sem uma mais ampla e profunda democratização social, porque não basta a democratização política. Essa Democratização social significa que mais indivíduos e grupos participem nas distintas agências e instituições sociais (culturais, educativas, desportivas, etc.) que não se identificam com o Estado e não estão integradas a ele.

Sob outro enfoque, Kliksberg sustenta a necessidade de se reconstruir o Estado, o que teria como horizonte desejável, o formato, do que o autor denomina de "Estado inteligente", sendo que um dos seus papéis-chave seria o desenvolvimento social. Conforme apresenta o autor:

Um Estado inteligente na área social não é um Estado mínimo, nem ausente, nem de ações pontuais de base assistencial, mas um Estado com uma "política de Estado", não de partidos, e sim de educação, saúde, nutrição, cultura, orientado para superar as graves iniquidades, capaz de impulsionar a harmonia entre o econômico e o social, promotor da sociedade civil, com papel sinergizante permanente.[92]

Para que o desenvolvimento social possa ser alcançado, Kliksberg aponta quais seriam as capacidades institucionais e de gestão, ou seja, qual seria o perfil do "Estado inteligente" no campo social:[93]

a) o reposicionamento organizacional da política social: no sentido de que as áreas sociais tenham voz ativa na tomada de decisões nos temas de grande impacto, reduzindo-se, com isso, o poder das áreas econômicas e políticas;
b) melhoria radical da coordenação intra-Estado social, posto que a maximização de resultados só se obtém no campo social quando existe uma integração operacional das diversas áreas;
c) a descentralização como oportunidade: entendida como tal, a transferência dos serviços sociais para regiões e municípios, os quais estão mais próximos das necessidades reais da população que se pretende assistir;
d) o desenvolvimento de metas-redes: as novas perspectivas de trabalho em desenvolvimento social fazem surgir a necessidade de se juntar as potencialidades de todos os atores sociais que podem contribuir, sendo que o Estado deve fomentar a integração de todos aqueles que estão concatenados pela causa social;
e) a efetiva participação da população nos programas sociais, que eleva a auto-estima das comunidades e mobiliza potencialidades latentes, as quais poderão dar uma contribuição fundamental a todo o processo;
f) a melhoria na qualidade dos serviços públicos, no sentido de atender efetivamente os consumidores de tais serviços, ou seja, qualidade em benefício da população;

---

[92] Kliksberg, Bernardo. *Repensando o estado para o desenvolvimento social: superando dogmas e convencionalismos*. Trad. Joaquim Ozório Pires da Silva. 2. ed. São Paulo: Cortez, 2002. p. 48.
[93] Ibidem. p. 52 a 82.

g) um estilo gerencial adaptativo: que implica romper com a burocracia tradicional e caminhar conectado com a realidade cambiante e imprevisível, sendo que planejar, executar, reforçar e redesenhar devem ser ações quase fundidas;

h) a atenção à especificidade da gestão social: é preciso desenvolver um enfoque que destaque às especificidades da institucionalidade social e da gestão social.

Há, portanto, caminhos factíveis para que o Estado reencontre os fundamentos de sua existência, há possibilidades viáveis para que seja construído um novo modelo estatal – diverso daquele imaginado pelos teóricos do neoliberalismo – e, sobretudo, há uma inequívoca certeza de que Estado ainda tem uma tarefa muito importante a cumprir.

Não se sustenta, enfim, a idéia de minimização do Estado, sobretudo em países como o Brasil, justamente porque, do ponto de vista da proteção social, não há como tornar o Estado brasileiro menor. Assim, soa estranho ouvir daqueles que ora descobrem o neoliberalismo, que o Estado deveria restringir sua atuação. Isso só seria possível se o Estado literalmente deixasse de existir, porque, em relação à proteção social, mínimo já o é.

Sob o enfoque da tributação, há preciosos instrumentos que poderiam ser utilizados, especialmente se esses viessem a ser implementados no sentido de se reconstruir o fundamento da solidariedade, conforme segue.

11. Os instrumentos de ordem tributária no processo de reconstrução da solidariedade social

O campo tributário talvez seja o terreno mais fértil no qual possa ser semeada ou resgatada a idéia da solidariedade social. Tal ocorre, porque, essa idéia esteve tradicionalmente conectada com a idéia de um "modelo tributário justo", entendido como aquele que observa sobretudo aos ditames de que a carga tributária: a) deve estar adstrita à efetiva capacidade econômica do contribuinte; b) quando não adstrita à capacidade contributiva, deve visar à concretização de um objetivo constitucionalmente posto (extrafiscalidade).

No caso brasileiro, sob o ponto de vista estritamente jurídico, isto é perfeitamente factível, uma vez que o modelo da denominada neotributação não encontra sequer suporte constitucional. Isso ocorre porque a Carta Política Brasileira aponta num sentido diametralmente oposto à lógica que determinou o caminho que vem sendo percorrido há alguns anos no país. Como lembra Mizabel Derzi:

> A Constituição adota a concepção de tributo, como solidariedade, graduado de acordo com a capacidade econômica, e não meramente troca entre os serviços públicos prestados e o imposto pago; crença na possibilidade de se criarem vantagens comparativas (ações afirmativas), com vistas à desconcentração de renda, ao desenvol-

vimento e à reinclusão da economia informal, quer por meio da progressividade, quer por meio da concessão de isenções ou incentivos, cujos resultados ambivalentes possam ser minimizados. Parece-nos que, no Estado Democrático de Direito, há compromisso inseparável com a liberdade e a igualdade. A verdade é que a Constituição não tolera que se prestigiem as concentrações de riqueza em mãos de poucos, sem chamar tal elite privilegiada à solidariedade tributária.[94]

No que tange à tributação segundo a efetiva capacidade econômica, cabe lembrar que, no Brasil, tal discussão está ainda sob as amarras de ranços ideológicos anacrônicos. O próprio Supremo Tribunal Federal negou a possibilidade de que a progressividade tributária seja uma decorrência lógica do princípio da igualdade material, ao julgar inconstitucional a graduação das alíquotas do IPTU de acordo com o valor do imóvel, haja vista que essa progressividade – fundamentada na capacidade contributiva – seria inaceitável, à medida que tal tributo é classificado como tributo real, estando, portanto, desprovido de elementos relacionados a características pessoais do proprietário.[95] Dessa forma, a Suprema Corte Brasileira só admite que determinado tributo seja progressivo, se houver previsão constitucional expressa nesse sentido (interpretação meramente gramatical da Constituição!).[96]

No entanto, como afirma Sacha Calmon:

A capacidade contributiva, antes de tudo, é uma categoria axiológica, ou seja, tem sede no mundo dos valores.
[...] Em primeiro lugar, o mundo moderno elegeu a capacidade contributiva como um valor muito caro, em tema de tributação, certo de que alguns sistemas a constitucionalizaram e, outros a positivaram em texto legislativo.

---

[94] Op. cit., p. 71.

[95] Recurso Extraordinário nº 153.771.0, relativamente à inconstitucionalidade da Lei do município de Belo Horizonte – MG.

[96] Como sustenta Paulo de Barros Carvalho: O desprestígio da chamada interpretação literal, como critério isolado de exegese, é algo que dispensa meditações mais sérias, bastando argüir que, prevalecendo como método interpretativo do direito, seríamos forçados a admitir que os meramente alfabetizados, que com o auxílio de um dicionário de tecnologia jurídica, estariam credenciados a descobrir as substâncias das ordens legisladas, explicando as proporções do significado da lei. O reconhecimento de tal possibilidade roubaria à Ciência do Direito todo o teor de suas conquistas, relegando o ensino universitário, ministrado nas faculdades, a um esforço estéril, sem expressão e sentido prático de existência. Daí que o texto escrito, na singela conjugação de seus símbolos, não pode ser mais que a porta de entrada para o processo de apreensão da vontade da lei; jamais confundida com a intenção do legislador. O jurista, que nada mais é do que o lógico, o semântico e o pragmático da linguagem do direito, há de debruçar-se sobre os textos quantas vezes obscuros, contraditórios, penetrados de erros e imperfeições terminológicas, para captar a essência dos institutos, surpreendendo, com nitidez, a função da regra, no complexo quadro normativo. E, à luz dos princípios capitais, que no campo tributário se situam no nível da Constituição, passa a receber a plenitude do comando expedido pelo legislador, livre de seus defeitos e apto para produzir as conseqüências que lhe são peculiares. CARVALHO, Paulo de Barros. Curso de Direito Tributário, Saraiva, São Paulo: 1993, p. 81/82.

[...] No Brasil pós-88, de sobredobro, o princípio está expressamente consagrado no corpo da Lei Maior. Assim, além de ser jurídico, o princípio é constitucional. Todo debate, portanto, que se trava academicamente em torno da efetividade do princípio será pura perda de tempo. E mais, o princípio da isonomia tributária não tem condições de ser operacionalizado sem a ajuda do princípio da capacidade contributiva, i.e., sem uma referência à capacidade de contribuir das pessoas físicas e até jurídicas.[97]

Cabe lembrar que, na Alemanha, o denominado princípio da capacidade contributiva não está expressamente previsto na Constituição, sendo que, todavia, a jurisprudência da Corte Constitucional o entende plenamente aplicável, como corolário dos direitos fundamentais (sobretudo o da igualdade), bem como decorrência lógica do Estado Social e da função social da propriedade consagrados na Constituição Alemã.[98]

Não obstante a resistência fundada no paradigma neoliberal, a tributação de acordo com a efetiva capacidade contributiva se constitui num instrumento à disposição do Estado Democrático de Direito para que o mesmo possa atingir seus fins, sobretudo aqueles preconizados no art. 3.º da Magna Carta. Ou seja, trata-se de um poderoso instrumento para a construção de uma sociedade livre, justa e solidária, na qual as desigualdades sociais sejam reduzidas, e a pobreza, bem como a marginalização, sejam erradicadas.[99]

Em vista disso, pode-se afirmar que a tributação de acordo com a efetiva capacidade contributiva consiste num meio através do qual o princípio da igualdade pode ser densificado/concretizado. A discriminação perpetrada pela norma jurídica que determina a tributação progressiva – forma mais eficaz de concretização do princípio da capacidade contributiva – não corresponde, por evidência, a uma discriminação odiosa, uma vez que a mesma é muito mais do que razoavelmente justificável. Discorrendo sobre a relação do princípio da capacidade contributiva com o da igualdade Carrazza sustenta que:

> Realmente é justo e jurídico que quem, em termos econômicos, tem muito, pague, proporcionalmente, mais imposto do que quem tem pouco. Quem tem maior riqueza

---

[97] Coelho, Sacha Calmon Navarro. *Curso de Direito Tributário Brasileiro*. 6. ed. Rio de Janeiro: Forense, 2003, p. 80.

[98] Conforme menciona Moschetti: "Nella giurisprudenza della Corte Cost. Tedesca esso é dunque considerato como una massima applicativa del principio di eguaglianza (cfr. Lang, Die Bemess. der Einkomm., pp. 124-125), anche se non manca in dottrina (da ultima, Bach, Die Perspekt. des Leistung. Im gegen Stever., in Stuw., 2/1991, p. 119 ed ivi ulteriori citazioni) chi deducendo il principio di capacità contributiva dai diritti fondamentali contenutti nella prima parte della Grundgesetz, dal principio dello Stato sociali e dalla funzione sociale della proprietà, gli riconosce rango costituzionale. Il principio do capacità contributiva viene dunque assunto a principio giuridico che fonda e presidia il giusto diritto tributario" Moschettti, Francesco. *La Capacitá Contributiva*, Padova: CEDAM, 1993, p. 7.

[99] Para aprofundar essa discussão, ver: Buffon, Marciano. *O Princípio da Progressividade Tributária na Constituição Federal de 1988*. São Paulo: Memória Jurídica. 2003.

deve, em termos proporcionais, pagar mais imposto do que quem tem menor riqueza. Noutras palavras, deve contribuir mais, para a manutenção da coisa pública. O princípio da capacidade contributiva, informador da tributação por meio de impostos, está intimamente ligado ao princípio da igualdade e é um dos mecanismos mais eficazes para que se alcance a tão almejada Justiça Fiscal.[100]

Através de alíquotas proporcionalmente maiores, aquela parcela de contribuintes que possuem uma maior capacidade de contribuir, isto é, que são detentores de maior riqueza, contribuem, de uma forma efetivamente maior, para com a coletividade. Com isso, supera-se a simples regra da proporcionalidade (alíquotas iguais independentemente da base imponível), e implanta-se – em todas hipóteses possíveis – a progressividade tributária (alíquotas maiores quanto maior for a base imponível).[101]

Enfim, a igualdade compatível com o Estado Democrático de Direito não pode corresponder a uma igualdade hipócrita, que, até o momento, produziu essa Nação com um dos mais cruéis índices de distribuição de renda do planeta. Portanto, a igualdade compatível com o efetivo Estado Democrático de Direito é aquela que tem, por fim precípuo, proporcionar aos indivíduos o acesso menos desigual aos bens da vida. Se a concretização da igualdade substancial for tida como impossível, ao menos, faz-se necessário que esse quadro de monstruosas desigualdades seja minimizado. Se não for assim, como justificar a legitimidade de um Estado que não busca, de fato, atingir os objetivos que estão formalmente postos como razão de sua existência?

É certo, contudo, que simplesmente com a implementação da tributação segundo a efetiva capacidade econômica não será possível superar a crise do Estado, mesmo porque a adoção desse instrumento pode implicar, inclusive, redução do montante arrecadado, posto que a adoção de alíquotas marginais tende a reduzir o montante do tributo exigido dos contribuintes.

Porém, a construção de um sistema tributário no sentido de recuperar a fórmula segundo a qual os cidadãos devem contribuir para a coletividade de acordo com suas efetivas possibilidades, colabora decisivamente na

---

[100] Carrazza, Roque A. *Curso de Direito Constitucional Tributário*. 6. ed., São Paulo: Malheiros, 1994. p. 60.

[101] É histórica, entretanto, a resistência à tributação progressiva no Brasil. Nesse sentido Roberto Campos sustentava que "a progressividade é uma coisa charmosa, principalmente quando ela é aplicada à custa do bolso alheio. No fundo, entretanto, a progressividade é uma iniqüidade. Significa não só obrigar os que ganham mais a pagar mais, mas também punir mais que proporcionalmente os ousados e criadores". ("As tentações de São João Batista", artigo publicado no jornal O Estado de São Paulo, p. 2, em 04.03.90). Também dentro dessa linha, Ives Gandra entende que a progressividade tributária trata-se de um princípio decadente, pois atua no sentido de afastar os investimentos e desestimular a vinda de capitais por tributar excessivamente o lucro, a renda e o patrimônio (Capacidade Econômica e Capacidade Contributiva, *in: Cadernos de Pesquisas Tributárias*. São Paulo: Resenha Tributária e Centro de Estudos de Extensão Universitária (Co-edição), 1989.

reconstrução do fundamento da solidariedade, e é nesse aspecto que reside sua principal conseqüência.

Ora, conforme analisado nesse trabalho, a crise do Estado contemporâneo não se restringe apenas ao descompasso entre arrecadação e as crescentes demandas públicas. Essa crise é mais profunda, pois atinge um dos alicerces que fundamenta o modelo de Estado do Bem-Estar social: a solidariedade.

A idéia da solidariedade está inescapavelmente conectada com a idéia da igualdade material e com essa, é possível dizer, que quase se confunde. Se for possível construir um sistema tributário, a partir do qual as desigualdades não-naturais sejam minimizadas (seria utópico eliminá-las), automática e paulatinamente recuperar-se-á o fundamento da solidariedade social.

Faz-se necessário, também, que as distorções exemplificas nesse trabalho, caracterizadoras da neotributação no Brasil, sejam eliminadas ou minimizadas. Ora é inaceitável que permaneçam vigentes exações que desrespeitem o princípio da dignidade da pessoa humana, à medida que tributam o mínimo vital à própria existência; que a carga tributária continue a ser moldada ao sabor dos interesses de corporações financeiras ou politicamente influentes; ou ainda, que permaneça a insanidade de se tributar tão significativamente o trabalho, deixando-se de considerar a circunstância de ser tal tributação correspondente a um importante fator de desestímulo ao emprego formal, tão necessário, sobretudo em países como o Brasil, nos quais a proteção social é tão débil.

Além disso, existe a possibilidade de se utilizar o mecanismo da extrafiscalidade, com vistas a concretizar determinado objetivo constitucionalmente relevante. Ou seja, os direitos fundamentais, que tanto carecem de eficácia social, poderiam sair do plano meramente formal, através da construção de um modelo tributário que tivesse como norte a concretização daqueles. Mais do que óbvio, uma ação nesse sentido constitucionalmente se impõe, porque cabe a todos os Poderes dar a máxima eficácia aos direitos fundamentais, e a extrafiscalidade corresponde a um poderoso instrumento para tanto. Para exemplificar, pode-se validamente formular um modelo tributário que tenha como meta tornar eficaz os direitos fundamentais à saúde, à educação, à habitação, ao trabalho, ao meio ambiente ecologicamente equilibrado, etc.

No plano internacional, a idéia da solidariedade no campo da tributação poderia ser revolucionariamente (re)construída, a partir da implementação da denominada "Taxa Tobin".[102] Como explica Balthazar:

---

[102] Idéia inicialmente formulada em 1972 por James Tobin, prêmio Nobel de Economia. por ter desenvolvido um modelo econométrico de determinação conjunta das variações monetário-financeiras e reais e por sua teoria de seleção de portfólio.

O princípio da Taxa Tobin é simples. A especulação comum sobre as moedas consiste, por exemplo, em vender uma moeda, voltando a comprá-la por menor preço, de modo a obter lucro. Ao multiplicar diariamente as compras e vendas de moedas, o especulador pretende obter o maior lucro possível. Mas se, cada vez que vende e volta a comprar uma moeda, o especulador deve pagar uma taxa incidente sobre o lucro que espera obter, pensará duas vezes.[103]

Mais importante que o aspecto extrafiscal de desestímulo à especulação financeira, a Taxa Tobin tem o inescapável caráter de solidariedade, pois, como qualquer imposto, produz receitas que poderiam servir para lutar contra a miséria e contra o subdesenvolvimento. Tais receitas seriam potencialmente consideráveis e, em todo o caso, suficientes para aumentar, de modo decisivo, o financiamento de programas de alimentação, de saúde, de educação, de proteção ao meio ambiente nos países do sul.[104]

Como conclui Balthazar, aplicar a taxa Tobin significaria, por exemplo, impor 0,05% sobre as transações especulativas dos mercados de divisas, gerando, assim, uma receita anual de 100 bilhões de dólares, que poderia ser aplicada em saúde, educação, no desenvolvimento humano das populações excluídas, na redução da fome no mundo, que atinge hoje cerca de 1 bilhão de pessoas no planeta.[105]

É certo, porém, que um tributo dessa natureza encontra resistências óbvias e poderosas. No entanto, é inegável que algo dentro dessa lógica representaria um passo importantíssimo na construção de novas relações internacionais, fundadas na certeza de que a miséria e a pobreza também são problemas daqueles que ingenuamente pensam estar distanciados delas, e que, sem a redução das desigualdades, os Estados desenvolvidos sequer conseguem assegurar os clássicos postulados do liberalismo.

A partir disso tudo, seria possível, inclusive, cimentar um novo contrato social material, através do qual vislumbrar-se-ia a possibilidade da construção de uma nova ordem de relações sociais e internacionais, fundada na democracia substancial. Isso criaria as condições necessárias para o surgimento de um novo Estado do Bem-Estar Social, que resgatasse suas promessas históricas e as adaptasse a um mundo radicalmente diferente daquele no qual foi concebido originalmente.

Enfim, o novo não é criado a partir do nada. O novo corresponderá a um aprimoramento dos fundamentos do velho Estado do Bem-Estar Social, devidamente inserido dentro de uma nova ordenação das relações internacionais, no qual o isolamento e o nacionalismo ocupam um espaço

---

[103] Balthazar, Ubaldo César. A taxa Tobin e a globalização financeira – uma análise. *In Direito Internacional Econômico em Expansão: desafios e dilemas*. Org. Arno Dal Ri Júnior, Odete Maria de Oliveira. Ijuí: Ed. Unijuí, 2003. p. 760.

[104] Ibidem. p. 760.

[105] Ibidem. p. 768.

não-considerável, e a cooperação dos povos é o único caminho factível para uma convivência pacífica de criaturas que queiram manter o rótulo de humanas.

12. Considerações finais

Vive-se um momento singular na história da humanidade. Uma espécie de transição que causa angústia, medo e torna o futuro imprevisível e inimaginável. "Os antigos laços dissolveram-se, as grandes religiões já não são dogmas mas doutrinas por vezes indiferentes às teologias, as doutrinas políticas já não controlam a economia que lhe serve de álibi, as revoluções perdem-se no terror, na burocratização ou recusam-se a si mesmas; as sociedades parecem muitas vezes ingovernáveis, escapando ao controle da razão viva".[106]

Esse cenário de desencanto, desalento e de retorno ao que Ost denomina de "estado de natureza econômico" reduz sobremaneira as possibilidades de se vislumbrar a construção de uma sociedade global mais fraterna, menos desigual e capaz de resolver seus conflitos através dos mecanismos de diplomacia e democracia.

No entanto, em que pese esse mundo tão desumano, ainda é possível nutrir esperanças de que essa geração possa transmitir um legado menos ruim do que o quadro ora vigente. É possível constatar uma crescente reação às outrora indiscutíveis receitas de caminhos rumo à prosperidade geral. Tal reação é uma decorrência óbvia e lógica do fato de que as "promessas" correspondiam a engodos e que as receitas só serviram para trazer a realização dos sonhos de uma minoria, que soube muito bem tirar proveito das fórmulas que ela própria vendia.

Com tudo isso, era inevitável que a humanidade começasse a pensar novos caminhos, a conceber novas possibilidades e imaginar novos formatos de relações interpessoais e interestatais. Era imprescindível que se começassem a construir novos contornos para o processo de globalização, que se vislumbrassem novas razões para continuar a existir o velho Estado e que se forjasse, em relação a esse, uma nova roupagem, diferente daquela que o conduziu, por exemplo, a sua crise estrutural.

Embora não seja tão perceptível para muitos, isso está ocorrendo neste momento. Pode-se afirmar que se vive o termo inicial de um processo de reconstrução das relações sociais, redefinição do papel do Estado e de gestação de um novo formato das relações internacionais. Esse processo

---

[106] Duvignaud, Jean. *A solidariedade*. Tradução Vasco Casimiro. Lisboa: Piaget. 2000, p. 194.

todo, para que possa obter êxito, deve ser pensado a partir do paradigma da solidariedade, pois o individualismo unilateral, que caracterizou as ações nos últimos tempos, encontrou literalmente seu ocaso.

No plano interno, a ampliação da visibilidade social e da democracia em conseqüência, corresponde a um postulado inafastável. Aliada a isso, a construção de um modelo tributário o qual, pelo menos, rompa com a lógica da ampliação das já elásticas desigualdades, corresponderia a uma forma de efetivamente transformar a solidariedade como fundamento basilar da tributação ou, conforme diz Rosanvallon, meio de propiciar o "reencaixe da solidariedade".

Esse novo modelo tributário, necessariamente, deverá corrigir as distorções ora existentes (neotributação), especialmente com: a) a recuperação da concepção de que a efetiva capacidade econômica seja o vetor de desigualdade no campo da tributação; b) a gestação dos contornos da carga tributária a partir de um processo substancialmente democrático, isto é, de uma ação que não seja fruto de deliberações de uma minoria política e economicamente influente; e c) a efetiva utilização dos tributos como instrumentos de concretização dos direitos fundamentais, via extrafiscalidade.

No plano externo, o reconhecimento, por parte daqueles países ditos desenvolvidos, de que o processo de exclusão que ora se constata é um importante componente dos inúmeros conflitos existentes, além da conscientização de que, embora pobres, esses excluídos também fazem parte do gênero humano, pode representar um avanço importante no sentido de multiplicar os mecanismos de cooperação entre os povos para um efetivo progresso da humanidade, não só no campo econômico, mas também e especialmente no campo social.

Enfim, qualquer solução imaginada passa por forjar uma nova cultura de aceitação às diferenças, passa por romper com o nacionalismo anacrônico, passa pelo reconhecimento de que há ainda um importante papel a ser cumprido pelo Estado e começa, sobretudo, pela crença de que a espécie humana ainda dispõe de caminhos factíveis para uma coexistência distanciada da irracionalidade e da violência; enfim, passa pela crença de que, tendo a solidariedade como elo, outro mundo é possível. Tudo isso pode parecer utópico, porém a história demonstra que todas as grandes mudanças começaram a partir de ideais que, a princípio, eram tidos como utópicos.

13. Referências

BALTHAZAR, Ubaldo César. A taxa Tobin e a globalização financeira – uma análise. *In: Direito Internacional Econômico em Expansão: desafios e dilemas*. Org. Arno Dal Ri Júnior, Odete Maria de Oliveira. Ijuí: Ed. Unijuí, 2003.

BOBBIO, Norberto. *Dicionário de Política*. Brasília: UnB, 1986.

BOLZAN DE MORAIS, José Luis "Revisitando o Estado! Da crise conceitual à crise institucional (constitucional)", *in: Anuário do Programa de Pós-Graduação em Direito – Mestrado/Doutorado – 2000*, UNISINOS/Centro de Ciências Jurídicas.

——. *As crises do Estado e da Constituição e a Transformação Espacial dos Direitos Humanos*. Porto Alegre: Livraria do Advogado, 2002.

BONAVIDES, Paulo. *Curso de Direito Constitucional*. 11. ed. São Paulo: Malheiros, 2001.

BOUVIER, Michel. *Introduction au Droit Fiscal Général et à la theorie de l'ímpôt*, 6. ed. Paris: LGDJ, 2001.

BUFFON, Marciano. *O Princípio da Progressividade Tributária na Constituição Federal de 1988*. São Paulo: Memória Jurídica, 2003.

CALERA, Nicolas Maria López. *Yo, el Estado*. Madrid: Trota, 1992.

CANCLINI, Néstor Garcia. *A globalização imaginada*. trad. Sérgio Molina. São Paulo: Iluminuras, 2003.

CARVALHO, Paulo de Barros. *Curso de Direito Tributário*, São Paulo: Saraiva,1993.

CARRAZZA, Roque A. *Curso de Direito Constitucional Tributário*. 6. ed. São Paulo: Malheiros, 1994.

COELHO, Sacha Calmon Navarro. *Curso de Direito Tributário Brasileiro*. 6. ed. Rio de Janeiro: Forense, 2003.

DERZI, Mizabel Abreu Machado. Pós-modernismo e Tributos: Complexidade, Descrença e Corporativismo, *in Revista Dialética de Direito Tributário* n° 100.

DOWBOR, Ladislau. Globalização e Tendências Institucionais, *in Desafios da Globalização*. organizadores Ladislau Dowbor, Octavio Ianni, Paulo-Edgar A. Resende: Petrópolis-RS, Vozes, 1997.

DUVIGNAUD, Jean. *A solidariedade*. Tradução de Vasco Casimiro. Lisboa: Instituto Piaget. 2000.

DWORKIN, Ronald. *Uma questão de princípio*. Tradução de Luis Carlos Borges. São Paulo: Martins Fontes, 2000 – (Justiça e direito).

ESTERUELAS, Cruz Martinez. *La agonía del Estado. ¿Un nuevo orden mundial?* Madrid: Laxes S.L. Ediciones, 2000.

FARIA, José Eduardo. *O Direito na Economia Globalizada*. 2ª tiragem. São Paulo: Malheiros. 2000.

GARCIA-PELAYO, Manuel. *Las Transformaciones del Estado contemporáneo*. 4. ed. Madrid: Alianza, 1996.

GIANNINI, Massimo Severo. *Diritto pubblico dell'economia*. Bologna: Mulino, 1977.

KLIKSBERG, Bernardo. *Repensando o estado para o desenvolvimento social: superando dogmas e convencionalismos*. Tradução de Joaquim Ozório Pires da Silva. 2. ed. São Paulo: Cortez, 2002.

MAGALHÃES, José Luiz Quadros de. *Globalização e Exclusão*. Disponível em: www.jusnavigandi.com.br. Acesso em 24.03.2004.

MARTINS, Ives Gandra da Silva, Capacidade Econômica e Capacidade Contributiva, *in: Cadernos de Pesquisas Tributárias*. São Paulo: Resenha Tributária e Centro de Estudos de Extensão Universitária (Co-edição), 1989.

MOSCHETTI, Francesco. *La Capacitá Contributiva*, Padova: CEDAM, 1993.

OST, François. *O Tempo do Direito*. Lisboa: Instituto Piaget, 1999.

ROSANVALLON, Pierre. *A crise do Estado-providência*. Tradução de Joel Pimentel de Ulhôa. Goiânia: Editora da UFG; Brasília: Editora da UnB,1997.

SCAFF, Fernando Facury. *Responsabilidade civil do Estado intervencionista*. 2. ed. revisada e ampliada, Rio de Janeiro: Renovar, 2001.

SEN, Amartya. *O Desenvolvimento como Liberdade*. Tradução de Laura Teixeira Motta. São Paulo: Companhia das letras, 2000.

STIGLITZ, Joseph E. *A globalização e seus malefícios*. Tradução de Balzan Tecnologia e Lingüística. São Paulo: Futura, 2002.

STRECK, Lenio Luiz. *Jurisdição Constitucional e Hermenêutica: uma nova crítica do direito*. 2. ed. Rio de Janeiro: Forense, 2004.

TORRES, Ricardo Lobo. *Tratado de direito constitucional financeiro e tributário*. Vol. III; Os direitos humanos e a tributação: imunidades e isonomia. Rio de Janeiro: Renovar, 1999.

ANEXO
Carga Tributária comparativamente ao PIB e níveis de emprego

País	Carga tributária em relação ao PIB (percentual)	Taxa de ocupação (homens) %	Taxa de ocupação (mulheres) %
Hungria	39,1	66,6	51,2
Islândia	37,3	92,2	82,6
Irlanda	31,1	81,1	56,5
Itália	42,0	75,6	47,8
Coréia do Sul	26,1	75,5	55,0
Austrália	31,5	84,3	71,8
Áustria	43,7	79,8	62,8
Bélgica	45,6	72,1	58,1
República Checa	39,4	80,5	64,3
Dinamarca	48,8	84,4	76,0
Finlândia	46,9	84,4	76,0
França	45,3	75,7	63,5
Alemanha	37,9	80,3	64,4
Grécia	37,8	75,0	50,4
Holanda	41,4	83,9	66,3
Noruega	40,3	84,5	76,4
Portugal	34,5	84,3	68,2
Espanha	35,2	78,7	50,9
Suécia	54,2	79,7	75,5
Suíça	35,7	95,3	70,7
Canadá	35,8	82,2	70,5
México	18,5	89,9	41,6
Estados Unidos	29,6	84,7	71,8
Japão	27,1	92,4	64,4

Fonte: OCDE
a) Dados disponíveis no "site" da OCDE: www.ocde.org.
b) Os dados relativos à tributação correspondem ao ano de 2000, ao passo que os dados relativamente ao emprego referem-se a 2001.
c) as taxas de ocupação referem-se à população economicamente ativa, entendidas como tal aquelas pessoas com mais de 16 e menos de 65 anos.

— 4 —

Crise Funcional:
morte ou transformação do Estado?[1]

FABIANA MARION SPENGLER

Doutoranda em Direito pelo programa de pós-Graduação *stricto sensu* da Universidade do Vale do Rio dos Sinos, docente da Universidade de Santa Cruz do Sul – UNISC –, advogada.

Sumário: 1. Considerações iniciais; 2. Estado Contemporâneo: nascimento e evolução; 3. Divisão clássica das funções do Estado; 4. A globalização criadora e fomentadora da crise; 5. O Estado está morrendo?; 6. A desregulação pelo Direito; 7. Do Pluralismo cultural ou jurídico: do pré-moderno ao contemporâneo; 8. O pluralismo jurídico atual; 9. O direito inoficial e o direito marginal como solução de litígios; 10. A *Lex mercatoria* criadora de novos direitos; 11. O direito reflexivo; 12. Considerações finais; Referências.

> "O futuro já não é o que era",
> diz um "graffitto" numa rua de Buenos Aires.
> O futuro prometido pela modernidade não tem, de facto, futuro.
> Descrê dele, vencida pelos desafios, a maioria dos povos da periferia do sistema mundial, porque em nome dele negligenciaram ou recusaram outros futuros, quiçá menos brilhantes e mais próximos do seu passado, mas que ao menos asseguravam a subsistência comunitária e uma relação equilibrada com a natureza, que agora se lhes deparam tão precárias.
> (...) Não admira que em face disto muitos tenham assumido uma atitude futuricida; assumir a morte do futuro para finalmente celebrar o presente, como sucede em certo pós-modernismo, ou mesmo para celebrar o passado, como sucede com o pensamento reaccionário.
> A verdade é que, depois de séculos de modernidade,

---

[1] Texto apresentado no seminário "Transformações do Estado Contemporâneo" ministrado pelo Prof. Dr. José Luis Bolzan de Morais junto ao Programa de Pós-Graduação *stricto sensu* da Universidade do Vale do Rio dos Sinos – UNISINOS (2004/1).

> o vazio do futuro não pode ser preenchido nem pelo passado nem pelo presente.
> O vazio dor futuro é tão-só um futuro vazio.
> Penso, pois que, perante isto, só há uma saída: reinventar o futuro, abrir um novo horizonte de possibilidades, cartografado por alternativas radicais às que deixaram de o ser...
> (Boaventura de Sousa Santos)

1. Considerações iniciais

Profundas mudanças ocorreram na configuração do Estado Contemporâneo, especialmente nas últimas décadas, o que contribuiu para colocá-lo em crise, revendo todos os seus papéis, tanto na esfera econômica quanto nos modelos de regulação social e jurídico até então tradicionais. Tais modelos já não mais funcionam o que deflagra a constatação de que o Estado vive, na era da globalização (e também por causa dela), uma crise funcional que põe em xeque o desempenho das atribuições que até então lhe eram determinadas.

Desta feita, o presente texto tem como objetivo discutir a crise funcional do Estado, entendida na esteira da "*perda de exclusividade funcional* sentida pelos órgãos incumbidos do desempenho de funções estatais, aos quais são atribuídas tarefas que lhe são inerentes".[2] Porém, cabe ressaltar que se objetiva analisar tão-somente a crise funcional que diz respeito, especificamente, ao Legislativo assim entendido como uma das três atribuições estatais, discutindo-se seus principais reflexos (*lex mercatória*, direito inoficial e direito marginal).

Essa crise funcional deve ser analisada através de seus aspectos internos e externos. Por aspectos internos encontram-se aqueles que dizem respeito "*a dialética da separação/harmonia das funções estatais*". Nesse sentido, adiante discutir-se-á, ainda que de forma breve, o surgimento da teoria de separação das funções estatais, bem como suas principais características. Já no seu viés externo temos "uma mudança no perfil clássico das funções estatais produzida pela transformação mesma da instituição estatal, a fragilização do Estado em suas diversas expressões quando perde concorrecialmente diante de outros setores – privados, marginais, nacionais, locais, internacionais, etc. – sua capacidade de decidir vinculativamente a respeito da lei, sua execução e da resolução de conflitos".[3] Paralelamente, a análise será permeada, aqui, por textos que vinculem a

---
[2] BOLZAN DE MORAIS, José Luis e STRECK, Lenio Luiz. *Ciência Política e teoria geral do Estado*. Porto Alegre: Livraria do Advogado, 2001, p. 147.
[3] Ibidem, p. 147.

omissão estatal e o crescimento de formas supra-estatais que, mesmo inoficiais ou marginais, oferecem respostas aos anseios e necessidades do cidadão comum.

Partindo dessa afirmação, podem ser compreendidas a fragilização que afeta as tradicionais fontes do direito. Essa fragilização é observada, inicialmente no que Arnaud[4] chama de "aparecimento de um direito 'de textura aberta' com o deslocamento dessas fontes para os poderes privados econômicos, com uma participação maior dos atores privados, e a tomada em consideração de 'valores' oriundos dos sistemas econômico ou técnico-científico." Vai além ao afirmar que é possível perceber também o "crescente papel das fontes 'soft' do direito (cartas, códigos de bom comportamento, etc.) que, ao adquirir força coercitiva, viriam a se tornar 'hard'".

Esse é justamente o enfoque principal do presente trabalho, cujo objetivo é discutir, de forma mais evidenciada, a crise funcional do Estado Contemporâneo, especialmente no que diz respeito à esfera legislativa, sem esquecer de abordar temas importantes, dentre eles a globalização e suas conseqüências. Excetuam-se, portanto, da presente discussão, os demais aspectos da crise funcional do Estado. Assim, não serão abordadas, a crise do executivo e tampouco a crise de jurisidição.[5]

Outro assunto que será abordado diz respeito ao pluralismo em seus aspectos culturais e jurídicos sendo ele pré-moderno e contemporâneo em seus limites históricos, desde os primórdios da sociedade, estabelecendo relações entre suas fontes internacionais e nacionais, delimitado como um conjunto de práticas jurídicas informais e não-oficiais ou marginais.

Ainda, discutir-se-á, o direito reflexivo e a possibilidade de sua aplicação para fins de evitar a inflação jurídica e o desequilíbrio social, estabilizando os progressos do homem e aumento de sua capacidade de se socorrer da lei. Ao discutir o direito reflexivo, examinar-se-á, apenas a título de ilustração, e portanto de forma rápida, uma vez que não é o alvo principal do presente trabalho, a Teoria dos Sistemas de Luhman.[6]

Mas, não se pode ignorar que antes de discutir a perda da exclusividade da função legislativa do Estado, assunto de abordagem central do presente texto, é necessário que se excursione, primeiramente, pelo surgimento do Estado para, posteriormente, discutir sua divisão tripartite das

---

[4] ARNAUD, André-Jean. Da regulação pelo direito na era da globalização. *Anuário: direito e globalização*. Rio de Janeiro: Renovar, 1999a, p. 24.

[5] Especificamente sobre esse assunto, ver texto de FERRARI, Vicenzo. Sistemi giudiziari in perenne crisi. Riflessioni sul caso italiano. *Anuário: direito e globalização 1: a soberania*. Rio de Janeiro: Renovar, 1999.

[6] Nesse sentido, ler: LUHMANN, Niklas. *Sistemas sociales: lineamientos para una teoría generale*. México: Alianza editorial, Universidad Iberoamericana, 1991.

funções estatais, ainda que de forma rápida, a título de localização do leitor.

2. Estado Contemporâneo: nascimento e evolução

Qualquer tema que tenha intenção de discorrer sobre o Estado Contemporâneo vai, necessariamente, questionar suas crises, sua supressão e sua reinvenção cotidiana intimamente ligada à sociedade civil. Na verdade, de todas as organizações das quais o homem faz parte, talvez a mais complexa seja o Estado, tão próximo e ao mesmo tempo tão complicado e tão ambíguo. Por outro lado, sabe-se que o Estado é uma realidade criada pela própria sociedade, para, como veremos adiante, desenvolver determinadas tarefas, dentre elas representá-la e tomar decisões que atendam seus interesses.

Por conseguinte, o Estado é uma organização política investida de poder e coerção, que em função da legitimidade da sociedade civil, administra os interesses de todos os cidadãos, delimitando sua área de atuação em determinado espaço físico. No entanto, Wolkmer[7] refere que "alguns doutrinadores (os liberais) vêm o Estado como um servidor que busca o bem-estar coletivo (bem-comum), gerenciando 'neutramente' os interesses diferenciados e as forças sociais em confronto". Mas, outros doutrinadores, os marxistas, conforme o mesmo autor, "encaram o Estado como instrumento exclusivo do poder de uma classe dominante, via de regra um órgão de opressão, comprometido com setores minoritários da Sociedade". Mas salienta, enfim, que para os funcionalistas e tecnocratas o Estado é "visualizado como um mecanismo estável de elementos constitutivos, com funções definidas, almejando o planejamento, a tomada e a implementação de decisões".

Porém, as relações entre os cidadãos e o Estado, não obstante o segundo estar legitimado pelos primeiros a tratar de seus interesses, nem sempre são tranqüilas. O espaço chamado por Boaventura de Sousa Santos como "o espaço-tempo da cidadania" é que se constituem as relações sociais entre o "Estado e os cidadãos, e nele se gera uma forma de poder, a dominação, que estabelece a desigualdade entre cidadãos e Estado e entre grupos e interesses politicamente organizados".[8]

---

[7] WOLKMER, Antônio Carlos. *Elementos para uma crítica do Estado*. Porto Alegre: Sergio Antonio Fabris Editor, 1990, p. 12.
[8] SANTOS, Boaventura de Sousa. *Pela mão de Alice: o social e o político na pós-modernidade*. 8 ed. São Paulo: Cortez, 2001, p. 314.

É preciso recordar que o Estado tem sido desde a Idade Média a unidade política fundamental do sistema mundial, e o seu impacto foi sempre decisivo. Importa ressaltar que o espaço mundial perfaz tanto a economia mundial, como o sistema interestadual, baseado na soberania absoluta dos Estados e nos consensos entre eles obtidos como meio de prevenir a guerra. O espaço-tempo doméstico[9] começou a ser fortemente regulado pelo Estado a partir do século XIX num crescendo que atingiu o seu clímax no Estado-Providência.[10] Por sua vez, o espaço-tempo da produção[11] viveu sempre dependente da "mão visível" do Estado, e a regulamentação cresceu com o crescimento das relações mercantis.[12]

No entanto, a regulação desses espaços pelo Estado começou a sofrer alterações a partir de 1960, no plano nacional e internacional em função das privatizações e da desregulação do mercado, a volta de entidades éticas e religiosas demonstra uma verdadeira "retracção do Estado com a crise da função providencial com a devolução aos espaços doméstico e da produção dos serviços sociais, antes prestados pelo Estado". Tal retração é ainda observável quando o Estado perde o monopólio da violência legí-

---

[9] "O espaço-tempo doméstico é o espaço-tempo das relações familiares, nomeadamente entre cônjuges e entre pais e filhos. As relações sociais familiares estão dominadas por uma forma de poder, o patriarcado, que está na origem da discriminação sexual de que são vítimas as mulheres. Obviamente, tal discriminação não existe apenas no espaço-tempo doméstico e é aliás visível no espaço-tempo da produção ou no espaço-tempo da cidadania". (Ibidem, p. 301)

[10] "O Estado-providência é, de fato, muito mais complexo que o Estado-protetor: não tem apenas por função proteger as aquisições (a vida ou a propriedade); visa igualmente ações positivas (de redistribuição de renda, de regulamentação das relações sociais, de responsabilização por certos serviços coletivos, etc.)
O Estado-providência deve ser compreendido, em primeiro lugar, como uma radicalização, isto é, uma extensão e um aprofundamento do Estado-protetor 'clássico'.
Resumo de algumas preposições sobre a passagem do Estado-moderno ao Estado-providência:
1. O Estado moderno define-se fundamentalmente como um Estado-protetor.
2. O Estado-providência é uma extensão e um aprofundamento do Estado-protetor.
3. A passagem do Estado-protetor ao Estado-providência acompanha o movimento pelo qual a sociedade deixa de pensar com base no modelo do corpo para se conceber sob o modo do mercado.
4. O Estado-providência visa substituir a incerteza da providência religiosa pela certeza da providência estatal.
5. É a noção de probabilidade estatística que torna praticamente possível e teoricamente pensável a integração da idéia de providência no Estado." (ROSANVALLON, Pierre. *A crise do Estado-providência* (Trad. Joel Pimentel de Ulhôa) Goiânia: Editora da UFG;Brasília: Editora da UnB, 1997, p. 19-20 e 23).

[11] "O espaço-tempo da produção é o espaço-tempo das relações sociais através das quais se produzem bens e serviços que satisfazem as necessidades tal como elas se manifestam no mercado enquanto procura efectiva. Caracteriza-se por uma dupla desigualdade de poder: entre capitalistas e trabalhadores, por um lado, e entre ambos e a natureza, por outro. Esta dupla desigualdade assenta numa dupla relação de exploração: do homem pelo homem e da natureza pelo homem. A importância do espaço-tempo da produção reside em que nele se gera a divisão de classes que juntamente com a divisão sexual e a divisão étnica constitui um dos grandes factores de desigualdade social e de conflito social". (SANTOS, 2001, p. 306)

[12] Ibidem, p. 314.

tima que durante dois séculos foi considerada a sua característica mais distintiva.[13] Em geral, os Estados periféricos nunca atingiram na prática o monopólio da violência, mas parecem estar hoje mais longe de o conseguirem do que nunca.[14] O Brasil serve de exemplo, especialmente no concernente ao fato de que partes do seu território são controladas por forças paralelas ao Estado. Porém, esse tema será melhor abordado posteriormente quando se discutirá o direito inoficial e o direito marginal.

Tais fatos refletem uma verdadeira fragmentação na soberania dos estados ladeada pela perda de centralidade em face de forças subestatais e supra-estatais. A esses dois fenômenos junta-se a perda de eficácia dos Estados, e a emergência de novas formas de solução de conflitos mais céleres e muitas vezes mais eficazes, ainda que não oficiais.

Ao tratar do Estado-Providência,[15] numa discussão extremamente pertinente e importante, Ewald[16] afirma que desde o final do século XIX, devido a uma série de razões históricas, estabeleceu-se um consenso sobre a maneira de governar. Esse novo governo era designado pelo termo, considerado inadequado pelo autor, de "Estado-Providência", que vinha "acompanhado pela formação de uma ordem jurídica própria: o *direito social* um direito de que uma das principais características. Ao contrário do direito clássico, consiste em que tanto a sua existência como o seu desenvolvimento não são, de modo nenhum exclusivos de um Estado totalitário...". Por conseguinte, não se tratava de um estado totalitário, mas, também não se fala de um estado sem direito, pois, segundo Ewald, vivemos num Estado "da maior inflação jurídica e legislativa". Essa inflação nos traz problemas, uma vez que os direitos e as obrigações se multiplicam na mesma proporção, multiplicam-se os créditos, as dívidas e os devedores, num processo cujo resultado leva a que só hajam devedores, ou seja, na lógica do direito a "sua inflação jurídica só pode levar a própria anulação", assim, "existem várias maneiras de o direito morrer. Uma é certa: a inflação do direito traz em si a sua própria morte."

Dessa maneira, cria-se um círculo vicioso no momento em que se passa a atribuir novos direitos que também geram novas obrigações, e principalmente quando tais direitos não são protegidos, fiscalizados ou aplicados por pura falta de condições do Estado, vindo a ser socorridos

---

[13] "Calcula-se que hoje, nos EUA, 1 em cada 3 policias é privado; no ano 2000 a proporção será de 1 em cada 2". (DELURGIAN, Georguii. State Cohesion. *Trajectory of the World-System 1945-1990 Working Papers*, 1992, p. 18)

[14] SANTOS, op. cit., p. 314-5.

[15] Sobre o assunto, ler: MISHRA, Ramesh. *El Estado de Bienestar en crisis pensamiento y cambio social*. Madrid: Centro de Publicaciones Ministerio de Trabajo e Seguridad Social, 1992.

[16] EWALD, François. *Foucault – A norma e o direito*. Trad. António Fernando Cascais. 2 ed. Lisboa: Vega, 2000, p. 185-6.

por outras instituições ou organizações que o substituem em suas tarefas, numa flagrante perda de atribuição e de prerrogativa estatal. Nesse contexto, é possível distinguir entre "direito e legalidade (ou regulamentação)". Pois, "encontramo-nos na era das legalidades sem direito". Tudo isso porque enquanto o "Estado de direito era definido pela equação direito=legalidade, o direito social, tal como a existência dos direitos socialistas, obriga a pensar a existência de legalidades sem direito e a perguntarmo-nos o que é que faz que uma legalidade possa constituir ou não um direito".[17]

Tudo isso demonstra o grande paradoxo no qual vivemos as crises do Estado contemporâneo: de um lado o Estado-Providência e posto como o grande fomentador da distribuição de renda e de condições para uma vida digna, mas por outro lado encontra-se completamente desmantelado quanto ao desenvolvimento de suas funções principais, dentre eles a possibilidade de dizer e aplicar o direito.[18] Discutir as funções do Estado e a perda de exclusividade na sua execução é o assunto que adiante se abordará.

3. Divisão clássica das funções do Estado

As funções do Estado estão divididas, de forma clássica, em Legislativo, Executivo e Judiciário. Não se pode perder de vista que a teoria que deu origem à divisão tripartite de separação dos Poderes, desenvolvida por Locke e posteriormente por Montesquieu, se tornou a base de inúmeras constituições, resistindo à passagem do tempo e aos grandes acontecimentos históricos.

No *Segundo Tratado sobre o Governo*, de John Locke,[19] o chamado pacto entre os homens tem por base a defesa da propriedade e desse pacto decorre o poder político e a sociedade propriamente dita que se contrapõe ao estado natural que era aquele onde o homem se sujeita às limitações e aos prejuízos no seu direito de gozo da propriedade. É de se observar que o pacto não significa o fim ou a renúncia dos direitos naturais de cada um em favor do governo e, sim, um acordo entre todos para entregar a execu-

---

[17] Ibidem, p. 186-7.

[18] Assiste-se, então, "à desmontagem do Estado Providência." Deflagrando-se uma crise de encolhimento, aceita inclusive por quem, anteriormente, defendia sua intervenção. Esse encolhimento ganhou força com a crise financeira dos anos 80 e 90, quando imaginava-se que o mais urgente era "arrumar as contas, depois de um desajuste prolongado. Estava em curso, porém, muito mais que um acerto fiscal". (FARIA, José Eduardo e KUNTZ, Rolf. Estado, mercado e direitos. In: *Qual o futuro dos Direitos? Estado, mercado e justiça na reestruturação capitalista.* São Paulo, Max Limonad, 2002, p. 42).

[19] LOCKE, John. *Segundo tratado sobre o governo.* São Paulo: Abril Cultural, 1983.

ção das regras a um único indivíduo escolhido por todos, conforme os ditames estabelecidos pela comunidade.

Fica clara a presença do Legislativo que tinha o poder, que lhe era atribuído pela comunidade, para fazer leis. Já o Executivo se dividia em federativo, ao qual cabia a segurança, o poder de guerra e de fazer alianças, e o executivo propriamente dito, que tinha por competência executar as leis criadas pelo Legislativo, dentro de seus limites. Segundo Locke; o Executivo possui a prerrogativa de poder agir de acordo com a discrição, sempre considerando o bem público, na aplicação da lei. Dentro das funções do Executivo vislumbrava-se o Judiciário que não era um Poder separado com atribuições exclusivas. Somente uma década depois da obra de Locke, ou seja, em 1701, o Judiciário ganhou independência.

No entanto, foi Montesquieu[20] quem, indubitavelmente ganhou notoriedade com a criação da teoria das separação dos Poderes, apontando a existência de três formas: o legislativo, que fazia e corrigia as leis; o Executivo das coisas que dependem dos direito das gentes que promovia a paz ou a guerra e promovia ações ligadas a outros estados; e por último o Executivo das coisas que dependem do direito civil, ou seja, aquele que possui o poder de julgar porque punia os crimes e julgava os litígios entre os indivíduos.

Esta tripartição criada por Locke e, posteriormente reproduzida por Montesquieu, sempre demonstrou a possibilidade e a efetivação da interferência e quiçá sobreposição de um Poder sobre o outro, o que gerou a superação da teoria dos três Poderes, pois segundo Bolzan de Morais e Streck, surge o sistema de freios e contrapesos como "uma tentativa de estabelecer um mecanismo de controle recíproco entre os chamados três Poderes, para fins de salvaguarda da liberdade". Salientam, ainda, que atualmente "não se pode falar em separação sem ter presente as 'interpenetrações de funções' uma vez que atos de um poder são praticados por órgãos vinculados a outro, o que conduz a um "processo de compartilhamento de atribuições".[21]

Remontando a história, a criação de um governo com seu poder dividido em três ramos servia para diminuir os riscos da existência de um "rei" e do poder do povo na condução do governo. Partindo dessa idéia "a articulação entre o modo de eleger o presidente (indiretamente), e os freios e contrapesos dentro do próprio sistema, atenuavam qualquer tipo de influência popular considerada indesejável".[22]

---

[20] MONTESQUIEU, Charles-Louis de Secondat. Barão de la Brede e de. *Do espírito das Leis*. 2 ed. São Paulo: Abril Cultural, 1983.

[21] BOLZAN DE MORAIS e STRECK, 2001, p. 164-5.

[22] GRILLO, Vera de Araújo. A teoria da separação dos poderes e a hegemonia do poder executivo. In: *Teoria do Direito e do Estado* (Leonel Severo Rocha, organizador). Porto Alegre: Fabris, 1994.

Porém, mesmo utilizando o sistema de freios e contrapesos, existem críticas à teoria separatista dos Poderes apontando para o fato de que ela não tem o condão de assegurar uma estruturação democrática do poder estatal e que a mesma demonstra uma profunda ineficiência frente às exigências técnicas do Estado Contemporâneo. Tudo isso porque hoje, cada um dos três Poderes desenvolve (ou deveria desenvolver), determinadas funções, cabendo ao Legislativo editar normas gerais e obrigatórias ao Executivo a implementação de soluções concretas, sendo a função que possui responsabilidade de governo, atribuições políticas, co-legislativas e de decisão, além da administração pública em geral. Já à função jurisidicional cabe a resolução de conflitos, através da interpretação e da aplicação de leis.[23]

No entanto, Bolzan de Morais e Streck sugerem falar em colaboração de poderes

> particularmente no âmbito do parlamentarismo e da independência orgânica e harmônica dos poderes, quando do presidencialismo, embora mesmo isso sofra os influxos da organização sociopolítica-econômica atual, podendo-lhe melhor falar em *exercício preponderante* de certas atribuições por determinados órgãos do poder estatal ou, como é o caso das funções executiva e jurisdicional no campo da aplicação do direito ao caso concreto, onde o que diferencia é a maior ou menor eficácia conclusiva do ato praticado ou da decisão.[24]

Atualmente, a concepção clássica do Estado vem se transformando em função de uma realidade descentralizada, regionalizada diante da emergência de um grande número de organizações sociais de natureza econômica ou que visem a proteger os interesses de minorias e que permitam a proliferação de *locus* de poder que rompem com a idéia de poder soberano estatal e esmagam sua exclusividade na elaboração de regras e na sua aplicação.

Desta forma, enquadrar as "funções sociais dentro do esquema da rígida tripartição de poderes não corresponde mais às necessidades das sociedades hodiernas devido a sua alta complexidade que permite o afloramento das mais diversas necessidades". Tudo isso se dá em virtude da velocidade na qual os fatos sociais e as grandes transformações ocorrem, o que reclama solução imediata dos órgãos públicos, "o Poder Legislativo, que para realizar uma lei tem que cumprir um minucioso e longo procedimento, não pode atender de forma eficiente a essas demandas." Por conseguinte, "a concepção do Poder Legislativo como órgão único de produção normativa torna-se insustentável".[25]

---

[23] BOLZAN DE MORAIS e STRECK, 2001, p. 165.

[24] Ibidem, p. 165.

[25] BOLZAN DE MORAIS, José Luis e AGRA, Walber de Moura. A jurisprudencialização da Constituição e a densificação da legitimidade da jurisdição constitucional. *Revista do Instituto de Hermenêutica Jurídica* – (neo) Constitucionalismo – ontem, os Códigos hoje, as Constituições. Porto Alegre: Instituto de Hermenêutica Jurídica, 2004, p. 226.

Por outro lado, a falta de "tempo"[26] para legislar e aplicar o direito e as frenéticas transformações experienciadas possuem como causa um fenômeno de múltiplas facetas cujas dimensões transcendem o econômico e permeiam pelo social, político, cultural, religioso e jurídico: a globalização. Globalização não apenas como fenômeno de intensificação das relações sociais, mas como fomentadora das desigualdades, da crise de soberania dos estados, dos conflitos étnicos, da proliferação de guerras civis, dos crimes ambientais, dentre outros. Sobre a globalização e a crise por ela desencadeada, trata-se-á adiante.

4. A globalização criadora e fomentadora da crise

A globalização é assunto alardeado e discutido aos quatro cantos do mundo nas últimas décadas, especialmente a partir dos anos 80, quando passou a ser utilizada no sentido econômico. Observa-se, então, que a palavra *globalização* "tem uma história breve e vertiginosa. Embora tenha sido 'inventada' em 1944 por dois autores – Reiser e Davies – que previam uma síntese planetária de culturas em um humanismo global" suas raízes só remontam os anos 60, quando conheceu uma ampla repercussão a metáfora de McLuhan sobre a "configuração de uma 'aldeia global' possibilitada pelas novas tecnologias de informação e comunicação".[27]

Atualmente, a globalização pode ser vista de vários ângulos, possuindo aspectos econômicos, sociais, políticos e culturais. A globalização econômica surgiu principalmente com a emergência de uma nova divisão da produção, inaugurada pelas grandes corporações multinacionais que têm origem nos três centros de capitalismo mundial, ou seja, os Estados Unidos, o Japão e a Europa Ocidental. Seu objetivo é justamente constituir uma economia mundial sem fronteiras, juntando comunicação e controle em "tempo real", o que é permitido pelas inovações tecnológicas, possibilitando às firmas internacionalizadas a possibilidade de

> obterem altas taxas de lucro através da globalização dos mercados e, sobretudo, da integração global do conjunto da cadeia de criação de valor (pesquisa e desenvolvimento, produção, serviços, financiamento dos investimentos, recrutamento de pessoal, etc), na condição de que as mesmas procedam a uma drástica reformulação das formas de gestão e da atuação estratégica em escala planetária.[28]

---

[26] Sobre o tempo e sua influência no mundo do direito é importante referir a obra de OST, François. *O tempo do direito.* Lisboa: Instituto Piaget, 1999.

[27] SCHOLTE, 1996, *apud* GÓMEZ, José María. Globalização, estado-nação e cidadania. *Política e democracia em tempos de globalização.* Petrópolis: Editora Vozes, 2000, p. 18.

[28] GOMÉZ, 2000, p. 18.

Em suma, a globalização econômica possui três principais inovações institucionais que são: "restrições drásticas à regulação estatal da economia; novos direitos de propriedade internacional para investidores estrangeiros, inventores e criadores de inovações susceptíveis de serem objetos de propriedade intelectual;[29] na lista de inovações, Boaventura de Sousa Santos vai além ao apontar a "subordinação dos Estados nacionais às agências multilaterais tais como o Banco Mundial, o FMI e a Organização Mundial do Comércio". Em função do caráter geral desse consenso, as receitas por ele produzidas se aplicaram com extremo rigor ("modo da jaula de ferro") ou com uma certa flexibilidade ("modo da jaula de borracha").[30]

O segundo ângulo de intervenção da globalização diz respeito ao social e à produção de desigualdades em função da economia, o que cria novas classes sociais: uma composta por um ramo local e outra por um ramo internacional. Nesse sentido, "o ramo local, a burguesia nacional, é uma categoria socialmente ampla que envolve a elite empresarial, os directores de empresas, os altos funcionários do estado, líderes políticos e profissionais influentes". Já o ramo internacional é formado por "gestores de empresas multinacionais e pelos dirigentes das instituições financeiras internacionais".[31]

No entanto, o surgimento dessa novas classes não é a única conseqüência social da globalização, podendo ser apontada também a desigualdade quanto à distribuição de riquezas, uma vez que é consenso a necessidade de redução salarial para o crescimento e a estabilidade econômica, reduzindo "gastos salariais" de uma grande parcela de trabalhadores e gerando diferenças cruciais na distribuição da renda. A primeira conseqüência dessa redução é a diminuição do poder de compra interno, obrigando os países a compensar o prejuízo na busca de mercados externos. Assim, "a economia é dessocializada, o conceito de consumidor substitui o de cidadão e o critério de inclusão deixa de ser o direito para passar a ser a solvência".[32]

Por outro lado, os reflexos da globalização e da crise funcional do Estado também dizem respeito a uma série de conseqüências, dentre elas

---

[29] ROBINSON, William. *Globalização*: Nine Theses on our Epoch. Race and Class. 1995 – 38(2), 13-31.

[30] Por conseguinte, os países de periferia ou semiperiféricos são os mais sujeitos às imposições do receituário neoliberal, uma vez que é transformado pelas agências financeiras multilaterais em condições para a renegociação da dívida externa através dos programas de ajustamento estrutural. (SANTOS, Boaventura de Sousa. Os processos da globalização. *Globalização e as ciências sociais*. (org. Boaventura de Sousa Santos). 2 ed. São Paulo: Cortez, 2000).

[31] BECKER, David e SKLAR, Richard. *Why Postimperialism*. Boulder: Lynne Rienner Publishers, 1997, p. 7, também citado por SANTOS, 2000, p. 33.

[32] Ibidem, p. 35.

o desemprego estrutural permanente (chamado em determinados momentos de inempregabilidade), o clima e a segurança (ligados intimamente a questões de equilíbrio mundial), que fomentaram o aparecimento de organizações alicerçadas na solidariedade humana, amparadas na noção de sociedade civil e baseadas numa terceira dimensão onde prevalecem estes valores que objetivam a construção de uma esfera social pública. Essas organizações tratam-se, na verdade, de uma importante representação da constituição de um espaço público não-estatal,[33] pois mesmo que não inseridas na estrutura das entidades estatais, possuem um viés público significativo em função de seus objetivos.[34]

Nesse contexto, Vieira[35] afirma que a crise global e a verificação de que somente o Estado e o mercado não vão resolvê-la tende a fortalecer o papel das ONGs enquanto organizações da sociedade civil, na construção de alternativas e de mecanismos de cooperação internacional. Ocorre que é na articulação entre as esferas nacionais e internacionais que estas organizações aumentam significativamente sua influência, rompendo com eventuais limitações impostas pelos Estados as atividades que se desenvolvem em seu interior.

Então, Arnaud[36] salienta que as Organizações Internacionais Não-Governamentais (ONGs) desempenham hoje, e cada vez mais, um papel crucial na produção da norma jurídica, não apenas na Europa, mas no plano internacional. Várias dentre elas têm *status* consultivo oficial.[37] Essas mesmas organizações são chamadas de "voluntariado jurídico" por Capella[38] ao citar aquelas que trazem assistência através da "criação de determinadas instituições ou instrumentos jurídicos em países que carecem deles (por exemplo educação, repertórios normativos, serviços de publicações jurídicas, etc.)".

Conforme Vieira, as ONGs internacionais "assumem importância particular na medida em que podem fazer lobby em favor de causas, minorias e classes", que estão, normalmente, alijadas do processo político

---

[33] Especificamente sobre o assunto, Bolzan de Morais ressalta que estas entidades "podem ser enquadradas em um espaço intermediário entre o público, representado pelos organismos internacionais, e o privado, representado pelas empresas transnacionais." (BOLZAN DE MORAIS, José Luis. *As crises do Estado e da Constituição e a transformação espacial dos Direitos Humanos*. Porto Alegre: Livraria do Advogado, 2002, p. 29)

[34] VIEIRA, Liszt. *Cidadania e globalização*. 2 ed. Rio de Janeiro: Record, 1997.

[35] Ibidem, p. 116.

[36] ARNAUD, 1999a, p. 49.

[37] Confederação dos Organismos da Família, União Internacional dos Organismos da Família. Movimento Internacional ATD – Quarto Mundo, Confederação Européia dos Sindicatos, Conselho Internacional da Ação Social (I.C.S.W.) etc.

[38] CAPELLA, Juan Ramón. *Fruto Proibido. Uma aproximação histórico-teórica ao Estudo do Direito e do Estado*. Porto Alegre: Livraria do Advogado, 2002, p. 286.

representativo. Não são raros os casos nos quais essas organizações assumem poder maior que os próprios Estados em função do prestígio que possuem.[39]

Seguindo essa linha de raciocínio, a globalização passa a ser observada como um processo inevitável, de grandes conseqüências, para todo o mundo, mas ao contrário do que se imagina, ela não gera exclusão, "a globalização é um processo de inclusão forçada. Pois ela nos inclui, queiramos ou não, dentro do sistema internacional".[40] A principal manifestação de interação trazida pela globalização é o fim das fronteiras traduzido pelas práticas transnacionais que destroem a capacidade do Estado de conduzir e controlar o fluxo de pessoas, bens, capitais ou idéias como fazia anteriormente.

A abertura das fronteiras golpeia a soberania estatal, fazendo surgir a figura de um novo Estado, fraco e desnacionalizado, ou seja, esvaziado, com suas velhas e novas capacidades sendo reorganizadas, de forma territorial ou funcional, aos níveis subnacional e supranacional. Assiste-se, ainda, a desestatização dos regimes políticos refletida na transição do conceito de governo para o de governação de modo que o modelo regulação passa a se basear em parcerias em organizações governamentais, paragovernamentais e não-governamentais, onde o Estado assume apenas as tarefas de coordenador.[41]

Conseqüentemente, não há escolha, a globalização nos leva a reboque e assim posta ela se torna a principal causa da crise de regulação pela qual passa o Estado atualmente, pois gera interdependência que pode ser avistada na forma de quatro rupturas com a ordem mundial passada, segundo J. Dunn:[42] a) a primeira diz respeito à capacidade estatal de garantir segurança dos cidadãos e a integridade territorial, traduzida por um novo modelo de segurança coletiva bipolar, surgido com o fim da guerra fria e vislumbrado através da necessidade de definição de novas alianças; b) mundialização da economia e diminuição do poder de coação dos Estados Nacionais sobre as forças econômicas, limitando-o a políticas fiscais e econômicas; c) internacionalização do Estado, exposta por sua participação em um grande número de organizações internacionais, dentre as quais podem-se exemplificar a ONU e o FMI, em função da necessidade de

---

[39] Vale ressaltar que Bolzan de Morais aponta como ONGs mais prestigiadas são ligadas a ecologia (Greenpeace), aos direitos humanos (Anistia Internacional), onde se inserem os direitos de terceira geração, e saúde (Médicos Sem Fronteiras) (BOLZAN DE MORAIS, 2002).

[40] ROCHA, Leonel Severo e HERMANY, Ricardo. Globalização e direitos humanos. *Revista do Direito*. N. 14 (jul./dez. 2000) Santa Cruz do Sul: EDUNISC, 2000.

[41] SANTOS, 2002, p. 38.

[42] DUNN, J. Political Science Theory and Policy-making in na Interdependent World. *Government and Opposition*. Vol. 28, n. 2, London, 1993, p. 242-260.

gestão global de problemas tais como o meio ambiente; d) o direito internacional, que se desenvolve de forma vertiginosa em função dos fatores anteriormente mencionados que, se antes identificado como débil em termos de coerção, agora institui-se cada vez mais permitindo que o indivíduo reivindique sua aplicação ou denuncie sua violação pelo Estado.[43]

Todas essas rupturas, conforme já visto, importam na perda da soberania e da autonomia dos Estados quanto à formulação de políticas internas, o que determina a diminuição de seu poder de coação, gerando uma crise de legitimidade. Assim, adiante discutir-se-á a diminuição da capacidade estatal em cumprir tais funções e seus reflexos.

5. O Estado está morrendo?

Ao discutir a minimização da capacidade estatal de cumprir suas funções observa-se a perda de sua legitimidade e a debilitação de sua própria existência que caminham a passos largos, empurrando-o para sua morte. É possível pensar no falecimento do Estado? Federici[44] afirma que se sustenta a tese de que o estado está morto, em função de sua resignação e falta de vontade política frente aos desafios que traz a globalização e à crescente influência dos fenômenos supranacionais. A anunciada morte do Estado teria como uma das causas a perda da exclusividade funcional, cujo primeiro ferimento é a perda da soberania, o que possibilita sua fragmentação e diluição.[45]

Porém, o mesmo autor argumenta que a morte do Estado não pode significar outra coisa senão sua transformação para que possa recepcionar

---

[43] ROTH, André-Noël. O Direito em Crise: Fim do Estado Moderno? In: *Direito e Globalização Econômica implicações e perspectivas*. São Paulo: Malheiros Editores, 1996, p. 18-9.

[44] "(...) incluso se sostiene la tesis que el Estado está muerto, como consecuencia de su resignación y falta de voluntad política frente a los desafios que lê plante ala llamada globalización y la cecriente influencia de los fenómenos supranacionales. (FEDERICI, Mario. Las tranformaciones finiseculares del estado. Foro Político. *Revista Del instituto de ciências políticas*. Cátedra Ortega. Universidade del Museo Social Argentino. Volumen XXVIII, abril 2000, p. 100).

[45] Ao mesmo tempo, uma outra perturbação se manifestou: a autonomia dos Estados-nações viu-se bastante comprometida pela interdependência que se desenvolve no seio de uma economia globalizada. (...) Oficialmente, a soberania dos Estados não é recolocada em questão; mas, de fato, os governos recentemente sofreram, e sofrem cada vez mais, uma erosão de sua autoridade devido, entre outras, à porosidade das fronteiras, à dificuldade de controlar os fluxos transfronteiriços monetários, de mercadorias e de informação, aos avanços tecnológicos. As pressões sofridas pelos governos nacionais provêm ao mesmo tempo do ponto mais alto e do mais baixo: da globalização, por um lado, e dos movimentos localmente enraizados, por outro. (p. 25)
A questão da soberania estatal encontra-se, pois, no ponto central de toda a problemática da regulação pelo direito. Que essa soberania seja recolocada em questão, fragmentada, dividida – nem que fossem apenas – e é toda a autoridade da regulação jurídica que se torna problemática. (ARNAUD, 1999a, p. 25-6)

os desafios da história e incorporar o desenvolvimento da civilização. Assim, "el Estado permanece como la constante que se adapta historicamente a través de lãs tranformaciones contingentes em sus formas".[46]

Mas quando se fala em crise do Estado, dando especial ênfase à crise funcional, é preciso que se analise a transformação observada nas relações entre as funções estatais tradicionais quando, aparentemente, cada uma delas, como reflexo de sua perda de importância própria, se projeta por sobre aquilo que tradicionalmente seria atribuição característica da outra.[47] Outra hipótese apontada para justificar (mesmo que parcialmente) a crise e possível morte do Estado se encontra na perda de sua soberania, que, conforme avistou-se anteriormente, aponta para um Estado fraco, diluído, aberto, permeado por espaços conflituosos que ele mesmo não dá conta de resolver.

Como conseqüência desse enfraquecimento do Estado, ocorre um certo *"pluralismo de ações* e *um pluralismo funcion*al, sejam legislativas, executivas ou jurisdicionais, quando o ente público estatal, no reflexo de sua fragilização/fragmentação como espaço público de tomada de decisões, como autoridade pública, se coloca ao lado de outras estratégias de diversos matizes e procedências ...".[48]

No entanto, Federici[49] reforça que o Estado não pode morrer e, sim, transformar-se, pois a hipótese de sociedade civil sem Estado é impossível. Baseia sua afirmativa no fato de que, em primeiro lugar, a realidade prova que os estados continuam existindo independentemente de sua qualidade, suas perspectivas e seu alcance em termos de autonomia para exercer suas faculdades e garantir o interesse comum. Num segundo momento, o Estado se mantém em função da capacidade dos seres humanos em transformar o mundo e controlar os fenômenos externos para que eles respondam a suas necessidades materiais e simbólicas. Por último, como aspecto principal, a existência do Estado é uma hipótese artificial, de funcionamento social sem articulação política cuja faticidade parece difícil como conseqüência da existência de espaços de interesses públicos e da inevitável anarquia que conduz a inexistência de uma autoridade.

Por isso é possível enfatizar que o Estado se encontra à frente de uma grande necessidade de transformação que possa repensar seus papéis em âmbito nacional ou internacional, que possa reconquistar sua soberania. Por isso, observa-se que o Estado não está morrendo, mas que passa por uma desregulação seja quanto aos seus espaços abertos (em termos regio-

---

[46] FEDERICI, op. cit., p. 101.
[47] BOLZAN DE MORAIS e STRECK, 2001, p. 148.
[48] Ibidem, p. 147.
[49] FEDERICI, 2000, p. 104.

nais), ou no plano de sua soberania. Essa desregulação é o tema que se abordará abaixo.

6. A desregulação pelo Direito

A crise funcional apresenta, como um de seus aspectos mais importantes, conseqüência da globalização um direito, como quer Juan Ramón Capella,[50] deprimido por políticas de desregulação. Mas afirma que essa desregulação não significa "ausência de normas". Do contrário, elas subsistem, o que se apresenta como um quadro ainda mais gravoso para a maioria da população, pois o direito se ocupa de desregular, eliminar deveres impostos aos sujeitos empresarias da atividade econômica e de atribuir obrigações a outros sujeitos, sejam vistos como trabalhadores, como cidadãos, como consumidores, etc.[51]

Essa desregulamentação apresenta, então, dois aspectos fundamentais:

> a) no plano do direito dos estados abertos, ou das associações regionais dos estados abertos, a desregulação tem o significado geral de um deslocamento da capacidade de normatizar em direção a esfera privada, de traslado do peso das obrigações até os sujeitos mais débeis (responsabilizando finalmente com ele os que não estão em condições de transferi-lo a sua vez) e de liberação de responsabilidades ou deveres ao empresariado, e em geral aos capitais.
> b) no plano da soberania privada supra-estatal difusa, o direito toma a forma de uma nova *lex mercatoria metaestatal*, estabelecida e garantida pelos grandes sujeitos econômicos transnacionais, previamente negociada por grandes gabinetes jurídicos que atuam em numerosos países ao mesmo tempo.[52]

Esses dois aspectos fundamentais da desregulamentação demonstram a importância que a *lex mercatoria*,[53] conseqüência dos estados abertos, adquiriu a ponto de ser regulamentada e instrumentalizada pelo direito estatal mediante normas próprias. Porém, essa desregulamentação tem o significado geral de uma "míngua do âmbito do público", o que causa a

---

[50] CAPELLA, 2002, p. 265-6.

[51] Boaventura de Sousa Santos afirma que para os cientistas "o problema fundamental da sociedade contemporânea, que uns concebem como industrial e outros como capitalista, reside no esgotamento das virtualidades de desenvolvimento societal. Assiste-se, por um lado, à erosão dramática dos mecanismos institucionais e culturais que até agora corrigiam e compensavam os excessos e os défices sociais do desenvolvimento capitalista – do que resulta uma sensação de desregulação global – e, por outro lado, é visível um total bloqueamento de soluções para o impasse, não apenas de soluções mais radicais como de soluções relativamente moderadas." (SANTOS, 2001, p. 275).

[52] CAPELLA, op. cit, p. 265.

[53] A *lex mercatoria* será objeto de discussão posterior.

mescla desse espaço com o espaço privado[54] e que se manifesta em praticamente todas as esferas administrativas, servindo como exemplo as administrações municipais, que antes organizavam a prestação não-lucrativa de serviços públicos e que agora contratam essa prestação de empresas privadas, constituídas quase sempre com capital municipal, mas que assim se convertem também em uma fonte de lucro privado.[55]

A desregulação ou, como chama Capella,[56] "eliminação de obrigações estatalmente impostas aos sujeitos sociais fortes" possibilita o surgimento de novas normatizações ou regulações que são justamente os fenômenos referidos na parte introdutória do presente texto e que "afetam as fontes tradicionais do direito, possibilitando sua atual 'textura aberta' com o deslocamento dessas fontes aos poderes privados econômicos".

Por conseguinte, dois problemas fundamentais surgem: o primeiro diz respeito à "validade contemporânea dos postulados fundadores da regulação pelo direito"; já o segundo, "ao impacto e os efeitos da mundialização dos intercâmbios sobre a regulação jurídica".[57] Esses dois problemas fundamentais acontecem especialmente devido à "globalização dos intercâmbios" que impuseram a realização de algumas atividades econômicas mundiais em *"tempo real"*. Por outro lado, os instrumentos estatais de resolução dos conflitos precisam de *"tempo e formas* – condição das garantias[58] – para conhecer e decidir e resultam inoperantes e obsoletos para os grandes agentes econômicos atuais, os quais recorrem a instâncias de mediações privadas".[59]

---

[54] "Esta mescla do privado e do público se manifesta já praticamente em todos os âmbitos administrativos: as administrações municipais, por exemplo, que em etapas anteriores organizava a prestação não lucrativa de serviços públicos, contratam agora essa prestação com empresas privadas de serviços constituídas quase sempre em parte com capital municipal, mas que assim se converte também em uma fonte de lucro privado." (Ibidem, p. 266). Na mesma linha de raciocínio, porém utilizando-se de outros elementos, Bauman, ao discutir as fronteiras entre o público e o privado e suas relações com o individualismo e com a individualização propriamente dita dos conflitos refere que "o que cada vez é mais percebido como 'questões públicas' são os problemas privados das figuras públicas." (BAUMAN, Zygmunt. *Em busca da política*. Tradução Marcus Penchel. Rio de Janeiro: Jorge Zahar, 2000, p. 83.)

[55] CAPELLA, 2002, p. 266.

[56] Ibidem, p. 267.

[57] Por "regulação jurídica", Arnaud entende: "geralmente esse tipo de regulação social que passa pelo canal do direito. Que, quando falamos de direito, entendemos geralmente um conjunto de regras positivas estabelecidas e controladas pelo Estado, o "direito imposto". (ARNAUD, 1999a, p. 25)

[58] Segundo Bolzan de Morais, "a noção de garantia, não mais restrita aos padrões liberais de limitação negativa da ação estatal, mas acrescida de um plus transformador, em que a concretização de obrigações/prestações que importam na transfiguração do status quo assumem efetivamente uma posição de primazia no espaço de legitimação constituído pela função de garantia." (BOLZAN DE MORAIS, 2002, p. 302).

[59] CAPELLA, op. cit., p. 268.
Nesse mesmo sentido pode-se referir: "existem, na verdade, poucos juristas que ainda acreditam firmemente que soluções simples, tiradas de um direito monopolítico, podem responder à complexi-

Na verdade, a questão da temporalidade é fator gerador de desregulação imediata. Segundo Boaventura de Sousa Santos, ela é intergeracional, portanto, de médio e longo prazo e sempre parece conspirar contra tal temporalidade. Observa-se, atualmente, que a "classe política vive atascada nos problemas e nas soluções de curto prazo, segundo a temporalidade própria dos ciclos eleitorais, nos países centrais, ou dos golpes e contragolpes, nos países periféricos".[60]

Além disso, segundo Santos, não se pode perder de vista que uma boa parte da população nos países centrais vive "dominada pela temporalidade cada vez mais curta e obsolescente do consumo, enquanto uma grande maioria da população dos países periféricos vive dominada pelo prazo imediato e pela urgência da sobrevivência diária." É fato que hoje apenas um sujeito tem condições para pensar estrategicamente: "um grupo reduzido de empresas multinacionais dominantes". Justamente esse grupo é que "amarra uma parte do mundo à compulsão do consumo imediatista e outra ao imediatismo da luta pela sobrevivência".[61]

Ao discutir a temporalidade e o direito, Fraçois Ost[62] afirma que tudo tem o seu tempo, inclusive o direito, cuja prerrogativa temporal normalmente "é negligenciada: o direito ao tempo – queremos dizer o direito ao *seu* tempo, o direito ao *seu* ritmo". Isso porque "cada um, grupo ou indivíduo deve poder avançar a sua cadência (ou não avançar); melhor: cada um deve poder construir a sua história, descobrir sua 'diagonal' inédita entre duração e momento, e tomar nessa via as 'iniciativas' que lhe parecem impor-se."

Sobre o tempo e a democracia Ost[63] acrescenta que "contra a tirania da urgência e a cultura da impaciência, seria preciso então, recordar que a democracia, sobretudo a associativa, dá tempo ao tempo – o tempo da informação, o da concentração, o da deliberação virtualmente infinita." Tal referência se faz importante em função da necessidade de se dar tempo à democracia, pois contra

> As limitações administrativas de um executivo dedicado aos "expedientes", contra as súmulas de uma justiça mediática cada vez mais "expedita", contra as tentações da justiça-espetáculo e da democracia plebiscitária, seria preciso lembrar as virtudes daquilo que Dominique Rousseau designa por "democracia contínua": as virtudes do

---

dade das situações contemporâneas. (...) à obediência cega do cidadão ao direito, porque ele é o direito, sucedeu progressivamente uma avaliação da eficiência, da eficácia, do desempenho das normas propostas, por parte daqueles mesmos que são os seus destinatáros. De forma que o direito não saberia ser hoje representativo do conjunto da atividade pública". (ARNAUD, op. cit., p. 29).

[60] SANTOS, 2001, p. 320.
[61] Ibidem.
[62] OST, 1999, p. 39.
[63] Ibidem, p. 36-7.

controle e do debate cidadão que não se reduzem apenas às épocas das eleições, as virtudes do processo, lento porque faz uso do diálogo, as virtudes dos controlos de legalidade e de constitucionalidade porque revelam que a eficácia não é o único princípio pertinente da acção pública. Ser hoje "inactual", no sentido em que Nietzsche o entendia – isto é, intempestivo e criador, livre em suma – é reivindicar o direito à lentidão. Só delea poderia emergir uma forma inédita de *praxis* social.[64]

Atualmente já não existe tempo para viver, ouvir, para dialogar, para buscar a solução dos conflitos de forma cadenciada, a sociedade avança de forma vertiginosa e tudo que vai por ela envolvido também. Assim, o cidadão não vive mais em sincronia, mas em perfeita discronia com seu tempo, com seu meio, com seus direitos, especialmente, com a defesa dos mesmos. A falta de tempo, gerada pela pressa e pelas revoluções instantâneas, faz com que o Estado seja carecedor de respostas simultâneas aos novos conflitos. Essa carência faz com que o público se encolha diante da capacidade e rapidez do privado em normatizar com celeridade.[65]

Assim, a desregulação que desloca a capacidade de normatizar do Estado para a esfera privada, que faz com que o direito assuma a forma de uma nova *lex mercatoria*, que provoca uma intervenção nítida e uma sobreposição de funções e conteúdos entre o público e o privado, que deixa claros os problemas causados pela tão aclamada necessidade de legislar em "tempo real" e pela falta de garantias mínimas e proteção dos direitos fundamentais faz nascer o "pluralismo jurídico" que será objeto de análise adiante.

7. Do Pluralismo cultural ou jurídico: do pré-moderno ao contemporâneo

O pluralismo jurídico se manifesta a partir da desregulação pelo direito como uma de suas conseqüência no sentido de que o Estado já não aparece como ator principal na elaboração e aplicação legislativa, surgindo, paralelas a ele, novas forças que apontam para o nascimento do direito supra-estatal. Na verdade, trata-se de uma reflexão do aparecimento de novas forças advindas da autodeterminação de organizações sociais e de sua intensa participação nas decisões dos órgãos públicos.

---

[64] OST, 1999, p. 36-7.

[65] Sobre as relações entre o público e o privado é importante consultar LUDWIG, Marcos de Campos. Direito Público e Direito Privado: a superação da dicotomia. In: A reconstrução do direito privado. Reflexos dos princípios, diretrizes e direitos fundamentais constitucionais no direito privado. (Organizadora: Judith Martins-Costa). São Paulo: Editora Revista dos Tribunais, 2002, e SARLET, Ingo Wolfgang. *A Constituição concretizada – Construindo pontes com o público e o privado*. Porto Alegre: Livraria do Advogado, 2000.

De acordo com Arnaud,[66] não se pode esquecer que a existência do pluralismo jurídico, por ele chamado de pré-moderno, remonta a aurora da sociedade civilizada quando já se percebiam sinais da influência de vários atores na elaboração e aplicação da lei, especialmente na Europa onde em torno do ano 1000 verifica-se uma grande proliferação de povos, línguas, crenças, costumes e, conseqüentemente, regras de direito. Esse pluralismo manteve-se não obstante todas as tentativas de domínio empreendidas na época constituindo de forma cultural e jurídica. O mesmo exemplo pôde ser verificado na Espanha, especialmente no tocante às crenças religiosas.

Porém, com o aprimoramento das técnicas do comércio e com sua dinâmica as trocas empreendidas deram origens a rotas marítimas e terrestres. Com o aparecimento de constantes guerras e batalhas a transformação dos costumes e, principalmente, dos atores envolvidos nas trocas acontecia com freqüência, sendo que não eram raras as vezes onde os invasores impunham aos povos rendidos os seus usos e costumes como meio de dominação e poder.

Ocorre que, com o fim dos conflitos e a volta da segurança (ainda que passageira), com o crescimento urbano e o incremento do comércio aumentaram as exigências de uma regulamentação própria que veio, então, juntar-se aos sistemas jurídicos já existentes e nascidos na esteira da pluralidade de culturas que de alguma forma os tenha influenciado. No entanto, com a ascensão da Igreja e do clero, com a imposição de sua lei canônica e posteriormente com a transferência desse poder aos "príncipes temporais" o pluralismo anterior estava fadado a desaparecer. E assim aconteceu, a unificação do direito eclode no fim da Idade Média, com a imposição de uma cultura "nacional", sem fronteiras, cada um esforçando-se para "dominar os outros e impor sua autoridade: isso também faz parte da marcha rumo ao universalismo, cheia de tentativas mais ou menos sucedidas de imperialismo."[67]

O universalismo aqui citado desenvolveu-se contra o pluralismo anterior que existia antes da instalação de um pensamento jurídico e político modernos, conseqüentemente, mais uma vez em sentido oposto, o "pluralismo que os sociólogos tendem a identificar na época contemporânea apresenta inúmeras 'semelhanças' com o pluralismo pré-moderno", porém, em tempos de globalização, deixa-se de trabalhar com o universalismo para lidar com o global, que não pode existir sem o local. Essas semelhanças entre o novo pluralismo e o pluralismo pré-moderno, apre-

---

[66] ARNAUD, André-Jean. *O Direito entre Modernidade e Globalização – Lições de Filosofia do Direito e do Estado*. (Trad. Patrice Charles Wuillaume). Rio de Janeiro: Renovar, 1999b.
[67] ARNAUD, 1999, p. 67b.

sentam-se com a existência simultânea de um multiculturalismo, de um grande número de lugares de produção do direito e uma remodelagem das soberanias.[68]

Esse multiculturalismo[69] referido por Arnaud é ladeado pelo policentrismo, através do qual observa-se uma crescente superposição de ordens jurídicas não-nacionais e direitos estatais. Essa ordens jurídicas não-estatais tornam-se conseqüência da cultura global e de seus respingos que resultam em uma multiplicidade de fontes de direito que podem ser escritas[70] ou não-escritas.[71]

Assim como no cenário internacional, o Brasil também viveu um pluralismo primeiramente cultural, que depois se desenvolveu, podendo ser vislumbrado também no âmbito jurídico desde sua colonização até os dias atuais. O Direito Português teve supremacia na base do direito pátrio, porém não se pode perder de vista a contribuição de outros povos, como os indígenas que se mostrou relevante para a construção de nossa cultura, não refletiu a mesma importância quanto à origem do Direito brasileiro, em função de que os nativos não conseguiram impor suas leis, participando mais "na humilde condição de objeto de direito real", ou seja, objetos de proteção jurídica. O mesmo aconteceu com relação ao negro, "para aqui trazido na condição de escravo, sua presença é mais visível e assinalável no contexto cultural brasileiro, a própria condição servil e a desintegração cultural a que lhe impela a imigração forçada a que se viam sujeitos, não lhes permitiu também pudessem competir com o luso na elaboração do Direito brasileiro".[72]

---

[68] Ibidem, p. 67.

[69] Traduzido por fenômenos de migração das populações por causas econômicas ou conjunturais (guerra, fome, perseguições, desemprego, etc.) levaram à constituição de comunidades culturais nacionais (os Estados-Nações) que os recebiam. Nessas comunidades de migrantes, as relações jurídicas são muitas vezes tratadas segundo códigos que desafiavam os Códigos em vigor. (Ibidem, p. 67).

[70] "(...) os direitos nacionais, o direito internacional, o direito do Conselho da Europa (recomendações do Comitê dos ministros aos governos dos Estado-membros, convenções ou tratados europeus que têm força executiva para os Estados que os ratificam, jurisprudência da Corte européia de direitos humanos, principalmente), direito comunitário (ordem jurídica comunitária baseada nos tratados constitutivos das Comunidades, atos unilaterais da autoridade comunitária, diretivas, regulamentos, decisões gerais e individuais, recomendações, opiniões, resoluções do Parlamento europeu, atos convencionais concluídos na ordem comunitária pelos Estados-membros no seio da comunidade, ou pela Comunidade com um terceiro país, jurisprudência da Corte de Justiça das Comunidades Européias)" (ARNAUD, 1999b, p. 69).

[71] "Princípios gerais do direito integrados ao direito comunitário (princípios gerais do direito internacional, padrões universais do direito comum, princípios extraídos dos direitos internos dos países-membros), e o costume." (Ibidem, p. 69).

[72] WOLKMER, Antônio Carlos. Instituições e pluralismo na formação do direito brasileiro. *Teoria do Direito e Estado*. (org. Leonel Severo Rocha) Porto Alegre: Sergio Antonio Fabris, 1994, p. 9-10.

Por conseguinte, observou-se que durante os dois primeiros séculos de colonização o modelo jurídico implementado era baseado no direito alienígena, muitas vezes contrário aos usos e costumes da população aqui já instalada, demonstrando comprometimento apenas com uma parcela eletizada, que era aquela que também detinha a riqueza e o poder.

Nesse contexto, observa-se que desde o início da colonização, além da marginalização e do descaso pelas práticas plurais de um Direito nativo e informal, a ordem normativa oficial implementava, gradativamente, as condições necessárias para institucionalizar o projeto expansionista lusitano. Wolkmer[73] continua salientando que,

> nesta trajetória, que os traços reais de um pluralismo subjacente envolvendo práticas jurídicas informais não-oficiais podem ser encontrados nas remotas comunidades socializadas de índios e negros do Brasil colonial. Sob este prisma é essencial o resgate histórico de um pluralismo jurídico espontâneo, localizado e propagado através das ações legais associativas no interior dos antigos "quilombos" de negros e nas comunidades indígenas, algumas sob orientação jesuítica, constituindo-se nas formas primárias e mais autênticas de um "Direito insurgente, eficaz, não-estatal".

Primeiramente, ainda na época da colonização, o direito oficial (aqui considerado como aquele que emanava do Estado através de leis positivadas) era quase nenhum, utilizando-se ainda dos costumes locais. Mesmo com o estabelecimento do Império, já existindo "uma estrutura jurídica oficializada, unitária e formal, o Direito Estatal da Monarquia tornou-se mais flexível e manteve, até o advento da República, uma amena convivência com a legislação canônica". Então, a medida que era reconhecida a religião católica como religião oficial do Estado, admitia-se a existência de um certo tipo de pluralismo jurídico, pois em determinadas regulamentações, dentre elas a celebração do casamento no religioso, por exemplo, tinha mais significado e importância do que no civil. Assim, consagrava-se a supremacia do Direito paralelo da Igreja (o Direito Canônico) sobre o Direito oficial do Estado (o Direito do Império). Conseqüentemente, "em nenhum outro momento da história da cultura jurídica nacional viveu-se tão nítida, espontânea e sensivelmente a prática do pluralismo ideológico e da pluralidade de direitos". Mesmo assim, não se pode esquecer que "tratava-se de um pluralismo jurídico ideologicamente conservador e elitista que reproduzia tão-somente a convivência das forças dominantes, ou seja, entre o Direito do Estado e o Direito da Igreja".[74]

Com o surgimento da República, viu-se o desenvolver das oligarquias do café como detentoras da força política que influenciaram a formação social brasileira através da instauração de uma ordem claramente liberal-

---

[73] WOLKMER, 1994, p. 12.
[74] Ibidem, p. 13.

burguesa, o que possibilitou a instalação e a solidificação definitiva de uma cultura jurídica positivista. Nesse contexto, o positivismo jurídico nacional, constrói-se no contexto progressivo de uma ideologização representada e promovida pelos dois maiores pólos de ensino jurídico: a Escola de Recife e a Faculdade de Direito do Largo de São Francisco em São Paulo.[75]

Porém as desigualdades sociais continuaram, como acontecem até hoje, o que redundou num Direito estatal cujo objetivo principal é regulamentar e solidificar os interesses dos grandes proprietários de terras, dos detentores da renda fomentando a manutenção da sociedade brasileira em classes extremamente estratificadas. Num momento posterior, ao fazer uso de um "discurso político conciliador" e de uma "prática social do autoritarismo intervencionista, o Estado, no Brasil, define permanentemente o papel da Sociedade Civil e exercita, com exclusividade, seu monopólio da produção jurídica".[76]

Observa-se, então, que o pluralismo jurídico reconhecido no Brasil desde a colonização como fruto das várias culturas aqui existentes e de seus costumes cede a intervenção estatal como ator único, capaz de elaboração legislativa, de onde emanam todos os ordenamentos, numa tentativa de vincular o direito à criação estatal. Em suma,

> tais asserções fortalecem o argumento de que na evolução das instituições jurídicas brasileiras coexistiu desde as origens de nossa colonização, uma prática nem sempre reconhecida de pluralismo normativo corporificado, de um lado, pelo Direito estatal das oligarquias agrárias e pelas leis oficiais, produção das elites e dos setores sociais dominantes, e, de outro, por práticas legais informais, obstaculizadas pelo monopólio do poder público mas geradas e utilizadas por grandes parcelas da população, por setores discriminados e excluídos da vida política.[77]

Conclui-se, então, que o pluralismo jurídico brasileiro trilhou o mesmo caminho verificado na Europa e anteriormente relatado. Partindo da cultura de cada povo, os usos e costumes se espalharam a cada guerra e a cada nova invasão criando um pluralismo de fontes do direito que posteriormente cedeu diante da imposição e da universalidade da "lei do mais forte", devidamente codificada, imposta ao cidadão. Deixou, então, de ser relevante aos olhos do Estado toda a fonte não oficial de direito existente até então, independentemente do fato de que esta última poderia, em determinadas circunstâncias ter mais eficácia do que a primeira.

Assim, verifica-se que tão importante quanto discutir o pluralismo histórico, seu surgimento e decadência na Europa e no Brasil, faz-se

---

[75] WOLKMER, 1994, p. 13.
[76] Ibidem, p. 14.
[77] Ibidem, p. 15-6.

necessário que se aborde com mais vagar o momento exato onde ele volta, com força total, mais uma vez representando a prática cotidiana não oficial, porém não mais movido pelos usos e costumes locais e, sim, pela lógica do capital trazida principalmente pela globalização.

8. O pluralismo jurídico atual

O pluralismo, que tantas contradições já suscitou desde o surgimento da sociedade civilizada e que ainda hoje causa discussões acirradas, sofreu grande impacto com a globalização e seus reflexos em termos econômicos, culturais e principalmente no que diz respeito à soberania dos Estados.

Por isso, ao discorrer e definir, especificamente, o termo *pluralismo jurídico* Manuel García-Pelayo resume dizendo que pluralismo significa a translação das organizações e dos direitos prejudicados para os indivíduos pelas democracias liberais. Adiante, cita Briefs, definindo o Estado pluralista como aquele cuja política e formação de vontade estão influenciadas, quando não dirigidas, pela luta e pelo compromisso entre poderes econômicos e sociais estabelecidos à margem do âmbito estatal.[78]

A influência de organizações sociais citadas por Pelayo pode ser perfeitamente compreendida a partir da inserção e da utilização de determinados serviços por parte do cidadão comum, que somente os obterá através de sua mediação. Essa dependência existente entre o cidadão e tais organizações muitas vezes é maior que a existente quanto ao próprio Estado. Pode-se resumir citando que tais organizações são as que dispõem de uma capacidade de cooperação e/ou de conflito que pode inibir ou determinar as *polícias* do Estado.[79] Então, ao citar as organizações da sociedade ocidental que podem influenciar a formulação e a operacionalização de decisões estatais, podem-se apontar, dentre outros, os partidos políticos, os sindicatos de trabalhadores, as grandes empresas e as organizações empresariais.

Assim, é possível verificar que a ampliação do conceito de pluralismo jurídico "é concomitante da ampliação do conceito de direito e obedece logicamente aos mesmos propósitos teóricos". Tudo isso porque com a

---

[78] "El pluralismo significa la translación a las organizaciones sociales de los derechos predicados para los individuos por las democracias liberales. Podemos, siguiendo a Briefs, definir as Estado pluralista al Estado pluralista como aquel cuya política y formación de voluntat están influidas, cuando no dirigidas, por la lucha y el compromiso entre poderes económicos y sociales establecidos al margem del ámbito estatal." (BRIEFS, *apud* PELAYO, Manuel-García. *Las transformaciones del Estado Contemporâneo*. Madrid: Alianza Universidad, [s.d.] p. 204.)

[79] "(...) tales organizaciones son las que disponen de una capacidad de cooperación y/o de conflicto que puede inhibir o determinar las *policies* del Estado." (Ibidem, p. 205).

ampliação do conceito de direito visa-se a "enriquecer o campo analítico da teoria do direito e do estado através da revelação de lutas de classes em que o direito ocupa, de múltiplas formas, o centro político das contradições".[80]

Ao discutir o pluralismo jurídico, partindo de seu conceito ampliado, José Eduardo Faria[81] aponta quatro conseqüências da mudança econômica atual como suas novas fontes: a) a primeira que decorre do caráter paradoxal das inovações científico-tecnológicas, afinal, quanto maior é a velocidade de sua expansão, maior é a possibilidade de resultados não previstos e nem pretendidos e maiores são as dúvidas e incertezas especialmente em matéria de segurança econômica e bem-estar social; b) a segunda que é resultado da crescente redução da margem de autonomia das políticas macroeconômicas nacionais e o subseqüente esvaziamento das políticas monetárias independentes, por causa da crescente dolarização da economia mundo; c) a terceira é o aumento, em progressão geométrica, do alcance e da velocidade do processo de diferenciação socioeconômica, levando à formação de esferas e níveis de ação diversificados, especializados e independentes; d) a quarta, surgida na dinâmica da reorganização industrial, da reordenação dos espaços econômicos e dos novos padrões técnicos, gerenciais e organizacionais do capitalismo globalizado, é a fragmentação da produção.

Essas alterações impostas pela mudança da economia mundo trazem conseqüências para o direito estatal e suas fontes, fazendo com que se reproduzam os órgãos de tomada e aplicação de decisões, ultrapassando a esfera estatal e promovendo o renascimento do pluralismo jurídico, pois, conforme Arnaud,[82]

> o surgimento de regras de direito próprias a esses diversos acordos regionais aumenta a complexidade dos sistemas jurídicos do Estados participantes. Ao lado das normas de direito propriamente ditas, aquelas que se impõem em virtude de pactos e de textos, existe toda uma normatividade que emana das concepções e das vivências dos sujeitos e dos grupos que pertencem a essas comunidades, e que transformam a paisagem da soberania nacional tradicional.

Ainda discutindo o pluralismo jurídico, José Eduardo Faria[83] afirma que também não é difícil compreender a tendência de sua valorização no âmbito do pensamento jurídico contemporâneo "pluralismo esse aqui encarado na perspectiva da sobreposição, articulação, intersecção e interpenetração de vários espaços jurídicos misturados." A própria história da

---

[80] SANTOS, Boaventura de Sousa. *O discurso e o poder – Ensaio sobre a sociologia da retórica jurídica*. Porto Alegre: Sergio Antonio Fabris Editor, 1988, p. 77-8.
[81] FARIA, 2002.
[81] ARNAUD, 1999a, p. 27.
[83] FARIA, 1999, p. 154-5.

Sociologia Jurídica mostra que a história da sociedade é permeada constantemente por situações fáticas que, não estando reguladas, reclamam solução jurídica. Nesses casos, muitas vezes são os tribunais que se vêm instados a dizer o direito reconhecendo a existência de instituições e relações jurídicas ou de novos direitos.[84]

Paralelamente, o direito estatal é substituído, por instâncias que se situam, conforme a hierarquia tradicional, abaixo dele.[85] Servem de exemplos, "o deslocamento da produção jurídica em direção aos poderes privados econômicos, a importância do papel desempenhado pelas corporações, os códigos de conduta privados, o desenvolvimento de um direito negociado, a jurisdição crescente da normalização técnica".[86]

Nessa seara, José Eduardo Faria,[87] ao discutir a racionalidade normativa atual, ligando-a diretamente à globalização, refere que uma grande tendência tem sido tratar as cadeias normativas da "economia-mundo", as formas legais transnacionais e a interseção das regras autoproduzidas pelas corporações financeiras e empresariais com o direito positivo dos Estados-nação a partir do ângulo do pluralismo jurídico. Porém, salienta que o Direito Internacional e o pluralismo jurídico sempre foram tratados de modo não prioritário (quando não ignorados ou desprezados por sua natureza "metajurídica"). E vai além ao afirmar que,

> o primeiro, como decorrência de seu baixo grau de coercibilidade, da indiferenciação hierárquica de suas normas e da polêmica em torno da viabilidade ou possibilidade de um poder formal soberano em nível supranacional. O segundo, pelo seu potencial corrosivo ou por sua disfuncionalidade no âmbito da dogmática, na medida em que revela a heterogeneidade do direito estatal e a existência de várias ordens jurídicas num mesmo espaço geopolítico, relacionando-se em complementariedade, confrontação ou desarticulação.

---

[84] Exemplos clássicos que podem ser apontados aqui: aqueles que dizem respeito ao "concubinato, situación que há sido objeto de grandes avatares en la historia jurídica... Los partidos surgieron en el campo fácticoy sólo mucho más tarde tuvieron reconocimiento en el Derecho constitucional... Los sindicatos fueron primero ilegales, más tarde legales y despué, acogidos en alguns casos por el Derecho constitucional" (PELAYO, p. 209).
No mundo jurídico brasileiro podemos citar como exemplo a existência e o reconhecimento de uniões homoafetivas entre duas pessoas do mesmo sexo que, mesmo não reconhecidas pela legislação, ou melhor, não acolhidas, porque sobre elas não se legislou, são objeto de ações judiciais e de decisões que determinam a partilha de bens entre os conviventes, direitos sucessórios e direitos previdenciários, dentre outros.

[85] Poderíamos acrescentar aqui toda a matéria referente à deslocalização, à desconcentração, à descentralização: instâncias locais substituindo o poder central em sua autoridade soberana de dizer o direito. Isto ocorre ainda no âmbito da hierarquia das normas que caracteriza nosso sistema jurídico... Convém acrescentar a esses exemplos o surgimento das formas de negociação, de mediação, de conciliação introduzidas em doses cada vez maiores nos procedimentos judiciais na maioria dos Estados. (ARNAUD, op. cit.a, p. 28)

[86] Ibidem, p. 29.

[87] FARIA, op. cit., p. 150.

É possível dizer que o Direito Internacional tem importante papel na constituição e compreensão do perfil das instituições jurídicas da economia globalizada. Mas, ele não o esgota, pois abrange apenas uma parcela dessas instituições, porque se concentra geralmente em torno do direito *oficial,* (códigos, leis, regulamentos, convenções, acordos e tratados internacionais), e não sobre os demais direitos constituídos paralelamente a ele.

Conseqüentemente, pode-se dizer, conforme Arnaud, a respeito do suprimento do direito estatal, "quando as políticas públicas ou os programas de ação tomam a dianteira do direito no sentido tradicional, na instalação de uma regulação social. Existe uma série de formas de implementar essas políticas que não passam pela utilização do direito".[88]

Nessa seara, José Eduardo Faria refere que "na era econômica do pós-guerra, o ordenamento jurídico do Estado intervencionista, com seus instrumentos regulatórios, consistia no 'direito central'." Tudo isso porque dispunha de condições efetivas para influenciar e condicionar o "direito da produção" e o produzido no espaço do *mercado,* graças à dependência das empresas, às barreiras tarifárias, ao protecionismo comercial e aos incentivos, subsídios e créditos oferecidos pelos programas de crescimento e desenvolvimento industrial, e à ampliação das leis de defesa do consumidor. (...) Mas, ressalta que, atualmente, na tão aclamada era da economia globalizada, "é o 'direito da produção' que parece exercer essa centralidade, fixando, pelos fatores já anteriormente apontados, os parâmetros e os limites estruturais das transformações do direito positivo (especialmente no âmbito do direito econômico, trabalhista e fiscal)".[89]

Então, é preciso que se tenha especial atenção para uma série de questões que exigem o olhar dos Estados e que muitas vezes não encontram previsão legal, dentre elas os problemas ligados ao clima, ao ambiente, a segurança ou a economia que não podem ser tratados de forma isolada como se fossem de responsabilidade deste ou daquele Estado-nação, pois possuem ligação indubitável com o equilíbrio mundial.

Dessa forma, Arnaud[90] aponta para o fato de que em matéria de clima e de ambiente os apelos seguidos a um direito se reduzem a uma espécie de reconhecimento de sua ineficácia. Ele se encontra, pois, por necessidade, e diante da necessidade de ação, suprido por políticas públicas que, por outro lado, se revelam internacionais, e até mesmo – e é aí que são empregados termos em uma acepção inédita – "globais"[91] ou "trans-

---

[88] ARNAUD, 1999a, p. 29.
[89] FARIA, op. cit., p. 164.
[90] ARNAUD, op. cit., p. 30.
[91] O termo "global" rapidamente passou a designar fenômenos relativos ao globo terrestre, e principalmente às questões climáticas, cuja gestão se mostra estar além do âmbito das leis internacionais tradicionais. Assim, em 1990, reuniu-se em Ottawa uma conferência sobre as mudanças climáticas e

nacionais".[92] (...) Porém, salienta que quando tomadas em si mesmas, "elas também mostram o desenvolvimento de uma suplência do direito estatal por um tipo de regulação mundial que, algumas vezes, ultrapassa os Estados ou os atravessa sem que eles possam agir eficazmente para se opor a isso".

Essa ineficácia por parte do direito estatal e a sensação de impotência diante do global e do transnacional se reflete também em termos econômicos, especialmente quando se desafiam os Estados a governar em matéria econômica quando não são os donos do mercado mundial; ou então pesar o bastante para que a gestão da economia global não lhes escape. (...) A estabilidade requer um equilíbrio cuidadosa e habilmente estabelecido entre a liberdade dos mercados e a prestação de bens públicos.[93]

Assim, a segurança global encontra-se transformada. Antes centrada tradicionalmente na segurança dos Estados, ela se orienta rumo à segurança de todas as pessoas e do conjunto dos habitantes do planeta.[94] As dificuldades se instalam no concernente ao estabelecimento de fronteiras entre a "segurança no sentido militar, e a segurança vinculada às considerações econômicas ou humanitárias. A estratégia sugerida é uma estratégia preventiva "compreensiva", ... Ela está centrada em causas ao mesmo tempo políticas, sociais, econômicas e ambientais". Porém, não se pode esquecer que "é verdade que muitas crises têm por origem a pobreza e o subdesenvolvimento.[95]

Diante de tais fatos, a globalização do tema da segurança, descolando-se progressivamente da soberania dos Estados-nações, traz mudanças do próprio sentido do conceito, a ponto de criar um novo conceito, o da "segurança humana"[96] que visa atacar as ameaças crônicas à dignidade: a fome, as doenças, a repressão. Conseqüentemente, "os Estados são levados, em nome da segurança global, a participar da antecipação e da prevenção das crises, mesmo que, no plano individual, não tenham a menor

---

a segurança na superfície do globo. O título do documento publicado estabelece nitidamente a diferença entre "global" e "internacional": *Climate, change, global security, and international governance...*, de Kermeth Bush (Canadian Institute for International Peace and Security, Ottawa, 1990). Cf. também *Global environmental change and international governance,* Oran R. YOUNG, George J. DEMKO, Kilaparti RAMAKRISHNA (eds.), Univ. Press of New England, Hanover, NG, 1996. É interessante notar que a edição do mês de junho de 1996 do *Jounal du CNRS* (n.º 78) se intitula: "Climat. Enquêtes sur le changement global".

[92] *Transnational Environmental Law and its impact on Corporate Behavior: A Symposoum on the Practical Impacts of Environmental Laws and International Institutions on Global Business Development* (Boston, 1991), Eric J. URBANI, Conrad P. RUBIN, Monica KATZMAN (eds.), Transnational Juris Publ., Irvington/Hudson, NY, s.d. (1994).

[93] ARNAUD, 1999a, p. 31.

[94] *Common Responsibility in the 1990's: the Stockholm Initialtive on Global Security and Governance (April 22, 1991)* Prime Minister's Office, Stockholm, 1991.

[95] ARNAUD, 1999a, p. 32.

[96] Cf. *Humand Develpment Report,* 1994.

vontade de se imiscuir com o que se passa do lado de fora de suas fronteiras".[97]

Como conseqüência dos fatores analisados anteriormente, o direito positivo do Estado-Nação não dispõe mais de condições para se organizar quase exclusivamente sob a forma de atos *unilaterais,* transmitindo de modo "imperativo" as diretrizes e os comandos do legislador. Foi justamente com o fenômeno da globalização que cada vez mais esse direito tem sido obrigado a assumir as feições de um ato *multilateral* cujo conteúdo, exprimindo vontades concordantes em torno de objetivos comuns, resulta de intrincados processos de entendimento que se iniciam antes de sua propositura parlamentar ou de sua edição pelo Executivo e terminam, muitas vezes, no momento de sua aplicação.[98]

Em suma, o pluralismo jurídico aqui discutido como possibilidade de co-existência de diversas fontes do direito dentro de uma mesma sociedade civil organizada pode ser traduzido na discussão do direito inoficial ou marginal, ou seja, aquele não obstante não se encontrar positivado é utilizado, para solução de conflitos, dentre outros e especialmente aqueles que requerem resposta imediata. Desse assunto cuidar-se-á adiante.

9. O direito inoficial e o direito marginal como solução de litígios

Um dos textos mais ricos sobre o direito inoficial e o direito marginal é datado da década de 70 e resulta de uma pesquisa realizada numa favela brasileira que o autor Boaventura de Sousa Santos chama de Pasárgada.[99] A pesquisa foi publicada na forma de livro em 1988 e, não obstante já se terem passado algumas décadas desde sua elaboração, é rica fonte de consulta quando o objetivo é entender e analisar essa forma inoficial de criação e aplicação do direito.

Na pesquisa realizada por Boaventura de Sousa Santos, ele observou que a "proliferação dos bairros marginais nos grandes centros urbanos dos países do chamado terceiro mundo constitui uma das características mais salientes do processo de reprodução social do operariado industrial (e do exército de reserva) no capitalismo periférico". O autor explica que, como acontece em geral nas favelas, esta ocupação é ilegal e, no caso de Pasárgada, iniciou-se no princípio da década de 30 num terreno, situado nos arredores da cidade, na época propriedade privada, passando mais tarde a

---

[97] ARNAUD, 1999, p. 32-33.
[98] FARIA, 1999, p. 154.
[99] SANTOS, 1988.

propriedade do Estado. Da mesma forma eram ilegais as construções lá edificadas (barracas precárias ou, mais tarde, casas de tijolo), conseqüência não só da falta de título legal de posse e de propriedade do terreno como também da violação das disposições legais (nacionais e municipais) sobre a construção de edifícios nas áreas urbanas.[100]

A luta pela legalização dessas edificações se constituiu um dos problemas centrais das comunidades residenciais marginais que se empenham na busca pela conquista coletiva sempre que as condições sociopolíticas o permitiram, inclusive para a defesa contra as ameaças à sobrevivência decorrentes da ilegalidade da ocupação. Tais ameaças assumem múltiplas formas, expressadas nas condições brutais que tem lugar a reprodução social da força de trabalho nos países capitalistas periféricos. Por um lado, as favelas são carecedoras de instalação de equipamentos coletivos por parte do Estado, dentre eles abastecimento de água, rede elétrica, esgotos e pavimentação das ruas, o que cria mecanismos cumulativos de vitimização e impõe aos moradores um quotidiano particularmente duro.[101]

Dessa forma, a luta pela legalização do espaço, pela melhoria de condições habitacionais e pela segurança faz com que a comunidade se una em torno de tais objetivos. Essa luta comum "fortalece as estruturas colectivas", fazendo "subir os custos políticos e sociais para o aparelho de estado de uma eventual destruição ou remoção forçadas". O trabalho desenvolvido em prol da satisfação das necessidades da favela é feito por associações de bairros que com o passar do tempo, assumem funções diferenciadas daquelas previstas nos estatutos, como a de arbitrar conflitos[102] entre os vizinhos, enquanto o exercício das funções estatutárias se tornou cada vez mais problemático após a imposição da ditadura militar em 1964, tendo então início uma longa e difícil luta pela sobrevivência organizativa em condições políticas e policiais extremamente repressivas.[103]

Mas a forma de solução de conflitos vista em Pasárgada é considerada ilegal ou juridicamente nula à luz do direito oficial brasileiro "uma vez que dizem respeito a transacções sobre terrenos ilegalmente ocupados e a construções duplamente clandestinas". Por outro lado, dentro da co-

---

[100] SANTOS, p. 9-10.

[101] Ibidem, p. 10-1.

[102] Hoje, segundo Capella, quando se fala na possibilidade de utilização de mediação privada parte-se do pressuposto que as suas instâncias tem condições de decidir, tal qual as instâncias públicas, de forma neutra, porém com mais celeridade e eficácia. Ocorre que especialmente no âmbito internacional, onde se discutem grandes somas em dinheiro, "as novas instâncias privadas de mediação não estão concebidas, como as públicas, para conhecer e decidir, senão para evitar perdas às partes intervenientes", perdendo assim seu objetivo principal que é a solução de conflitos de forma rápida e célere. (CAPELLA, 2002, p. 268).

[103] SANTOS, 1988, p. 11-13.

munidade, tais "relações são legais e como tal são vividas pelos que nelas participam;" a intervenção da associação de moradores neste domínio visa a buscar a proteção jurídica oficial de que carecem. "A associação de moradores transformou-se, assim, gradualmente num *forum* jurídico, à volta do qual se foi desenvolvendo uma prática e um discurso jurídicos o direito de Pasárgada".[104]

Dessa maneira, Boaventura de Sousa Santos[105] salienta

> que o direito de Pasárgada é um direito paralelo não oficial, cobrindo uma interacção jurídica muito intensa à margem do sistema jurídico estatal (o direito do asfalto, como lhe chamam os moradores das favelas, por ser o direito que vigora apenas nas zonas urbanizadas e, portanto, com pavimentos asfaltados). Obviamente, o direito de Pasárgada é apenas válido no seio da comunidade e a sua estrutura normativa assenta na *inversão da* norma *básica (grundnorm)* da propriedade, através da qual o estatuto jurídico da terra de Pasárgada é consequentemente invertido: a ocupação ilegal (segundo o direito do asfalto) transforma-se em posse e propriedade legais (segundo o direito de Pasárgada).

É justamente por isso que, se compararmos o direito de Pasárgada com o direito oficial dos estados contemporâneos é possível concluir que o espaço *retórico* do direito de Pasárgada é muito mais amplo do que o do direito estatal. Prova disso é que se pode observar em Pasárgada: primeiramente a utilização de *"recursos tópico-retóricos,* que, ao invés do discurso jurídico estatal, faz um grande uso de *topoi*[106] e, simultaneamente, um escasso uso de leis". Assim, independentemente dos elementos retóricos que duma ou doutra forma sempre intervêm na aplicação das leis a casos concretos, não restam dúvidas que estas são vulneráveis a uma utilização sistemática e dogmática, por outro lado, essa vulnerabilidade que se agudiza com a profissionalização e a burocratização das funções jurídicas.[107]

Pasárgada ainda apresenta um *"modelo decisório: mediação* versus *adjudicação" pois* se assenta na mediação que, ao contrário do modelo de

---

[104] "A actividade da associação de moradores, enquanto *fortim* jurídico, reparte-se por duas áreas distintas: a ratificação de relações jurídicas e a resolução das disputas ou litígios delas emergentes. Quando dois ou mais moradores desejam celebrar um contrato (ou estabelecer entre si qualquer outra relação jurídica), podem vir avistar-se com o presidente da associação de moradores." (Ibidem, p. 14-5).

[105] Ibidem, p. 14.

[106] Uso a expressão grega de preferência aos seus possíveis equivalentes em português, tais como, *tópicos, pontos de vista, lugares comuns,* dada a complexa evolução semântica por que estes últimos têm passado. Na sua forma original, os *topoi* caracterizam-se pela sua força persuasiva e não pelo seu conteúdo de verdade. Como já referi, os *topoi* constituem pontos de vista ou opiniões comumente aceites. Reportam-se ao que é conhecido. (...) Mas o conhecimento que transportam é extremamente flexível e moldável perante os condicionalismos concretos do discurso e do tema tratado. (SANTOS, 1988, p. 17-8)

[107] Ibidem, p. 43.

adjudicação, que se encontra expressamente orientado para a "contabilização plena dos méritos relativos das posições no litígio e que, por essa via, maximiza o potencial de persuasão do discurso e o consequente potencial de adesão à decisão".[108]

Verifica-se, ainda, que Pasárgada apresenta uma "*autonomia relativa do pensamento jurídico*", pois seu discurso jurídico possui uma forte dominância tópico-retórica, não legalístico e, por isso, "o pensamento jurídico que projecta é um pensamento essencialmente quotidiano e comum". Ao lado disso, a "*constituição do universo processual*" de Pasárgada é separado da conflitualidade que a acciona, é sempre precária e reversível. "Ao contrário do que sucede no direito estatal, a estrutura organizativa do processo da Pasárgada não exige a fixação à partida da distância (a respeitar) entre o objecto real e o objecto processado do litígio".[109]

Nesse mesmo sentido, a "*formalização da interacção*" jurídica em Pasárgada é muito mais informal do que a programada pelo direito estatal, sendo muito pouco rígidas as distinções entre forma e conteúdo ou entre processo e substância. "Daí que o espaço retórico cubra áreas que no direito oficial estão vedadas à argumentação". Quando se fala em "*linguagem de referência*" observa-se que o discurso jurídico é vertido em linguagem comum. Da mesma forma, a "*divisão do trabalho jurídico*" se caracteriza pelo baixo grau de especialização/profissionalização das funções jurídicas. Então, a não "profissionalização do juiz facilita uma circulação retórica que tende a subverter qualquer divisão rígida do trabalho jurídico, o que, por esta via, potencia a proximidade entre o agente privilegiado do discurso (o presidente), os demais participantes e o auditório relevante".[110]

A partir do relato e discussão sobre a resolução dos litígios, comparando, que se pode concluir que atualmente o direito oficial apresenta um elevado grau de institucionalização da função jurídica, que se tornou especializada, autônoma, burocrática e sistematizada apontando tarefas rigidamente definidas e hierarquizadas. Tais características trazem como conseqüências padronização e a impessoalização de procedimentos, a falta de celeridade e por último a ineficácia na aplicação da lei em determinados litígios.

Utilizando o estudo realizado em Pasárgada e verificando a negociação e a aplicação de leis inoficiais na solução dos conflitos, sempre feitas através de um mediador representado na figura do presidente da associa-

---

[108] SANTOS, 1988, p. 44-5.
[109] Ibidem, p. 45.
[110] Ibidem, p. 45-6.

ção de bairros, pode-se verificar que a conseqüência de não ser alcançado pelo Estado é a criação do direito inoficial, direito marginal, uma vez que "enquanto se está à margem da justiça oficial tudo é negociável".[111]

Atualmente, no Brasil, ainda se assiste à proliferação de direitos ditos inoficiais ou marginais que têm berço, muitas vezes, na falta de atenção do Estado para com os direitos fundamentais do cidadão. Ocorre que, muitas vezes, os problemas não são resolvidos através da associação de moradores, segundo regras estipuladas pelo próprios. Não são raras as oportunidades nas quais impera a lei do mais forte, ou seja, daquele que usa a violência para fazer valer o seu código e impor suas regras.

Ao discutir a doutrina da força aplicada ao direito marginal José Eduardo Faria diz que ele surge justamente da "imposição da lei do mais forte nas áreas periféricas inexpugnáveis sob controle do crime organizado e do narcotráfico ... o que, na prática, revela-se um contra-direito". Em outro momento, afirma que "o direito marginal é a normatividade autoproduzida em guetos quarto-mundializados, como a hoje vigente nos morros do Rio de Janeiro e nas gigantescas favelas de São Paulo...".[112]

Abordando a força e a tentativa de resolução dos litígios através dela observa-se que o Estado oferece instrumentos de coerção vistos como "o conjunto dos meios de violência que podem ser legitimamente accionados para impor e fazer cumprir as determinações jurídicas obrigatórias".[113] Verifica-se que o Estado Contemporâneo tem a seu serviço o monopólio da violência legítima apoiado na qual o direito do estado capitalista procede à consolidação (contraditória) das relações de classe na sociedade, gerindo os conflitos sociais de modo a mantê-los dentro de níveis tensionais toleráveis do ponto de vista da dominação política de classe que ele contraditoriamente reproduz.[114]

De outra forma, o direito de Pasárgada assim como todo direito marginal desenvolvido nas demais favelas das grandes cidades brasileiras não dispõe de instrumentos de coerção oficiais. A coerção advinda das associações de bairros é muito incipiente e quase inexistente, trata-se muito mais de formas de pressão do que de coerção propriamente dita. Porém, vem crescendo a utilização de ameaças e da violência como ins-

---

[111] DEZALAY, Ives. Marchands de droit. La restructuration de l'ordre juridique international par lês multinationales du droit. Paris, Fayard, 1992, p. 214.

[112] FARIA, José Eduardo e KUNTZ, Rolf. Estado, sociedade e direito. *Qual o futuro dos direitos? Estado, mercado e justiça na reestruturação capitalista*. São Paulo: Max Limonada, 2002, p. 71 e p. 120.

[113] "Tais instrumentos podem ser mais ou menos poderosos, quer pelo tipo de acções violentas que podem accionar, quer pelo tipo de condicionalismos a que tal accionamento está sujeito, quer ainda pelo efeito de neutralização relativa resultante das acções paralelas ou contrárias de outros instrumentos de coerção existentes no mesmo espaço sócio-jurídico". (SANTOS, 1988, p. 53).

[114] Ibidem, p. 54.

trumentos de coerção, para fins não só de resolver litígios, mas como meio de dominação e de imposição da lei do mais forte (o chefe do tráfico de drogas, por exemplo).

Em texto mais atual, Boaventura de Sousa Santos[115] continua a analisar o direito de Pasárgada demonstrando o conflito "entre o paradigma da obrigação política vertical e o paradigma da obrigação política horizontal". O autor refere que o primeiro tem as seguintes características:

> o Estado tem o monopólio da violência legítima e do direito, para o que dispõe de uma organização burocrática de larga escala, centralizada e centralizadora; a cidadania é atribuída a indivíduos pelo Estado de que são nacionais, pelo que em princípio não há cidadania sem nacionalidade e vice-versa; os cidadãos são formalmente iguais e estão todos igualmente sujeitos ao poder de império do Estado.

Por outro, disserta sobre o paradigma da obrigação horizontal, dizendo que ele "confere ao Estado o monopólio da violência legítima, mas não o monopólio da produção do direito". Afirma que, pelo contrário, "existe na sociedade uma pluralidade de ordens jurídicas, com diferentes centros de poder a sustentá-los, e diferentes lógicas normativas". E conclui, ao propor um novo paradigma estrutural estatal quando salienta que na constituição da cidadania, as duas obrigações (vertical e horizontal) são importantes e justamente por essa razão a cidadania não tem de ser nem individual, nem nacional, podendo sim ser individual ou coletiva, nacional, local ou transnacional. Por fim, a eficácia interna do Estado reside no modo como negoceia e perde o poder de império interno a favor de outras organizações sociais. Termina afirmando que o carácter "providencial e redistributivo do Estado reside antes de mais no modo como redistribui as suas próprias prerrogativas".[116]

Concluindo, pode-se observar que, a medida que diminui a presença e a participação do Estado em determinados espaços sociais, cresce a organização e a aplicação de regras criadas pelo cidadão, objetivando à solução de conflitos. Tais hipóteses oferecem soluções céleres através de procedimentos informais ou da ameaça e da aplicação da violência. O problema se instala diante da ausência do Estado ou da dificuldade de aplicação do direito oficial, que muitas vezes depende de um moroso procedimento legislativo para ser instituído e de outro tão demorado quanto para ser aplicado. Cansados de esperar, muitas vezes os indivíduos aplicam suas próprias regras, ainda ausentes de legitimidade.

Porém, a ineficiência do Estado decorrente das grandes transformações geradas pela crise funcional, além do direito inoficial e do direito

---
[115] SANTOS, 2001, p. 338-9.
[116] Ibidem, p. 338-9.

marginal, traz à tona um novo conceito de *lex mercatoria* como um direito criado pelo soberano privado supra-estatal. Esse assunto discutir-se-á adiante.

10. A *Lex mercatoria* criadora de novos direitos

Ao discorrer sobre a *lex mercatoria*, primeiramente é preciso recordar que ela é designada por um "conjunto de práticas jurídicas dos grandes agentes econômicos", na verdade, era uma expressão empregada na Baixa Idade Média em usos comerciais. Atualmente, entende-se por *lex mercatoria* "o conjunto de normas acordadas explícita ou implicitamente pelos grandes agentes econômicos, com independência dos poderes públicos, para regular suas relações recíprocas, para regrar suas relações com os estados abertos e para determinar as políticas destes".[117]

Nesse contexto, José Eduardo Faria[118] afirma que *Lex Mercatoria*,[119] "é o corpo autônomo de usos, costumes, princípios, regras e contratos constituído espontânea e pragmaticamente pelas sucessivas gerações da comunidade empresarial para autodisciplinar suas atividades sem interferências dos Estados-nação"

Conseqüentemente, a *lex mercatoria* é direito criado diretamente pelo soberano privado supra-estatal, consistindo justamente em um direito extrajurisdicional de negociação contínua e permanente, por conseguinte é "direito mutável, efêmero e permanentemente renovado: um *jogo jurídico inovador*, que se apóia nas lógicas contrapostas da expansão econômica e do controle da inovação a que estão submetidos os principais julgadores. Situa *a negociação* como em um plano central de análise jurídico-doutrinal".[120]

---

[117] CAPELLA, 2002, p. 270.

[118] FARIA, 1999, p. 161.

[119] Forjada a partir dos séculos XI e XII com base nas necessidades dos comerciantes europeus e navegadores empenhados em abrir novos mercados, de contar com uma ordem jurídica que servisse aos seus interesses onde quer que atuassem, a *Lex Mercatoria* é um conjunto de regras e princípios costumeiros reconhecido pela comunidade empresarial e aplicado nas transações comerciais internacionais independentemente de interferências governamentais. Tendo aparecido muito tempo antes do advento do Estado Moderno, esse "Law Merchant" lida com um grupo particular de pessoas (os mercadores) em locais específicos (feiras, mercados, portos etc.); é totalmente distinto dos direitos locais, feudais, reais e eclesiásticos; tem um caráter auto-regulador em escala transnacional: é administrado não por juízes profissionais, mas pelos próprios comerciantes, utilizando como critério básico o princípio da equidade (no sentido medieval de *fairness*); e se destaca pela vinculação e segurança propiciada aos contratos, pela diversidade de procedimentos para o estabelecimento, a transmissão e o recebimento dos créditos e pela rapidez e informalidade da adjudicação. (Ibidem, p. 160-161)

[120] CAPELLA, 2002, p. 272.

Destarte sua constante inovação, o conteúdo da *lex mercatoria* possui como matérias principais: a) os acordos sobre políticas públicas e que se revestem de grande importância quando se discute a minoração da soberania dos estados abertos;[121] b) acordos de "normalização" técnica que dizem respeito à uniformização de padrões tomada, originalmente, a seu encargo pelos estados modernos. É exemplo clássico o sistema métrico decimal, que é produto da modernização estatal originada pela revolução francesa;[122] c) Acordos de produção existentes devido à constante inovação tecnológica que se constitui numa ameaça para os diferentes conglomerados produtivos, que podem perder sua posição estratégica se adotam decisões errôneas. Assim considerada, a *lex mercatoria* sufoca a liberdade de mercado, no sentido de estímulo à concorrência, o que vem demonstrado por suas normas de contigenciamento, planificação e obsolescência. Nesse contexto, a *lex mercatoria* substituti a concorrência por acordos sobre a produçãoa e seu planejamento;[123] d) Acordos de repartição de mercados através dos quais cada um dos pactantes pode perder uma parte menor de seu mercado potencial possível, mas obtém, em troca, segurança de recuperar-se com lucro do esforço produtivo.[124] Exemplos típicos desses pactos podem ser vistos nos contratos de franquia e de *factoring* dentre outros.

---

[121] "Aqui devem ser incluídas as principais decisões em matéria de política econômica, laboral, militar, ecológica e de educação do soberano difuso". (Ibidem, p. 272).

[122] "Nas indústrias tradicionais a normalização não tem grande importância: assim, por exemplo, as normas DIN relativas ao formato do papel de escrever são padrões impostos pela indústria alemã que a Europa arrinconou outros preexistentes (como as equilibradas *cartilhas holandesas*, hoje quase incontráveis); essas normas são úteis para o uso de certa maquinária ou tecnologia de artes gráficas, mas carecem de importância geral e coexistem no mundo com outros padrões... É preciso ter em conta que a normativa sobre a tecnologia que assume a forma de acordos privados característica da *lex mercatoria* se traslada logo aos poderes públicos para impô-la também a sujeitos que não participaram em sua elaboração, os quais, obviamente, podem Ter interesses divergentes dos que assim o fizeram" (Ibidem, p. 272-3).

[123] "É conhecido o erro estratégico cometido pela IBM, titular das principais patentes de computador, que durante anos pôde produzir este tipo de artefato praticamente em condições de monopólio. Mas o leão IBM havia concebido os computadores como máquinas cujo manejo devia correr a cargo de pessoal tecnicamente adestrado (...). Uns jovens inventores, sem embargo, produziram um computador em que podia manejar qualquer um , inclusive crianças. Nasceu assim a empresa Apple-Macintosh, que penetrou sem parar no mercado, houve de permitir a numerosas empresas rivais a clonagem de seus produtos, até então protegidos por patentes. Computadores com a estruturação da IBM começaram a ser produzidos a baixo preço e por distintas marcas no sudeste asiático para opor barreiras múltiplas à expansão da Apple-Macintosh, com seu produto conceitualmente mais avançado. Mesmo assim, a IBM houve de chegar a acordos com o *mouse* da Apple, intercambiando propriedade por teconolgia." (Ibidem, p. 273)

[124] "Os acordos de distribuição de mercados são muitos prejudiciais para os países pobres. Se traduzem também em normas de direito público – por exemplo, nos acordos do GATT – normalmente desiguais para os países produtores de matérias primas e para aqueles nos quais as monoculturas agrícolas têm grande peso." (Ibidem, p. 274)

Além da *lex mercatoria* e suas matérias inovadoras, outras grandes transformações ocorridas no âmbito estatal podem ser vislumbradas, dentre elas avista-se o direito reflexivo que tem por objetivo regular a sociedade vista como um sistema permeado de conflitos. Esse tema discutir-se-á adiante.

11. O direito reflexivo

Toda a crise pela qual passa o Estado gera o desenvolvimento de uma série de situações novas que surgem diante da necessidade de encontrar formas de regulamentação social, outorgando ao Estado e ao Direito o papel, não mais de direção, mas apenas de guias da sociedade. Conseqüentemente, as relações de complexidade apresentadas atualmente pela sociedade não se satisfazem com os meios de coação tradicionais, singelos demais se comparados à evolução social. Esse fato gera uma grande inadaptação e um descolamento entre a regulação jurídica tradicional e a nova realidade.

Nesse sentido, José Eduardo Faria diz que ao interagir e interseccionar-se de modo permanente ou contínuo, os novos espaços sociais tendem a "criar complexas, dinâmicas e inéditas relações entre si, resultando assim numa mescla ou numa combinação de várias concepções de legalidade e distintas gerações de normas, algumas mais antigas e outras mais recentes;" como resultado surge "uma mistura desigual de ordens jurídicas com diferentes regras, procedimentos, linguagens, escalas, áreas de competência e mecanismos adjudicatórios".[125]

Tais fatos geram a "fragmentação expressa pelas múltiplas cadeias e microssistemas normativos constituídos a partir dessas interações e intercruzamentos".[126] De acordo com a Teoria dos Sistemas de Niklas Luhmann, a sociedade é composta por vários e distintos subsistemas,[127] dentre

---

[125] FARIA, 1999, p. 163.

[126] Ibidem, p. 163.

[127] Hoje, a sociedade contemporânea é vista, numa perspectiva eminentemente sistêmico-funcionalista. Ou seja: como um grande sistema social integrado por subsistemas ou sistemas parciais funcionalmente diferenciados, que operam por meio de estratégias de *variação* (produção de novas possibilidades de atuação e comportamento), de *seleção* (tomada de decisões sobre as possibilidades de atuação e comportamento admitidas) e de *estabilização* (confirmação e proteção das possibilidades de atuação e comportamento admitidas). Na dinâmica de sua inter-relação, cada um deles, o político, o produtivo, o financeiro, o social, o educacional, o científico, o cultural, o esportivo, o religioso etc. – "observa os demais como seu *ambiente*, selecionando as informações daí provenientes a partir de referências exclusivamente suas; cada um deles depende de sua capacidade para estabelecer e manter um limite nas relações com seu *entorno*. Deste modo, eles vão adquirindo autonomia tanto entre si quanto com relação às instâncias centrais de integração social – a estatal e a jurídica. E os sistemas mais desenvolvidos tendem a exponenciar essa autonomia, passando, então, a dispor de condições de

eles, economia, política, saúde e direito, que se encontram fechados do ponto de vista normativo mas abertos para as informações advindas do ambiente. Esses subsistemas respondem através da especialização funcional a complexidade do sistema social. Cada subsistema particular deve se diferenciar do exterior selecionando o que tem sentido para ele através de um código binário, como por exemplo o subsistema jurídico, que se constitui e encontra seus limites entre o legal/ilegal.[128]

No entanto, os subsistemas[129] têm hoje, uma autonomia relativa, pois diante da complexidade do sistema social como um todo, nenhum deles pode pretender a direção da sociedade em função de seu sistema binário, considerados "singelos demais para lidar com as questões multifacetadas surgidas em contextos sócio-econômicos em constante mutação, levando a soluções invariavelmente rígidas, inapropriadas e, por isso mesmo, geradoras de tensão e multiplicadoras de conflitos". Por conseguinte, objetivando evitar esse risco, a sociedade contemporânea enfrenta o desafio da redução da hipercomplexidade diferenciando-se internamente em vários sistemas parcialmente autônomos, cada um deles atuando numa área determinada, organizando suas próprias estruturas, definindo sua própria racionalidade e padrões de legitimidade, produzindo suas próprias normas e seus respectivos procedimentos, regulando suas próprias operações e autoconstituindo sua identidade.[130]

Então, para que o subsistema jurídico tenha, hoje, a capacidade de regular a sociedade é preciso que se substitua "as posturas conflitivas por posturas cooperativas e realçando a funcionalidade de uma interdependência *infra, inter* e *supra*-estatal, o pensamento jurídico contemporâneo vem chamando de 'responsivo', 'reflexivo' ou 'relacional' o direito por ele constituído".[131]

Isso ocorre para afastar qualquer possibilidade de uma inflação de jurisdições e, conseqüentemente, o desequilíbrio social, que leva, na prática, o Estado e seu sistema jurídico a perder "sua capacidade de gestão,

---

decidir eles próprios os *códigos* e os *programas* e os procedimentos com os quais querem operar – os primeiros, definindo e selecionando o tipo de comunicação e as diferenças específicas de cada sistema; os segundos, estabelecendo as condições para que as comunicações possam ocorrer. (Ibidem, p. 189/190/191)

[128] ROTH, 1996, p. 22.

[129] Sobre as relações entre sociedade e Estado como sistemas autorreguladores no Direito Constitucional clássico, Manuel García-Pelayo afirma: "la sociedad era considerada como un sistema autorregulado capaz de producir el mejor de los órdenes posibles con tal de que el Estado, de un lado, no se interfiriera en su funcionamiento y, de outro, le garantizara las mínimas condiciones ambientales resumidas en la síntesi de libertad y seguridad. Los límites de la acción del sistema estatal estaban dados por los derechos individuales, por el principio de la legalidad y por el mecanismo de la división de poderes". (PELAYO, p. 123.)

[130] FARIA, 1999, p. 188-9.

[131] Ibidem, p. 186.

subordinação, controle, direção e planejamento sobre todos eles". Então, "a única maneira de assegurar um mínimo de critérios e de referências comuns é forjar uma estrutura normativa que não incida de maneira direta no funcionamento interno de qualquer subsistema, limitando-se a estabelecer as condições contextuais destinadas a facilitar a operatividade autônoma de cada um deles".[132]

Justamente nessa situação entra o direito reflexivo cuja reflexividade, segundo José Eduardo Faria,[133] deve ser

> entendida aqui como a capacidade de um sistema de tematizar sua própria identidade; de perceber como, em seu meio ambiente, operam outros sistemas em relações de interdependência, relações essas que incluem o próprio sistema reflexivo; de colocar-se a si mesmo no papel de outros sistemas para ver, dessa perspectiva, seu próprio papel; de institucionalizar mecanismos aptos a viabilizar uma recíproca autolimitação das possibilidades de ação dos sistemas, tendo em vista seus respectivos valores, interesses e necessidades. O principal objeto deste direito é, assim, a própria autonomia dos sistemas. Sua função é viabilizar a "autonomia regulada" desses sistemas, a fim de que possam maximizar sua racionalidade interna mediante os adequados procedimentos tanto de formação do consenso quanto de tomada de decisão coletiva.

Assim, Roth[134] afirma que o direito reflexivo surge baseado não sobre o poder e o dinheiro, mas sobre o saber, podendo representar uma nova forma de estabilizar os "progressos do homem", ou seja, aumentando a capacidade de pilotagem da lei e incluindo, durante a fase de busca de um consenso, assim como no processo de tomada de decisão, os destinatários da norma. Permitir e facilitar o processo de auto-regulamentação no interior de campos de problemas específicos tais como a saúde ou a economia é a principal alteração trazida pelo direito reflexivo.

Importa salientar mais uma vez que cabe ao direito reflexivo "preservar os processos de auto-regulação em cada área específica das sociedades complexas e assegurar a 'integração' de seus sistemas parciais diferenciados". No entanto, "ele não interfere na autonomia de cada sistema particular; o que faz é procurar levá-lo a aprender a *ouvir* as diferentes pressões vindas dos sistemas que o rodeiam". Dito de outro modo, o papel do Estado é promover entre sistemas uma "(auto) reflexão sobre os efeitos sociais tanto de suas decisões quanto de sua atuação sobre seus interesses específicos potencialmente generalizáveis, induzindo-os a não ultrapassar as *situações-limite* — conforme já foi dito, aquelas para além das quais todos, indistintamente, teriam a perder".[135] Concluindo, o direito reflexivo

---

[132] FARIA, 1999, p. 193-4.
[133] Ibidem, p. 195-6.
[134] ROTH, 1996, p. 23.
[135] FARIA, op. cit., p. 196. Nessa seara, observa-se que "caso especifico do 'direito reflexivo', os programas normativos 'condicionais' e 'finalísticos' são substituídos pelo que Willke, um dos prin-

é inovação possibilitadora da busca pelo consenso e da inclusão do destinatário da norma legal no processo de tomada de decisões.

12. Considerações finais

Não se pode duvidar que o Estado está em crise, crise essa decorrente da globalização e da conseqüente reordenação da riqueza, da transnacionalização dos mercados, do grande desenvolvimento tecnológico e da compreensão equivocada de tempo e espaço. Nesse cenário crítico, ele perde sua soberania, à medida que abre suas fronteiras e passa a sofrer interferências nacionais e internacionais da esfera privada em sua esfera pública.

É possível perceber a retração do Estado, até então intervencionista, cuja função é proteger o direito do cidadão, devolvendo suas prerrogativas ao espaço privado, que, aproveitando-se de sua ausência e ineficiência, muitas vezes cria ou diz o direito. A esse direito cabe a tarefa de estabelecer limites, ou seja, "dizer quem é quem, quem fez o quê, quem é responsável. Estabelecer os fatos, certificar os atos, estabelecer responsabilidades... para dizer aquilo que nos liga e nos diferencia, para dizer onde passa o limite do aceitável e do inaceitável".[136]

Ao Estado era relegada a função de dizer o direito, que foi capturada pela esfera privada, o que contribuiu para a perda de exclusividade nas funções do Estado que caracterizam sua crise funcional vista como a interferência de um Poder (Legislativo, Executivo ou Judiciário) sobre as atribuições do outro ou através da interferência direta da força supra-estatal em sua soberania. Diante de tais fatos, questiona-se sobre a possível agonia do Estado. Ele perecerá? Arnaud[137] afirma que não, pois "para muitos, com efeito, e apesar de todos os defeitos que ninguém se cansa de atribuir-lhe, ele surge como o único agente de peso suscetível, em muitos casos, de proteger contra essa nova 'ordem global' que se introduz através da economia".

Especialmente a globalização econômica imposta pela nova ordem mundial e a qual o Estado responde com submissão traz restrições drásti-

---

cipais teóricos deste modelo de direito, chama de programas 'relacionais'. Baseados antes no 'saber', no 'conhecimento', na 'informação' e na 'razão discursiva' do que propriamente em 'atos de império', diz este autor, os programas 'relacionais' não arbitram interesses conflitantes (função dos programas 'condicionais'), limitando-se a estimular interações ou relações convergentes entre as 'organizações complexas'; mais precisamente, a disseminar entre elas um sentido de 'responsabilidade social'". (Ibidem, p. 197)

[136] OST, 1999, p. 49.
[137] ARNAUD, 1999a, p. 38.

cas ao cumprimento de suas funções, ferindo sua soberania e acirrando as desigualdades seja entre os estados de primeiro mundo e os subdesenvolvidos, ou entre os próprios cidadãos. Na verdade, o cidadão é atingido de forma contundente em vários aspectos de seu cotidiano, na sua individualidade, servindo de exemplo o desemprego a inempregabilidade e na coletividade, reportando-se a questões que digam respeito ao clima, ao meio ambiente ou a segurança mundiais.

Esses fatores causam a proclamada crise de regulação do Estado, onde o direito persiste, porém suas imposições são eliminadas com relação aos sujeitos sociais considerados fortes. Diante de tal fenômeno, o Estado já não consegue oferecer respostas imediatas, ditas "em tempo real" aos novos direitos e conflitos que emergem das novas relações e da crise de regulamentação que se apresenta. Por isso, o Estado encontra-se à frente de uma grande transformação histórica que reclama uma necessária reforma e atualização do seu papel e do contexto onde ele é exercido.

Desta feita, é possível verificar que se por um lado o Estado sempre foi visto como soberano, possuindo um poder exclusivo sobre o direito, de outro pode-se observar que nem toda a regulação social atualmente imposta passa necessariamente pelo direito. Temos então um paradoxo.

Nesse contexto, verifica-se a sobreposição, articulação, intersecção e a interpenetração de várias esferas jurídicas misturadas que caracterizam o pluralismo jurídico. Mas, o tão aclamado pluralismo jurídico, na verdade, já existe desde o surgimento do direito, sendo então chamado de pluralismo pré-moderno, que foi posteriormente substituído por um direito positivado e dito universal, imposto aos povos por seus dominadores.

No entanto, o pluralismo contemporâneo atual tem como fontes a velocidade da expansão tecnológica e a impossibilidade de prever seus resultados, a redução da autonomia estatal, as diferenças sociais e econômicas entre os cidadãos e entre os estados e a reorganização industrial. As conseqüências desse novo pluralismo dizem respeito ao deslocamento da produção jurídica em direção aos setores privados e quiçá marginais da sociedade, fazendo surgir um direito negociado e permeado pela retórica, ou imposto pela força física e pela violência. O Estado perde, assim, o direito centralizado que possuía e sua exclusividade na criação e execução do mesmo, surgindo novos atores que o substituem, primando, porém, por interesses próprios.

Uma das formas flagrantes de pluralismo jurídico é a *lex mercatoria*, que pode ser traduzida pelos usos, costumes, princípios e regras constituídos de forma sucessiva pela comunidade empresarial disciplinando atividades e rotinas sem qualquer interferência do Estado. Nascida nos idos da Idade Média, quando ocorreram as primeiras relações de troca, persiste até hoje como um conjunto de normas utilizadas à revelia do direito estatal nas relações econômicas, normatizando a uniformização de padrões de produção, as inovações tecnológicas, a liberdade e a repartição de mercados, com o objetivo, normalmente, de proteger o direito de grandes corporações financeiras.

Deve-se recordar que a perda do poder coercitivo do direito positivado gera o surgimento do chamado direito inoficial, traduzido pelos procedimentos negociais, pelas soluções substantivas, pela autocomposição de interesses e de divergências, pela mediação e pela arbitragem dentre outras formas de resolução de conflitos criados pela necessidade de rapidez na solução dos litígios. Serve de exemplo aqui o "direito de Pasárgada", que mesmo à margem do sistema jurídico estatal, fazia valer suas regras no seio da favela, sendo negociado e discutido e, quando necessário, imposto pelo presidente da associação de moradores. Na distribuição de tal direito, o poder da retórica é de grande valia, uma vez que as regras nem sempre se encontram positivadas na forma de estatutos ou regulamentos, delegando ao poder de argumentação e de convencimento a tarefa de dizer quem tinha a razão.

Paralelamente, tem-se o direito marginal, ou seja, aquele criado e fomentado pela imposição da lei do mais forte, que infelizmente pode ser vislumbrado no quadro nacional, através do narcotráfico. Observa-se que o monopólio e a possibilidade do uso da força para fazer cumprir suas determinações é prerrogativa do Estado. Porém, nos locais onde ocorre a ausência do Estado, as forças marginais ganham terreno, impondo suas regras, que são contrárias ao direito positivado estatal. Cabe ao Estado, assim, o papel de mero gestor de relações sociais marginais, onde o seu direito não penetra, ou então o faz de forma superficial, não conseguindo, atualmente, sequer manter os níveis tensionais toleráveis.

Por conseguinte, o Estado já não pode (e não consegue) regular a sociedade civil através do direito positivo tradicional em função da redução do poder de intervenção do primeiro e da baixa coercibilidade do segundo. Paralelo a isso, novos atores do cenário estatal e o fenômeno da mundialização o empurram a se comprometer com os processos de expansão e integração criados pela sociedade, fomentando espaços solidários inseridos em um cenário global.

Surge, nesse momento, o direito reflexivo como aporte e tentativa de solução para a crise do Estado, especialmente no que diz respeito à inadaptação e ao descolamento entre a regulação jurídica tradicional e a realidade social que se apresenta. Nesse contexto, o subsistema jurídico que até então vivia na dualidade entre o legal e o ilegal se depara com novos desafios, dentre eles a fragmentação de cadeias e microssistemas e a inflação de jurisdições que causam desequilíbrio social, levando-o à incapacidade de gestão, de subordinação e planejamento. Assim, sem pretender a interferência no campo de cada subsistema, ao direito reflexivo cabe o papel de estabilizar os progressos da sociedade, aumentando a capacidade do cidadão de tomar a lei e utilizá-la, na proteção de seus direitos, sendo incluído nesse processo, não como mero telespectador mas como ator principal, senhor de sua cidadania.

Diante desse quadro, o Estado está doente, mas não morrerá. Porém, deverá se transformar, ou melhor, criar novos paradigmas que possam responder ao fenômeno da mundialização tornando-se o ator principal no cenário da soberania e da autonomia nacional, impondo limites ao jogo econômico e formulando políticas que visem proteger e fomentar a solidariedade e a dignidade do ser humano.

Referências

ARNAUD, André-Jean. Da regulação pelo direito na era da globalização. *Anuário: direito e globalização 1: a soberania.* Rio de Janeiro: Renovar, 1999a.

——. *O direito entre a modernidade e a globalização. Lições de Filosofia do Direito e do Estado.* Trad. de Patrice Charles Wuillaume. Rio de Janeiro: Renovar, 1999b.

BAUMAN, Zygmunt. *Em busca da política.* Tradução Marcus Penchel. Rio de Janeiro: Jorge Zahar, 2000.

BECKER, David e SKLAR, Richard. *Why Postimperialism.* Boulder: Lynne Rienner Publishers, 1997.

BOLZAN DE MORAIS, José Luis e AGRA, Walber de Moura. A jurisprudencialização da Constituição e a densificação da legitimidade da jurisdição constitucional. *Revista do Instituto de Hermenêutica Jurídica – (neo) Constitucionalismo – ontem, os Códigos hoje, as Constituições.* Porto Alegre: Instituto de Hermenêutica Jurídica, 2004.

——; STRECK, Lenio Luiz. *Ciência Política e teoria geral do Estado.* Porto Alegre: 2001.

——. *As crises do Estado e da Constituição e a transformação espacial dos Direitos Humanos.* Porto Alegre: Livraria do Advogado, 2002.

CAPELLA, Juan Ramón. *Fruto Proibido. Uma aproximação histórico-teórica ao Estudo do Direito e do Estado.* Porto Alegre: Livraria do Advogado, 2002.

DELURGIAN, Georguii. State Cohesion. *Trajectory of the World-System 1945-1990 Working Papers,* 1992.

DEZALAY, Ives. Marchands de droit. *La restructuration de l'ordre juridique international par lês multinationales du droit.* Fayard. Paris, 1992.

DUNN, J. Political Science Theory and Policy-making in na Interdependent Wold. *Government and Opposition.* Vol. 28, n. 2, London, 1993.

EWALD, François. *Foucault – A norma e o direito.* Trad. António Fernando Cascais. 2 ed. Lisboa: Vega, 2000.

FARIA, José Eduardo e KUNTZ, Rolf. *Qual o futuro dos Direitos? Estado, mercado e justiça na reestruturação capitalista.* São Paulo: Max Limonada, 2002.

FARIA, José Eduardo. *O direito na economia globalizada.* São Paulo: Malheiros, 1999.

FERRARI, Vicenzo. Sistemi giudiziari in perenne crisi. Riflessioni sul caso italiano. *Anuário: direito e globalização 1: a soberania.* Rio de Janeiro: Renovar, 1999.

EWALD, François. *Foulcault – A norma e o direito*. Trad. António Fernando Cascais. 2 ed. Lisboa: Veja, 2000.

FEDERICI, Mario. Las tranformaciones finiseculares del estado. Foro Político. *Revista Del instituto de ciências políticas*. Cátedra Ortega. Universidade del Museo Social Argentino. Volumen XXVIII, abril 2000.

GÓMEZ, José María. *Globalização, estado-nação e cidadania. Política e democracia em tempos de globalização*. Petrópolis, 2000.

GRILLO, Vera de Araújo. A teoria da separação dos poderes e a hegemonia do poder executivo. In: *Teoria do Direito e do Estado* (Leonel Severo Rocha, organizador). Porto Alegre: Sergio Antonio Fabris, 1994.

LOCKE, John. *Segundo tratado sobre o governo*. São Paulo: Abril Cultural, 1983.

LUDWIG, Marcos de Campos. Direito Público e Direito Privado: a superação da dicotomia. In: MARTINS-COSTA, Judith (org.). *A reconstrução do direito privado. Reflexos dos princípios, diretrizes e direitos fundamentais constitucionais no direito privado*. (Organizadora: Judith Martins-Costa). São Paulo: Editora Revista dos Tribunais, 2002.

LUHMANN, Niklas. *Sistemas sociales: lineamientos para una teoría generale*. México: Alianza Editorial, Universidad Iberoamericana, 1991.

MISHRA, Ramesh. *El Estado de Bienestar en crisis pensamiento y cambio social*. Madrid: Centro de Publicaciones Ministerio de Trabajo e Seguridad Social, 1992.

MONTESQUIEU, Charles-Louis de Secondat. Barão de la Brede e de. Do espírito das Leis. 2 ed. São Paulo: Abril Cultural, 1983.

OST, François. *O tempo do direito*. Lisboa: Instituto Piaget, 1999.

PELAYO, Manuel-García. *Las transformaciones del Estado Contemporâneo*. Madrid: Alianza Universidad.

ROBINSON, William. *Globalização: Nine Theses on our Epoch*. Race and Class. 1995 – 38(2), 13-31.

ROCHA, Leonel Severo e HERMANY, Ricardo. Globalização e direitos humanos. *Revista do Direito*. N. 14 (jul./dez. 2000) Santa Cruz do Sul: EDUNISC, 2000.

ROSANVALLON, Pierre. *A crise do Estado-Providência*. Trad. Joel Pimentel de Ulhôa. Goiânia: editora da UFMG; Brasília: editora da UnB, 1997.

ROTH, André-Noël. O Direito em Crise: Fim do Estado Moderno? In: *Direito e Globalização Econômica implicações e perspectivas*. São Paulo: Malheiros Editores, 1996.

SANTOS, Boaventura de Sousa. *Os processos da globalização. Globalização e as ciências sociais*. Boaventura de Sousa Santos (org.). 2 ed. São Paulo: Cortez, 2000.

——. *O discurso e o poder – Ensaio sobre a sociologia da retórica jurídica*. Porto Alegre: Sergio Antônio Fabris Editor, 1988.

——. *Pela mão de Alice: o social e o político na pós-modernidade*. 8. ed. São Paulo: Cortez, 2001.

SARLET, Ingo Wolfgang. *A Constituição concretizada – Construindo pontes com o público e o privado*. Porto Alegre: Livraria do Advogado, 2000.

VIEIRA, Liszt. *Cidadania e globalização*. 2 ed. Rio de Janeiro: Record, 1997.

WOLKMER, Antonio Carlos. Instituições e pluralismo na formação do direito brasileiro. In: ROCHA, Leonel Severo (org.). *Teoria do Direito e do Estado* (Leonel Severo Rocha, organizador). Porto Alegre: Sergio Antonio Fabris, 1994.

WOLKMER, Antonio Carlos. *Elementos para uma crítica do Estado*. Porto Alegre: Sergio Antonio Fabris Editor, 1990.

— 5 —

A Crise Funcional do Estado e o cenário da jurisdição desafiada[1]

DOGLAS CESAR LUCAS

Mestre em Direito pela Universidade Federal de Santa Catarina (UFSC) e Doutorando em Direito pela Universidade do Vale do Rio dos Sinos (UNISINOS). Professor da Universidade Regional do Noroeste do Estado do Rio Grande do Sul (UNIJUÍ) e do Instituto de Ensino Superior de Santo Ângelo (IESA). Bolsista da Capes e da UNIJUÍ.

Sumário: 1. Considerações iniciais; 2. Nos passos de uma "sociologia dos tribunais"; 3. O Estado liberal e os limites políticos e dogmáticos da Jurisdição; 4. Os novos contornos da função jurisdicional no Estado social: uma agenda política para o direito; 5. (Neo)pluralismo e os (des)caminhos da Jurisdição tradicional; 6. O pragmatismo e a reflexividade do direito como vetores de uma nova operacionalidade jurídica; 7. A Jurisprudencialização do direito e os limites da legislação; 8. A Jurisdição penal nas sociedades democráticas (des)iludidas; 9. A política e a sociedade invadidas pelo direito: apontamentos sobre uma ingerência (in)devida; 10. O projeto constitucional como o grande desafio para a democracia; 11. Considerações finais; 12. Referências.

> Que falta nesta cidade? Verdade.
> Que mais por sua desonra? Honra.
> Falta mais que se lhe ponha? Vergonha.
> O demo a viver se exponha,
> Por mais que a fama a exalta,
> Uma cidade onde falta
> Verdade, honra, vergonha.
> Quem a pôs neste socrócio? Negócio.

---

[1] Texto apresentado no seminário "Transformações do Estado Contemporâneo", ministrado pelo professor Dr. José Luis Bolzan de Morais junto ao Programa de Pós-Graduação em Direito, nível Doutorado, da Universidade do Vale do Rio dos Sinos (UNISINOS), no 1º semestre do ano de 2004.

> Quem causa tal perdição? Ambição.
> E o maior desta loucura? Usura.
> Notável desaventura
> De um povo néscio, e sandeu,
> Que não sabe o que perdeu
> Negócio, ambição, usura.
> (...)
> E que justiça a resguarda? Bastarda.
> É grátis distribuída? Vendida.
> Que tem, que a todos assusta? Injusta.
> Valha-nos Deus, o que custa
> O que El-Rei nos dá de graça,
> Que anda a justiça na praça
> Bastarda, vendida, injusta.
> (Gregorio de Matos)

1. Considerações iniciais

São múltiplas as crises que afetam o Estado contemporâneo. Como uma de suas variantes, a crise funcional caracteriza-se pela incapacidade de o Estado exercer de forma exclusiva e centralizada as funções legadas pela tradição política moderna da tripartição dos Poderes. Essa crise constitui-se pela perda de exclusividade do Estado no desempenho das funções legislativa, executiva e jurisdicional.[2] A crise do Estado assume uma tensão tão extrema que levanta suspeita até mesmo sobre a continuidade ou desaparecimento do Estado legado pela modernidade. Sem desconhecer as diversas facetas dessa crise estatal, o presente trabalho tem a intenção de enfrentar a crise funcional do Estado, mais especificamente no que tange a sua perda de exclusividade no exercício das funções jurisdicionais. Trata-se de discorrer sobre os limites e precariedades da Jurisdição moderna, que se revela frágil e insuficiente para responder às demandas sociais contemporâneas.

O problema da atividade Jurisdicional, apesar de recorrente nas últimas décadas, tem recebido uma atenção especial da teoria do direito e mesmo da teoria política. Tantas e novas são as abordagens realizadas que a atividade jurisdicional transforma-se em objeto de estudo cada vez mais singular e autônomo. O interesse decorre da importância que exerce ou pode exercer a Jurisdição na afirmação dos projetos constitucionais, na

---

[2] Neste sentido, MORAIS, José Luis Bolzan. *As crises do Estado e da Constituição e a transformação espacial dos direitos humanos*. Porto Alegre: Livraria do Advogado, 2002. Ver ainda, do mesmo autor: "Revisitando o Estado! Da crise conceitual à crise institucional (constitucional)". *In: Anuário do Programa de Pós-Graduação em direito – Mestrado- Doutorado*. São Leopoldo: Unisinos, 2000.

proteção dos direitos e na limitação do arbítrio, importância que se agiganta com a consolidação da democracia, com a crise do Estado-Providência e, especialmente hoje, por mais paradoxal que possa parecer, com a incerteza que se abate sobre o futuro da Jurisdição tradicional e sobre a continuidade de suas formas. Nesta esteira de preocupações, o presente trabalho tem a intenção de tratar da Jurisdição no contexto da sociedade contemporânea, analisando as dificuldades de se "dizer o direito", em uma realidade social complexa, a partir de uma racionalidade burocrática moderna, castradora das possibilidades e incapaz de conciliar o direito com uma ética de alteridade. Trata-se de analisar as dificuldades de sintonizar a operacionalidade e a instrumentalidade tradicionais com o conjunto de demandas sociais novas que apontam para o futuro.

Para demonstrar que a Jurisdição e, mais especificamente, o Poder Judiciário tornam-se alvos de uma preocupação teórica constante e cada vez mais particular, voltada para a compreensão da racionalidade instrumental da aplicação do direito e da estrutura funcional necessária a sua realização, a primeira parte do trabalho será tributada ao surgimento de uma forma inovadora de estudar a realidade do direito, isto é, de uma "sociologia dos tribunais", que centra suas preocupações no estudo das condições estruturais, funcionais e epistemológicas da atividade jurisdicional, diferentemente da tradicional sociologia do direito de base substantivista/normativista.

Estabelecidos os padrões e as razões de ser desta nova sociologia do direito, o segundo momento é dedicado à questão dos limites políticos e dogmáticos da função jurisdicional no contexto do Estado liberal, na qual a subalternização política marca a passividade e a opacidade do poder dizer o direito. No momento seguinte será tratado da explosão de litigiosidade ocorrida em virtude da crise do Estado-Providência, da ampliação dos regimes democráticos e da mudança de paradigma das relações sociais contemporâneas e dos conflitos produzidos nestas sociedades. Ainda nesta parte do texto tratar-se-á da crise de identidade funcional que afeta o Poder Judiciário, o qual não consegue responder à explosão de litigiosidade e à complexidade das demandas sociais a partir de institutos e instituições projetadas pela racionalidade moderna para operarem em um tempo social diferente, em um tempo de retardamento bastante distinto do tempo célere exigido e característico do mercado.

A reestruturação substancial dos paradigmas econômico, político e cultural e as repercussões destas alterações na atividade jurisdicional constituem o cenário de outra etapa do trabalho. Destacar-se-á que a sociedade contemporânea, ao mesmo tempo em que avança tecnologicamente e permite aumentar a exploração econômica, caracteriza-se pela capacidade de produzir riscos sociais de todas as ordens e, também, pela incapacidade de estabelecer respostas a estes mesmos riscos. Uma sociedade que se internacionaliza economicamente, que enfraquece os Estados-Nação, que produz conflitos complexos e desterritorializados, desafia a racionalidade de uma Jurisdição que foi concebida para atuar em espaços geográficos definidos e para solucionar demandas individuais e previamente tipificadas. Abordar-se-á o surgimento de novas racionalidades e de novos ambientes de regulação e de solução de conflitos, que tendem a se constituir às custas da perda de imperatividade do direito positivo e da incapacidade dos mecanismos tradicionais de solução de conflitos em atender a certas demandas da sociedade global, como por exemplo as demandas surgidas entre empresas transnacionais.

Em razão de a atividade jurisdicional ter sido tradicionalmente conformada e compreendida como um espaço neutro de soluções de conflitos, tarefa que se alterou substancialmente com o advento do constitucionalismo contemporâneo, de cunho mais principiológico, tornaram-se comuns as discussões sobre a ingerência do direito na política e na sociedade, a ponto de ser acusada uma intromissão antidemocrática. Por essa razão dedicou-se um item para noticiar, e tão-somente isso, os argumentos que permeiam o debate travado entre procedimentalistas e substancialistas ao tocante o protagonismo do Judiciário.

Enfatiza-se, por fim, que a crise jurisdicional não é uma crise isolada, mas uma crise da racionalidade moderna, de suas verdades e de suas instituições. Trata-se de uma crise dos fundamentos dogmáticos do direito positivo e de uma crise que afeta os poderes do Estado e a própria democracia. Destaca-se que o grande desafio para a Jurisdição e para a democracia é construir e acreditar no projeto constitucional como um verdadeiro pacto social de convivência que lança as possibilidades de elaboração do futuro. Enfim, mesmo sendo pouco propositivo e sem enfrentar uma série de questões importantes que envolvem o ofício jurisdicional, o trabalho enceta uma preocupação com o futuro das instituições jurídico-políticas que, num contexto de incertezas e complexidades, precisam apoiar-se numa visão democrática e comprometida com a afirmação do direito como instrumento de promoção social.

2. Nos passos de uma "sociologia dos tribunais"

A sociologia do direito foi profundamente influenciada por uma perspectiva teórica normativista/substantivista do objeto jurídico, orientação que permaneceu hegemônica até o advento de novas condições teóricas e sociais na década de 60 do século passado, as quais foram responsáveis pelo surgimento de uma "sociologia dos tribunais" capaz de estudar os aspectos processuais, organizacionais, estruturais e a racionalidade formal da burocracia judiciária. Enquanto a dimensão substantivista orienta uma sociologia jurídica preocupada em situar o verdadeiro papel social do direito, destacando sua capacidade de transformação e libertação ou, contrariamente, de reprodução das condições de dominação e de exclusão social, a "sociologia dos tribunais" inaugura uma nova dimensão epistemológica para a sociologia do direito, voltada para o estudo dos profissionais do direito, da burocracia jurídica, enfim, comprometida com a observação da realidade organizacional do direito, mais especificamente com a observação das condições estruturais de manifestação do poder jurisdicional.

Entre as condições teóricas que promoveram essa reordenação na sociologia do direito, Boaventura de Sousa Santos[3] ressalta o desenvolvimento da sociologia das organizações, o interesse da ciência política pelos tribunais enquanto zonas de poder político, bem como o desenvolvimento da antropologia do direito, que passou a analisar os processos e as instituições jurídicas de acordo com seus diferentes níveis de formalização e de especialização.

O autor português refere que, ao lado dessas condições teóricas, certos acontecimentos sociais desencadeados a partir da década de 60 foram determinantes para introduzir no debate sociológico essa dimensão estrutural e operacional do direito. Uma das condições sociais do período refere-se às lutas promovidas pelos grupos de ação coletiva de enfrentamento, como negros, estudantes, pequena burguesia, norteados pela exigência de novos direitos sociais. Os movimentos sociais de natureza cultural e o movimento operário estruturaram sua ação de modo propositivo e reivindicatório, requerendo no campo jurídico a consagração e a efetivação dos direitos sociais necessários à conformação de uma realidade democrática, capaz de contrastar com as arbitrariedades dos regimes recém-saídos do pós-guerra.

A crise da administração da justiça que eclode na década de 60 e que está relacionada diretamente com a questão anterior aparece como a segunda condição social importante na definição do interesse da sociologia pelo estudo dos tribunais. Esta crise caracteriza-se pela incapacidade do poder jurisdicional em responder aos conflitos jurídicos que emergiram com a consagração dos direitos sociais a serem garantidos pelo Estado-Providência. Surgem, então, novas categorias de sujeitos jurídicos legitimados para pleitear, no âmbito do Judiciário, um conjunto de direitos de nova conformação, os direitos coletivos, os individuais homogêneos e os

---

[3] SANTOS, Boaventura de Sousa. *Pela mão de Alice: o social e o político na pós-modernidade*. 5. ed. São Paulo: Cortez, 1999.

direitos difusos, todos eles definidos por uma política de cunho social que requisitava uma atuação positiva e interventiva do Estado.

A consagração de novos direitos e de novos atores fez com que o conflito social se transmutasse da zona política para a seara judicial, campo legítimo para responder às demandas sociais que, de agora em diante, também passam a ser questões jurídicas. Instala-se assim uma realidade paradoxal, caracterizada, ao mesmo tempo, pela consagração formal de direitos sociais, provocadora de uma explosão de litigiosidade, e pela incapacidade da estrutura judiciária em responder a essa mesma explosão, quer por problemas de natureza organizacional, quer por problemas advindos da crise teórica do modelo liberal de Jurisdição.[4]

Esse cenário, que se agrava ainda mais a partir da crise econômica da década de 70, uma vez que os recursos financeiros eram insuficientes para cumprir as promessas realizadas pelo Estado-Providência às classes populares, ganhou visibilidade social e foi incorporado definitivamente na pauta dos estudos sociológicos. A afirmação de uma "sociologia dos tribunais" permitiu a elaboração de uma nova perspectiva teórica para o estudo das funções jurisdicionais, diretamente preocupada com a dimensão operacional, institucional e procedimental do direito.

No Brasil, assim como nos demais países periféricos e diferentemente da realidade européia, a "sociologia dos tribunais" foi impulsionada pelo processo de redemocratização política e jurídica, que permitiu uma nova dinâmica para a atuação política e litigante da sociedade civil organizada, sobretudo dos movimentos sociais que lutavam pela efetivação dos direitos sociais consagrados no texto constitucional de 1988. A retomada da democracia, o acirramento da crise econômica e o descompasso entre os projetos jurídicos constitucionais e os projetos sociais de governo, aumentaram a importância do Poder Judiciário como instância decisória para defender a democracia e o projeto constitucional, bem como para responder ao número expressivo de demandas judiciais de natureza patrimonial que resultaram da crise econômica. O Poder Judiciário passou a ser requisitado de forma ampla, sem, no entanto, ter as condições estruturais, epistemológicas e ideológicas para responder a essa explosão de litigiosidade, situação que revelou suas limitações e fragilidades no atendimento da conflituosidade nacional.

O aumento expressivo do número de estudos dedicados ao Poder Judiciário, sobretudo na última década, reflete de forma sintomática as dificuldades e as precariedades que envolvem a prestação jurisdicional tradicional no enfrentamento das demandas contemporâneas. Paradoxalmente, a crise que afeta a Jurisdição obriga um repensar sobre si mesmo

---

[4] SANTOS, Boaventura de Sousa. *Pela mão de Alice*. Op. cit.

e aponta para a urgência de enfrentar-se, de redescobrir-se e de mudar para permanecer. Ao enfrentar as questões pertinentes ao acesso à justiça, relativas à administração dos tribunais, à formação e à ideologia dos magistrados, aos mecanismos alternativos à Jurisdição tradicional, bem como ao enfrentar a própria realidade social e econômica em que opera o poder jurisdicional, a sociologia dos tribunais se debruça sobre as precariedades do paradigma Judiciário tradicional e, ao mesmo tempo, realiza um trabalho de proposição ao traçar apontamentos para a elaboração de uma nova política judiciária.

Da mesma maneira que a teoria do direito contribuiu para a fundamentação e a justificação dos direitos, a ponto de os direitos fundamentais constituírem o núcleo central das sociedades democráticas, poderá contribuir também para o estabelecimento de um modelo jurídico que garanta a efetivação e a concretização dos direitos assegurados ao longo da história. Os esforços precisam ser canalizados para uma postura operacional, entendida como uma reação teórica e política necessária para aproximar o direito da vida e da realidade que pretende organizar. Enfim, tornar efetivos os direitos é o principal desafio da teoria jurídica contemporânea, ao menos daquela comprometida com o avanço e a consolidação das conquistas sociais.

Nesse contexto, a sociologia dos tribunais permite definir uma nova referência teórica, capaz de enfrentar os discursos jurídicos alienantes que reproduzem um senso comum teórico a serviço da dominação e da conservação dos saberes e dos poderes jurídicos tradicionais. Permite, também, reinventar a práxis jurídica a partir de uma perspectiva comprometida com as escolhas constitucionais históricas e voltada para a construção democrática das instituições responsáveis pela operacionalização do direito. Afinal, as sociedades democráticas necessitam redefinir sentidos e compreender as suas instituições a partir de novas perspectivas sociais, consagrando os legados históricos pelo aprimoramento de suas categorias jurídicas e políticas. Somente a incerteza da permanência é capaz de gerar a iniciativa para o novo ou gerar forças para a continuidade das conquistas, razão pela qual não se pode mitificar saberes e correr o risco de cultivar autoritarismos teóricos e práticas sociais precárias, porque conservadoras daquilo que por essência não se conserva.

É importante, por isso, consolidar um espaço teórico dedicado ao estudo do Poder Judiciário, sustentado numa postura democrática sem temores, que contribua para o desvelamento de suas pilastras conservadoras e reprodutoras tanto de uma racionalidade obscura como de uma conformação funcional despolitizada e asséptica. Trata-se de compensar o déficit teórico que dominou o estudo dos tribunais e garantir que as crises declaradas e não declaradas do Poder Judiciário sejam compreendidas e enfrentadas dentro das circunstâncias, viciosas ou virtuosas, do contexto democrático. Não existem motivos para afastar o Poder Judiciário do debate aberto e sem amarras, do mesmo modo que não se pode manter nenhuma zona de poder intacta ao debate liberto e responsável, condição necessária para a legitimidade das instituições sociais. Quer diante de questões de natureza estrutural ou de natureza epistemológica, a verdade é que o estudo dos tribunais possibilita inserir e compreender a Jurisdição a partir de um discurso emancipatório, bem como visualizar que as novas conformações da sociedade contemporânea reclamam um novo paradigma de Poder Judiciário. Um novo olhar sobre nossas antigas instituições, mais profundo e mais perspicaz, poderá ser revelador e provocativo.

3. O Estado liberal e os limites políticos e dogmáticos da Jurisdição

Diferentemente do Estado absolutista, o Estado liberal[5] caracteriza-se pela subordinação total ao direito, exigindo que sua atuação seja nos exatos limites do poder conferido pela lei. O ordenamento jurídico revela-se um limitador da ação estatal, ao mesmo tempo em que se apresenta como um conjunto de garantias oponíveis ao Estado. Mas não se trata de um Estado que se basta em qualquer legalidade, sendo necessária uma legalidade que, além de limitar o poder do Estado, seja capaz de garantir um conjunto de direitos individuais que não podem ser usurpados nem mesmo pela ação estatal, direitos e garantias que representam o próprio projeto liberal assumido pelo Estado. Além de subordinar o Estado à lei – princípio da legalidade – e de garantir um rol de direitos individuais, o Estado liberal estabelece a separação entre os Poderes como mecanismo capaz de garantir a liberdade pelo equilíbrio político e pela negação de um poder onipresente.[6] No entanto, ao organizar o poder político de forma

---

[5] Alerta-se para o fato de que o Estado liberal não é a primeira manifestação do Estado moderno. A primeira versão do Estado moderno é o Estado absolutista, "que significó el fortalecimiento y afirmación de la monarquia frente a los barones feudales, ejerciendo centralizadamente una autoridad política que se caracterizará como absoluta, con capacidades para organizar la sociedad y el desarrollo que el esquema feudal ya no conseguía." FREDERICI, Mario F. Las transformaciones finiseculares de estado. Foro Político. *Revista del Instituto de Ciências políticas*. Cátedra Ortega. Universidade del Museo Social Argentino. Volumen XXVII, abril de 2000. p. 107. Ver ainda: ESTERUELAS, Cruz Martínez. *La agonía del Estado*. Madrid: Centro de Estudios Políticos y Constitucionales. 2000 e TORRES, Miguel Ayuso. *Después de Leviathan? Sobre el Estado e su Signo*. Madrid: Dykynson, 1998.

[6] Sobre o Estado liberal e a separação dos Poderes, merece ser destacada a obra de BONAVIDES, Paulo. *Do Estado liberal ao Estado social*. Rio de Janeiro: Forense, 1980. O capítulo II da referida obra é dedicado ao tema. Ver, ainda, DÍAZ, Elías. *Estado de derecho y legitimidad democrática*. In: DÍAZ, Elías e COLOMER, José Luis (eds.) *Estado, justicia, derechos*. Madrid: Alianza, 2002.

tripartite, o Estado Liberal[7] privilegiou e apostou na capacidade de a razão legislativa determinar, de maneira segura, os rumos da sociedade. O receio e a desconfiança que imperavam sobre o Estado, que era visto de forma negativa pela sociedade civil, conduz a uma predominância do Poder Legislativo sobre os demais Poderes, porquanto representa no Estado liberal o espaço institucional legítimo de limitação do poder estatal e de positivação dos direitos individuais por meio do processo legislativo racional conduzido pelos representantes populares.

A centralização e a exclusividade do exercício da atividade jurisdicional constituem-se em pilares fundamentais do Estado moderno,[8] exercendo um papel importante na consolidação do Estado liberal. Neste momento, os tribunais apareceram como instrumentos da soberania estatal – ao lado de Executivo e Legislativo –, sendo os responsáveis únicos e imparciais pela aplicação do direito e pela solução dos conflitos. Apesar de representar um avanço substancial em relação às práticas judiciais passadas, no Estado liberal o Poder Judiciário é relegado a uma instância politicamente neutra, obrigado a cumprir mecanicamente as disposições normativas elaboradas pelo Poder Legislativo. Deste modo, Boaventura de Sousa Santos refere que, no Estado liberal, "os tribunais movem-se num quadro jurídico-político pré-constituído, apenas lhe competindo garantir completamente a sua vigência".[9] Ou seja, a Jurisdição agia apenas para reconstituir uma situação normativa originária, recolocando as coisas em seu devido lugar.

A Jurisdição do período liberal preocupava-se exclusivamente com a solução dos litígios individuais, uma vez que o direito deveria consubstanciar-se num instrumento institucional estável, capaz de responder de

---

[7] A periodização do desenvolvimento do Estado deve ser tomada com muito cuidado, uma vez que os Estados-Nação se desenvolveram de maneira bastante distinta e em tempos históricos diferentes. Assim, sem perder a dimensão política, histórica e econômica que separa os países europeus dos países periféricos, nosso trabalho tem uma preocupação de situar os elementos que alimentam a discussão sobre a crise funcional do Estado ao longo dos tempos, mais especificamente sobre a crise funcional de sua capacidade jurisdicional. Pode-se dizer ainda que grande parte dos países periféricos não passaram por uma etapa de formação liberal, assim como também não constituíram um modelo de Estado social.

[8] É importante frisar que os tribunais apresentam-se na Idade Média como instrumentos importantes para a manutenção e expansão do poder real, sobretudo pela sua capacidade de promover a estabilidade através do controle jurídico e, ainda, por se caracterizarem em eficientes instituições arrecadatórias. Pode-se dizer, segundo Strayer, que os tribunais e o tesouro foram as pilastras do "Estado Medieval", sobretudo na França e na Inglaterra. Obviamente que tais tribunais medievais tinham uma conformação bastante diferente daquela que vai predominar a partir do Estado Moderno. Sobre a importância dos tribunais na formação das condições medievais para o nascimento do Estado Moderno, ver: STRAYER, Joseph R. *Sobre los orígenes medievales del Estado Moderno*. Barcelona: Ariel, 1981.

[9] SANTOS, Boaventura de Sousa *et. all*. *Os Tribunais nas sociedades contemporâneas*. Porto: Afrontamento, 1996, p. 23.

forma segura e previsível apenas sobre o núcleo jurídico central do Estado liberal, que era constituído justamente pelos direitos individuais. Isso não quer dizer que o Estado liberal não tenha enfrentado problemas sociais de natureza coletiva, mas apenas que o projeto estatal liberal não considerou jurídicos tais problemas, principalmente porque também não os considerava como problemas políticos do próprio Estado. Para Bolzan, a "nota central deste Estado Liberal de direito apresenta-se como uma limitação jurídico-legal negativa, ou seja, como garantia dos indivíduos cidadãos frente à eventual ação do Estado, impeditiva ou constrangedora de sua ação cotidiana. Ou seja: a este cabia o estabelecimento de instrumentos jurídicos que assegurassem o livre desenvolvimento das pretensões individuais, aos lado das restrições impostas à sua atuação positiva".[10]

A Jurisdição liberal foi afastada da política e conduzida a um isolamento das questões sociais importantes. Foi tomada como reprodutora da racionalidade legislativa, constituindo uma operacionalidade dogmática alienante, incapaz de pensar o conteúdo do direito, tornando-se fiel promotora da ordem jurídica e econômica liberal. Sua tradição jurídica forjou uma instrumentalidade e uma teoria fechada em si mesma, suficientemente hermética para excluir do debate e da aplicação jurídicas qualquer matéria não contemplada previamente pelo ordenamento jurídico. Os limites políticos da Jurisdição são também os limites da dogmática jurídica liberal que, para garantir a todo custo a segurança jurídica, reduziu-se a uma burocracia simplista e orientou sua atuação para viabilizar os direitos e liberdades individuais contra a intervenção estatal. E essa conformação jurídica, que teve sua importância histórica, não deve causar estranheza, pois, quando se considera a atuação estatal como algo negativo, não se pode esperar muito da Jurisdição que é também uma forma de ingerência do Estado na vida dos indivíduos. Enfim, num Estado mínimo a participação do direito tende a ser quase que exclusivamente retributiva.

Diferentemente das exigências e compreensões impostas pela realidade contemporânea, o Poder Judiciário moderno foi organizado para atuar dentro de limites territoriais precisos e no centro da atividade estatal, sendo eleito como a única e exclusiva instância competente para dirimir conflitos através de pronunciamentos jurídicos. Do mesmo modo, o Judiciário foi estruturado para operar por meio de uma lógica racional-legal que nega a complexidade, que valoriza exageradamente as formalidades e os procedimentos decisórios de tempo diferido e que mascara a substancialidade dos conflitos sociais e econômicos pela adoção de fórmulas e conceitos reducionistas afinados com uma cultura de conservação do projeto liberal-individualista.

---

[10] MORAIS, José Luis Bolzan de. *Do direito social aos interesses transindividuais.* Op. cit. p. 72.

A racionalidade formal-legalista do mundo moderno transforma as reais e históricas desigualdades sociais em conceitos genéricos e abstratos, que viabilizam a igualdade formal de todos os homens, legitimando as contradições sociais e econômicas pelo apego às formalidades da lei, tornando possível a racionalização e o controle do exercício do poder. No contexto moderno, o Judiciário representa uma instituição que visa a garantir a segurança das relações em espaço e tempo precisos e a restabelecer a ordem jurídica, utilizando-se de expedientes racional-legais que permitam uma interferência aparentemente neutra nos conflitos sociais. Com isso, define padrões de legitimidade meramente formais, mas necessários à economia capitalista, e institui uma dinâmica que decide sobre os conflitos sociais sem interferir e sem valorizar o conteúdo de tais conflitos.

O Poder Judiciário moldado pelo Estado moderno estabelece um conjunto de procedimentos decisórios de base racional-formal que negam a política e os conteúdos valorativos das demandas sociais. Em nome da segurança, da ordem e da previsibilidade da ação estatal, a modernidade racionalizou o Poder Judiciário e o incumbiu de proteger o passado legislado e de defendê-lo das interferências da política, dos valores, dos conteúdos que determinam as reais desigualdades desafiadoras de qualquer tipo de ordem. Seu afazer burocrático é marcado pela racionalização dos conflitos de ordem individualista e pela incapacidade de juridicizar os conflitos coletivos, que são aceitos apenas como problemas políticos, econômicos, culturais, históricos, etc.

Enquanto o paradigma moderno tem como pressuposto a idéia de ordem e de estabilidade – a idéia de que o passado se repetirá no futuro –, o que se apresenta na complexidade contemporânea é um tempo de desassossegos, de extrema turbulência, de incertezas e de novos desafios.[11] As certezas deram lugar aos ceticismos; à segurança, ao risco; à racionalidade, ao caos. Local e global confundem-se, e a concepção de tempo é redefinida pela revolução tecnológica. Nesse contexto, o Estado sofre uma crise multifacetada que se assenta na incapacidade de o paradigma moderno atender às novas formas de produção da realidade social, crise que no campo propriamente jurídico se revela nos limites e nas precariedades da dogmática tradicional para atender às demandas da sociedade contemporânea, caracterizada pela conformação de novos modelos de produção da vida social não compreendidos pela racionalidade jurídica liberal.

Em todos os campos da sociedade verifica-se uma perplexidade e uma apreensão com o novo que, ainda não conhecido em sua totalidade, desafia a compreensão do presente e as respostas elaboradas pelo passado.

---

[11] SANTOS, Boaventura de Sousa. *A crítica da razão indolente: contra o desperdício da experiência.* São Paulo: Cortez, 2000.

A capacidade de ação da sociedade foi radicalmente aumentada, o que não se fez acompanhar pela capacidade de previsão das conseqüências de tais ações e, por conseqüência, dos conflitos que a sociedade produz. Vive-se num tempo de transição paradigmática, no qual a racionalidade moderna parece ser insuficiente para explicar as novas racionalidades e complexidades características da contemporaneidade e no qual a crise de identidade funcional acaba por alcançar praticamente todas as categorias e instituições modernas. Enfim, parece não haver mais espaço para um projeto de emancipação dentro da racionalidade científica moderna.

4. Os novos contornos da função jurisdicional no Estado social: uma agenda política para o direito

Com o passar dos anos, o modelo político liberal esgotou sua capacidade de organizar uma sociedade marcada pelas diferenças sociais advindas da radicalização do processo de produção industrial.[12] A agudização das relações entre capital e trabalho exigia um novo comportamento político, capaz de adaptar a figura do Estado tradicional às pressões e às contingências da sociedade industrial e pós-industrial. Diferentemente da passividade do modelo político liberal, o Estado passa a exercer uma função interventiva de promoção social, garantindo um conjunto de direitos claramente voltados para a satisfação de necessidades coletivas materiais das classes menos favorecidas, conformação política que caracterizou o advento do Estado social. Para Manuel García-Pelayo,

> o Estado social significa historicamente a intenção de adaptação do Estado tradicional (pelo que entendemos neste caso o Estado liberal burguês) às condições sociais da civilização industrial e pós-industrial com seus novos e complexos problemas, porém também com suas grandes possibilidades técnicas, econômicas e organizativas para enfrentá-los. Não podemos ver as medidas de tal adaptação como algo totalmente novo, mas sim como uma alteração qualitativa de tendências surgidas no século XIX e começos do século XX para regular, naquele momento, aspectos parciais da sociedade, regulação que sofre em nosso tempo um processo de generalização, integração e sistematização.[13]

---

[12] O Estado-Providência não chegou a ser plenamente constituído nos países periféricos, apesar de ter influenciado a legislação social em praticamente todas as nações democráticas. Se a instituição como um todo foi reservada à realidade européia, não se pode negar que as conquistas sociais dos países periféricos decorrem do projeto político instalado a partir do referido modelo de Estado. Sobre a crise do Estado-Providência, ver: MISHRA, Ramesh. *El estado de bienestar en crisis*. Madrid: Ministerio de trabajo y seguridad social, 1992. Do mesmo autor, O Estado-Providência na sociedade capitalista. Oeiras: Celta, 1995.

[13] GARCÍA-PELAYO, Manuel. *Las transformaciones del Estado Contemporáneo*. Madrid: Alianza, 1996, p. 18. No original: "el Estado social significa históricamente el intento de adaptación del Estado

O Estado assume uma postura de promoção de políticas públicas coletivas, visando a melhorar as condições de vida da classe trabalhadora e, com isso, compensando as diferenças sociais advindas do processo de produção industrial. Distintamente do modelo liberal, que privilegiava a atuação do legislador, no Estado social a prevalência do Poder Executivo sobre os demais Poderes é uma condição para efetivar políticas públicas por meio da capacidade de intervenção na economia. Um dos mecanismos utilizados para reorganizar o quadro social e garantir esta atuação promotora do Estado foi o ordenamento jurídico que, com as mudanças orgânicas e funcionais promovidas pelo Estado intervencionista, altera sua orientação política e passa a representar um instrumento de interferência e assistência estatal para a promoção de políticas sociais.

Como as políticas de administração e de reorganização social dependem da legitimação do direito, este passa a ser um instrumento de intervenção e de assistencialismo, resultando na politização do jurídico e na sua dependência, além da política, das relações econômicas e culturais.[14] A emergência do *Welfare State* promove uma alteração na natureza dos conflitos, que ultrapassa os limites dos litígios de acento individualista para abarcar uma massificação das demandas sociais, o que

> traz para o Judiciário uma situação inusitada e paradoxal: na medida em que a compreensão dos conflitos, sob a égide do direito liberal individualista, conduz a uma reiterada produção de decisões em descompasso com as expectativas sociais coletivas que se formam no processo de aplicação da lei pelo Judiciário – acentuando, gradativamente, a esclerose funcional de suas atividades – a necessidade de legalização dos novos conflitos pelos movimentos sociais, os leva fazer da instância judicial o interlocutor privilegiado de suas estratégias políticas de reconhecimento institucional de direitos.[15]

---

tradicional (por el que entedemos en este caso el Estado liberal burgués) a las condiciones sociales de la civilización industrial y postindustrial con sus nuevos y complejos problemas, pero también con sus grandes posibilidades técnicas, economicas y organizativas para enfrentarlos. No hemos de ver las medidas de tal adaptación como algo totalmente nuevo, sino más bien como un cambio cualitativo de tendencias surgidas en el siglo XIX y comienzos del XX para regular, en aquel entonces, aspectos parciales de la sociedad, regulación que sufre en nuestro tiempo un proceso de generalización, integración y sistematización."

[14] CAPELLA, Juan Ramón. *Fruto Proibido: uma aproximação histórico-teórica ao estudo do direito e do Estado*. Porto Alegre: Livraria do advogado, 2002.

[15] RIBEIRO, Paulo de Tarso Ramos. *Direito e processo: razão burocrática e acesso à justiça*. São Paulo: Max Limonad, 2002. p. 43. No mesmo sentido, APOSTOLOVA, Brista Stefanova. *O Poder Judiciário: do moderno ao contemporâneo*. Porto Alegre: Sergio Fabris, 1998. p. 182, refere que "a concretização dos direitos sociais exige a alteração das funções clássicas dos juizes que se tornam co-responsáveis pelas políticas dos outros poderes estatais, tendo que orientar a sua atuação no sentido de possibilitar e fomentar a realização de projetos de mudança social" (1998, p. 182).

O Estado intervencionista reformula a atuação do direito e dos juristas, tendendo a deixar de ser meramente vigilante para assumir uma função ativa, diretiva. Nesse cenário, adverte Capella,[16]

> o magistrado não é mais a mera "boca da lei" (que nunca foi). A lei em geral, nem estável, nem duradoura, não pode ser seu único ponto de referência. Provavelmente, por razões histórico-culturais, pelo mundo de aparências legitimadoras do poder que neste universo mudado se desenvolve ainda em parte segundo as pautas do Estado gendarme, a magistratura conserva um importante relevo social, e portanto é um reduto de do garantismo jurídico no âmbito público. Apesar disso se encontra funcionalmente em decadência: a atividade processual é demasiado lenta e seguramente demasiado imparcial para os novos e expeditos poderes do capitalismo organizado, que começam a arbitrar suas diferenças mediante a lei da selva econômica.

Zafaroni[17] sustenta que, apesar de o Estado ser significativamente mais complexo do que era antes e de as relações jurídicas se multiplicarem, não foram realizadas as transformações qualitativas na racionalidade jurisdicional, capazes de adaptá-la às novas formas de conflito que deveria enfrentar. Para Campilongo,[18] a consagração de direitos sociais nas Constituições contemporâneas agrega ao "Estado de direito um considerável aumento de complexidade," pois, enquanto o sistema liberal de garantias se pautava pela seletividade e pela ignorância dos conteúdos materiais, o modelo jurídico do Estado social funciona como compensador dos déficits provocados pelo próprio ordenamento. Nesse sentido, "o desafio do Judiciário, no campo dos direitos sociais, era e continua sendo conferir eficácia aos programas de ação de Estado, isto é, às políticas públicas, que nada mais são do que os direitos decorrentes desse 'seletividade inclusiva'".[19] Altera-se significativamente a relação entre os Poderes do Estado, e a independência política do Poder Judiciário torna-se um grande dilema. O Judiciário é constitucionalmente obrigado a intervir em espaços tradicionalmente reservados ao Executivo para garantir direitos sociais e a se

---

[16] CAPELLA, Juan Ramón. Op. cit. 225. Sobre as alternativas à crise de Jurisdição e a nova conformação do direito na sociedade contemporânea, ver: MORAIS, José Luis Bolzan de. Mediação e arbitragem: alternativas à Jurisdição! Porto Alegre: Livraria do Advogado, 1999; MORAIS, José Luis Bolzan de. *Do direito social aos interesses transindividuais*. O Estado e o direito na ordem contemporânea. Porto Alegre: Livraria do Advogado, 1996.

[17] ZAFFARONI, Eugenio Raúl. *Poder Judiciário: crise, acertos e desacertos*. São Paulo: Revista dos Tribunais, 1995.

[18] CAMPILONGO, Celso Fernandes. O Judiciário e a democracia no Brasil. *In: Revista USP*. Dossiê do Judiciário. nº 21. São Paulo: USP, Março/abril/maio de 1994. Dois outros trabalhos do mesmo autor, a respeito do tema, merecem destaque: Magistratura, sistema jurídico e sistema político. In: FARIA, José Eduardo (Org). *Direito e justiça. A função social do Judiciário*. São Paulo: Ática, 1989; Os desafios do Judiciário: um enquadramento teórico. In: FARIA, José Eduardo (Org). *Direitos humanos, direitos sociais e justiça*. São Paulo: Malheiros, 1998.

[19] CAMPILONGO, Celso Fernandes. O Judiciário e a democracia no Brasil. *In: Revista USP*. Dossiê do Judiciário. nº 21. São Paulo: USP, Março/abril/maio de 1994.

manifestar sobre um novo campo de litigiosidade, marcadamente coletivo e de orientação fortemente política.

As alterações nos padrões legislativos iniciadas pelo advento do Estado social influenciou na redefinição dos papéis da atividade jurisdicional, tornada mais atuante e mais discricionária para atender à aplicação de um direito que se torna mais principiológico e mais aberto, exigindo, por conseqüência, uma atuação mais presente do magistrado. Não se trata de iniciar um relativismo jurisdicional sem parâmetros, mas de uma necessária discricionariedade para interpretar e aplicar os ideais constitucionais apresentados em forma de princípios constitucionais semanticamente abertos.[20] Do mesmo modo, as cartas internacionais de direitos humanos, resultados dos avanços e conquistas da democracia, foram aos poucos orientando uma nova agenda para a racionalidade constitucional, processo que rapidamente conduziu a uma mudança qualitativa, porém complexa, dos conteúdos das legislações nacionais. Segundo José Eduardo Faria,

> por tratar o sistema jurídico com um rigor lógico-formal tão intenso que inibe os magistrados de adotar soluções fundadas em critérios de racionalidade substantiva, o Judiciário se revela tradicionalmente hesitante diante das situações não-rotineiras; hesitação essa que tende a aumentar à medida que, obrigados a interpretar e aplicar os direitos humanos e sociais estabelecidos pela Constituição, os juízes enfrentam o desafio de definir o conteúdo das normas programáticas que expressam tais direitos ou considerar como não-vinculante um dos núcleos centrais do próprio texto constitucional.[21]

Ao mesmo tempo em que o Estado se comprometeu com uma pauta social composta de um rol de direitos coletivos, o direito adquiriu uma virtude reivindicatória, definida pela capacidade de se recorrer ao Judiciário para exigir o cumprimento de tais direitos positivos. Enquanto no Estado liberal o direito pretendia afastar o Estado do cidadão, com o Estado social o direito assume uma função positiva, marcada pelo poder de aproximar positivamente o Estado da sociedade civil e pela capacidade de se exigir judicialmente o cumprimento dos direitos sociais. Assim, com o desenvolvimento do Estado social e de sua agenda de igualdade, o Judiciário foi introduzido no espaço da política para viabilizar a vontade coletiva consagrada na legislação protetora dos direitos fundamentais.[22]

---

[20] CAPPELLETTI, Mauro. *Juízes legisladores?* Porto Alegre: Sergio Fabris, 1999, p. 42. A respeito do tema, ver especialmente o capítulo que trata das "causas e efeitos da intensificação da criatividade judicial."

[21] FARIA, José Eduardo. Os desafios do Judiciário. *In: Revista USP.* Dossiê do Judiciário, nº 21. São Paulo: USP, Março/abril/maio de 1994. p. 50.

[22] Cf. VIANNA, Luiz Werneck. et. al. *A judicialização da política e das relações sociais no Brasil.* Rio de Janeiro: Revan, 1999. Adverte Viana: "É portanto, a agenda da igualdade que, além de importar a difusão do direito na sociabilidade, redefine a relação entre os três Poderes, adjudicando ao Poder Judiciário funções de controle dos poderes políticos", p. 21. Ver, dos mesmos autores: *Corpo e alma da Magistratura brasileira.* Rio de Janeiro: Revan, 1997. De acordo com Vianna, a adoção de padrões

Da mesma forma, a invasão do direito pela política estabelece uma nova relação entre a sociedade e o Estado, pois evidencia o caráter operacional do direito para a consecução das políticas sociais que, até então, estiveram presentes apenas no embate travado no campo político. Segundo Streck, esta capacidade de recorrer à Jurisdição para satisfazer os direitos não cumpridos pelos outros Poderes é característica de uma nova dimensão política/jurídica estatal, isto é, que define aquilo que se denominou Estado Democrático de Direito. Como refere Lenio Streck, "se com o advento do Estado social e o papel fortemente intervencionista do Estado o foco de poder/tensão passou para o executivo,[23] no Estado Democrático de Direito há uma modificação desse perfil. *Inércias do Executivo e* a falta de atuação do Legislativo passam a poder ser supridas pelo Judiciário, justamente mediante a utilização dos mecanismos jurídicos previstos na Constituição que estabeleceu o Estado Democrático de Direito".[24]

O Judiciário emerge, portanto, como espaço de proteção em um contexto social em que o Estado se ausenta, se fragiliza e não consegue garantir os direitos prometidos. Segundo Vianna, apoiado em Garapon, "a emergência do poder Judiciário, corresponderia, portanto, a um contexto em que o social, na ausência do Estado, das ideologias, da religião, e diante de estruturas familiares e associativas continuamente desorganizadas, se identifica como a bandeira do direito, com seus procedimentos e instituições, para pleitear as promessas democráticas ainda não realizadas na modernidade".[25]

É importante referir que a realidade brasileira, assim como a dos demais países periféricos – que sequer estabeleceram um Estado de Bem-Estar-Social, que enfrentaram longos períodos de ditadura militar e que sempre apresentaram uma crise financeira e uma dependência externa –, apresenta-se de modo especialmente paradoxal, pois a constitucionaliza-

---

legislativos abertos e indeterminados por parte do Estado Social, presente sobretudo em suas "normas de sentido promocional prospectivo", ampliou o poder criativo da interpretação dos juízes e desneutralizou o Poder Judiciário.

[23] Segundo Vianna et. al. "a primazia do executivo em face do legislativo seria constitutiva da operação do Estado social, ao tempo em que fez do direito um dos seus principais de comunicação, pondo sob ameaça a repartição democrática entre os Poderes. O Estado social, ao selecionar o tipo de política pública que vai constar da sua agenda, como também ao dar publicidade às suas decisões, vinculando as expectativas e os comportamentos dos grupos sociais beneficiados, traduz, continuamente, em normas jurídicas as suas decisões políticas. A linguagem e os procedimentos do direito, por que são dominantes nessa forma de Estado, mobilizam o Poder Judiciário para o exercício de um novo papel, única instância institucional especializada em interpretar normas e arbitrar sobre sua legalidade e aplicação, especialmente nos casos sujeitos à controvérsias." VIANNA, Luiz Werneck. et. al. *A judicialização da política e das relações sociais no Brasil.* Op. cit. p. 20.

[24] STRECK, Lenio Luiz. *Hermenêutica Jurídica (e)m crise. Uma exploração hermenêutica da construção do direito.* Porto Alegre: Livraria do Advogado, 1999, p. 38.

[25] Cf. VIANNA, Luiz Werneck *et al. A judicialização da política e das relações sociais no Brasil*, p. 149.

ção dos direitos sociais não foi capaz de alterar substancialmente a pauta política e de gerar uma atuação estatal de promoção dos direitos sociais.[26] Isto é, apesar de constitucionalmente obrigado, o Estado ainda não se livrou das históricas amarras políticas e econômicas que produziram o déficit social que massacra o Brasil e que fragiliza o seu projeto constitucional.

Por outro lado, parece correto afirmar, como faz Vianna,[27] que a desneutralização do Judiciário, o ativismo judicial e a judicialização da política são processos que, ressalvadas as peculiaridades de cada país no tocante à intensidade de tais fenômenos, apresentam-se em quase todo mundo ocidental. No Brasil, as dificuldades de implementação dos direitos sociais constitucionalmente assegurados transformaram o Poder Judiciário em espaço de reivindicação, obrigando-o a tratar de questões que num passado recente seriam objeto da ação política exclusiva dos demais Poderes. A distância entre as expectativas constitucionais e a realidade social conduziu a uma nova modalidade de investida política da sociedade civil, sustentada no direito e travada no campo institucionalizado dos tribunais. O Poder Judiciário passa a representar para a sociedade civil um poder interventivo, um poder ativo na realização das promessas constitucionais e na afirmação da democracia. Assim, de acordo com José Reinaldo de Lima Lopes, "chegam ao Judiciário questões que o sistema representativo brasileiro e a sociedade não têm conseguido resolver".[28]

A afirmação da democracia política permitiu uma maior mobilização e organização da sociedade civil e, por conseqüência, viabilizou o crescimento das identidades coletivas em torno de objetivos comuns reveladores das necessidades não satisfeitas pelo Estado, mas que passaram a configurar no texto constitucional a partir de 1988. Com essa nova conformação do Estado brasileiro os movimentos sociais,[29] as associações e demais atores coletivos ganham visibilidade e constroem espaços de atuação política fora dos ambientes tradicionais dos sindicatos e dos partidos políticos. A incapacidade do Estado brasileiro em promover uma política social substancial, incapacidade diretamente relacionada como seu legado patrimonialista e clientelista, conduziu a uma multiplicação das reivindicações

---

[26] SANTOS, Boaventura de Sousa. et. al. *Os Tribunais nas sociedades contemporâneas*. O autor português destaca que não se pode falar em Estado de Bem-Estar Social nos países periféricos, razão pela qual o estudo dos Tribunais desses países não pode seguir a mesma referência dos países europeus.

[27] VIANNA, Luiz Werneck. et. al. *Corpo e alma da Magistratura brasileira*. Op. cit.

[28] LOPES, José Reinaldo de Lima. Justiça e Poder Judiciário ou a virtude confronta a instituição. In: Revista USP. *Dossiê do Judiciário* nº 21. São Paulo: USP, março/abril/maio de 1994, p. 28.

[29] A respeito dos dilemas e das crise do Judiciário frente à conflituosidade social encampada pelos novos movimentos sociais, merece destaque o trabalho de FARIA, José Eduardo. *Justiça e conflito*. 2ed. São Paulo: Revista dos Tribunais, 1992.

sociais de natureza coletiva direcionadas à melhoria das condições materiais de vida. Essa nova forma de conflituosidade invade o Poder Judiciário e instaura uma situação paradoxal, pois ao mesmo tempo em que define a Jurisdição como um novo campo para a defesa dos interesses coletivos, revela as limitações e precariedades da racionalidade jurídica para o trato dessa mesma conflitividade coletiva.[30]

O incremento da agenda neoliberal no Brasil agravou ainda mais a tensão entre os Poderes Legislativos e Executivo, de um lado, e o Poder Judiciário do outro, uma vez que o projeto constitucional foi bastante abalado com a execução da pauta econômica liberalizante, a qual elevou o mercado a instância determinante das relações sociais, ordenando um conjunto de modificações e reformas políticas e jurídicas, de constitucionalidade duvidosa, para viabilizar o ingresso do país no livre comércio mundial. Em nome do mercado e da concorrência externa iniciou-se uma corrosão da Constituição, caracterizada, como se disse, por um conjunto de reformas políticas e estruturais contrárias aos propósitos constitucionais, situação que levou a sociedade civil, os partidos políticos e demais atores sociais a buscarem no Poder Judiciário a proteção dos valores fundamentais do Estado Democrático de Direito instituído pela Constituição de 1988.[31]

De um modo geral, " a democratização social, tal como se apresenta no *Welfare State,* e a nova institucionalidade da democracia política que se afirmou, primeiro, após a derrota do nazi-facismo e depois, nos anos 70, com o desmonte dos regimes autoritário-corporativos do mundo ibérico (europeu e americano), trazendo à luz Constituições informadas pelo princípio da positivação dos direitos fundamentais, estariam no cerne do processo de redefinição entre os três Poderes, ensejando a inclusão do Poder Judiciário no espaço da política".[32] Esse protagonismo da Jurisdição não é decorrente de sua própria vontade, mas de um conjunto de alterações significativas que se operaram entre a sociedade e o Estado e, obviamente, das alterações processadas no campo econômico nas últimas décadas. Por outro lado, o fato de o Poder Judiciário assumir novos papéis não significa que estivesse preparado para esse desafio. Pelo contrário, se é verdade que a moderna concepção de Poder Judiciário não subsiste mais, eis que sua racionalidade assume um papel importante para a afirmação das promessas

---

[30] Ao longo de todo o trabalho ficará bem caracterizada a crise que se abate sobre a racionalidade jurídica moderna, definida pela sua incapacidade de responder às demandas contemporâneas, entre as quais situam-se as de natureza coletiva.

[31] VIANNA, Luiz Werneck. et. al. *A judicialização da política e das relações sociais no Brasil*. Rio de Janeiro: Revan, 1999. Basta notar o número significativo de ações diretas de inconstitucionalidade visando discutir a legitimidade constitucional das medidas do Executivo.

[32] Ibidem, p. 22.

democráticas, parece correto afirmar também que existe uma certa obnubilação existencial deste poder, representada pelos diversos velamentos e cegueiras que marcam a crise de funcionalidade da Jurisdição.

5. (Neo)pluralismo e os (des)caminhos da Jurisdição tradicional

É notório que as dificuldades da Jurisdição tradicional se agravaram com a crise do Estado social e com o advento da globalização econômica. Esta fase da história é paradigmática e se constitui numa nova e complexa realidade a ser tratada pelo direito. O contemporâneo, resultado de uma elaboração em curso, desconhece limites de tempo e de espaço, reduz significativamente as fronteiras entre as nações, pulveriza o processo de produção de mercadorias e cria redes de mercados, torna o capital financeiro um agente especulador sem nacionalidade e sem controle estatal, enfim, faz com que a política seja substituída pelo mercado como espaço máximo de regulação e de controle social. O processo de exclusão social é intensificado pela aposta no projeto global de mercado, que prima pelo reinado do lucro e diminui as potencialidades das políticas públicas dos Estados-nação. Novas formas de conflitividade são geradas a partir de novos focos de pressão social, pois os conflitos de massa, étnicos e culturais redefinem a pauta de demandas sociais e jurídicas, exigindo uma ampliação do poder jurisdicional.

A sociedade contemporânea evidencia um novo paradigma, centrado na celeridade e no risco das relações, na transposição dos espaços geográficos de produção econômica e jurídica, na construção de novos espaços de decisão e de influência, na conflitividade complexa, características que têm levado a uma crise de identidade funcional das instituições modernas, da qual o Poder Judiciário não ficou isento. As pressões provocadas pela desterritorialização do processo produtivo, pela transnacionalização dos mercados, pela redefinição de tempo e de espaço, pela rapidez e incerteza das relações sociais, pelas demandas cada vez mais complexas, caracterizam o cenário contemporâneo como uma sociedade bastante distinta daquela na qual o Poder Judiciário, nos moldes pensados pelo moderno Estado de Direito, estava acostumado a interferir, o que contribui significativamente para o estabelecimento de uma crise de identidade funcional deste poder.[33]

---

[33] FARIA, José Eduardo. O Poder Judiciário nos universos jurídico e social: esboço para uma discussão de política judicial comparada. *In: Revista Serviço social e sociedade.* Ano XXII, nº especial, São Paulo: Cortez, 2001.

A racionalidade moderna, capaz de estabelecer conceitos e abstrações sempre "apropriados" para responder às demandas sociais, de racionalizar o conflito e reduzir as complexidades, de engendrar limites geográficos para o exercício do direito e do poder, de legitimar instituições e categorias sociais pela dimensão formal, a-histórica e apolítica da legalidade estatal, sofre com o contexto contemporâneo uma crise conceitual, que é ao mesmo tempo uma crise de eficiência e de viabilidade.

A realidade contemporânea manifesta racionalidades específicas e muitas vezes incompatíveis entre si, que não são absorvidas e compreendidas pela dinâmica operacional do Poder Judiciário moderno, o que tem contribuído para a formação de novas formas e instâncias de regulação, controle e decisões sociais não alcançadas pelo Judiciário. As modernas promessas do Estado-Juiz são incapazes de abarcar a complexidade dos conflitos atuais. Ora, enquanto estes conflitos não reconhecem o limite das fronteiras dos Estados-Nação, o Judiciário mantém-se fiel a uma noção de competência essencialmente territorial; enquanto a economia globalizada opera em tempo real, primando pela rapidez das relações e das trocas, o tempo dos procedimentos judiciais é o tempo do retardamento, o tempo diferido; enquanto proliferam conflitos sociais de massa, próprios de uma realidade social cada vez mais excludente, o Poder Judiciário permanece operando com um referencial teórico-prático que desconhece o conflito e reconhece apenas uma luta processual entre sujeitos iguais de direitos; enquanto as Constituições contemporâneas consagraram positivamente princípios e escolhas morais publicamente construídos, valorizando as experiências e os valores históricos, o Judiciário permanece administrando os conflitos sociais da mesma forma que protegia a propriedade e a liberdade no século XVIII, isto é, apenas racionalizando e institucionalizando os conflitos em vez enfrentá-los com suas complexidades. O quadro de complexidade aponta para o "esgotamento dos parâmetros jurídico-processuais em que foram afinal enquadrados os direitos individuais e coletivos no processo de racionalização desses mesmos direitos".[34]

Definitivamente as promessas da modernidade de garantir a segurança jurídica a partir de um sistema normativo racionalizador, hermético e apolítico não passaram de uma ilusão com força ideológica capaz de legitimar um modelo de organização do poder estatal. O reducionismo legalista cega o direito na capacidade de ver a amplitude das relações que marcam a vida social em seu eterno processo de construção de significados, verdades, comportamentos e também regulamentos. Além disso, en-

---

[34] RIBEIRO, Paulo de Tarso Ramos. Direito e processo: razão burocrática e acesso à justiça. p. 58-59. Ver ainda STRECK, Lenio Luiz. A crise de efetividade do sistema processual brasileiro. *In: Revista Direito em debate*. nº 5. Ijuí: Unijuí, 1995.

clausura o direito numa redoma de fórmulas e de procedimentos orientados de maneira dispositiva para regular de modo exclusivo as relações sociais, como se estas compusessem uma realidade observável e controlável somente através dos mecanismos jurídicos.

Ocorre que estes mitos jurídicos modernos, apesar de ainda insistirem e persistirem na produção de saberes e verdades jurídicas, estão sendo duramente questionados em sua essência pelo novo quadro de realidades econômicas, culturais e políticas, que não se resume e não se explica a partir de tais mitos, uma vez que as exigências da vida contemporânea são cada vez mais complexas, imprevisíveis e determinadas por variantes praticamente desconhecidas da racionalidade moderna ou consideradas pouco significativas no processo de produção de suas verdades e de suas instituições.

O tempo é outro e distinto daquele que fez nascer a razão jurídica moderna. Vive-se hoje em um tempo de reorganização paradigmática em que a capacidade social de produzir riscos e problemas é bastante maior do que a capacidade de estabelecer soluções para atenuar esse mesmo risco ou resolver as demandas sociais. A globalização, processo paradoxal e multifacetado que avança e retrocede de forma cíclica, produz um aumento vertiginoso na capacidade de exploração econômica, amparada numa incessante revolução tecnológica que, por sua vez, não consegue prever e nem solucionar os perigos advindos dessa veloz expansão. Quanto maior é a capacidade tecnológica de expandir a economia, maior é o grau de incerteza e insegurança quanto aos possíveis riscos sociais que poderão advir desse crescimento.[35] E se maior é a capacidade social de se produzirem danos e riscos, maior também é a necessidade de se regulamentar,

---

[35] A título de exemplo, José Eduardo Faria, na obra organizada conjuntamente com Kuntz, destaca que "quanto mais a engenharia nuclear, a engenharia econômica, a biotecnologia e a biogenética avançam, maiores são os riscos de terremotos financeiros, crises de liquidez, especulações, golpes e manipulações em bolsas de valores, pânico no sistema securitário, corridas no sistema bancário e choques estruturais nos mercados de capitais, levando à inadimplência generalizada de empresas e famílias e/ou reduzindo a pó tanto o pecúlio de pequenos e médios poupadores quanto o patrimônio dos grandes investidores; de desastres genéticos, catástrofes tecnológicas, acidentes ecológicos, mudanças climáticas e degradação ambiental irreversível, penalizando comunidades inteiras e condenando ou comprometendo a qualidade de vida das gerações futuras..." FARIA, José Eduardo; KUNTZ, Rolf. Qual o futuro dos direitos? São Paulo: Max Limonad, 2002. Esse fenômeno pode ser identificado em dois acontecimentos atuais da realidade brasileira: a) a discussão que envolve a liberação para plantio e comercialização da soja transgênica, um debate que gira em torno dos possíveis riscos à saúde humana, por um lado, e o aumento dos lucros da produção, por outro. Esse caso específico, de notória complexidade, gerou manifestações judiciais de todas as ordens e um conjunto de regulamentos administrativos, até que se aprovou um projeto de lei que, apesar de manter uma série de dúvidas sobre o futuro da temática, tentou dar um horizonte para a questão. b) O outro acontecimento refere-se à crise financeira que assola a multinacional Parmalat e que vai afetar diretamente a maioria dos produtores brasileiros de leite e suas respectivas cooperativas. Veja-se que neste caso a Jurisdição tradicional pouco ou nada poderá fazer para resguardar os direitos dos produtores, problema que já foi absorvido e será tratado pelo sistema político.

de normatizar para evitá-los ou para corrigi-los/atenuá-los no caso de litígio.

A reestruturação capitalista, caracterizada pela internacionalização dos mercados, pela desregulamentação da economia, pela dizimação dos monopólios públicos, do mesmo modo que ampliou a capacidade de produção e acirrou a competitividade, alterou, no plano social, a dimensão estrutural dos padrões de trabalho e motivou um desmantelamento das políticas de emprego e de seguridade social. Esse mesmo cenário afetou e reorientou a dimensão e a capacidade política soberana dos Estados, principalmente devido à internacionalização dos processos de decisão e à crescente perda de legitimidade da democracia representativa. No campo propriamente jurídico, é largamente perceptível a precarização dos direitos sociais, assinalada especialmente pela deslegalização e desconstitucionalização de tais direitos. Além disso, a reestruturação da economia capitalista afetou as tradicionais instituições modernas de resolução de conflitos, conduzindo-as a uma completa reformulação estrutural e funcional ou mesmo abandonando-as e constituindo novos e alternativos modelos jurisdicionais, mais sintonizados com a lógica do mercado.[36]

Na medida em que a economia globalizada opera em escala planetária, amparada na internacionalização do mercado de capitais, na competição cada vez mais acirrada, na política de créditos internacionais, na concessão de vantagens públicas aos grandes investidores, enfim, na medida em que o mercado mundial exige ambientes seguros e confiáveis para realizar os seus negócios, os Estados-Nação ficam reféns de um conjunto de políticas econômicas fixadas externamente, mas que são impostas pelo mercado como necessárias para viabilizar sua inserção no cenário mundial, o que corrói a autonomia interna dos países na definição de suas políticas econômicas. Dito de maneira diferente, a participação de países periféricos no mercado internacional está condicionada à perda de autonomia política e econômica, bem como à assunção de um conjunto de ajustes financeiros que visam a garantir estabilidade e confiabilidade para a realização das negociações comerciais.

Como a economia globalizada internacionaliza o mercado, seja de produtos, serviços ou créditos, sua dinâmica desloca-se de acordo com padrões econômicos internacionais, que desconsideram em grande medida a ingerência dos mecanismos estatais tradicionais, os quais foram estruturados para atuar num espaço limitado e por isso insuficientes para enfrentar os problemas de natureza transnacional. Por essa razão surge um conjunto de organismos e instituições internacionais, em grande parte

---

[36] FARIA, José Eduardo; KUNTZ, Rolf. Op. cit.

privados, com o objetivo de organizar e solucionar os litígios que ocorrem nas relações econômicas internacionais.

Quanto mais rápido for este processo de internacionalização da economia, mais rapidamente a Jurisdição tradicional revelará sua incapacidade de solucionar os impasses advindos da globalização econômica. Primeiro, porque sua competência é geograficamente restrita, o que destoa da dinâmica de um mercado internacional; segundo, porque os procedimentos utilizados pela Jurisdição tradicional funcionam num tempo diferido, de retardamento, enquanto os conflitos internacionais exigem respostas rápidas, adequadas às operações do mercado; terceiro, porque o direito estatal tradicionalmente aplicado pela atividade jurisdicional passa a ganhar uma nova feição, caracterizada pela desregulação, desformalização e deslegalização, movimento que reflete a incapacidade do Estado em regular a sociedade e organizar a economia por meio dos instrumentos tradicionais. Surgem, muito rapidamente, normatividades paralelas e novos ambientes de regulamentação e de deliberação sobre assuntos capitais para o projeto estatal, que tendem a suplantar a exclusividade do ordenamento jurídico positivo.[37] Calera chama a atenção para o fato de que a desregulação faz parte de uma recuperação conservadora por parte da sociedade civil, que exige um saneamento jurídico para poder constituir os espaços de liberdade necessários ao livre desenvolvimento do mercado. No lugar dos textos legais, a desregulação pretende fortalecer "a 'contratualização' das relações jurídicas frente à intervenção do Estado".[38] Por mais precário que possa ser o direito estatal, o autor prefere confiar a ele os rumos da sociedade do que deixá-la à mercê do jogo incontrolável das liberdades econômicas e dos grupos privados.

É importante destacar, no entanto, que a crise da Jurisdição não se inicia com a reestruturação da economia capitalista e com o advento de uma sociedade global, mas tão-somente se agrava, eis que são inúmeras e diferentes as variantes que a compõem. Pode-se afirmar que a crise funcional da Jurisdição decorre de um conjunto de várias crises que afetam o modelo moderno de direito como um modelo de regulação e reprodução social. O descompasso entre realidade e Jurisdição não é novo, resultando de um conjunto de desajustes nos planos estrutural, epistemológico, ope-

---

[37] É importante notar, como adverte Faria, que "estão florescendo os mais variados procedimentos negociais, mecanismos informais e órgãos para-estatais de resolução de conflitos, sob a forma de esquemas de mediação, conciliação, arbitragem, auto-composição de interesses e auto-resolução de divergências e até mesmo da imposição da lei do mais forte nas áreas periféricas inexpugnáveis sobre controle do crime organizado e do narcotráfico (constituindo esta última um direito marginal que, na prática, revela-se um contra-direito)." FARIA, José Eduardo; KUNTZ, Rolf. *Qual o futuro dos direitos?* p. 71.
[38] CALERA, Nicolás María López. Yo, el Estado. Madrid: Trotta, 1992. p. 27. No original: la "contractualización" de las relaciones jurídicas frente a la intervención del Estado.

racional, teórico, representados, por sua vez, pela formação extremamente positivista dos operadores jurídicos, pela burocracia judicial ultrapassada, pelos déficits instrumentais do Poder Judiciário, pela falta de recursos humanos, pelos índices elevados de corrupção, pela legislação processual excessivamente desarticulada, etc.

Quando há referência ao surgimento de ambientes não-oficiais de regulação e de resolução de conflitos é preciso, de plano, desfazer uma confusão: o quadro de novas regulações não é novo, mas é mais complexo, pois, se antes a Jurisdição conseguia conviver com ou mesmo absorver as diversas racionalidades regulatórias provenientes de um direito nascido das relações sociais, à sombra do direito oficial, os traços da realidade contemporânea acusam a limitação da atividade jurisdicional frente às demais instâncias de regulação e decisão, que nascem da precariedade jurisdicional convencional e do espaço deixado pelo direito oficial no trato de questões contemporâneas.

Tendo em vista que a economia globalizada enfraquece a autonomia das nações na definição de suas próprias políticas sociais, porque diretamente subordinadas ao fluxo da política monetária internacional, a legislação de cunho social perde muito de sua eficácia, de sua normatividade, reduzindo-se praticamente a uma dimensão simbólica. Esta mesma lógica está presente nas reformas constitucionais que atacam o conjunto de direitos sociais e que são apresentadas como necessárias ao ajustamento do Estado à nova realidade e às exigências da economia global.

Nesse cenário, a Jurisdição defronta-se com um grande paradoxo, pois, ao mesmo tempo em que tem o dever de fazer cumprir a lei, revela-se incapaz de garantir uma intervenção que viabilize o cumprimento dos direitos sociais, direitos estes que dependem de uma atuação direta na esfera econômica que, por sua vez, está subordinada mais à racionalidade do mercado do que à racionalidade do direito. Numa sociedade em plena reformulação paradigmática, portanto, a inclusão social dificilmente se dará de modo substancial pela prática jurisdicional tradicional, sobretudo porque a reestruturação capitalista esvazia os direitos sociais e ultrapassa os mecanismos jurisdicionais modernos pela adoção de um conjunto de procedimentos mais sintonizados com as exigências do mercado, as quais dizem respeito aos níveis de estabilidade e de confiança necessárias para o desenvolvimento das relações comerciais. Distintamente de uma Jurisdição exclusiva e centralizada nas mãos do Estado, verifica-se o aparecimento de novos ambientes de regulação, controle e decisão, constitutivos de um neopluralismo jurisdicional e normativo, limitando consideravelmente a capacidade deliberativa da Jurisdição tradicional e reduzindo a imperatividade do direito positivo.

O exercício jurisdicional necessita revitalizar-se pela constituição de um novo paradigma de compreensão da conflitividade social em contínua transformação e assumir a realização política de determinados valores pelo cumprimento e pela promoção de um projeto de direito. Apesar de a crise estrutural do Judiciário ser significativa, a crise de identidade funcional é antes uma crise de racionalidade, de percepção epistemológica do direito e dos conflitos sociais contemporâneos.

A crise da Jurisdição revela-se como uma crise dos fundamentos dogmáticos da modernidade jurídica que, orientada para a preservação do passado por meio de práticas jurídicas de repetição, é incapaz de trabalhar com a diferença, com a complexidade da sociedade global, bem como não é apta para tomar decisões que garantam o futuro. Veja-se, por exemplo, que os direitos de terceira geração, como o direito ao meio ambiente, direito à autodeterminação dos povos, os direitos relacionados à engenharia genética e outros tantos, que estão ligados à preservação do futuro e que são capazes de ligá-lo ao passado e ao presente, pois a vida é que une estes três momentos temporais, são objeto de uma Jurisdição que se poderia chamar de simbólica, pelo fato de possuir uma competência inercial e inoperante, uma Jurisidição que apenas parece ser capaz de responder eficazmente a esses tipos de problema.

Leonel Severo Rocha entende esta questão do tempo e do direito como uma questão paradoxal, decorrente da existência de duas racionalidades diferentes que incidem conjuntamente no processo de decisões. Para o autor, "temos uma racionalidade jurídica tradicional de repetição, de uma certa legalidade, talvez necessária, e, ao mesmo tempo, temos necessidade de tomar decisões mais sociais, mais políticas, levando-se em consideração o novo tempo da sociedade, sociedade do futuro. Aí temos um paradoxo, quer dizer, começamos a enfrentar problemas ainda maiores".[39] Em razão desse paradoxo, o autor destaca a necessidade de um Judiciário como organização "voltada a tomar decisões que levem em consideração esta questão de programação mais constitucional da repetição e da programação finalística da produção da diferença".[40]

Nesse cenário de redefinição das funções do Estado, prossegue Campilongo, o problema que se coloca para as funções jurisdicionais é de fundamental importância, pois somente um Judiciário sintonizado com o seu tempo será capaz de fazer frente aos subsistemas jurídicos que rejeitam

---

[39] ROCHA, Leonel Severo. O direito na forma de sociedade globalizada. *In: Anuário do Programa de Pós-graduação em Direito da Unisinos. Mestrado e doutorado – 2001.* São Leopoldo: Unisinos, 2001. p. 134.
[40] Ibidem. p. 134. Segundo o autor, "usamos o Direito como um controle do tempo baseado no passado, baseado na Constituição, por exemplo, e, ao mesmo tempo, temos de agir de maneira diferente, baseados no futuro", p. 134.

o direito estatal e que trazem consigo o poder de invalidação do direito por meio da valorização de ambientes de regulação privados.

Tendo em vista que a crise enfrentada pelo Poder Judiciário pode ser identificada como uma crise da racionalidade moderna em todos os níveis sociais, a compreensão do problema jurídico contemporâneo exige uma visão interdisciplinar, necessária para enfrentar todas as variantes que moldam a nova conformação da realidade jurídica. Ademais, a leitura da complexidade social, que afeta as funções jurisdicionais, não pode ser feita de forma reducionista, sem considerar as diferentes formas de organização da vida contemporânea.

6. O pragmatismo e a reflexividade do direito como vetores de uma nova operacionalidade jurídica

Essa nova conformação do direito, para responder aos apelos de uma economia global, de uma sociedade complexa, de um multiculturalismo progressivo, e para responder aos riscos cada vez maiores produzidos pelo avanço tecnológico, faz aparecer racionalidades orientadas por uma grande tendência ao pragmatismo que, diferentemente das abstrações universalistas da modernidade, empenha-se em responder aos conflitos da sociedade de mercado a partir de um "direito negociado", um direito construído e que se move pela exigência das respostas rápidas, um direito invadido pelo pragmatismo do mercado. Mas esse pragmatismo também é revelador de outras facetas, obrigando os atores sociais a se exporem – mesmo que seja, como na maioria das vezes, para legitimar escolhas –, pois as negociações exigem a definição dos sujeitos interlocutores no processo de deliberação sobre o direito. Além do mais, não é o sujeito isolado que negocia o seu interesse, mas interesses coletivos que são colocados na pauta de negociação e regulação, processo este que foi alimentado também por conta do "descentramento" do sujeito como justificador único do direito e, por conseqüência, da valorização de novas categorias e bens a serem protegidos pela tutela jurisdicional.[41]

---

[41] Neste sentido o subjetivismo jurídico e a razão onipresente do sujeito, típicos da racionalidade moderna, perdem espaço e permitem pensar o direito como instância de proteção de novos sujeitos, sobretudo os coletivos e os grupos considerados especiais (crianças, idosos, índios, negros, mulheres, etc...) e mesmo de categorias até pouco tempo afastadas da tutela do Estado, como o meio ambiente, as relações de consumo, a biotecnologia e muitos outros bens. A respeito das novas perspectivas do direito na sociedade pós-moderna é importante referência a obra de ARNAUD, André-Jean. *O Direito entre modernidade e globalização: lições de Filosofia do direito e do Estado*. Rio de Janeiro: Renovar, 1999.

Na inexistência de um poder que centralize o processo de produção e aplicação do direito no contexto de várias e complexas racionalidades, a sociedade contemporânea cede espaços para que surjam instâncias alternativas de regulação e solução de conflitos, processo que se dá tanto nacionalmente como internacionalmente. Na seara internacional surge um direito paralelo ao dos Estados (basicamente de natureza mercatória), fruto da integração econômica e da formação de blocos entre as nações, ou mesmo fruto da "proliferação dos foros de negociação descentralizados estabelecidos pelos grandes grupos empresariais".[42] Esse direito marginal produzido pelas grandes corporações e blocos econômicos acaba por interferir na própria legislação nacional que, preocupada em manter os níveis de confiabilidade e de segurança para os investidores externos, segue os ditames que orientam a dinâmica do comércio internacional. Outro exemplo que também revela o enfraquecimento do direito positivo e a incapacidade de a Jurisdição estatal monopolizar a solução dos conflitos é verificado nas técnicas de regulação e resolução de interesses no universo do crime organizado, portador de uma lógica própria, que garante a estabilidade e a continuidade de sua racionalidade.

Ao constatar na sociedade contemporânea a publicização do privado e a privatização do público, a quase total indistinção entre poderio econômico e poderio político, como também o papel normativo exercido pela administração pública que, sem controle do Parlamento e convivendo com uma multiplicidade de instâncias decisórias, estabelece um conjunto de orientações para organizar os interesses da sociedade civil, André-Noël Roth[43] destaca que a sociedade se encaminha para um "modelo de regulação social neofeudal", no qual as empresas transnacionais dominantes vão definindo o quadro jurídico de acordo com seus interesses, reservando à periferia uma atuação residual para ajustar detalhes, sem poder ultrapassar o quadro geral da regulação fixada.

Nesse contexto, em que o Estado demonstra total incapacidade para monopolizar o processo de regulação e resolução dos conflitos, tende a se desenvolver, segundo o mesmo autor, um "direito reflexivo, ou seja, um direito procedente de negociações, de mesas redondas, etc. (...)".[44] Assim, "a teoria do direito reflexivo integra a incapacidade atual do Estado de 'dirigir' a sociedade e legitima a multiplicação de instâncias de negocia-

---

[42] FARIA, José Eduardo (Org). *Direito e globalização econômica*. São Paulo: Malheiros, 1996, p. 11. A título de exemplo pode-se destacar a proliferação de arbitragens internacionais privadas que atuam na solução de grande parte dos conflitos entre empresas transnacionais, fenômeno que comprova a transformação em curso que afeta os mecanismos tradicionais de resolução dos conflitos.

[43] ROTH, André-Noël. O direito em crise: o fim do Estado moderno? In: FARIA José Eduardo (Org.) *Direito e globalização econômica: implicações e perspectivas*. São Paulo: Malheiros, 1996.

[44] Ibidem, p. 22.

ções entre atores sociais (...) O papel do Estado se limita, por um lado, a dar indicações e promover incitações (não coativas), quanto ao conteúdo das regras, e por outro lado, a controlar a conformidade dos procedimentos de negociação".[45] E aquilo que pode, numa primeira análise, parecer uma ampliação democrática das esferas decisórias e emancipatórias, tende mais a se caracterizar como feudos reprodutores de práticas jurídicas resultantes da relação de forças entre interesses sociais, econômicos e políticos contraditórios. Afinal, um direito negociado em condições de radical desigualdade favorecerá os processos de dominação e o distanciamento entre a lei e a realidade da vida social.

Essas novas tendências explicam em parte a expansão dos procedimentos jurisdicionais alternativos[46] como a arbitragem, a conciliação, a negociação, adequados que são para atender à lógica da celeridade, da informalização, da pragmaticidade, próprias da racionalidade mercadológica/pragmática contemporânea. Assim, por exemplo, o caráter dialogal e negociado dos Juizados especiais evidenciam um utilitarismo processual despreocupado com as garantias constitucionais legadas pela democracia e revelam o compromisso da Jurisdição/administração com a eficiência e a celeridade definidas pelo mercado. Atropelam-se direitos e garantias para se ajustar a um tempo instantâneo que produza respostas imediatas e se esquece de que o direito, apesar de não estar num tempo correto, não pode ser assemelhado ao tempo do mercado, pois é instrumento de garantia, de defesa de prerrogativas que exigem a reflexão, a maturação e o cuidado para não conduzir a legalismos autoritários.[47] Como resultado dessa paranóia, o Poder Judiciário é obrigado a decidir/produzir em série para responder aos padrões/metas de eficiência, precipitando perigosamente a realização do direito.

As reformas processuais sugeridas e as em andamento confirmam essa constatação de ajustamento do direito ao tempo do mercado, capaz de produzir respostas mais rápidas e negociadas. É claro que uma Jurisdição rápida é desejo de todas as comunidades e condição indispensável para o aprimoramento do acesso aos tribunais. O que não pode ocorrer, porém, é o desvirtuamento do problema central e a utilização da morosidade da prestação jurisdicional como argumento para fazer avançar reformas le-

---

[45] ROTH, André-Noël. O direito em crise: o fim do Estado moderno? Op. cit., p. 24.

[46] MORAIS, José Luis Bolzan. Mediação e arbitragem: alternativas à Jurisdição! Porto Alegre: Livraria do Advogado, 1999. Ver, ainda, SILVA, Eduardo Silva da. Meios alternativos de acesso à Justiça: fundamentos para uma teoria geral. *In: Revista da Faculdade de Direito Ritter dos Reis*. V.6, março de 2003.

[47] Sobre o processo de informalização e privatização da justiça penal e sobre a construção de uma justiça dialogal, ver: CARVALHO, Salo de; WUNDERLICH, Alexandre (Orgs). *Diálogos sobre a justiça dialogal*. Rio de Janeiro: Lúmen Júris, 2002.

gislativas que solapem os direitos e garantias que constituíram os Estados democráticos. É evidente que certas medidas de natureza estrutural precisam ser adotadas, mas com o cuidado de não se aumentar a crise do direto positivo com uma ridícula estratégia que salve a Jurisdição e ao mesmo tempo decrete a morte dos direitos que a Jurisdição deveria garantir.[48]

7. A Jurisprudencialização do direito e os limites da legislação

Outro desafio contemporâneo para a prestação jurisdicional é a significativa mudança nos padrões legislativos. Distintamente do paradigma legal racionalista/universalista de viés moderno, a explosão de conflitos cada vez mais complexos e pontuais tem resultado numa postura legislativa inflacionária, caracterizada pela aprovação de "'leis de circunstância' e por 'regulamentos de necessidade' surgidos a partir de conjunturas políticas, sociais e econômicas muito específicas e transitórias",[49] intensidade legislativa que invariavelmente conduz a um enfraquecimento do direito em razão da pragmaticidade exagerada e da dificuldade de se conhecer a real dimensão jurídica que as normas deveriam conter.

Justamente pela dificuldade de se legislar minuciosamente e *a priori* sobre um universo de problemas incertos e transitórios, tende-se a editar normas mais abertas e genéricas para se ajustarem mais facilmente à rapidez das mudanças e à complexidade litigiosa. Em virtude da falta de clareza e de precisão das normas, amplia-se a discricionariedade do Poder Judiciário e a inserção judicial na vida política, social e econômica. O ativismo judicial e a interpretação ampla dos tribunais passam a representar um processo contínuo de fixação dos significados e de alcance dos enunciados normativos, fazendo do momento de aplicação do direito o verdadeiro espaço de construção semântica dos textos legais.[50] Nessas

---

[48] A reestruturação da atividade jurisdicional deve manter-se fiel aos propósitos da democracia, devendo: atacar questões que obstruam justamente o acesso democrático, por que não dizer igualitário aos tribunais; redefinir procedimentos jurídicos (excesso de recursos, por exemplo) que fazem do litígio processual uma espera agonizante e desestimuladora para cidadãos hipossuficientes; reorganizar a burocracia cartorial; aumentar significativamente o número de profissionais que atuam na realização do direito; redefinir o processo de formação dos operadores jurídicos, na direção de valorizar o raciocínio crítico-reflexivo capaz de dar conta de uma realidade jurídica em contínua reformulação e de fazer compreender as novas feições assumidas pelo direito, etc.

[49] FARIA, José Eduardo; KUNTZ, Rolf. *Qual o futuro dos direitos?* p. 130-131.

[50] Verifica-se também um certo receio de legislar em temas complexos, responsabilidade que com muita freqüência o Legislativo tem compartilhado com os setores da sociedade civil interessados na matéria em apreciação, o que pode representar tanto uma ampliação dos processos democráticos como um risco de apropriação da tarefa legislativa por entidades privadas com grande influência.

novas bases de produção legislativa, de aberturas propositais para dar conta de respostas pragmáticas, o exercício da Jurisdição assume um papel de produção normativa pela adequação/aproximação entre a generalidade do enunciado legal e a realidade dos fatos *sub judice*, aumentando substancialmente o papel da formação jurisprudencial do direito.[51] Apesar de esse processo se afigurar mais visível no terreno econômico, é possível afirmar-se que o espaço jurisdicional passa a se constituir num local privilegiado na trajetória constitutiva dos direitos, sobretudo pelo fato de que o mecanismo jurisprudencial tem se afirmado como instância canalizadora dos elementos políticos, culturais e econômicos que, em última análise, determinam as exigências e o conteúdo das decisões jurídicas em um dado momento.

Um direito mais principiológico tende a valorizar o papel da jurisprudência, a qual assume a tarefa de determinar o conteúdo, caso a caso, das normas jurídicas, processo este que afeta o próprio texto constitucional. Ao destacarem a jurisprudencialização da Constituição, José Luiz Bolzan de Morais e Walber de Moura Agra referem que " a jurisprudencialização configura-se na definição do texto constitucional por intermédio das decisões da Jurisdição constitucional, mormente por intermédio das sentenças proferidas pelo Supremo Tribunal Federal. Esse fenômeno provoca uma mutação das normas constitucionais, um *"diritto vivente"*, cujo principal autor é o órgão que exerce a Jurisdição constitucional".[52] Sustentam os autores que essa reorganização do processo de produção do direito exige repensar e redefinir o princípio da clássica separação dos poderes, pois

> o enquadramento das funções estatais dentro do esquema da rígida tripartição de poder não corresponde mais às necessidades das sociedades hodiernas, que devido a sua alta complexidade permite o afloramento das mais diversas necessidades. Em decorrência da alucinante velocidade como os fatos sociais ocorrem, exigindo respostas imediatas dos órgãos públicos, o Poder Legislativo, que para realizar uma lei tem que cumprir um minucioso e longo procedimento, não pode atender de forma eficiente a essas demandas. A concepção de Poder Legislativo como órgão único de produção normativa torna-se insustentável.[53]

Mesmo que o quadro não seja otimista, admitir, como fizeram os pensadores modernos, que a vida social pudesse ser juridicamente reduzida à contingência de um único sistema de regulação é desconhecer a

---

[51] FARIA, José Eduardo; KUNTZ, Rolf. *Qual o futuro dos direitos?*

[52] MORAIS, José Luiz Bolzan de; AGRA, Walber de Moura. A jurisprudencialização da Constitucionalização e a densificação da legitimidade da Jurisdição constitucional. *In: Revista do Instituto de hermenêutica jurídica.* (Neo) constitucionalismo. Ontem, os códigos. Hoje, as Constituições. Porto Alegre: Instituto de hermenêutica jurídica, 2004, p. 219.

[53] Ibidem. p. 226.

abundância de subsistemas de regulamentação que caracterizam as relações sociais, já que a vida social não deixa de ser uma rede de regulamentos que se sobrepõem uns aos outros e de forma a se reforçarem mutuamente. Apesar de realmente a Jurisdição tradicional perder espaço para novas formas de resolução dos conflitos, deve-se ter clareza de que essa mesma Jurisdição nunca conseguiu confirmar a promessa estatal de exclusividade no trato dos litígios sociais.

O modelo legalista é uma grande ilusão que nos cega para a influência, boa ou não, dos mecanismos não-estatais e não-jurídicos tradicionais de regulação e de solução de conflitos, bem como para a importância de um direito que emana das relações sociais, um "direito espontâneo" que responde objetivamente pela organização social e pela solução de um grande número de problemas.[54] E não se está falando aqui de uma regulação que nasce com a sociedade contemporânea e que se caracteriza por ser necessariamente uma decorrência da reestruturação da economia, mas sim de conjunto de regulamentos que florescem permanentemente nas relações sociais dos mais diversos grupos que compõem a sociedade, como as associações, as instituições de ensino, igrejas e, óbvio, também as empresas.

8. A Jurisdição penal nas sociedades democráticas (des)iludidas

Se, no entanto, as transformações sociais em curso acenam para o desmantelamento do Estado, para o seu enfraquecimento e para uma intervenção estatal mínima, curiosamente, como resposta aos altos níveis de desigualdade social e violência contra o patrimônio, consolida-se um Estado muito forte no campo da repressão, do controle e da punição, o que conduz a um fortalecimento da Jurisdição e da legislação penal.[55] Esta opção pelo penal, e não pelo constitucional revela, de forma sintomática, que as escolhas sociais estão sendo filtradas por uma cortina de medo e por uma difundida cultura do terror, ambas reveladoras da segregação que ataca o tecido social em todas as suas dimensões e que transforma as políticas de segurança pública em sinônimo de política penal. Abandonam-se as políticas sociais de longo prazo e se investe em falsas soluções pragmáticas, como o aumento de penas, a retirada de benefícios dos ape-

---

[54] Sobre o "direito espontâneo" ver: HESPANHA, António. *Justiça e litigiosidade: história e prospectiva*. Lisboa: Fundação Calouste Gulbenkian, 1993.
[55] O direito penal tende-se a expandir e adaptar-se às necessidades da economia global, expansão que, não raras vezes, é apresentada como solução para a proteção dos cidadãos. Sobre os rumos do direito penal na sociedade global merece destaque a obra de SÁNCHEZ, Jesús-Maria Silva. *A expansão do direito penal: aspectos da política criminal nas sociedades pós-industriais*. São Paulo: Revista dos Tribunais, 2002.

nados, a criminalização de outras condutas, definindo os rumos de uma Jurisdição-carrasco, uma atividade jurisdicional a serviço da caçada aos excluídos. Segundo Garapon, "passa-se de uma lógica civil ou administrativa a uma lógica penal, quer dizer, de uma lógica de reparação e de continuidade para uma lógica de expulsão e descontinuidade".[56]

Esta opção pelo penal é identificada por Garapon como resultado da incapacidade de a sociedade estabelecer suas identidades, de construir seus laços solidários a partir dos espaços de sociabilidade tradicionais, convertendo-se a justiça penal num grande espetáculo público para os encontros e desencontros da vingança sobre o agressor e a piedade estendida à vítima. Numa sociedade democrática desencantada com suas formas de gerar consenso, "o direito penal se oferece como um caminho provável, como último recurso quando a ideologia desertou do espaço social".[57]

Esse tipo de postura social identifica o mal apenas no outro e, por isso, aceita a supressão de direitos constitucionais que protegem o cidadão contra a ingerência arbitrária do poder de polícia. Em outras palavras, como sempre é o "outro" que se constitui como agente do crime, renunciar às garantias significa, a partir dessa visão, uma rejeição que se opera apenas em desfavor dos agentes da maldade, contra o agressor. Essa leitura agressiva faz do Judiciário um agente de purificação e correção sociais, para não dizer de vingança, capaz de ser o único espaço de restabelecimento da ordem e da paz, o que justifica as cobranças e as exigências a ele dirigidas. Além disso, o Estado é cobrado a dar respostas radicais aos crimes internacionais – lavagem de dinheiro, tráfico de drogas, prostituição infantil, crimes virtuais, terrorismo – para não sofrer as pressões do mercado e das superpotências, uma vez que são exigidos padrões de segurança e confiabilidade para poder operar conjuntamente com os outros países na economia global.

Assim, a Jurisdição penal torna-se, nas sociedades contemporâneas, um local da radicalização das paixões humanas desencontradas, sem referência e sem autoridade, ao mesmo tempo em que desempenha uma função estratégica nos processos de repressão necessários para a acomodação dos agentes desafiadores de uma sociabilidade gerida pelo mercado. Não se trata, aqui, de defesa de um direito penal abolicionista, mas apenas da constatação de que a Jurisdição penal, assim como todo debate em torno da segurança pública, transformou-se num espaço de referências para a vítima, ao abastecer suas expectativas de vingança num sentimento coletivo. Ocupou-se um espaço que deveria ser da democracia, mas que so-

---

[56] GARAPON, Antoine. *O juiz e a democracia: o guardião das promessas*. 2.ed. Rio de Janeiro: Revan, 2001, p. 105.
[57] Ibidem, p. 97.

mente é capaz de incluir a partir de um processo de rotulamento e de exclusão. Nesse sentido cada condenação penal torna-se um sossego, cada prisão, um alento simbólico para as angústias desencontradas que não conseguem cultivar os espaços democráticos e nem crer na potencialidade propositiva de suas instituições.

9. A política e a sociedade invadidas pelo direito: apontamentos sobre uma ingerência (in)devida

Existe um certo consenso no sentido de que o processo da judicialização da política,[58] da desneutralização do Judiciário e do ativismo político seja um acontecimento presente em praticamente toda as sociedades democráticas do ocidente. Diversamente dessa constatação, as análises e diagnósticos sobre a invasão do direito nas instituições e na sociabilidade contemporânea têm ensejado posições distintas quando se trata de discutir as virtudes e as vantagens desse fenômeno na definição do processo histórico de construção da cidadania e da defesa da liberdade.[59] Por um lado, receia-se que a invasão da política e da sociedade pelo direito possa reduzir a liberdade e a capacidade mobilizatória dos cidadãos e dos processos democráticos, cultivando uma cidadania passiva e uma sociedade de clientes que apostam tudo em uma justiça salvadora. Tais teses, conhecidas como procedimentalistas, defendem o fortalecimento dos procedimentos democráticos, os quais devem ser protegidos pelo direito para viabilizar a formação da vontade majoritária através dos espaços de participação política.[60]

---

[58] Segundo José Eisenberg, o fenômeno da Judicilialização da política comporta dois movimentos distintos: "(1) refere-se a um processo de expansão dos poderes de legislar e executar leis do sistema Judiciário, representando uma transferência do poder decisório do Poder Legislativo e do Poder Executivo para os juízes e Tribunais- isto é, uma judicialização do Judiciário; (2) a disseminação de métodos de tomada de decisão típicos do Poder Judiciário nos outros Poderes. Em nosso juízo, este segundo moviemtno é mais bem descrito como uma "tribunalização" da política, em oposição à judicialização representada pelo primeiro movimento." EISENBERG, José. Pragmatismo, direito reflexivo e judicialização da política. In: VIANNA, Luiz Werneck. *A democracia e os três poderes no Brasil*. Belo Horizonte: Ufmg, 2002, p. 47.

[59] O presente item tem a intenção de apenas noticiar as divergências que pairam sobre a temática da judicialização da política, razão pela qual abordagem não se preocupará em tecer aprofundamentos bibliográficos que seriam necessários para alcançar os autores centrais da discussão. Para melhor compreender o debate entre substancialismo e procedimentalismo, recomenda-se a leitura do Cap. 04 da obra de STRECK, Lenio. Jurisdição constitucional e hermenêutica. Op. cit. No mesmo sentido: VIANNA, Luiz Werneck. et. al. *A judicialização da política e das relações sociais no Brasil*, p. 15-44.

[60] Para José Einsenberg, a análise do fenômeno da judicialização da política a partir do pragmatismo ou do direito reflexivo poderia articular novas problemáticas e soluções que não foram atacadas pelos procedimentalistas e substancialistas. Para maiores esclarecimentos a respeito, ver EISENBERG, José. *Pragmatismo, direito reflexivo e judicialização da política*. Op. cit.

No lado oposto, os substancialistas sustentam que as decisões judiciais auxiliam na afirmação dos direitos fundamentais e na realização de uma "agenda igualitária", especialmente por se tratar da realização, pelo direito, de princípios jurídicos já admitidos socialmente. Ambas as teses, no entanto, compartilham da idéia de que o Poder Judiciário consubstancia-se como uma "instituição estratégica nas democracias contemporâneas, não limitada às funções meramente declarativas do direito, impondo-se, entre os demais poderes, como uma agência indutora de um efetivo *checks and balances* e da garantia da autonomia individual e cidadã".[61]

Trata-se de perguntar, então, como faz Streck: "qual a relação entre o direito e a política? Em que medida o Direito, estabelecido no texto constitucional, pode estabelecer 'o constituir' da sociedade? Em que medida a Constituição é (ou pode continuar a ser) o estatuto jurídico do político? E qual a dimensão que deve ser privilegiada? A processual ou a substantivista?"[62]

As orientações procedimentalistas de Habermas e Garapon, cada um a seu modo, segundo Vianna, destacam que "o que há de patológico e de sombrio na vida social moderna, do que a crescente e invasora presença do direito na política seria apenas um indicador, deveria encontrar reparação a partir de uma política democrática que viesse a privilegiar a formação de uma cidadania ativa. (...) A invasão da política e da sociedade pelo direito, e o próprio gigantismo do Poder Judiciário, coincidiram com o desestímulo para um agir orientado para fins cívicos, o juiz e a lei tornando-se as derradeiras referências de esperança para indivíduos isolados, socialmente perdidos".[63] A invasão da política pelo direito entorpece a capacidade democrática da sociedade e enclausura todas as possibilidades de emancipação dentro da racionalidade burocrática do Judiciário, aumentando o desprestígio da política e das alternativas democráticas na produção do direito e na condução do devir histórico.

Para Garapon, as instituições jurídicas e o Poder Judiciário ocuparam um vazio – e daí sua prevalência –, provocado pelo desmantelamento dos vínculos sociais nas sociedades contemporâneas e pela atuação do Estado social que, no seu apogeu, suprimiu as possibilidades de participação pública pela absorção total do jogo político e esgotou o papel de uma cidadania ativa, bem como quando, no seu declínio, abandonou o seu "cliente-cidadão" após acostumá-lo a uma existência fora da política mas portadora de direitos. Nesse cenário, o indivíduo desenraizado aposta

---

[61] VIANNA, Luiz Werneck *et al. A judicialização da política e das relações sociais no Brasil*, p. 24.
[62] STRECK, Lenio. *Jurisdição constitucional e hermenêutica*. Op. cit., p. 128.
[63] VIANNA, Luiz Werneck *et al.* Op. cit., p. 25.

todas as suas esperanças na atuação jurisdicional, que funcionaria como uma última alternativa para a realização de um ideal democrático desiludido.[64] O ativismo judicial, segundo Garapon, somente poderá ser compreendido a partir das transformações da democracia e da crise das idéias e ações republicanas, que padecem de força política para promover as referências necessárias para a vida em comunidade. Para suprir as lacunas de identidades e de autoridade, os magistrados são chamados a se manifestar sobre os diversos campos da vida social, isto é, a vida política, a vida econômica, a vida privada, a vida internacional, a vida moral, são todas elas afetadas pelo julgamento da Jurisdição: "Essa exigência é absoluta. Tudo e todos devem, daí para a frente, ser julgados".[65] Estando o homem democrático derruído e o Estado-Providência incapacitado de gerir a igualdade prometida, resta depositar as esperanças no Poder Judiciário. Desse modo, para o autor francês,

> o prestígio contemporâneo do juiz procede menos de uma escolha deliberada do que de uma reação de defesa em face de um quádruplo desabamento: político, simbólico, psíquico e normativo. Após a embriaguez da liberação, descobre-se que é nossa própria identidade que corre o risco de falhar: a do indivíduo, a da vida social e a do político. O juiz surge como um recurso contra a implosão das sociedades democráticas que não conseguem administrar de outra forma a complexidade e diversificação que elas mesmas geraram. O sujeito, privado das referências que lhe dão identidade e que estruturam sua personalidade, procura no contato com a justiça uma muralha contra o desabamento interior. Em face da decomposição do político, é então ao juiz que se recorre para a salvação.[66]

O aumento do ativismo judicial, ainda na esteira de Garapon, reflete as alterações profundas que afetam a própria democracia nas sociedades contemporâneas, caracterizadas pela afirmação de uma supervalorização simbólica do direito e de suas instituições. O fim das imunidades políticas tradicionais – os políticos também podem ser julgados por suas ação ilícitas –, a desnacionalização do direito e a exaustão da soberania parlamentar, obrigada a se adequar às regras de direito internacional, por exemplo, tendem a valorizar a atuação jurisdicional, interna ou externa, como

---

[64] Idem. Como refere Vianna, para Garapon a "valorização do Judiciário viria, pois, em resposta à desqualificação da política e ao derruimento do homem democrático, nas novas condições acarretadas pela decadência do Welfare State, fazendo com que esse Poder e suas instituições passem a ser percebidos como a salvaguarda confiável das expectativas por igualdade e a se comportar de modo substitutivo ao Estado, aos partidos, à família, à religião, que não mais seriam capazes de continuar cumprindo as suas funções de solidarização social." p. 25.

[65] GARAPON, Antoine. *O juiz e a democracia: o guardião das promessas*. 2.ed. Rio de Janeiro: Revan, 2001, p. 25. "O apelo à justiça é de alcance geral: ninguém é intocável. A instituição judiciária parece ancorar-se num sentimento de justiça que as décadas de marxismo e de bem-estar previdenciário acabaram por adormecer. Esta nova sensibilidade traduz uma demanda moral: a espera de uma instância que nomeie o bem e o mal e fixe a injustiça na memória coletiva."

[66] Idem, p. 26-27.

um espaço de aplicação e de garantia das expectativas democráticas. Legislações abertas exigem que o magistrado complete o direito, reduzindo o poder vinculatório do Legislativo e transformando o juiz em um "co-legislador permanente". Tudo poderá ser levado ao Judiciário. Desaparecem as zonas imunes à prestação da justiça. Por essa razão, Garapon afirma que o "espaço simbólico da democracia emigra silenciosamente do Estado para a justiça. Em um sistema provedor, o Estado é todo-poderoso e pode tudo preencher, corrigir, tudo suprir. Por isso, diante de suas falhas, a esperança volta para a justiça. É então nela, e portanto fora do Estado, que se busca a consagração da ação política".[67] O juiz seria o terceiro imparcial que compensaria o "déficit democrático", proporcionando à "sociedade a referência simbólica que a representação nacional lhe oferece cada vez menos".[68] Como modo praticamente normal de exercer a política, a Jurisidição torna-se instituidora, reduto das esperanças de uma sociedade desencantada. Mas esse excesso de direito, revela o autor, é tão perigosos para a democracia como o pouco uso do direito. O deslocamento da política para a justiça pode viabilizar a instauração de uma tirania das minorias e, inclusive, uma crise de identidade social.

Além da acomodação das instituições políticas, prossegue Garapon, a expansão substancial do individualismo moderno também contribuiu para a afirmação de um protagonismo do Poder Judiciário. Na ausência de identidade, de laços sociais e de um conflito central, os tribunais são transformados em arena de perseguição e espetáculo de vinganças, fazendo do direito penal e de seus instrumentos punitivos um caminho sedutor para alimentar as individualidades sem referência social. Mesmo a singularidade da tragédia, do horror, da violência e do medo tornam-se assuntos públicos, a ponto de pautarem as novas demandas políticas, conduzindo, não raras vezes, à produção de leis circunstanciais.[69] O sofrimento sedutor, característica típica de uma sociedade que derruiu com o poder de identidade dos laços sociais, possibilita a formação de um consenso arcaico, emocional, que impede o aparecimento de um interesse comum e que permite a mobilização social apenas em situações de urgência. A Jurisdição, neste contexto, se constitui como gestora de emoções, de vinganças e de consensos firmados em razão do sofrimento dos cidadãos-vítima, uma vez que, na ausência de um projeto democrático partilhado para a condução do futuro, a alternativa derradeira para a sociedade desarticulada é unir-se em torno da justiça dos Tribunais, os verdadeiros guardiões das promessas da modernidade.

---

[67] GARAPON, Antoine. Op. cit., p. 48.
[68] Ibidem.
[69] Idem, p. 101.

Se pretende auxiliar na reconstrução do civismo e da cidadania ativa, a atividade jurisdicional precisa atuar "na reestruturação do tecido da sociabilidade, especialmente nos 'pontos quentes', como os do menor, das drogas e da exclusão social em geral. Nesses lugares estratégicos o juiz procederia como o engenheiro e o terapeuta social, comportando-se como foco de irradiação da democracia deliberativa, e vindo a desempenhar uma função essencial na explicitação de um sentido do direito, que não se encontraria mais referido em uma ordem ideal de onde, por reflexo, deveria provir".[70] A atuação do magistrado deveria auxiliar os indivíduos a encontrarem, a partir de suas relações sociais, os mecanismos para solucionar os problemas que os afetam.[71] Segundo Garapon, na sociedade contemporânea ocorre a multiplicação dos espaços decisórios que, paralelamente à Jurisidição tradicional, descentralizam os processos democráticos, possibilitando o surgimento de um direito mais próximo da realidade social, eis que oriundo dos próprios interessados. O juiz apresenta-se, portanto, como um agente controlador e zelador das formalidades e dos procedimentos adotados nos diferentes locais de produção do direito.

Habermas, por sua vez, sustenta que se deve defender os procedimentos de criação democrática do direito, protegendo o direito de todos participarem de forma igual da discursividade produtora dos sentidos jurídicos. Segundo o filósofo frankurtiano, é indispensável a institucionalização de espaços imparciais que viabilizem a conversação das pluralidades e a produção de consensos a partir de um procedimento que permita a inclusão de todos os cidadãos nos ambientes discursivos. Deste modo, numa sociedade pluralista, a fundamentação das normas jurídicas é resultado de um procedimento democrático que garanta a participação de todos na formulação do direito. Em Habermas, a democracia procedimental apresenta uma função normativa, pois elabora um modelo de direito que, segundo ele, "pode se desenvolver de forma a cumprir sua tarefa de permitir a coexistência de diferentes projetos de vida sem ferir as exigências de justiça e de segurança, necessárias à integração social".[72] Serão legítimas e válidas as leis que receberem a aprovação de todos os cidadãos em um procedimento legislativo constituído legalmente.[73]

---

[70] VIANNA, Luiz Werneck et al. A judicialização da política e das relações sociais no Brasil, p. 27. Segundo Vianna, "do campo da democracia deliberativa, para Garapon, deve emergir um direito não – estatal, comunitário, com o que se estabelece uma fragmentação pluralista da vontade e da soberania, abandonando-se a arena da democracia representativa e a perspectiva de formação da vontade geral."

[71] Ibidem.

[72] GALUPPO, Marcelo Campos. Igualdade e diferença. Estado democrático de direito a partir do pensamento de Habermas. Belo Horizonte: Mandamentos, 2002, p. 152.

[73] Para Habermas, "legalidade pode gerar legitimidade, unicamente, na medida em que, a ordem jurídica reage, de modo reflexivo, à necessidade de justificação, que nasce com um direito que se

O princípio democrático procedimentalista "revela que as normas jurídicas não se fundamentam apenas moralmente, mas também através de acordos negociados, ou barganhas, que se tornam 'permitidas e necessárias quando apenas interesses particulares e não generalizáveis estão em jogo'".[74] Ou melhor, a "auto-identificação de um povo também resulta de negociações pragmáticas e políticas"[75] e não somente de argumentos morais. Assim, é importante garantir os procedimentos democráticos para que as diferenças, a pluralidade de interesses, as posições divergentes, consigam participar do diálogo e da tomada de decisões. Para Habermas a legitimidade do direito moderno somente pode ser compreendida a partir da própria racionalidade democrática moderna, eis que o sentido do ordenamento não advém de sua forma ou dos conteúdos morais estabelecidos de forma antecipada, mas decorre dos procedimentos legislativos viabilizados pela própria estrutura da democracia.

Nesse modelo procedimentalista, a participação cidadã e o diálogo são fundamentais para a formação e justificação do direito, sendo intolerável um protagonismo judicial que interfira na livre construção da discursividade e que evoque para si a tarefa de legislador político, limitando, desse modo, as potencialidades da sociedade civil fazer chegar as suas demandas para o sistema político.[76] Não se trata de submissão do Judiciário, mas de reconhecer que os discursos de justificação do direito não se confundem e não podem ser usurpados pelos discursos de aplicação, razão pela qual a atividade jurisidicional deve manter-se imparcial para não perturbar os espaços de formação do direito.[77]

Ao tratar dos Tribunais constitucionais, o autor alemão refere que os mesmos não podem substituir os discursos políticos e engendrarem uma rejusficação do direito através de decisões que disponham dos argumentos legitimadores do direito como se fossem legisladores indiretos. O Tribunal Constitucional, na perspectiva procedimentalista de Habermas, segundo Lenio Streck "deve ficar *limitado à tarefa de compreensão procedimental da Constituição, isto é, limitando-se a proteger um processo de criação democrática do direito. O Tribunal não deve ser guardião de uma suposta ordem suprapositiva de valores substanciais. Deve, sim, zelar pela garantia de que a cidadania disponha de meios para estabelecer um entendimento

---

torna positivo, precisamente, na medida em que os procedimentos jurídicos de decisão, que facultam os discursos morais, são institucionalizados." Cf. HABERMAS, Jürgen. *Direito e moral*. Lisboa: Piaget, 1992, p. 57.

[74] GALUPPO, Marcelo Campos. *Igualdade e diferença*, p. 155.

[75] Ibidem.

[76] VIANNA, Luiz Werneck *et al. A judicialização da política e das relações sociais no Brasil*, p. 29.

[77] HABERMAS, Jürgen. *Direito e democracia. Entre facticidade e validade*. Rio de Janeiro: Tempo brasileiro, 1997. V. I. p. 324 e seg.

sobre a natureza de seus problemas e a forma de sua solução".[78] Não interessa uma pauta de valores previamente estabelecidos, mas a existência de um conjunto de procedimentos democráticos que organize o debate e estimule a participação das pluralidades instituidoras da legitimação da política e do direito, papel que jamais poderá ser exercitado pelo Poder Judiciário.

As teses substancialistas de Dworkin e Cappelletti, confiantes na evolução das sociedades democráticas e na virtuosidade dos valores de justiça por elas constitucionalmente positivados, entendem o Poder Judiciário como um guardião das conquistas e dos princípios fundamentais que orientam a vida em tais sociedades.[79] O aumento do ativismo judicial é visto como um avanço da própria democracia, como indispensável para contrapor-se às deliberações e às reformas retrógradas de maiorias eventuais, capaz de contribuir para a ampliação dos espaços democráticos necessários para abarcar os grupos minoritários afastados do sistema político.[80] Para Lenio Streck, a "corrente substancialista entende que, mais do que equilibrar e harmonizar os demais Poderes, o Judiciário deveria assumir o papel de um intérprete que põe em evidência, inclusive contra maiorias eventuais, a vontade geral implícita no direito positivo, especialmente nos textos constitucionais, e nos princípios selecionados como de valor permanente na suas cultura de origem e na do Ocidente".[81]

Considerando que as Constituições contemporâneas positivaram um conjunto de direitos sociais fundamentais, o Poder Judiciário assume o papel fundamental na concretização de um novo projeto social que se desenha no pacto constitucional, o que amplia substancialmente a importância da Jurisdição constitucional.[82] Os conteúdos constitucionais condicionam o agir político, estabelecendo, bem mais do que um roteiro procedimental para a democracia, uma razão substantiva que deverá ser respeitada pela prática política de qualquer dos Poderes. A legitimidade passa necessariamente pelo reconhecimento e pela proteção dos conteúdos constitucionais, os quais são oponíveis até mesmo a maiorias circunstanciais, constituindo-se como o verdadeiro parâmetro para a atuação da Jurisdição em seus diferentes níveis.

Cappelletti, defendendo a capacidade criativa do Judiciário, rebate as alegações que acusam o ativismo judicial de antidemocrático, contrário à

---

[78] STRECK, Lenio. *Jurisdição constitucional e hermenêutica*, p. 138. Ver, ainda, VIANNA, Luiz Werneck *et al*. *A judicialização da política e das relações sociais no Brasil*, p. 29.

[79] VIANNA, Luiz Werneck *et al*. *A judicialização da política e das relações sociais no Brasil*, p. 34.

[80] STRECK, Lenio. *Jurisdição constitucional e hermenêutica*; VIANNA, Luiz Werneck. *et. al. A judicialização da política e das relações sociais no Brasil*.

[81] STRECK, Lenio. *Jurisdição constitucional e hermenêutica*, p. 141.

[82] Ibidem.

regra da maioria. Sustenta, inicialmente, que a alegação de falta de representatividade do poder jurisidicional deve ser vista com certo cuidado, pois é sabido que as democracias representativas não têm conseguido traduzir a escolha dos eleitores em consenso político, sendo que muitas vezes o Legislativo e o Executivo funcionam como a abertura institucional para a composição de interesses e privilégios de determinados grupos. Além do mais, o autor italiano argumenta, com base em Martin Shapiro, que "os tribunais podem dar importante contribuição à representatividade geral do sistema", pois "eles, efetivamente, podem permitir o acesso ao *judicial process* e, assim, dar proteção a grupos que, pelo contrário, não estariam em condições de obter acesso ao *political process*".[83]

Sustentando ainda as virtudes democráticas do protagonismo judicial, Cappelletti refere que enquanto o Legislativo e o Executivo podem facilmente desviar-se de sua natureza participativa pela adoção de burocracias inacessíveis, o Poder Judiciário realiza suas funções diretamente envolvido com as partes interessadas, garantindo um nível de participação até melhor de que os outros Poderes. A esse respeito, o autor anota que, embora a profissão dos juízes se desenrole num suposto isolamento, a todo momento a Jurisdição é chamada a atender e a dar soluções aos casos do dia-a-dia, misturando-se inevitavelmente com as demandas e as aspirações da sociedade. Cappelleti advoga que a democracia não se sustenta em comunidades que esqueçam de proteger os direitos e as liberdades fundamentais, valores que não se reduzem a simples idéia de vontade da maioria. Para ele, "um Judiciário razoavelmente independente dos caprichos, talvez momentâneos da maioria, pode dar uma grande contribuição para a democracia; e para isso em muito pode colaborar um Judiciário suficientemente ativo, dinâmico e criativo, tanto que seja capaz de assegurar a preservação do sistema de *checks and balances,* em face do crescimento dos poderes políticos, e também controles adequados perante os outros centros de poder (não governativos ou quase governativos), tão típicos das nossas sociedades contemporâneas".[84]

Ao enfrentar o argumento de que os tribunais não possuem legitimidade para decidir sobre questões constitucionais importantes, uma vez que não se compõem de magistrados eleitos, devendo tais assuntos ser resolvidos pela maioria política, Dworkin destaca que uma das principais características do constitucionalismo moderno é garantir os direitos individuais, mesmo das minorias, pela limitação dos poderes políticos da maioria, razão pela qual não parece que essa mesma maioria seja a mais indicada para julgar as suas próprias questões. Em outras palavras, como a Constituição opera como um limitador da vontade da maioria, declinar

---

[83] CAPPELLETTI, Mauro. *Juízes legisladores?*, p. 99.
[84] Idem. p. 107.

em favor desta mesma maioria o poder de decidir de modo exclusivo sobre os seus próprios limites não satisfaz qualquer argumento derivado da democracia.[85] Dworkin alega, ainda, que os legisladores não se encontram, institucionalmente, em situação mais privilegiada que os magistrados para decidirem sobre questões de direito, e que, por conseqüência, não há nenhuma razão plausível para imaginar que as decisões do Legislativo sobre direitos sejam mais acertadas que as tomadas pelo Judiciário.

O legislador constitucional pontua um conjunto de princípios – reflexos de escolhas políticas – que devem orientar a atuação da ação estatal em todos os seus níveis, em especial a ação do Poder Jurisdicional, responsável pelo controle de constitucionalidade dos atos do Legislativo e do Executivo. Mas a revisão judicial não é, segundo o filósofo do direito de Oxford, uma atuação fundada apenas em questões de poder político, mas sobretudo em questões de princípios, isto é, "a revisão judicial assegura que as questões mais fundamentais de moralidade política serão finalmente expostas e debatidas como questões de princípios e não apenas de poder político, uma transformação que não pode ter êxito – de qualquer modo não completamente – no âmbito da própria legislatura".[86] A revisão judicial permite que as discussões sobre poder político sejam delineadas e debatidas no fórum do princípio, permitindo que, em algum dia e em algum lugar, as questões mais fundamentais entre indivíduos e a sociedade sejam tratadas como questões de justiça. Adverte o autor:

> Se queremos a revisão judicial – se não queremos anular *Marbury* contra *Madison* – devemos então aceitar que o Supremo Tribunal deve tomar decisões políticas importantes. A questão é que motivos, nas suas mãos, são bons motivos. Minha visão é de que o Tribunal deve tomar decisões de princípio, não de política – decisões sobre que direitos as pessoas têm sob nosso sistema constitucional, não decisões sobre como se promove melhor o bem-estar geral –, e que deve tomar essas decisões elaborando e aplicando a teoria substantiva da representação, extraída do princípio básico de que o governo deve tratar as pessoas como iguais.[87]

---

[85] Cf. Cap. 5 da obra de DWORKIN, Ronald. *Levando os direitos a sério*. Martins Fontes: São Paulo, 2002. Em sua obra o *Império do direito*, o autor refere que "os legisladores que foram eleitos, e precisam ser reeleitos, por uma maioria política tendem mais a tomar o partido de tal maioria em qualquer discussão séria sobre os direitos de uma minoria contrária; se se opuserem com excessiva firmeza aos desejos da maioria, esta irá substituí-lo por aqueles que não se opõem. Por esse motivo, os legisladores parecem menos inclinados a tomar decisões bem fundadas sobre os direitos das minorias do que as autoridades que são menos vulneráveis nesse sentido. Disso não decorre que os juízes, à margem da censura da maioria, sejam as pessoas ideais para decidir sobre esses direitos. Os juízes têm seus próprios interesses ideológicos e pessoais no resultado dos casos, e também podem ser tirânicos. *A priori*, porém, não há motivo para considerá-los teóricos políticos menos competentes do que os legisladores..." p. 449.

[86] DWORKIN, Ronald. *Uma questão de princípio*. São Paulo: Martins Fontes, 2000, p. 101.

[87] Idem. p. 101. Ver ainda, do mesmo autor, *Liberalismo, Constituición y democracia*, especialmente as páginas 43-78.

De acordo com Dworkin, a criação jurisprudencial deve respeitar os princípios formulados ao longo da história de uma comunidade, de modo que cada decisão judicial origine-se de uma referência jurídica compartilhada, parâmetro de um processo sucessivo de decisões que sustentam a integridade contínua do direito. "A interpretação criativa do juiz não seria a do exercício do poder discricionário, como na teoria positivista, nos casos de ausência ou de indeterminação da norma. Ao contrário, dado que sua interpretação deve estar constrangida pelo princípio da coerência normativa face à história do seu direito e da sua cultura política".[88] Todas as inovações e alterações no direito devem respeitar esta coerência histórica que preserva o enredo do direito e que, por isso, permite a elaboração de novos princípios que reforcem a ordem jurídica de que ele faça parte.

Valendo-se da interpretação literária como modelo de método para a análise jurídica, Dworkin revela a existência de uma unidade, de uma cumplicidade entre o ato de criar e o de interpretar, pois, como na literatura, o artista-autor não cria nada sem interpretar, enquanto o crítico cria apenas quando interpreta, sendo a diferença entre autor e interprete uma decorrência de distintos momentos de um mesmo processo. Para explicar esta afirmação, Dworkin imagina um romance a ser escrito por diversas pessoas em momentos distintos, cada uma responsável por um dos capítulos, sem, no entanto, perder o enredo da história. Cada autor deverá manter a coerência do texto e permitir o desenrolar da idéia, o que o obriga a conhecer aquilo que foi escrito antes dele pelos outros autores. Para Dworkin, a decisão de casos controversos no direito segue, mais ou menos, esse mesmo exercício literário, pois um magistrado "deve ler tudo o que os outros juízes escreveram no passado, não apenas para descobrir o que disseram, ou seu estado de espírito quando o disseram, mas para chegar a uma opinião sobre o que esses juízes fizeram coletivamente(...) Ao decidir o novo caso, cada juiz deve considerar-se como parceiro de um complexo empreendimento em cadeia, do qual essa inúmeras decisões, estruturas, convenções e práticas são a história: é seu trabalho continuar essa história no futuro por meio do que ele faz agora".[89] Mas o juiz deve interpretar a história que encontra e não inventar uma história que considere melhor, pois o direito é empreendimento político e a interpretação jurídica deve

---

[88] Werneck et al. *A judicialização da política e das relações sociais no Brasil*, p. 37. Dworkin defende que "a alternativa ao passivismo não é um ativismo tosco, atrelado apenas ao senso de justiça de um juiz, mas um julgamento muito mais apurado e discricionário, caso por caso, que dá lugar a muitas virtudes políticas, mas, ao contrário tanto do ativismo quanto do passivismo, não cede espaço algum à tirania." Cf. DWORKIN, Ronald. *O império do direito*. Martins Fontes: São Paulo, 1999. p. 452. Ver também, CHUEIRI, Vera Karam de. *A dimensão jurídico-ética da razão: o liberalismo jurídico de Dworkin*. In: ROCHA, Leonel Severo (org). *Paradoxos da auto-observação: percurso da teoria jurídica contemporânea*. Curitiba: JM Editora, 1997.
[89] DWORKIN, Ronald. *Uma questão de princípio*, p. 238.

demonstrar a importância política do direito, destacando o "melhor princípio ou política a que serve".[90]

Ao tratar dos dilemas da concretização da Constituição brasileira de 1988, Gilberto Bercovici[91] tem dúvidas a respeito de se o Poder Judiciário deve desempenhar um papel preponderante na implementação das conquistas constitucionais. Refere que o direito constitucional não é monopólio do Judiciário, mas fruto da ação coordenada entre todos os poderes políticos. Os tribunais apoderam-se da Constituição, constituindo-se, desse modo, no único espaço legítimo para interpretar o texto constitucional e na única referência de legitimidade do sistema. Receia Bercovici que o exagero da ação do Poder Judiciário possa gerar interpretações violadoras do texto constitucional, usurpando os poderes constituintes e enaltecendo um governo dos juízes em substituição ao Poder Legislativo escolhido pelo povo. Chama a atenção para o fato de que é preciso superar a fixação na Jurisdição constitucional, bem como ultrapassar os limites formais de uma interpretação exclusivista da Constituição, que se reduz ao pronunciamento dos magistrados, apesar de o autor se mostrar ciente de que um modelo que valoriza a abertura do processo interpretativo constitucional, previsto para as sociedades democráticas consolidadas, seja de difícil transposição para a realidade brasileira. Para Bercovici, a Constituição não pode ser entendida como categoria exclusivamente jurídica, apartada das reais condições políticas que organizam as relações materiais de poder em uma sociedade, razão pela qual é necessário superar o ideário liberal de controle tradicional – tal como o Poder Judiciário – e, em vez de alargar as suas formas institucionais, é preciso construir um modelo que não despreze o controle público e democrático pelos cidadãos. Isto é, "o desafio continua sendo encontrarmos um modo de submeter a critérios sociais e democráticos a atuação, ou omissão, do Estado, através de um controle político".[92]

Também preocupada com a questão democrática, Gisele Cittadino[93] sustenta que o papel do Poder Judiciário no processo de concretização da cidadania não pode ser incompatível com as bases do constitucionalismo democrático. Segundo ela os constitucionalistas democráticos entendem

---

[90] DWORKIN, Ronald. Op. cit., p. 239.

[91] BERCOVICI, Gilberto. Dilemas da concretização da Constituição de 1988. *In: Revista do Instituto de hermenêutica jurídica*. (Neo) constitucionalismo. Ontem, os códigos. Hoje, as Constituições. Porto Alegre: Instituto de hermenêutica jurídica, 2004.

[92] Idem, p. 115.

[93] CITTADINO, Gisele. Judicialização da política, constitucionalismo democrático e separação dos Poderes. In: VIANNA, Luiz Weneck (Org.) *A democracia e os três poderes no Brasil*. Belo Horizonte: Ufmg, 2002.

que a Constituição "é a realização dos valores que apontam para o existir da comunidade", uma vez que os direitos fundamentais não visam apenas a limitar negativamente a ação estatal, mas a integrar os cidadãos no espaço político comunitário, permitindo que a comunidade controle as omissões do poder público através dos institutos processuais e, assim, auxilie na concretização da Constituição. Obviamente que neste processo o Poder Judiciário, como último intérprete do texto constitucional, desempenha a tarefa de proteger as liberdades positivas, o que, porém, não poderá resultar num domínio dos tribunais e tampouco em uma Jurisdição paternalista, pois, afinal, a "própria Constituição de 1988 institui diversos mecanismos processuais que buscam dar eficácia aos seus princípios, e essa tarefa é de responsabilidade de uma cidadania juridicamente participativa que depende, é verdade, da atuação dos tribunais, mas sobretudo de pressão e mobilização política que, sobre eles, se fizer".[94] No entender de Ingeborg Maus, o Judiciário projeta-se como guardião da moralidade pública, como salvador de uma comunidade política adoentada; funciona como a referência paterna numa sociedade que destroçou as tradicionais formas de constituição da autoridade, uma ingerência prejudicial para a autonomia dos indivíduos e para a soberania popular, verdadeiro obstáculo para a elaboração de uma política constitucional libertadora.[95]

A partir de uma leitura sistêmica, Celso Campilongo[96] destaca que o direito não pode operar com a mesma complexidade do ambiente que pretende regular, pois o sistema jurídico caracteriza-se justamente por ser um sistema que se distingue do ambiente a ser regulado e que visa a estabelecer estruturas seletivas para diminuir a complexidade e permitir um funcionamento diferenciado. Apesar de concordar que hoje se processa um rompimento com a racionalidade sistêmica do direito positivo e o florescimento de modelos negociais e para-estatais de solução de conflitos, alerta que talvez não seja correto "imaginar que o sistema jurídico seja demasiadamente singelo para disciplinar situações tão multifacetadas ou que sua operacionalidade seja cada vez mais limitada".[97] Portanto, prossegue Campilongo, se realmente a operacionalidade do direito está perdendo espaço com a globalização, não se trata do advento de um pluralismo jurídico, mas sim do aparecimento de alternativas funcionais ao direito. Em que pesem os inevitáveis pontos de contato entre o sistema

---

[94] CITTADINO, Gisele. Judicialização da política, constitucionalismo democrático e separação dos Poderes. In: op. cit., p. 39.

[95] MAUS, Ingeborg. Judiciário como superego da sociedade. *In: Novos Estudos Cebrap*, n. 58, novembro de 2000.

[96] CAMPILONGO, Celso Fernandes. *O direito na sociedade complexa*. São Paulo: Max Limonad, 2000.

[97] Idem. p. 153.

jurídico e o sistema político,[98] ambos operam a partir de códigos e de uma referência funcional distinta, que não podem ser confundidos. A democracia constitucional impõe a separação entre os dois sistemas, estabelecendo, no entanto, uma relação de horizontalidade e de interdependência que permite a reprodução dos respectivos sistemas em espaços delimitados. Sem negar a autonomia e a identidade dos sistemas políticos e jurídicos, a Constituição permite o reingresso do político no direito e deste na política.[99] Essa relação não gera uma subordinação do sistema jurídico ao sistema político ou vice versa, isto é, "as decisões políticas – exceção feita à sua constitucionalidade – não podem estar submetidas ao controle judicial. Da mesma forma, as decisões dos tribunais não podem depender do aplauso das assembléias ou da aceitação das praças. Daí o perigo, para a democracia representativa, da 'juridificação da política' ou da 'politização da justiça".[100] Assim, para Campilongo, a confusão entre os dois sistemas pode ocasionar uma falta de referenciabilidade, fazendo com que cada um dos referidos sistemas opere a partir de elementos que não são seus, atuando com uma racionalidade diferente da sua e, "consequentemente, incompreensível para as auto-referências do sistema",[101] processo que pode conduzir o Judiciário a tomar decisões sustentadas em critérios exclusivamente políticos.

10. O projeto constitucional como o grande desafio para a democracia

As sociedades democráticas contemporâneas apostaram na Constituição como um tratado de convivência, de limites, de expectativas, de pos-

---

[98] Como refere Campilongo, "(...) o sistema político, desempenha uma função infungível: tomar decisões que vinculam a coletividade. A comunicação política vem sempre marcada por um código binário próprio: poder/não poder; inferior/superior; querer do detentor/ não querer do submetido. Por isso, o vértice do sistema político moderno caracteriza-se pela dual governo/oposição. (...) o sistema jurídico, também desempenha uma função exclusiva: garantir as expectativas normativas. A comunicação jurídica, na mesma linha, tem seu código binário peculiar: legal/ilegal;lícito/ilícito; direito/não-direito." Idem, p. 81-82.

[99] NEVES, Marcelo. Justiça e diferença numa sociedade global complexa. In: SOUZA Jessé. (org). Democracia hoje. Novos desafios para a teoria democrática contemporânea. Brasília: Unb, 2001. Nesse sentido, o autor refere, a partir de Luhmann, que "o Estado democrático de direito assegura tanto a autonomia operacional da política como a do direito. Ao contrário das formas autocráticas contemporâneas, as quais subordinam o direito à política, ele implica uma relação de horizontalidade e interdependência entre esses dois sistemas de sociabilidade global, em suas respectivas reproduções em um território delimitado. Decisivo para tanto, é a presença da Constituição como 'acoplamento estrutural' entre o direito e a política como sistemas sociais que se reproduzem autonomamente." p. 348.

[100] Ibidem, p. 82.

[101] CAMPILONGO, Celso Fernandes. *Política, sistema jurídico e decisão judicial*. São Paulo: Max Limonad, 2002, p. 63.

sibilidades, um pacto social entre indivíduo e sociedade em busca da afirmação de um projeto de sociabilidade. A aposta no constitucionalismo democrático do segundo pós-guerra acendeu esperanças emancipatórias no direito e na política, e passou a exigir bem mais dos seus atores e protagonistas, ofuscados que estiveram durante anos de apatia e assepticismo a serviço da indiferença e do distanciamento político. A base antropológica individualista do Estado de direito foi e está sendo problematizada pela adoção de um novo constitucionalismo, sustentado na idéia de grupo, de coletividade, de direitos sociais, uma normatividade positiva que não se basta em limitar o poder estatal, mas que é propositiva, interventiva e transformadora.[102]

Mas a Constituição não pode ser compreendida como um dado acabado, como um resultado normativo objetivo. A Constituição não se realiza em si mesma, precisa e convoca todos os Poderes e atores sociais para realizarem a sua substância. Ela define os limites e as possibilidade do constituir, do construir de uma comunidade. Assim, a concretização da Constituição não é uma tarefa isolada e exclusiva de um dos Poderes do Estado, pois vincula a sociedade e suas instituições a um referencial de sentido político que resulta de escolhas históricas e que reflete as condições desejadas de sociabilidade. Para que isso seja possível, as comunidades democráticas confiam às suas instituições a proteção dessas escolhas, definindo o conteúdo e os procedimentos que orientam uma atuação política legítima. Nesse sentido, o Poder Judiciário, como também os demais Poderes, têm a óbvia missão democrática de fazer com que se cumpra o texto constitucional.

Se é incontestável que o texto constitucional possui normatividade vinculatória, parece, no entanto, que esta mesma certeza não se reflete quando se trata de definir a maneira de concretizá-lo. Receiam alguns que não seria salutar para a democracia que o Judiciário assumisse um papel predominante no processo de concretização dos direitos fundamentais, enquanto outros entendem que a Jurisdição deve ser interventiva, capaz de obrigar o cumprimento dos direitos constitucionais. Tais divergências, antes de representarem apenas uma controvérsia pontual, revelam-se sintomáticas da crise de identidade que se abate sobre a Constituição, uma espécie de ceticismo que (des)constitui e que se irradia para as instâncias responsáveis pela proteção do teor constitucional.

A realidade brasileira sofre de um déficit social histórico que precisa ser repensado a partir do horizonte de sentido que é a Constituição. So-

---

[102] STRECK, Lenio Luiz. Controle externo, súmulas vinculantes e a reforma do Judiciário como condição para a democracia. *In: A construção democrática brasileira e o Poder Judiciário*. Debates – Konrad Adenauer Stiftung, nº 20, 1999, p. 89-104.

mente uma experiência democrática vitoriosa do ponto vista material, que propusesse padrões de vida digna aos seus cidadão e que os colocasse em certa posição de igualdade, poderia sustentar uma democracia de cunho meramente procedimental, pois a garantia dos procedimentos democráticos seria, nessa hipótese, apenas o roteiro para que as diferenças construíssem suas soluções sobre conteúdos desde sempre possíveis e aceitos. O procedimento assume o lugar preferencial somente quando se verifica que a própria substância passa desapercebida, isto é, quando ninguém contesta a importância de sua existência e de sua necessidade. Este não é o caso da realidade brasileira e de nenhum país subdesenvolvido. O Brasil não chegou a construir um Estado social que pudesse melhorar as condições de vida da população e estabelecer uma democracia despreocupada com a substância e voltada tão somente para a defesa dos procedimentos.[103]

Nosso texto constitucional reconhece as limitações de nossa democracia material e aponta para um conjunto de transformações que a sociedade brasileira considera importantes, vinculando a todos em torno de suas possibilidades. A Constituição apresenta-se "como um constituir",[104] como o pacto social que estabelece as referências para a atuação dos Poderes do Estado. Nesse sentido a Jurisdição, especialmente a constitucional, constitui-se em espaço de defesa dos conteúdos materiais, dos direitos e garantias que sustentam o projeto democrático estampado na Constituição. Nenhum poder está imune ao projeto constitucional, que define um marco material para o exercício independente dos Poderes do Estado e concede ao Poder Judiciário a tarefa de controlar este limite. A redefinição das funções da Jurisdição e sua possibilidade interventiva é resultado da ampliação das funções estatais e um recurso indispensável para a sociedade democrática tentar evitar os desvios de seu projeto social.

Por outro lado, é importante notar que a valorização e a busca elevada da função jurisdicional para resolver determinados problemas, que durante muito tempo se caracterizaram como de natureza política, revela, também, as dificuldades e precariedades que afetam os demais Poderes, e especialmente a crise da política em desempenhar o seu papel de agenciador das demandas sociais numa sociedade cada vez mais complexa.[105] O desgaste da política, a nova pauta de direitos fundamentais e a complexidade dos litígios contemporâneos conduziram a um agigantamento da Jurisdição, transformando-a em uma *última ratio* de decidibilidade, em um refúgio

---

[103] Consistentes críticas às teses procedimentalistas são aduzidas por Lenio Streck em sua *obra Jurisdição constitucional e hermenêutica*, especialmente à tese habermasiana. Ver final do cap. 4 da referida obra.
[104] Ibidem.
[105] CÁRCOVA, Carlos María. Los jueces en la encrucijada: entre el decisionismo y la hermeneutica controlada. *In: Revista da AJURIS*, nº 68, novembro de 1996.

que passa a ser visto como capaz de acomodar as incertezas e de gerar uma sensação de segurança. Nesse sentido, acusar o protagonismo judicial de prejudicar a capacidade mobilizatória de uma cidadania ativa, uma vez que impediria a formação de identidades coletivas pela concessão paternalista de direitos, parece ser uma acusação dimensionada de maneira equivocada, pois é justamente a desarticulação política e a fragilidade da participação democrática que permite o fortalecimento e o protagonismo de uma instituição que funciona a partir de uma racionalidade desvinculada das exigências de legitimidade política. Não bastasse isso, as mesmas dificuldades que são aduzidas contra o ativismo judicial podem ser sustentadas contra qualquer dos demais Poderes, ou seja, não existe razão plausível para acreditar que a sociedade consiga refrear os abusos dos demais Poderes se não conseguir fazê-lo em relação ao Judiciário, o que revela a fragilidade de nossa democracia.

A nossa Jurisdição será aquilo que a nossa democracia construir ao construir-se, aquilo que formos capazes de executar de nosso projeto constitucional. A democracia não pode ser tomada como uma experiência acabada e objetiva, mas como um processo de convivência que está permanentemente a duvidar de si mesmo, que faz da dúvida e da incerteza a sua razão de ser e sua força para enfrentar o futuro imprevisível.[106] Não se trata de aprisionar a democracia em um dos tantos modelos prestigiados pela teoria política, mas de trabalhar com o material histórico que nossa sociedade apresenta e da maneira como esta mesma sociedade projeta a sua democracia a partir do pacto representado pela nossa Constituição, a qual representa as condições de possibilidade do afazer democrático e os limites jurídicos positivos e negativos da convivência entre sociedade e Estado.

A sociedade compromete-se a partir do texto constitucional, sujeitando ao seu projeto todos os Poderes do Estado. Assim, como refere Ferrajoli,

> é nesta sujeição do juiz à Constituição, e portanto no seu papel de garantir os direitos fundamentais constitucionalmente estabelecidos, que reside o principal fundamento atual da legitimação da Jurisdição e da independência do Poder Judiciário frente aos Poderes Legislativo e Executivo, embora estes sejam – e até porque o são – poderes assentes na maioria. Precisamente porque os direitos fundamentais em que se baseia a democracia substancial são garantidos incondicionalmente a todos e a cada um, mesmo contra a maioria, eles constituem o fundamento, bem mais do que o velho dogma juspositivista da sujeição à lei, da independência do Poder Judiciário, que para a sua garantia está especificamente vocacionado.[107]

---

[106] BOBBIO, Norberto. Da democracia. In: José Alcebíades de Oliveira Júnior (Org). *O novo em direito e Política*. Porto Alegre: Livraria do Advogado, 1997.

[107] FERRAJOLI, Luigi. O direito como sistema de garantias. In: José Alcebíades de Oliveira Júnior (Org). *O novo em direito e Política*. Porto Alegre: Livraria do Advogado, 1997. p.101. Ver, ainda, AZEVEDO, Plauto Faraco. Da politicidade do poder Judiciário. *In: Revista da AJURIS*, nº 88,

Mas para que a Jurisdição cumpra com seu papel no Estado Democrático de Direito é preciso que reconheça suas impotências e debilidades funcionais, que supere seu legado operacional e epistemológico de matriz individualista, incapaz de pensar os conflitos transindividuais e de alta complexidade da sociedade contemporânea. É preciso, também, que reconheça as limitações de uma democracia marcada por atropelos institucionais, que não esqueça das reais condições materiais de desigualdade que fazem parte do constituir constitucional, e que aceite a Constituição como um projeto capaz de conduzir um constituir permanente. Além disso, é fundamental que a Jurisdição não usurpe e não descaracterize as possibilidades constitucionais, sob pena, aí sim, de ser um perigo para as ambições democráticas, pois uma Jurisdição aparentemente absoluta e salvadora, assim como a ingerência desmedida de qualquer outro Poder do Estado, ultrapassa os limites de legitimidade instituídos pelo poder constituinte.

É importante notar ainda que, além dos novos litígios, os litígios tradicionais tendem a aumentar nos sistemas democráticos. Se a crise do Estado-Providência foi responsável pela elevação da atividade jurisdicional, resultado da defesa e da preservação dos direitos sociais ameaçados, a ampliação dos regimes democráticos tende a estimular a busca dos direitos e a transformar a realidade social pela publicização dos conflitos e pela possibilidade da divergência. Os rumos da Jurisdição estão, em grande medida, ligados ao futuro da democracia, àquilo que as sociedades conseguirem instituir e planejar livremente para o seu futuro. Afinal, todos sabem qual o papel e a importância da atividade jurisdicional nos regimes ditatoriais: apenas legitimar e reproduzir a violência, a negação do sujeito e a usurpação da utopia.

O debate a respeito da reestruturação da Jurisdição, com efeito, não pode resumir-se às necessidades e à racionalidade do mercado, mas contemplar estratégias que indiquem para o aprimoramento da prestação jurisdicional em todos os seus níveis, construindo respostas para a crise de identidade funcional da Jurisdição que estejam comprometidas com o avanço ético e com a realização democrática do direito. Para enfrentar este conjunto de desafios e de complexidades, o projeto democrático obriga a pensar o poder jurisdicional a partir de uma racionalidade ao mesmo tempo instituidora e desinstituidora, sem compromissos com o legado antidemocrático que marcou os rumos e imprimiu a identidade das instituições jurídico-políticas no Brasil.

Devem ser evitadas e denunciadas, no entanto, as promessas de uma Jurisdição salvadora, promotora da ordem e do encontro com as ideologias

---

dezembro de 2002. Segundo Plauto, "sem um Poder Judiciário atuante, respeitado pela população e pela comunidade jurídica, a democracia é sempre frágil." p. 324.

perdidas. Respostas deste tipo carregam quase sempre os fundamentos de novos ou antigos absolutismos, os quais pretendem dar soluções para tudo e para todos os problemas que constituem a crise jurisdicional. Como já referido, esta crise não é única e nem autônoma. É uma crise do Estado brasileiro, de seus Poderes, de sua burocracia, de sua incapacidade de intervir no mercado. Mas é também uma crise da dogmática jurídica, dos fundamentos teóricos do direito moderno e das instituições construídas sob sua orientação. É, enfim, uma crise paradigmática a inaugurar novas tendências socioeconômicas que precisam ser lidas cuidadosamente para o bom andamento da democracia, do Estado e também da Jurisdição. Pensar a Jurisdição é, pois, pensar o Estado e a democracia.

11. Considerações finais

Nunca se viram uma tensão e um debate tão grandes sobre a função jurisdicional como atualmente. Críticas, sugestões e diversas análises são dirigidas à atividade jurisdicional por diferentes segmentos sociais. A crise é uma constatação que ninguém ou quase ninguém contesta, e as soluções apresentadas são de múltiplas orientações. Fala-se muito em controle externo do Poder Judiciário, em reformas processuais para agilizar a prestação da "justiça", em reformas estruturais, em qualificar a formação dos magistrados e em outras temáticas que envolvem direta ou indiretamente o tema. Parece que a angústia em apresentar soluções provoca uma apatia do diálogo e gera proposições perigosas, capazes apenas de tentar atender aos reclamos pragmáticos de uma realidade complexa.

Mas antes de reagir, de responder ao quadro de dificuldades é preciso perguntar, ou no mínimo perguntar de modo mais qualificado, sobre quais são as funções da Jurisdição ou, dito de maneira diferente, o que uma sociedade democrática, que valoriza a diversidade e se fundamenta na proteção dos direitos fundamentais, espera da atuação jurisdicional e do próprio Estado no contexto de uma sociedade complexa A negação do diálogo, a castração da diferença e a racionalização estereotipada, que marca os mecanismos tradicionais de solução de conflitos e que gera apenas soluções jurídicas formais e não sociais substanciais, têm pautado também o conjunto de respostas/soluções dadas para resolver as crises operacionais do Poder Judiciário. Isto é, o tecnicismo exagerado e o racionalismo cartesiano, que cegaram o direito positivo para a sensibilidade e para as necessidades históricas, continuam a cegar os operadores do direito e a induzi-los a reducionismos explicativos, um verdadeiro risco para a democracia.

Pensar o direito, os conflitos sociais e a Jurisdição no contexto complexo da realidade social contemporânea não significa negar as conquistas e as virtudes da modernidade inacabada; significa, antes, repensar o direito, os conflitos e a Jurisdição para fortalecê-los. O grande desafio é humanizar o direito/Jurisdição para poder compreender os conflitos sociais também em sua dimensão humana, e não apenas jurídica, o que permitirá reconhecer nas novas formas de litigiosidade a revelação das próprias formas da humanidade, que se reproduzem e se inovam, também, pelos conflitos sociais. Como a modernidade forjou uma Jurisdição limitada para atender a uma conflituosidade rotulada aprioristicamente e limitada geograficamente em sua abrangência, para o jurista o conflito racionalizou-se, juridificou-se e perdeu o seus viés humano. O aumento e a complexidade dos conflitos contemporâneos desafiam o purismo metodológico e a racionalidade hermética do direito positivo moderno que, ao racionalizar e centralizar o direito/Jurisdição, negou epistemologicamente a pluralidade/diversidade do conflito e perdeu a criatividade e a inventividade para tratar com o novo e com situações não padronizadas. E como os conflitos não podem ser eliminados da realidade social, uma sociedade complexa constitui-se de conflitos complexos, de conflitos não tabulados e não estereotipados, de conflitos a que a racionalidade moderna não consegue atender.

E o quadro não é de otimismo, pois, nos destroços dessa Jurisdição incapaz de compreender a essência humana do conflito e insuficiente para organizar a realidade social contemporânea, não surgem soluções emancipadoras, mas apenas novos ambientes de regulação e de solução de conflitos que, por sua vez, tendem a adaptar-se mais à "cultura" do mercado e do consumo do que ao projeto democrático. A Jurisdição tradicional, além de ceder espaços e ser questionada por novas formas de solução de conflitos, é repensada a partir da eficiência do mercado e obrigada a "produzir" soluções jurídicas em tempo real, mesmo que isso signifique muitas vezes a perda de garantias processuais. Os conflitos sociais não são aprisionáveis por modelos e por fórmulas padronizadas. Seguem o curso da história, alimentam-se em várias fontes e reproduzem o próprio dinamismo das relações humanas. Os conflitos impulsionam para o novo, são necessários para produzir a vida, para declarar as diferenças e para aceitar os diferentes. Para os juristas e para a Jurisdição tradicional a teoria do conflito é a inexistência do conflito, é a tentativa de evitá-lo, de repensá-lo e de redefini-lo como litígio ou como controvérsia jurídica. A padronização do conflito e a negação da diferença e do diferente tornam a Jurisdição um espaço muito frágil, um ambiente desorientado, confuso e incapaz de trabalhar com um contexto social constituído pela diversidade, pelo pragmatismo, enfim, pela complexidade que não se deixa conceituar e aprisionar. As expectativas sociais não são consensuais, pois representam a pluralidade de interesses e de concepções de justiça, situação que se agrava nas sociedades de abissal desigualdade material e que denuncia a insuficiência e o descompasso da razão burocrática jurisdicional para atender ao conjunto de demandas da sociedade. O aparecimento de novas formas de resolução de conflitos é exemplo desta crise, que é uma crise dos paradigmas do direito, que afeta a organização da sociedade.[108]

A Jurisdição deve constituir-se em um espaço público de debate, local privilegiado para expor e tratar das diferenças em conflito. Não pode ser ambiente de constrangimento, de usurpação do desejo e de negação do cidadão, sob pena de cultivar um autoritarismo devastador de sonhos e reprodutor de uma visão simplista e reducionista da realidade social. Não se pode estimular um modelo jurisdicional que se assente na rejeição da diversidade, na castração das particularidades e na generalização dos sujeitos. A democracia exige olhar e valorizar as diferenças, comprometer-se com cidadãos históricos (Pedros, Paulos, Marias) e não apenas com sujeitos processuais (réus, autores, eleitores, contratantes, etc.), e humanizar a aplicação do direito e os próprios conflitos sociais. Isso faz lembrar de Warat e de sua preocupação com uma magistratura que parece resolver conflitos que lhe são alheios, sem sentir a existência daqueles que fazem parte do próprio conflito. As respostas são dadas sem a participação do outro e a responsabilidade é atribuída exclusivamente à norma. Os juízes, segundo o autor, "decidem conflitos sem relacionar-se com os rostos. As decisões dos juízes são sem rosto".[109]

O modelo de Jurisdição moderna não consegue enfrentar as demandas da economia global e os conflitos multiculturais que caracterizam a excessiva diversidade da sociedade atual, de modo que a elaboração de um novo paradigma de resolução de conflitos deve ser conduzido a partir de pressupostos comprometidos com a ampliação e o fortalecimento das conquistas democráticas. Furtar-se ao diálogo e ao compromisso de reinventar a racionalidade jurídica neste momento de dificuldades significa permitir

---

[108] RIBEIRO, Paulo de Tarso Ramos. *Direito e processo: razão burocrática e acesso à justiça*. São Paulo: Max Limonad, 2002.

[109] WARAT, Luis Alberto. *O ofício do mediador*. v.1. Florianópolis: Habitus, 2001, p. 214-215. Josef K., personagem de Kafka em sua novela O processo, sofrera muito com a indiferença e com os procedimentos de uma Jurisdição que era secreta para o público e também para ele, o acusado. Sabe-se que a literatura e as artes, de um modo geral, não representam o acaso, mas retratam escolhas situadas valorativa e historicamente, o que garante a pertinência do seguinte comentário do personagem principal da novela: "os funcionários não tinham contato com o público; isto, nos processos ordinários comuns, não era de maior importância visto que em tais casos o processo se desenrolava quase por si mesmo, de um modo automático, de maneira que apenas precisavam intervir nele muito pouco; mas diante dos casos extremamente simples, assim como diante dos particularmente difíceis, ficavam com freqüência perplexos, pois por permanecer continuamente enrascados dia e noite em suas leis não chegavam a conhecer exatamente o caráter das relações humanas, pelo que se encontravam em grandes dificuldades de resolver tais casos". KAFKA, Franz. *O processo*. Tradução de Torrieri Guimarães. São Paulo: Martin Claret, 2002, p. 148.

que as soluções se dêem à revelia dos interessados, distante das preocupações e dos espaços sociais que, ao mesmo tempo e paradoxalmente, produzem o conflito e retratam a atualização das demandas públicas pela própria implantação do litígio, seja ele absorvido ou não pelo direito estatal. Em outras palavras, quanto mais a Jurisdição sofre com um conjunto de demandas internas e externas que não consegue solucionar, mais claro fica que tanto as expectativas dos grupos marginais excluídos como dos grupos marginais que se excluem não estão sendo absorvidas nem se revelam capazes de atualizar as razões operacionais e funcionais do direito.

A Jurisdição será capaz de conviver com tantos ambientes decisórios internos e externos? Não chegou o momento de se pensar novas maneiras de produzir respostas jurídicas às demandas sociais, capazes de valorizar espaços constituídos pela sociedade civil de forma democrática? Por certo, não será o mercado que dará as diretrizes de uma reforma jurisdicional afinada com os direitos sociais e com as conquistas constitucionais que marcaram o cenário jurídico do século XX como um tempo de significativos avanços para a afirmação da democracia. O mercado não tem compromisso com o desenvolvimento das nações, não age em razão de sentimentos de solidariedade e tampouco preocupa-se com a implementação das políticas sociais presentes nas cartas constitucionais contemporâneas. Nesse sentido é importante compreender a crise de identidade funcional do Judiciário para compreender a própria crise que afeta a racionalidade do Estado moderno, que afeta suas promessas, bem como para avaliar as alternativas à Jurisdição tradicional que têm aflorado como respostas para o déficit operacional do Judiciário. Conhecer os rumos das funções jurisdicionais é, pois, conhecer as escolhas do próprio Estado, suas limitações e suas potencialidades. O Poder Judiciário possui papel fundamental neste momento de transição paradigmática, pois no contexto de afirmação de novas formas de regulação social o Judiciário necessita ser repensado como organização, revitalizado pela afirmação e pelo compromisso com o projeto constitucional.

A Jurisdição, que pretende ser instrumento de promoção do direito, de realização do projeto constitucional emancipatório, precisa ser uma Jurisdição forte, capaz de intervir e de mediar, sem olvidar os ditames democráticos que devem orientar as atividades estatais. A Jurisdição necessita perceber e considerar o humano que reside nos conflitos sociais, para poder construir soluções que aproximem as respostas jurisdicionais do conjunto de expectativas que a sociedade tem em relação ao direito. É preciso que a Jurisdição tradicional sofra os "riscos" de um encontro verdadeiro e definitivo com a democracia substancial, encontro que é pressuposto para se pensar de modo sério sobre os papéis jurisdicionais na complexa sociedade contemporânea.

12. Referências

APOSTOLOVA, Brista Stefanova. *O Poder Judiciário: do moderno ao contemporâneo*. Porto Alegre: Fabris, 1998.

ARNAUD, André-Jean. *O Direito entre modernidade e globalização: lições de Filosofia do direito e do Estado*. Rio de Janeiro: Renovar, 1999.

AZEVEDO, Plauto Faraco. Da politicidade do poder Judiciário. In: *Revista da AJURIS*, n° 88, dezembro de 2002.

BERCOVICI, Gilberto. Dilemas da concretização da Constituição de 1988. In: *Revista do Instituto de hermenêutica jurídica*. (Neo) constitucionalismo. Ontem, os códigos. Hoje, as Constituições. Porto Alegre: Instituto de hermenêutica jurídica, 2004.

BOBBIO, Norberto. Da democracia. In: José Alcebíades de Oliveira Júnior (org.). *O novo em Direito e Política*. Porto Alegre: Livraria do Advogado, 1997.

BONAVIDES, Paulo. *Do Estado liberal ao Estado social*. Rio de Janeiro: Forense, 1980.

CALERA, Nicolás María López. *Yo, el Estado*. Madrid: Trotta, 1992.

CAMPILONGO, Celso Fernandes. O Judiciário e a democracia no Brasil. In: *Revista USP*. Dossiê do Judiciário. n° 21. São Paulo: USP, Março/abril/maio de 1994.

——. Magistratura, sistema jurídico e sistema político. In: FARIA, José Eduardo (org.). *Direito e justiça. A função social do Judiciário*. São Paulo: Ática, 1989.

——. Os desafios do Judiciário: um enquadramento teórico. In: FARIA, José Eduardo (org.). *Direitos humanos, direitos sociais e justiça*. São Paulo: Malheiros, 1998.

——. *O direito na sociedade complexa*. São Paulo: Max Limonad, 2000.

——. *Política, sistema jurídico e decisão judicial*. São Paulo: Max Limonad, 2002.

CAPELLA, Juan Ramón. *Fruto Proibido: uma aproximação histórico-teórica ao estudo do direito e do Estado*. Porto Alegre: Livraria do Advogado, 2002.

CAPPELLETTI, Mauro; GARTH, Bryan. *Acesso à justiça*. Porto Alegre: Fabris, 1988.

——. *Juízes legisladores?* Porto Alegre: Fabris, 1999.

——. *Juízes irresponsáveis?* Porto Alegre: Fabris, 1989.

CÁRCOVA, Carlos María. Los jueces en la encrucijada: entre el decisionismo y la hermeneutica controlada. In: *Revista da AJURIS*, n° 68, novembro de 1996.

CARVALHO, Salo de; WUNDERLICH, Alexandre (orgs.). *Diálogos sobre a justiça dialogal*. Rio de Janeiro: Lúmen Júris, 2002.

CHUEIRI, Vera Karam de. A dimensão jurídico-ética da razão: o liberalismo jurídico de Dworkin. In: ROCHA, Leonel Severo (org). *Paradoxos da auto-observação: percurso da teoria jurídica contemporânea*. Curitiba: JM Editora, 1997.

CITTADINO, Gisele. Judicialização da política, constitucionalismo democrático e separação dos Poderes. In: VIANNA, Luiz Weneck (org.). *A democracia e os três poderes no Brasil*. Belo Horizonte: Ufmg, 2002.

DÍAZ, Elías. Estado de derecho y legitimidad democrática. In: DÍAZ, Elías e COLOMER, José Luis (eds.) *Estado, justicia, derechos*. Madrid: Alianza, 2002.

DWORKIN, Ronald. *O império do direito*. São Paulo: Martins Fontes, 1999.

——. *Uma questão de princípio*. São Paulo: Martins Fontes, 2000.

——. *Levando os direitos a sério*. São Paulo: Martins Fontes, 2002.

——. *Liberalismo, Constituición y democracia*. Buenos Aires: La isla de la luna, 2003.

EISENBERG, José. Pragmatismo, direito reflexivo e judicialização da política. In: VIANNA, Luiz Werneck. *A democracia e os três poderes no Brasil*. Belo Horizonte: Ufmg, 2002.

ESTERUELAS, Cruz Martínez. *La agonía de Estado*. Madrid: Centro de Estudios Políticos y Constitucionales. 2000.

FARIA, José Eduardo. *O direito na economia globalizada.* São Paulo: Malheiros, 2002.
——. (Org). *Direito e globalização econômica.* São Paulo: Malheiros, 1996.
——. O Poder Judiciário nos universos jurídico e social: esboço para uma discussão de política judicial comparada. In: *Revista Serviço social e sociedade.* Ano XXII, n° especial, São Paulo: Cortez, 2001.
——. Os desafios do Judiciário. *In: Revista USP.* Dossiê do Judiciário. n° 21. São Paulo: USP, Março/abril/maio de 1994. p. 50.
——. *Justiça e conflito.* 2.ed. São Paulo: Revista dos Tribunais, 1992.
——; KUNTZ, Rolf. *Qual o futuro dos direitos?* São Paulo: Max Limonad, 2002.
FERRAJOLI, Luigi. O direito como sistema de garantias. In: José Alcebíades de Oliveira Júnior (Org). *O novo em direito e Política.* Porto Alegre: Livraria do Advogado, 1997.
FREDERICI, Mario F. Las transformaciones finiseculares del estado. Foro Político. *Revista del Instituto de Ciências políticas.* Cátedra Ortega. Universidade del Museo Social Argentino. Volumen XXVII, abril de 2000.
GALUPPO. Marcelo Campos. *Igualdade e diferença.* Estado democrático de direito a partir do pensamento de Habermas. Belo Horizonte: Mandamentos, 2002.
GARAPON, Antoine. *O juiz e a democracia: o guardião das promessas.* 2.ed. Rio de Janeiro: Revan, 2001.
GARCÍA-PELAYO, Manuel. *Las transformaciones del Estado Contemporáneo.* Madrid: Alianza, 1996.
HABERMAS, Jürgen. Las crisis de Estado de bienestar y el agotamiento de las energías utópicas. *In: Ensayos políticos.* 4.ed. Barcelona: Península, 2000.
——. *Direito e moral.* Lisboa: Piaget, 1992.
——. *Direito e democracia. Entre facticidade e validade.* Rio de Janeiro: Tempo brasileiro, 1997. V. I e II.
HESPANHA, António. *Justiça e litigiosidade: história e prospectiva.* Lisboa: Fundação Calouste Gulbenkian, 1993.
IBAÑEZ, Andrés Perfecto. Poder judicial e democracia política: lições de um século. *In: Revista da AJURIS,* n° 85, março de 2002.
KAFKA, Franz. *O processo.* Tradução de Torrieri Guimarães. São Paulo: Martin Claret, 2002.
LOPES, José Reinaldo de Lima. Justiça e Poder Judiciário ou a virtude confronta a instituição. In: *Revista USP.* Dossiê do Judiciário. n° 21. São Paulo: USP, Março/abril/maio de 1994.
MATOS, Gregorio de. *Poemas Escolhidos.* São Paulo: Cultrix, S/D.
MAUS, Ingeborg. Judiciário como superego da sociedade. In: *Novos Estudos Cebrap,* n.58, novembro de 2000.
MISHRA, Ramesh. *El estado de bienestar en crisis.* Madrid: Ministerio de trabajo y seguridad social, 1992.
——. *O Estado-Providência na sociedade capitalista.* Oeiras: Celta, 1995.
MORAIS, José Luis Bolzan de. *Mediação e arbitragem: alternativas à Jurisdição!* Porto Alegre: Livraria do advogado, 1999.
——. *Do direito social aos interesses transindividuais.* O Estado e o direito na ordem contemporânea. Porto Alegre: Livraria do Advogado, 1996.
——. *As crises do Estado e da Constituição e a transformação espacial dos direitos humanos.* Porto Alegre: Livraria do Advogado, 2002.
——. "Revisitando o Estado ! Da crise conceitual à crise institucional (constitucional)". In: *Anuário do Programa de Pós-Graduação em direito – Mestrado – Doutorado.* São Leopoldo: Unisinos, 2000.

——; AGRA, Walber de Moura. A jursiprudencialização da Constitucionalização e a densificação da legitimidade da Jurisdição constitucional. *In: Revista do Instituto de hermenêutica jurídica*. (Neo) constitucionalismo. Ontem, os códigos. Hoje, as Constituições. Porto Alegre: Instituto de hermenêutica jurídica, 2004.

NÉGRI, Hector. O Poder Judiciário e a construção do direito. In: *A construção democrática brasileira e o Poder Judiciário*. Debates – Konrad Adenauer Stiftung, n°20, 1999, p. 243-250.

NEVES, Marcelo. Justiça e diferença numa sociedade global complexa. In: SOUZA Jessé. (org). Democracia hoje. *Novos desafios para a teoria democrática contemporânea*. Brasília: Unb, 2001.

RIBEIRO, Paulo de Tarso Ramos. *Direito e processo: razão burocrática e acesso à justiça*. São Paulo: Max Limonad, 2002.

ROCHA, Leonel Severo. O direito na forma de sociedade globalizada. *In: Anuário do Programa de Pós-graduação em direito da Unisinos*. Mestrado e doutorado, 2001. São Leopoldo: Unisinos, 2001.

ROTH, André-Noël. O direito em crise: o fim do Estado moderno? In: FARIA José Eduardo (org.) *Direito e globalização econômica: implicações e perspectivas*. São Paulo: Malheiros, 1996.

SADEK, Maria Theresa. O Poder Judiciário na reforma do Estado. In: PERREIRA, L. C. Bresser; WILHEIM, Jorge; SOLA, Lourdes (Orgs). *Sociedade e Estado em transformação*. São Paulo: Unesp; Brasília: ENAP, 1999.

SÁNCHEZ, Jesús-Maria Silva. *A expansão do direito penal: aspectos da política criminal nas sociedades pós-industriais*. São Paulo: Revista dos Tribunais, 2002.

SANTOS, Boaventura de Sousa. *Pela mão de Alice: o social e o político na pós-modernidade*. 5.ed. São Paulo: Cortez, 1999.

——. *A crítica da razão indolente: contra o desperdício da experiência*. São Paulo: Cortez, 2000.

—— et al. *Os Tribunais nas sociedades contemporâneas*. Porto: Afrontamento, 1996.

STRAYER, Joseph R. *Sobre los orígenes medievales del Estado Moderno*. Barcelona: Ariel, 1981.

STRECK, Lenio Luiz. *Hermenêutica Jurídica (e)m crise. Uma exploração hermenêutica da construção do Direito*. Porto Alegre: Livraria do Advogado, 1999.

——. A crise de efetividade do sistema processual brasileiro. *In: Revista Direito em debate*, n° 5. Ijuí: Unijuí, 1995.

——. *Jurisdição Constitucional e Hermenêutica. Uma nova crítica do direito*. Porto Alegre: Livraria do Advogado, 2002.

TORRES, Miguel Ayuso. *Después de Leviathan? Sobre el Estado y su Signo*. Madrid: Dykynson, 1998.

VIANNA, Luiz Weneck. et. al. *A judicialização da política e das relações sociais no Brasil*. Rio de Janeiro: Revan, 1999.

—— et al. *Corpo e alma da magistratura brasileira*. Rio de Janeiro: Revan, 1997.

—— (org.). *A democracia e os três poderes no Brasil*. Belo Horizonte: UFMG, 2002.

WARAT, Luis Alberto. *O ofício do mediador*. v.1. Florianópolis: Habitus, 2001.

ZAFFARONI, Eugenio Raúl. *Poder Judiciário: crise, acertos e desacertos*. São Paulo: Revista dos Tribunais, 1995.

— 6 —

A Crise Constitucional: a linguagem e os direitos humanos como condição de possibilidade para preservar o papel da Constituição no mundo globalizado

WILSON ENGELMANN

Mestre e Doutorando em Direito pela Universidade do Vale do Rio dos Sinos (UNISINOS). Especialista em Direito Político (UNISINOS). Professor de Introdução ao Estudo do Direito da UNISINOS. Advogado.

Sumário: Considerações iniciais; 1. A Constituição e o constitucionalismo legados pela modernidade; 2. O Estado de Direito e o Estado Social como precursores do Estado Democrático de Direito; 3. Os reflexos da globalização sobre o Estado constitucional: alguns indicativos da crise constitucional; 4. Constituição e globalização: duas perspectivas (in)conciliáveis?; 5. Direitos humanos como *ethos* de liberdade político-jurídica da era moderna; 6. A jurisdição constitucional e a linguagem como condição do acontecer (*ereignen*) da Constituição; Considerações finais; Referências.

A vida não é a que a gente viveu,
e sim a que a gente recorda,
e como recorda para contá-la.
(Gabriel García Márquez)

Considerações iniciais

É objetivo deste trabalho estudar a crise constitucional, especialmente a perda de espaço da Constituição, a partir do surgimento de diversos atores transnacionais e as novas formas de regulação das relações sociais.

A mencionada crise, no entanto, não está isolada, mas encontra-se inserida no contexto de uma crise maior, que assola o próprio Estado-Nação, podendo, então falar-se em crises. Assim, há uma crise conceitual, que questiona o poder como soberania; a crise estrutural; a própria crise constitucional, onde aparecem as interfaces entre política, Direito e economia; a crise estrutural e a crise política e da representação.[1]

Quando se fala em crise constitucional, pensa-se na incapacidade do constitucionalismo moderno e da própria expressão do Estado Constitucional em dar conta dos novos desafios, especificados com o alastramento dos efeitos da globalização. Alguns detalhes da crise do Estado Constitucional estão atrelados à incidência fragmentadora da globalização e ao surgimento dos sujeitos transnacionais que produzem outros locais de regulação. Ao lado disso, surge também a crise da/na Constituição, questionando várias características do constitucionalismo moderno. Do mesmo modo, a própria concepção de constituição dirigente e compromissária acaba sendo questionada, dadas as dificuldades enfrentadas no âmbito de um Estado enfraquecido.

Esse é o cenário que será examinado, chamando a atenção também para a necessidade de o jurista dar-se conta da citada crise, visando a redimensionar a sua forma de visualizar a Constituição e o seu papel dentro do Estado Democrático de Direito. O jurista precisa perceber que – no caso do Brasil, por exemplo – estamos vivendo num novo modelo de Direito, ou seja, o novo paradigma constitucional. Por isso, "o intérprete do Direito deve(ria) ter a angústia do estranhamento; a angústia do sinistro", ou seja, no caso do "território do Direito (constitucional), é possível argumentar que o estranho, o sinistro, é aquilo que nos desenraíza, pois é aquilo que tendencialmente encobrimos. É dessa maneira que nos cerca a angústia".[2] Assim, parece ser correto dizer que no Brasil estamos vivenciando uma dupla crise constitucional: uma pela própria ausência de percepção da mudança – não ocorreu o estranhamento em relação ao novo – que se instalou a partir da Constituição de 1988; a outra, provocada pelas conseqüências da globalização, cujos aspectos já foram descritos. Nisso tudo surge uma agravante: vivemos uma modernidade tardia, a saber, ao mesmo tempo em que vislumbramos e experimentamos as conquistas da modernidade, também sofremos a sua crise.

Para dar conta destas perspectivas, o trabalho foi dividido em três capítulos. O primeiro visa a estudar o constitucionalismo e a Constituição

---

[1] Para um estudo mais detalhado destas crises, consultar BOLZAN DE MORAIS, José Luis. *As Crises do Estado e da Constituição e a Transformação Espacial dos Direitos Humanos*. Porto Alegre: Livraria do Advogado, 2002.
[2] STRECK, Lenio Luiz. *Jurisdição Constitucional e Hermenêutica: uma nova crítica do Direito*. Porto Alegre: Livraria do Advogado, 2002, p. 188.

construídos no seio do Estado moderno, apontando as suas características. Além disso, também a concepção do Estado Democrático de Direito, como modelo surgido a partir do Estado de Direito e do Estado Social e o papel da Constituição.

No segundo capítulo, estudar-se-ão os reflexos da globalização sobre o Estado Constitucional assim delineado, desenhando alguns percursos da crise constitucional e as possibilidades de convivência da Constituição com os espaços definidos pelos sujeitos transnacionais. Tal proposta estará assentada na projeção de um novo "contrato social", como um espaço dialogado e consensual, para onde deverão ser canalizados os esforços e os anseios das partes envolvidas no processo.

A partir destes diagnósticos, busca-se pensar novas formas para o Direito Constitucional, especialmente a partir da consideração dos direitos humanos e das possibilidades da hermenêutica filosófica, dentro do viés produtivo desenvolvido por Hans-Georg Gadamer.

Portanto, a equação que necessita ser resolvida cinge-se à formação dos "Estados glocais", que deverão ser vistos a partir da chamada "soberania inclusiva",[3] expressa por laços de solidariedade, alicerçada, portanto, numa "nova consciência de ser mundo". Vale dizer, segundo Gadamer: "não somente o mundo é mundo, apenas na medida de em que vem à linguagem – a linguagem só tem sua verdadeira existência no fato de que nela se representa o mundo".[4] Portanto, busca-se demonstrar a importância da linguagem para a construção de um novo mundo, talvez de novos Estados e uma adequada percepção da Constituição pela mediação da linguagem. Eis o roteiro do caminho a ser perseguido.

1. A Constituição e o constitucionalismo legados pela modernidade

Com a expressão *constitucionalismo*, segundo Nicola Matteucci, pretende-se atingir determinado modo de visualizar historicamente a organização do poder e as suas experiências jurídico-políticas. Verifica-se o modo "como" devem ser conduzidas as decisões políticas visando à ins-

---

[3] Expressões cunhadas por Ulrich Beck. *O que é globalização? Equívocos do globalismo: respostas à globalização*. Tradução de André Carone. São Paulo: Paz e Terra, 1999, p. 194 e 237. Os chamados "estados glocais", segundo Ulrich Beck, "compreendem a si mesmos segundo o princípio da diferenciação inclusiva como províncias da sociedade mundial e adquirem a partir dele sua posição – no mercado mundial, na política mundial policêntrica".

[4] GADAMER, Hans-Georg. *Verdade e Método: Traços fundamentais de uma hermenêutica filosófica*. Tradução de Flávio Paulo Meurer; revisão da tradução de Ênio Paulo Giachini. 4. ed. Petrópolis: Vozes, 2002, p. 643. (Esta obra, doravante, será identificada como Verdade e Método I).

tauração concreta dos fins pretendidos pelo organismo estatal. Isto acaba provocando um modo prescritivo de visualizar o texto constitucional, reconduzindo ao plano institucional, e não meramente normativo ou decisório.[5] Dito de outro modo, o constitucionalismo pretende especificar determinados momentos históricos, enfocando a produção e a utilização do poder político, centralizado na concepção estatal e as interfaces deste, com a Constituição, que acaba sendo um espaço privilegiado de tomada de decisões. No fundo, essa linha de caracterização indica que o aspecto mais genuíno do verdadeiro constitucionalismo encontra-se voltado à limitação do poder através do Direito.[6]

Dentro desse contexto, será enfocada a crise constitucional (institucional), examinando alguns aspectos que influem sobre a organização das relações do poder, subjacentes à idéia de Estado, especialmente o Estado Constitucional, que pode ser considerado como conteúdo ou arcabouço organizacional do Estado moderno. Além disso, aponta para o papel desempenhado pelo seu substrato jurídico, que é a Constituição.

O constitucionalismo moderno é forjado entre os séculos XVI e XVIII, a partir da consolidação de algumas características bem definidas: *a busca por uma constituição escrita*, a qual, consolidando uma séria de normas organicamente vinculadas, buscava garantir mais certeza e segurança do que as normas consuetudinárias vigentes no período medieval. No contexto dessa principal característica, inserem-se outros dois aspectos: *a sua legitimidade e a sua função*. A legitimidade desdobra-se em dois elementos: "já seja no conteúdo mesmo das normas, que se impõe por sua racionalidade intrínseca e por sua justiça; já seja em sua fonte formal, por emanar da vontade soberana do povo através de uma assembléia constituinte e, às vezes, de um *referendum*".[7] A evolução experimentada, assim, está ligada à substituição da vontade de Deus, pela *vontade popular e pela racionalidade preocupada em atender substancialmente o valor da justiça*. Ao lado deste caráter, a própria função da constituição surge com uma preocupação centrada na *garantia de determinados direitos humanos*, limitando, inclusive, a atuação do próprio Estado, que passa a ter a obrigação de respeitá-los.

A aspiração à constituição escrita, visando à garantia de determinados direitos da coletividade, representará o substrato para a idealização da

---

[5] MATTEUCCI, Nicola. *Organización del poder y libertad. Historia del constitucionalismo moderno.* Tradução de Francisco Javier Ansuátegui Roig y Manuel Martínez Neira. Madrid: Trotta, 1998, p. 23-24.

[6] Sobre a formação histórica da ideologia do constitucionalismo (o princípio liberal e o princípio democrático), consultar GARCÍA, Pedro de Vega. Mundialización y Derecho Constitucional: la crisis del principio democrático en el constitucionalismo actual. In: *Revista de Estudios Políticos.* n.100 (Nueva Época), abril/junio 1998, Madrid: Centro de Estudios Políticos y Constitucionales, p. 23 e ss.

[7] Ibidem, p. 25.

constituição rígida e inflexível, bloqueando a possibilidade de interpretação pelo Poder Legislativo ordinário. Com isso, a jurisdição constitucional passa a ser responsável pela aferição da constitucionalidade das normas jurídicas.[8]

Os aspectos destacados, que estão na base do Estado Moderno, surgirão de modos diversos nos seus desdobramentos, a saber, o Estado absolutista e o Estado liberal. Tomando este último como ponto de referência aos limites do presente estudo, pode-se dizer que se "divide" em Estado legal e Estado de Direito, o qual dá origem a três modelos, isto é, o Estado liberal de Direito, o Estado social de Direito e o Estado democrático de Direito.[9] No bojo do Estado moderno, incluindo os referidos desenvolvimentos, é concebido o seguinte significado para a palavra Estado:

> poder de decisão em última instância, e a nova definição de soberania, como poder de fazer e desfazer as leis (...); e o Estado aparece assim como o titular deste poder, um poder que se desenvolve num território bem definido e de maneira uniforme sobre todos os súditos, com os novos princípios de territorialidade da obrigação política e de impessoalidade do mandato.[10]

Esses elementos, que caracterizam o Estado moderno, podem ser considerados como especificados a partir dos contornos do Estado absoluto e do Estado liberal. Do primeiro, na medida que o monarca, identificando-se com o próprio Estado, era a expressão da exclusividade da produção das normas jurídicas – notadamente as legais. Por outro lado, com o modelo liberal verifica-se a mensuração do elemento humano – o povo – abrindo-se margem para as preocupações com o estabelecimento de determinadas garantias aos indivíduos, dentro de uma perspectiva econômica, calcada "na liberdade contratual e no livre desenvolvimento do mercado".[11]

2. O Estado de Direito e o Estado Social como precursores do Estado Democrático de Direito

Segundo Nicola Matteucci,[12] a Revolução francesa encerra a grande fase da tradição histórica ocidental, onde foram especificados procedimen-

---

[8] Ver, sobre essa perspectiva, MATTEUCCI, Nicola, op. cit., p. 25 e ss.
[9] Para aprofundar esta divisão, ver BOLZAN DE MORAIS, José Luis. *Do Direito Social aos Direitos Transindividuais: o Estado e o Direito na ordem contemporânea*. Porto Alegre: Livraria do Advogado, 1996, p. 65 e ss.
[10] MATTEUCCI, Nicola, op. cit., p. 33.
[11] BOLZAN DE MORAIS, José Luis. *Do Direito social aos Interesses Transindividuais*, op. cit., p. 78.
[12] Op. cit., p. 285.

tos determinantes e modelos constitucionais que inspiraram as forças políticas dos séculos XVIII e XIX. Neste último período temporal, a única inovação foi a concepção do Estado de Direito, com o ponto central calcado na justiça da administração. Vale dizer, "o controle da atividade da administração pública se sustenta, algumas vezes, para garantir a submissão de um órgão do Estado a outro, controlando a execução da lei; outras vezes, para garantir e fazer eficazes as liberdades jurídicas ou, melhor, os interesses legítimos do cidadão".[13] Esta faceta do Estado moderno demonstra uma clara preocupação com o jurídico, que passa a ser o grande responsável pela delimitação e limitação da esfera de atuação estatal, visando a garantir o resguardo dos direitos já assegurados ao cidadão. Em suma, "o Estado de Direito significa, assim uma limitação do poder do Estado pelo Direito". Entretanto, não se trata de uma mera referência à legalidade, mas "uma legalidade que não prejudique certos valores por e para os quais se constitui a ordem jurídica e política e que se expressam numas normas ou princípios que a lei não pode violar".[14] Aqueles parâmetros que fornecem os limites de atuação estarão definidos na Constituição, a qual apresenta uma nítida caracterização de *constituição garantia*. Esse aspecto sofrerá alterações no foco de atuação, a partir da emergência das outras fórmulas estatais, que serão examinadas a seguir.

Cabe sublinhar, apesar disso, que a concepção do Estado de Direito apresenta forte viés positivista, com a clara preponderância da forma em relação ao conteúdo. Fica evidente a concepção acima alinhada sobre a Constituição escrita, rígida e inflexível, como um meio para a obtenção daqueles objetivos. A legitimidade e a função da Constituição preocupadas com a questão da justiça e da expressão da vontade popular, apresentam-se como alternativas à garantia dos direitos humanos, embora esses pareçam não ser os aspectos mais significativos. O cunho de garantia da Constituição faz surgir a idéia muito mais voltada à proteção do que propriamente em assegurar os caminhos para a sua concretização no plano da vida.

Para dar conta dos caracteres do constitucionalismo assim delineado, o Estado de Direito passará a receber novos contornos a partir da emergência do Estado social,[15] quando a justiça da administração passa a assumir um papel crescente, pois os direitos sociais serão o ponto alto desse modelo estatal. Interessante notar que Manuel García-Pelayo apresenta

---

[13] MATTEUCCI, Nicola, op. cit., p. 285.

[14] GARCÍA-PELAYO, Manuel. *Las transformaciones del Estado contemporáneo*. Madrid: Alianza Editorial, 1996, p. 52-53.

[15] Para verificar os aspectos históricos que cercam a formação do Estado social, ver BONAVIDES, Paulo. *Do Estado Liberal ao Estado Social*. 6. ed. rev. e ampl. São Paulo: Malheiros, 1996.

uma nítida distinção entre o *Welfare State* e o Estado Social: O primeiro está preocupado com os aspectos do bem-estar da dimensão política do Estado, bem como a própria destinação e distribuição de recursos destinados a satisfazer os serviços sociais; não se trata de uma perspectiva exclusiva de nosso tempo, pois há indícios do qualificativo Estado de Bem-Estar na caracterização do Estado da época do absolutismo tardio. Já o Estado Social, dentro de um patamar mais dilatado, inclui outros aspectos que transcendem o bem-estar, embora estes sejam os mais relevantes, pois engloba "também os problemas gerais do sistema estatal de nosso tempo, que em parte podem ser medidos e em parte simplesmente entendidos".[16]

Embora essa iniciativa de diferenciação nem sempre seja possível de modo rigoroso dada a aproximação conteudística,[17] o certo é que a adjetivação *social* pretende corrigir o individualismo liberal, assegurando (talvez garantindo) direitos de cunho coletivo. "Corrige-se o liberalismo clássico pela reunião do capitalismo com a busca do bem-estar social, fórmula geradora do *welfare state* neocapitalista no pós-Segunda Guerra Mundial".[18]

Apesar disso, o certo é que esse modelo já surge na elaboração da Constituição Mexicana de 1917 e da Constituição de Weimar de 1919, onde claramente a questão social acaba tendo relevância. Com isso, o Estado vai ocupar um papel importante na perspectiva econômica e social, não mais preocupado exclusivamente com a liberdade (Estado Liberal), mas também com a projeção e realização social das necessidades dos integrantes do grupo social. Essa alteração do foco da constituição do Estado acaba influindo sobre o constitucionalismo. Assim, "as constituições, que antes apenas cuidavam do fenômeno estatal, tornam-se mais ambiciosas, passando a ocupar-se dos mais diversos assuntos, traçando metas e programas de ação a serem desenvolvidos pelas forças políticas".[19]

Aliás, tudo indica que os caracteres do constitucionalismo moderno, no tocante aos processos concretos para formar uma Constituição, surgem com toda força após a Segunda Guerra Mundial, especialmente pelos

---

[16] GARCÍA-PELAYO, Manuel, op. cit., p. 14. Neste sentido, também, NOVAIS, Jorge Reis. *Contributo para uma Teoria do Estado de Direito: do Estado de Direito Liberal ao Estado Social e Democrático de Direito*. Coimbra: Coimbra, 1987, p. 198.

[17] Aliás, o próprio Manuel García-Pelayo em outros dois momentos dá a impressão de que inexiste a referida distinção. Ver, para tanto, na obra citada p. 126 e 174.

[18] BOLZAN DE MORAIS, José Luis. *Do Direito Social aos Interesses Transindividuais*, op. cit., p. 73.

[19] SARMENTO, Daniel. Constituição e Globalização: A crise dos paradigmas do Direito Constitucional. IN: MELLO, Celso de Albuquerque (Coord.). Anuário Direito e Globalização, 1: a soberania. Rio de Janeiro: Renovar, 1999, p. 57.

seguintes aspectos: "uma assembléia constituinte, cujo trabalho pode submeter-se a *referendum* popular, e o princípio da rigidez constitucional, com todas as conseqüências que se derivam, quer dizer, a reforma da constituição para adequá-la aos tempos e a revisão judicial dos atos legislativos para que os limites da constituição sejam eficazes".[20]

Fica claro, com isso, a alteração da perspectiva da Constituição, que, no Estado de Direito, servia apenas como garantia para a proteção dos direitos do cidadão; já na perspectiva do *Welfare State* passará a ter nítidos traços de dirigismo da atuação estatal, canalizando a sua atividade para a realização dos direitos sociais, visando ao desenvolvimento das necessidades inerentes ao ser humano. É nesse cenário que se abre espaço para a modelação do Estado Democrático de Direito,[21] como um modo de aprofundar o modelo do Estado de Direito e do *Welfare State*. Vale dizer, "ao mesmo tempo em que se tem a permanência em voga da já tradicional questão social, há como quê a sua qualificação pela questão da igualdade". Dito de outro modo, essa nova feição do Estado passa a incorporar um aspecto teleológico, vinculado especialmente a transformação do *status quo*, na medida em que não é mais simplesmente garantidor de determinados direitos, mas passa a conduzir a atividade estatal para a concretização de novos direitos, especialmente comprometidos com a realização da promessa de pleno desenvolvimento da pessoa.[22]

Poder-se-ia dizer que este Estado Democrático de Direito assim caracterizado é um verdadeiro Estado Constitucional, nascido do projeto histórico construído especialmente a partir da perspectiva liberal das Constituições modernas americana e francesa até o constitucionalismo social – de cunho compromissário e dirigente – forjado na segunda década do século XX, como já visto.[23] Esse projeto de constitucionalismo irá descansar, necessariamente, sobre um modelo de Constituição com algumas características próprias, avançando e acrescentando alguns aspectos ao modelo desenvolvido no seio do Estado Moderno.

Assim, "as normas jurídicas constitucionais têm a função de racionalizar, de normalizar, de disciplinar, de sustentar sobre marcos de referência certos a convivência política de um povo".[24] Aparece aqui o traço acerca

---

[20] MATTEUCCI, Nicola, op. cit., p. 286.

[21] Para Lenio Luiz Streck "o Estado Democrático de Direito representa, assim, a vontade constitucional de realização do Estado Social. É um *plus* normativo em relação ao direito promovedor-intervencionista próprio do Estado Social de Direito". *Jurisdição Constitucional e Hermenêutica: uma nova crítica do Direito*. Porto Alegre: Livraria do Advogado, 2002, p. 85.

[22] BOLZAN DE MORAIS, José Luis. Revisitando o Estado! Da crise conceitual à crise institucional (constitucional). IN: ROCHA, Leonel Severo e Outros (Orgs.). *Anuário do Programa de Pós-Graduação em Direito-Mestrado e Doutorado*. São Leopoldo: Unisinos, 2000, p. 82.

[23] Sobre essa caracterização, ver José Luis Bolzan de Morais, *Revisitando o Estado*, op. cit., p. 70-71.

[24] GARCÍA-PELAYO, Manuel, op. cit., p. 144.

da Constituição escrita e rígida, servindo de fio condutor para a caminhada do elemento humano – o povo – no contexto do Estado. As normas constitucionais também são alçadas ao papel de "redutor de complexidades", na medida em que escolhem/estabelecem as "estruturas formais de poder", visando a dar segurança, mas, ao mesmo tempo, possibilitando alterações, a fim de atender às mudanças de "infra-estrutura cultural, política e social". Vale dizer, "sob seu marco se pode estabelecer um sistema político estável, no qual a possibilidade de mudanças em sua operacionalização, seja precisamente a condição de sua estabilidade".[25] Embora mantendo as características iniciais de rigidez e inflexibilidade, em decorrência da preocupação com a legitimidade e a sua função, a Constituição acaba criando mecanismos que favorecem a sua adaptação/modificação de acordo com o surgimento de novos aspectos no mundo circundante.

Lançando um olhar a partir da teoria da Constituição e do próprio Direito Constitucional, é possível visualizar a Constituição "como um projeto de vida política de um povo" e, como tal, abarca vários atores, lançando vários significados sobre o seu texto, seja pela interferência da interpretação judicial ou como resultado da "dialética dos atores político-sociais, nas distintas conjunturas". Além disso, o texto constitucional também acaba articulando as forças políticas e sociais, de tal modo que condiciona a atuação dos diversos atores envolvidos, assim como é condicionado pelos mesmos. Por fim, a Constituição busca estabelecer os sujeitos jurídico-constitucionais, sem ter condições de especificá-los na sua integralidade.[26] Fica bastante nítido o caráter regulamentador expresso pelo texto da Constituição, especialmente focado na condução dos objetivos do Estado para a implementação das diversas facetas integrantes da categoria social, notadamente a realização das necessidades básicas do ser humano. Dentro desse arcabouço, Lenio Luiz Streck considera que a democracia e o respeito aos Direitos Humanos são os dois sustentáculos do Estado Democrático de Direito.[27]

Todos estes caracteres, que integram o constitucionalismo moderno e a própria Constituição, passarão a sofrer/receber os efeitos da globalização, exigindo modificações e adaptações nos cenários até então formados. Os reflexos serão mais devastadores e preocupantes em países de modernidade tardia, como é o caso do Brasil, onde o processo de transformação do Estado não restou integralmente assimilado e vivenciado.

---

[25] GARCÍA-PELAYO, Manuel, op. cit., p. 144.
[26] Idem, ibidem.
[27] *Jurisdição Constitucional e Hermenêutica: uma nova crítica do Direito*, op. cit., passim.

3. Os reflexos da globalização sobre o Estado constitucional: alguns indicativos da crise constitucional

O processo da globalização[28] está vinculado a uma economia mundial que experimentou a internacionalização

> em suas dinâmicas básicas, dominada por forças de mercado incontroláveis e tem como seus principais atores econômicos e agentes de troca verdadeiras corporações transnacionais que não devem lealdade a Estado-nação algum e se estabelecem em qualquer parte do mundo em que a vantagem de mercado impere.[29]

Verifica-se que a lei do mercado, norteada pela vantagem econômica, orienta o processo da globalização,[30] sem a menor consideração pelo aspecto constitucional e institucional dos Estados "visitados" pelos conglomerados empresariais.

A globalização é responsável pela gestação da chamada "sociedade transnacional", especificada a partir da separação entre sociedade e Estado, "como o conjunto social resultante das interações diretas entre atores pertencentes a sociedades de distintos Estados".[31] Na verdade, trata-se de uma nova sociedade, eminentemente marcada pela volatilidade de suas relações, a indeterminação de suas fronteiras e áreas de abrangência, a fragilização dos vínculos que caracterizam os modelos tradicionais de sociedade e a rápida modificação das regras do jogo ("normas jurídicas") que orientam a atuação dos sujeitos envolvidos. Forma-se uma comunhão de interesses, oriundos de diversos Estados, sem uma preocupação muito centrada no aspecto social e a realização das necessidades humanas – foco

---

[28] "A globalização pode assim ser definida como a intensificação das relações sociais em escala mundial, que ligam localidades distantes de tal maneira que acontecimentos locais são modelados por eventos ocorrendo a muitas milhas de distância e vice-versa". GIDDENS, Anthony. *As Conseqüências da Modernidade*.Tradução de Raul Fiker. 2. ed. São Paulo: UNESP, 1991, p. 69. Verifica-se claramente uma relação entre o local e o global, a qual parece ser uma das características marcantes da globalização.

[29] HIRST, Paul e THOMPSON, Grahame. *Globalização em Questão: a economia internacional e as possibilidades de governabilidade*. Tradução de Wanda Caldeira Brant. Petrópolis: Vozes, 1998, p. 13.

[30] É interessante observar que os movimentos da globalização não surgem na atualidade. Pelo contrário, já existem sinais visíveis da globalização a partir da cristianização das sociedades, ou seja, através da expansão da fé cristã. "Este movimento, legitimando a conquista de territórios e riquezas para a Igreja e a Monarquia, expandiu a figura de Cristo para muito além do seu berço natal, ou do circuito da cultura judaica. O sonho por um mundo sem fronteiras, unificado na comunidade de classes dos trabalhadores, encontrou eco no pensamento socialista. [...] A atual proposta de globalização transmuta a utopia da cristianização, ou a do 'trabalhadores do mundo todo uni-vos' para a realidade de um mundo dominado pelos ideais neoliberais de um só capital". SPOSATI, Aldaíza. Globalização: um novo e velho processo. IN: DOWBOR, Ladislau; IANNI, Octavio; RESENDE, Paulo-Edgar A. (Orgs.). *Desafios da Globalização*. Petrópolis: Vozes, 1998, p. 44-45. Isso comprova as diversas facetas em que o processo de globalização pode desdobrar-se, bem como expande o lapso temporal normalmente apresentado para o seu desenvolvimento.

[31] GARCÍA-PELAYO, Manuel, op. cit., p. 151.

do Estado Social – mas, pelo contrário, as forças estão voltadas ao particular (individual), a saber, prepondera o caráter econômico-lucrativo dos atores globais. Por outro lado, como conseqüência do influxo dos integrantes do sistema transnacional, são geradas cada vez mais necessidades no elemento humano integrante dos Estados, os quais demonstram visíveis sinais de incapacidade para dar conta delas.

Na busca do equilíbrio entre as diversas tensões produzidas pela sociedade transnacional, os Estados locais encontram-se na seguinte encruzilhada: por um lado – que pode ser chamado de "positivo" – abrem-se, para as sociedades locais, possibilidades de realizar políticas advindas da sociedade transnacional, que de outro modo seriam impossíveis. No entanto, o lado chamado "negativo", demonstra que as sociedades nacionais poderão perder o controle sobre os seus componentes "ou sobre os efeitos dos fatores que interpenetram ditas sociedades, os quais, para dizê-lo em termos clássicos, escapam à sua soberania".[32] Está, com isso, sublinhada a dialética que envolve a globalização, isto é, há uma tensão entre o global e o local.

A par desses aspectos, a globalização é um processo que o Direito – particularmente o Direito Constitucional – e o jurista não poderão ignorar, sob pena de desaparecerem, posto que rapidamente substituíveis neste mundo comandado pelo poder econômico. Para tanto, André-Jean Arnaud entende que

> o próprio direito está também implicado diretamente pelo processo de globalização; a globalização adquiriu hoje em dia um valor de paradigma e os juristas podem encontrar no paradigma da globalização uma nova maneira de colocar problemas considerados sem solução, e até mesmo de superar a crise permanente na qual o Direito se encontra mergulhado.[33]

Os desafios assim delineados poderão animar a discussão, pois apontam justamente para a necessidade de repensar, por analogia, o efetivo lugar do Direito Constitucional e o papel da Constituição. Ou seja, as forças do processo de globalização poderão converter-se em aliadas na (re)conquista da sua especificidade.

É preciso ter claro que o processo da globalização aponta para o fato de que muitos problemas apresentados na atualidade não poderão ser considerados a partir de uma simples referência aos Estados, desconsiderando os vínculos que passaram a unir as diferentes partes do globo terrestre. Trata-se de questões em matéria de clima, de meio ambiente, de comunicações ou de telecomunicações. Não obstante, cada vez mais tais

---

[32] GARCÍA-PELAYO, Manuel, op. cit., p. 157.
[33] *O Direito entre Modernidade e Globalização: Lições de Filosofia do Direito e do Estado*. Tradução de Patrice Charles Wuillaume. Rio de Janeiro: Renovar, 1999, p. 3.

assuntos são perpassados, e de certa forma suplantados, por questões de intercâmbio monetário e econômico. "A globalização é, pois, percebida antes de tudo através da lógica econômica que ela imprime e das conseqüências políticas e sociais imediatas".[34]

Como já referido, a noção de soberania deverá ser adaptada para continuar exercendo alguma expressão no processo de globalização. Ao lado da perspectiva econômica desse processo, como juristas, deveremos estar atentos aos novos modos de produção do Direito oriundos da sociedade transnacional. Haja vista, como alerta Mireille Delmas-Marty, que não se trata apenas da exportação do direito nacional estatal dos seus integrantes, mas a própria adaptação do direito às necessidades das empresas multinacionais, além de, em alguns casos, chegarem a impor o seu direito, tendo em vista as vantagens pretendidas, "com o risco de se chegar a uma instrumentalização do direito a serviço do mercado que culmina também por transformar certos escritórios de advocacia em verdadeiros 'mercadores do direito'".[35]

Tal aspecto é um indicativo de que o Estado deixa de ser o produtor central e exclusivo – segundo a vertente positivista – das normas jurídicas, pois a lógica temporal da globalização é a do tempo real, ou seja, do tempo da simultaneidade; ao passo que o Direito criado pelo Estado normalmente difere o tempo, especialmente o tempo processual. A produção jurídica sempre olha para o passado para normatizar uma determinada conduta, projetando-a para o futuro. Já na perspectiva da globalização, pelo contrário, o tempo é o espaço de decisão atual.

Surge, assim, a *Lex Mercatoria* e o *Direito da Produção*,[36] que podem ser catalogadas como um *direito reflexivo,* ou seja, "um direito procedente de negociações, de mesas redondas, etc., constitui uma tentativa para encontrar uma nova forma de regulação social, outorgando ao Estado e ao direito um papel de guia (e não de direção) da sociedade".[37] Esse direito criado pela sociedade transnacional, que reduz o papel de atuação do Estado, assim como afeta a sua produção jurídica – especialmente a norma constitucional – cria uma concorrência e a gradativa perda de espaço dessa última.

Há uma progressiva desregulamentação da sociedade e uma gradativa competição entre os diversos sistemas normativos – especialmente o esta-

---

[34] *O Direito entre Modernidade e Globalização*. Op. cit., p. 11-15.

[35] DELMAS-MARTY, Mireille. *Três Desafios para um Direito Mundial*. Tradução de Fauzi Hassan Choukr. Rio de Janeiro: Lumen Juris, 2003, p. 16.

[36] Ver, neste sentido, FARIA, José Eduardo. Globalização e Justiça. IN: OLIVEIRA JÚNIOR, José Alcebíades de. *O Poder das Metáforas: Homenagem aos 35 anos de docência de Luis Alberto Warat*. Porto Alegre: Livraria do Advogado, 1998, p. 138-139.

[37] ROTH, André-Noël. O Direito em Crise: Fim do Estado Moderno? In: FARIA, José Eduardo (Org.). *Direito e Globalização Econômica: implicações e perspectivas*. São Paulo: Malheiros, 1996, p. 22.

tal e aquele produzido pela sociedade transnacional, pois "desde que foram apresentados, os modos alternativos de regulação da vida econômica ou ADR (*alternative dispute resolutions*) subtraem largamente dos estados o controle das demandas, mesmo de natureza penal".[38] Por um lado, o Direito que até então "reinava" absoluto no espaço territorial do Estado acaba perdendo, por outro lado, o seu espaço, mediante a produção de normas de conduta, que se dizem "jurídicas", voltadas a atender necessidades pontuais e específicas, geradas pelos próprios interessados – os atores da sociedade transnacional.

A desregulamentação, segundo Mireille Delmas-Marty, não indica uma diminuição do campo de incidência do Direito, mas, pelo contrário, a sua gradativa "passagem a um outro tipo de direito denominado 'regulação'".[39] A globalização provoca o surgimento de um novo Direito, com características regulativas próprias e nem sempre identificadas com as perspectivas do Direito estatal. A direção da sociedade, exercida pelo Estado por intermédio do seu Direito, é substituída pela regulação do Direito trazido pela sociedade transnacional. Com isso, o papel do Estado passa a um patamar secundário – de guia – mas, nem por isso, menos importante. Todavia será um papel diferente. Esse mesmo fenômeno atingirá a Constituição, eis que integrante da produção jurídica estatal. Com isso, a idéia de unidade,[40] representada pela forma de constituição do Estado moderno, acaba sendo fragmentada, pela "invasão" das novas formas de regulação da conduta das pessoas e demais atores.

Esse é o arcabouço do desafio que precisa ser percebido e enfrentado! A crise constitucional está amarrada ao mesmo pressuposto, pois, nesse contexto, a globalização desrespeita os princípios fundamentais-constitucionais de cada Estado, caracterizando o chamado processo de desconstitucionalização. Assim, provoca um *mal-estar da Constituição*, pois as suas perspectivas de emancipação, idéias de progresso do homem, a utopia da desalienação, a promessa da felicidade para as mulheres e homens do presente e das futuras gerações vão se tornando cada vez mais distantes. Essas situações e a ausência de novos modelos teóricos para dar conta da realidade contemporânea das nossas comunidades políticas chama a atenção de qualquer reflexão acerca do futuro do papel da Constituição.[41]

---

[38] DELMAS-MARTY, Mireille, op. cit., p. 17.

[39] Idem, p. 74.

[40] A concepção acerca da unidade – que é fragmentada pela produção jurídica dos atores transnacionais – apresenta-se como aquela centrada na produção estatal, seja como Direito posto, seja como Direito reconhecido pelo Estado.

[41] Adaptação das idéias de José Joaquim Gomes Canotilho. *Constituição Dirigente e Vinculação do Legislador: contributo para a compreensão das normas constitucionais programáticas*. 2. ed. Coimbra: Coimbra Editora, 2001, p. V-VII.

Tais aspectos podem ser catalogados como sendo as promessas da modernidade, que seriam atingidas pelo caráter social do Estado Democrático de Direito, como Estado norteado social e politicamente pelos contornos definidos no texto da Constituição. No caso brasileiro, é difícil avaliar até que ponto tais promessas foram implementadas. Segundo Lenio Luiz Streck estamos vivenciando uma "modernidade tardia e arcaica", corporificada através de "um simulacro de modernidade", pois "em nosso país as promessas da modernidade ainda não se realizaram". Tal constatação é confirmada a partir do momento em que na Constituição de 1988 – explicitando o modo como podem ser buscados os direitos de segunda e terceira gerações – "há uma confissão de que as promessas da realização da função social do Estado não foram (ainda) cumpridas". É nesse sentido que "a(s) crise(s) do Estado e do Direito devem ser entendidas enquanto possibilidades de sua própria superação".[42]

Parafraseando o autor, podemos dizer que a crise do Estado Constitucional e da Constituição, gerada pelos influxos da globalização, deverá ser entendida enquanto possibilidade de sua própria superação, (re)canalizando os seus efeitos e as suas perspectivas. Vale dizer, a partir da dialética existente entre o local e o global e os seus reflexos, poderão ser construídas alternativas para enfrentar a crise, especialmente do constitucionalismo social, retirando proveito da constituição dirigente e compromissária. Dito de outro modo, os atores da sociedade transnacional deverão ser colocados como aliados nesse processo.

Em termos de Brasil, pelos aspectos vistos, pelo modo tardio como é vivenciado o arcabouço do Estado Social com as interfaces produzidas pelo Estado do Direito, na construção do Estado Democrático de Direito, o desafio é duplo: 1) ainda estamos buscando alternativas para a instalação do constitucionalismo que possa dar conta dessa configuração estatal e constitucional; 2) além de já termos que lançar preocupação em como trabalhar com os efeitos da globalização, em um mundo onde se parte do pressuposto de que aqueles aspectos estão integralmente consolidados.

4. Constituição e globalização: duas perspectivas (in)conciliáveis?

Os efeitos da globalização sobre a configuração do Estado, seu Direito e sua Constituição são devastadores. Especialmente em relação à

---

[42] *Jurisdição Constitucional e Hermenêutica*, op. cit., p. 69 e 85.

Constituição, que acaba sendo confrontada, notadamente em relação às suas características alinhadas anteriormente. Ou seja, a perspectiva compromissária e dirigente da Constituição, como viés substancialista, centrada na justiça e garantia dos Direitos Humanos, é posta em xeque. O processo de mundialização – uma das conseqüências da globalização – acaba provocando novos desafios ao Direito Constitucional. Com isso, poder-se-ia dizer que ocorre a substituição da "ideologia do constitucionalismo" pela "ideologia da constituição". Nesse sentido, verifica-se a debilitação do princípio democrático, como resultado dos influxos dos atores transnacionais, fazendo com que a Constituição "tenha que buscar em si mesma em em sua condição de grande programa político da liberdade a sua própria razão de existência".[43] O referido enfraquecimento do princípio democrático está centrado na substituição da chamada "vontade popular" – que era uma das características do constitucionalismo moderno, centrada na legitimidade – por uma espécie de vontade global, pois a tomada de decisão não se vincula mais exclusivamente aos sujeitos internos do Estado, dada a interferência dos atores transnacionais.

Tudo indica que estamos atravessando uma fase de transição, pois buscamos alternativas para um modelo tradicional de concepção do Estado-Nação e do Direito, os quais ainda não estão suficientemente delineadas. Dentro desse contexto, Daniel Sarmento entende que a crise do Direito na era pós-moderna[44] poderá ser resolvida pela substituição da produção jurídica centrada no Estado, por um sistema policêntrico, voltado para a auto-regulação e para a resolução consensual dos conflitos. E no plano constitucional, "o pós-modernismo tende a esvaziar a Constituição do seu conteúdo substancial e de sua carga axiológica, convertendo-a em norma procedimental de uma era pós-intervencionista".[45] Aceitando-se essa idéia, estaríamos transformando a Constituição em mero documento formal, completamente despedido de seu caráter conteudístico, que parece ser a sua marca mais significativa.

---

[43] GARCÍA, Pedro de Vega. *Mundialización y Derecho Constitucional: la crisis del principio democrático en el constitucionalismo actual*, op. cit., p. 35.

[44] Segundo Anthony Giddens, op. cit., p. 52, "se estamos nos encaminhando para uma fase de pós-modernidade, isto significa que a trajetória do desenvolvimento social está nos tirando das instituições da modernidade rumo a um novo e diferente tipo de ordem social". Além disso, no entender de Giddens, o termo pós-modernidade poderá ser associado a um ou mais do significados por ele elencados: "descobrimos que nada pode ser conhecido com alguma certeza, desde que todos os 'fundamentos' preexistentes da epistemologia se resolveram sem credibilidade; que a 'história' é destituída de teleologia e conseqüentemente nenhuma versão de 'progresso' pode ser plausivelmente defendida; e que uma nova agenda social e política surgiu com a crescente proeminência de preocupações ecológicas e talvez de novos movimentos sociais em geral".

[45] Constituição e Globalização: A crise dos paradigmas do Direito Constitucional. In: MELLO, Celso de Albuquerque (Coord.). *Anuário: Direito e Globalização*, 1: a soberania. Op. cit., p. 68-69.

A reflexividade assim projetada estaria apontando para uma revisão constante das práticas, a partir da sua própria análise,[46] a saber, os aspectos constitutivos estão em constante renovação e processo de revisão. Se aplicarmos esse modelo, como pretendido pelo autor, à Constituição e às idéias do constitucionalismo especificadas a partir do Estado moderno – passando pela sua preocupação constitucional-social subjacentes – estaremos transformando aquela num mero programa de governo, "fragilizando-a como paradigma ético-jurídico da sociedade e do poder". Assim, torna-se necessário que o poder político receba uma "imersão" constitucional, viabilizando a prática do conteúdo constitucional.[47] Destarte, não haverá possibilidade para a proposta meramente procedimental, pois o ponto fulcral está justamente no resgate do conteúdo.

É exatamente aquele modo de pensar que está reforçando a crise constitucional, porque provoca o enfraquecimento "do instrumento que, na modernidade, serviu como *locus* privilegiado para a instalação dos conteúdos políticos definidos pela sociedade".[48] Essa debilitação das forças da Constituição indica que existe uma verdadeira crise de conteúdo constitucional, pois a rigidez e a inflexibilidade, características do constitucionalismo formado com o Estado moderno, acabam sendo questionadas. Assim, é evidente a necessidade de uma preocupação centrada na reforma do texto constitucional, de tal modo e intensidade que possa dar conta das movimentações provocadas pela sociedade transnacional. Além disso, outra face a ser considerada está vinculada à interpretação da Constituição, que não poderá ser cristalizada nos redutos interpretativos legados pelo positivismo jurídico, limitando o poder de atuação do Poder Judiciário.

Segundo Lenio Luiz Streck,[49] a partir das contribuições de Paulo Bonavides, a Constituição está preocupada com o futuro, lançando uma garantia formal, ou, pelo menos uma promessa, de construção de um Estado social livre, robusto e independente. Estamos, assim, desenhando uma proposta substancialista, que deverá envolver a dogmática jurídica, conclamando-a à mudança de seu olhar jurídico, a saber, a preocupação não deverá mais estar centrada nos conflitos interindividuais, mas nos conflitos transindividuais. O jurista deve perceber que no Estado Demo-

---

[46] Nesse sentido, o entendimento de Anthony Giddens, op. cit., p. 45: "a reflexividade da vida social moderna consiste no fato de que as práticas sociais são constantemente examinadas e reformadas à luz de informação renovada sobre estas próprias práticas, alterando assim constitutivamente seu caráter".

[47] BOLZAN DE MORAIS, José Luis. *Revisitando o Estado!*, op. cit., p. 85.

[48] Idem. *As crises do Estado e da Constituição e a transformação espacial dos Direitos Humanos.* Op. cit., p. 46.

[49] *Jurisdição Constitucional e Hermenêutica: uma nova crítica do Direito.* Op. cit., p. 75.

crático de Direito a Constituição lança um desafio: ela garante uma série de direitos a um grupo social que está carente de realização de direitos. Aí a encruzilhada que precisa ser resolvida.

Para tanto, é necessário pensar a Constituição como uma dimensão normativa que sirva para especificar as regras do jogo, especialmente para evitar que os próprios sujeitos envolvidos – notadamente a sociedade transnacional – estabeleçam as limitações do seu agir e as próprias normas de conduta, calcadas exclusivamente em seus interesses privados. Ressalte-se, por oportuno, que não se pensa em regras de jogo fixas e inflexíveis. Pelo contrário, a Constituição deverá fornecer o conjunto de parâmetros básicos. Isso é o que se pensa em termos de Constituição, como um mecanismo capaz de lidar com os influxos gerados pela globalização.

Dentro desse contexto, para Lenio Luiz Streck,[50] o constitucionalismo compromissário-dirigente não morreu. Quando falamos em termos de Constituição dirigente[51] não pensamos num documento que possa, por si só, operar transformações. Pelo contrário, aponta para os critérios que deverão ser observados pelo legislador para a implantação material das promessas constitucionais. A concretização desse ideário aponta para dificuldades, que poderão ser equacionadas pelas interfaces a seguir examinadas.

Ao se falar em crise constitucional, podemos enfocá-la sob dois ângulos, conforme entendimento de Paulo Bonavides:[52] existe uma crise *na* Constituição e uma crise *da* Constituição. A primeira recebe as soluções do próprio texto constitucional, não se propagando para as instituições, salvo raras exceções. Já a segunda é mais grave e, tudo indica, afeta o Brasil, pois estaria presente em países atrasados e países constitucionais da periferia; os seus efeitos atingem as instituições. Parece que enquanto a nossa Constituição não conseguir obter a sua afirmação como texto maior em relação à legislação infra-constitucional, estaremos fadados a suportar os efeitos dessa crise. Segundo o autor, a globalização tende a agravar a situação, pois "universaliza o egoísmo e expatria a solidariedade".[53]

O estado atual da força da globalização e dos seus integrantes, que questiona os apontados aspectos do constitucionalismo moderno, acirran-

---

[50] Idem, p. 106 e seguintes.

[51] Segundo José Joaquim Gomes Canotilho, constituição dirigente e vinculação do legislador aponta para "o que deve (e pode) uma constituição ordenar aos órgãos legiferantes e o que deve (como e quando deve) fazer o legislador para cumprir, de forma regular, adequada e oportuna, as imposições constitucionais". Op. cit., p. 11.

[52] Do país constitucional ao país neocolonial: a derrubada da Constituição e a recolonização pelo golpe de Estado institucional. 2. ed. São Paulo: Malheiros, 2001, p. 44 e seguintes.

[53] Idem, p. 56.

do a crise constitucional, indica "uma espécie de direito adquirido de algumas organizações para vetar e promover decisões estatais. [...] Estamos praticamente frente a alguns 'direitos subjetivos' não derivados de nenhuma normatividade jurídica objetiva, porém nem por isso menos eficazes".[54] Estamos diante da força dos atores responsáveis pelo alastramento dos efeitos da globalização, especialmente na produção do chamado "direito reflexivo". Os atores e a sua produção "jurídica" estão exigindo o seu espaço.

Entretanto, essas "normas jurídicas" não estão preocupadas com a concepção social, principal característica das normas elaboradas pelo Estado, mas com um caráter preponderantemente particular. "Nos encontramos com alguns direitos adquiridos não reconhecidos pela constituição; com uns métodos pré-legislativos e, em geral, pré-decisórios não previstos pelas normas constitucionais, porém nem por isso menos determinantes das decisões dos órgãos estabelecidos pela constituição".[55] Essa constatação é um alerta, pois os organismos transnacionais acabam interferindo na produção das normas jurídicas implementadas pelo Estado. Assim, além de não se submeterem às regras comuns, acabam influindo na tomada de decisão sobre o conteúdo do Direito que o Estado deverá tornar obrigatório. Por outro lado, tal situação está demonstrando a necessidade de revisar a concepção acerca de/da Constituição, que não poderá mais estar preocupada exclusivamente com seu âmbito interno de abrangência, como se o mundo estivesse circunscrito exclusivamente aos limites territoriais de cada Estado. Ou seja, é necessário focar a atenção na preservação do conteúdo mínimo da Constituição, como acima referido.

Não podemos olvidar que, no cenário pintado pela globalização, as políticas nacionais e as opções políticas têm sido colocadas de lado pelas forças do mercado que se apresentam como mais fortes, até mesmo, que os mais poderosos Estados. É preciso estar atento para o seguinte detalhe:

> o Estado-nação deixou de ser um administrador econômico efetivo. Ele pode apenas fornecer aqueles serviços sociais e públicos que o capital internacional julga essenciais e com o mínimo possível de custos gerais. (...) A tarefa dos Estados-nação é como a das municipalidades dentro dos Estados sempre foi: fornecer a infra-estrutura e os bens públicos que os negócios necessitam, pelo menor custo possível.[56]

Tudo indica que as empresas com operações globais acabam agindo localmente, seja exigindo, seja imprimindo o ritmo da produção de bens e do próprio Direito. A idéia do "menor custo possível" também inclui o custo jurídico de solução dos seus conflitos. Surge, assim, o efeito frag-

---

[54] GARCÍA-PELAYO, Manuel. Op. cit., p. 135.
[55] Idem, p. 142.
[56] HIRST, Paul e THOMPSON, Grahame, op. cit., p. 271-272.

mentador da globalização, incidindo sobre a própria configuração do Estado e da sua Constituição.

Não obstante o quadro preocupante que foi apresentado, tudo indica que o Estado-Nação, apesar da sua fragmentação, permanecerá nesse cenário globalizado, especialmente vinculado à produção normativa básica, que viabilize a própria manutenção dos integrantes da sociedade transnacional. O certo é que o monopólio exclusivo e autônomo da produção jurídica sofrerá alterações,

> pois os Estados podem ser a principal fonte de autoridade da lei sem serem "soberanos" no sentido tradicional, ou seja, colocando-se contra todas as entidades externas como único meio de governar em um território ou colocando-se, acima dos governos e das associações subnacionais, como o organismo do qual derivam seus poderes por meio de reconhecimento e de concessão.[57]

O certo é que, no sistema da globalização, há um visível declínio do poder dos Estados-nação como agências administrativas e formuladoras de políticas. Entretanto, este mesmo movimento não está afetando as funções de elaborar leis e a ordenação constitucional dos Estados. E é nesse aspecto que poderá estar o ponto de equilíbrio e conciliação entre a globalização e a Constituição. Vale dizer,

> o Estado, como fonte de ordenação constitucional, limitando seus próprios poderes e os de outros, e dirigindo a ação através dos direitos e das regras, é central para a lei. As sociedades comerciais requerem um mínimo de certeza e constância na ação de administradores e de atores econômicos que o domínio da lei implica.[58]

O Estado-Nação e o seu componente principal chamado de soberania sofrerão adaptações necessárias para este novo contexto, onde também estará inserido o Direito e particularmente o Direito Constitucional e o papel desempenhado pela Constituição. Não há um desaparecimento, apenas um realinhamento, pois a globalização precisa do Direito dos Estados para que os seus objetivos econômicos possam ser atingidos. Desse modo, o papel compromissário e dirigente da Constituição passa a ser importante para o alinhamento dos efeitos da globalização, pois será o meio para o Estado instaurar as políticas de ação social viabilizadoras dos interesses dos sujeitos integrantes do sistema global.

Esse aspecto indica que o Estado continuará forte e necessário, pois as entidades empresarias que compõem a sociedade transnacional não têm a força para sozinhas impor a sua vontade dentro do espaço local. O Estado e a Constituição acabam experimentando um jogo onde surgem de modo combinado as "influências externas e realidades internas". Para tanto,

---

[57] HIRST, Paul e THOMPSON, Grahame, op. cit., p. 297-298.
[58] Idem, 298.

inexiste apenas "um caminho e este não é obrigatoriamente o da passividade. Por conseguinte, não é verdade que a globalização impeça a constituição de um projeto nacional".[59]

Tudo está indicando para a possibilidade de novas inclusões dentro do contexto constitucional, isto é, os próprios atores gerados pela globalização. Com isso, também a noção de constituição dirigente e compromissária deverá ser revisada, a fim de albergar as novas possibilidades. Talvez fosse importante refletir sobre mecanismos de incluir os grandes conglomerados internacionais nas políticas públicas preocupadas em alcançar as promessas inseridas no texto constitucional. O cenário assim apresentado está apontando para a celebração de um "contrato social", capaz de dar conta dos novos sujeitos e das interfaces produzidas por suas decisões. Essa tentativa, parafraseando Mireille Delmas-Marty, deveria partir do pressuposto de uma possível harmonização entre as normas locais (dos Estados-nação) e as globais (dos integrantes da sociedade transnacional), sem a preocupação de uniformização, gerando uma espécie de "concepção tolerante do Direito", especialmente da Constituição. Vale dizer, os conglomerados transnacionais respeitariam o conteúdo mínimo do texto constitucional, em troca do respeito ao "pluralismo ordenado", mediante a sua contribuição para a implementação das condições fáticas da Constituição compromissária e dirigente. Isso aponta inevitavelmente para a seguinte constatação: esse novo "contrato social", bem como as normas jurídicas – especialmente a Constituição – que lhe serão subjacentes, não teriam o objetivo de compatibilizar todas as diferenças. Pelo contrário, instauraria o desafio de compartilhar os diversos sentidos provocados pela dialética do local e do global. A preocupação estará centrada na estipulação de "regras comuns mínimas".[60]

Essa tentativa de novo "contrato social" estará centrada em dar conta da diversificação das funções do *Welfare State* que, além das funções clássicas, assume as da chamada "procura existencial", ou seja, "a satisfação das necessidades da existência que nem o indivíduo nem os grupos podem assegurar por si mesmos, e a da estabilidade e desenvolvimento da sociedade industrial e pós-industrial, incapaz de auto-regulação".[61] A delimitação de regras comuns, aliada à diversificação das funções do Estado, serão necessariamente mediadas pela tomada consensual de decisões.

Tudo isto está circunscrito a um aspecto muito singelo: os sujeitos transnacionais necessitam de mercado consumidor para os seus produtos

---

[59] SANTOS, Milton. *Por uma outra globalização: do pensamento único à consciência universal*. Rio de Janeiro: Record, 2000, p. 78.

[60] DELMAS-MARTY, Mireille, op. cit., p. 116-120.

[61] GARCÍA-PELAYO, Manuel, op. cit., p. 174-175.

e serviços. Assim, precisam de consumidores capazes de comprar e negociar, mas isso apenas será possível se estes tiverem condições financeiras para tanto. Dessa forma, pela intervenção de um novo "contrato social" os atores transnacionais serão co-responsáveis – ao lado dos Estados – pelo desenvolvimento de políticas de inclusão e geração de renda. Parece que é nestes termos que Manuel García-Pelayo[62] fala de uma "política transnacional", que será o meio de aproximar os sujeitos tradicionais e aqueles gerados pelas redes transnacionais.

Utopia? Sim, mas um projeto realizável, capaz de conjugar valores fundamentais, essenciais e fundadores do próprio homem, com os valores contingentes, vinculados à história atual. Talvez essa proposta de um novo "contrato social" possa responder ao temor provocado pelo fato de que "as regras estabelecidas pelas empresas afetem mais que as regras criadas pelo Estado".[63]

No entanto, esse projeto apenas poderá almejar êxito, a partir do momento em que a própria noção acerca de Constituição sofrer revisão. Para tanto, amparado em François Ost, pode-se dizer que a Constituição é, antes de mais nada, um ato de rompimento ou "desconstituinte" em relação a uma situação anterior. Não obstante, ela também deve ser "reconstituinte", na medida em que projeta promessas para o futuro, ou seja, "que institua" novas possibilidades. É por isso que "a Constituição tem por vocação fazer nascer uma nova ordem jurídica da desordem insurrecional".[64] Portanto, está em tempo de adotarmos projetos preocupados com a inovação constitucional, justamente para que possa dar conta da escassez dos espaços de articulação interna que o constitucionalismo havia especificado no âmbito de formação do Estado moderno. Assim como o constitucionalismo moderno teve que aceitar o desafio do Estado absoluto, atualmente é necessário aceitar um novo desafio, ou seja, afrontar o sistema, entendido como "uma forma de organização do poder onde se maximizam as interdependências, se anulam as distinções entre privado e público, sociedade civil e Estado, moral e política, economia e ordenamento jurídico, baseada em normas gerais e abstratas".[65] É nesse contexto que deverá ser vislumbrada a Constituição e o seu papel na atualidade, revisando-se os caracteres do constitucionalismo moderno, especialmente a pretensão de rigidez e inflexibilidade daquela.

---

[62] Op. cit., p. 177.

[63] Ver, neste sentido, Milton Santos, op. cit., p. 160-163.

[64] OST, François. *O Tempo do Direito*. Tradução de Maria Fernanda Oliveira. Lisboa: Instituto Piaget, 1999, p. 267-268.

[65] MATTEUCCI, Nicola. *Organización del poder y libertad. Historia del constitucionalismo moderno*, op. cit., p. 290-291.

Para tanto, surge a idéia de construção do novo "contrato social", capaz de dar conta dos efeitos fragmentadores até agora produzidos pela globalização em relação ao Estado Constitucional e da própria crise constitucional, a partir de algumas perspectivas, que serão examinadas a seguir.

5. Direitos humanos como *ethos* de liberdade político-jurídica da era moderna[66]

Uma das formas de enfrentar e adaptar a concepção do Direito exigida pelos novos tempos está vinculada ao seu conceito. Vale dizer, o paradigma do positivismo jurídico – especialmente na sua vertente legalista – onde a lei é a única fonte do Direito, precisa ser revisado. Uma das possibilidades é considerar o Direito como um conjunto de normas jurídicas, onde cabem as regras e os princípios. Esses, ao seu turno, são uma porta aberta para a incorporação de valores e da exigência da justiça no ordenamento jurídico, especialmente a contemplação e proteção dos direitos humanos.

Desse modo, podemos dizer que a Constituição Federal de 1988, dentro desta linha de orientação, privilegia, segundo Flávia Piovesan,[67] o valor da dignidade da pessoa humana, como um valor fundamental responsável pela concessão da unidade de sentido. Nesse viés está configurada a preocupação internacional de proteção dos direitos humanos, onde fica claro que o sujeito tem determinados direitos que a ordem interna e externa deverão respeitar. Assim, uma das alternativas está vinculada aos direitos humanos que

> passam a compor um enquadramento razoável para o chamado constitucionalismo global. Delineia-se um novo paradigma centrado na tendencial elevação da dignidade humana a pressuposto ineliminável de todos os constitucionalismos. [...] Neste sentido, as Constituições ocidentais contemporâneas passam a contemplar não apenas forte densidade principiológica, mas cláusulas abertas, capazes de propiciar o diálogo e a interação entre o Direito Constitucional e o Direito Internacional.[68]

A perspectiva dos direitos humanos, sem descurar dos seus aspectos históricos,[69] deverá ser centrada naqueles direitos:

---

[66] Título adaptado a partir da obra de Heiner Bielefeldt. *Filosofia dos Direitos Humanos: fundamentos de um ethos de liberdade universal*. Tradução de Dankwart Bernsmüller. São Leopoldo: Unisinos, 2000.

[67] Direitos Humanos, o princípio da dignidade humana e a Constituição Brasileira de 1988. In: *(Neo)Constitucionalismo: ontem, os Códigos. Hoje, as Constituições*. Porto Alegre: Instituto de Hermenêutica Jurídica, 2004, vol. 1, n. 2, p. 91.

[68] Idem, p. 97.

[69] Para a verificação dos aspectos históricos acerca dos direitos humanos, consultar SARLET, Ingo Wolfgang. *A eficácia dos direitos fundamentais*. Porto Alegre: Livraria do Advogado, 1998, p. 42 e ss.

que o homem tem por sua dignidade de pessoa, ou aqueles direitos inerentes à condição humana, que devem ser reconhecidos pelas leis. [...] Se trata de direitos que devem ser reconhecidos, cuja contravenção gera injustiça e inclusive o direito à resistência, são, portanto, direitos que pré-existem às leis positivas. Por isso, desses direitos se diz que se "declaram", e deles se diz também que se "reconhecem", não que se outorgam ou concedem, pelas leis positivas.[70]

Fica evidenciada, portanto, a pré-existência dos direitos humanos, pois não são criados pela lei, nem mesmo pela Constituição. No fundo, os chamados direitos humanos – que se declaram ou se reconhecem, mas não se criam – são, por isso, a expressão do direito natural de cada homem e mulher. Essas categorias de direitos existem independentemente da norma positivada, onde a pessoa é a base de sustentação de sua validade.

Pelos contornos vistos, fica evidenciado o caráter universal dos direitos humanos, numa necessária sobreposição em relação à ordem jurídica particular de cada Estado. Na estrutura daqueles aparece claramente uma tríade, a saber, a liberdade, a igualdade e a solidariedade.[71] A questão acerca da universalidade precisa refletir sobre a faceta cultural que envolve os direitos humanos. Portanto, universal no sentido de fundamento, de sustentação da discussão sobre a Constituição; mas, por outro lado, a construção conteudística do universal precisará levar em consideração as diferenças culturais, sociais e políticas.

A valorização dos direitos humanos, como viés ético para a construção das novas perspectivas sociais – pela relação entre o local e o global – aponta para um aspecto interessante: não é o Direito, ou mesmo o Direito Constitucional e a Constituição que, neste mundo globalizado, terão condições de operar transformações na realidade. Pelo contrário, as mudanças na realidade provocarão inevitavelmente transformações na concepção jurídico-constitucional das relações sociais. Esse é o desafio que necessita ser compreendido para o resgate do papel do texto constitucional. Vale dizer, torna-se necessário assumir os "valores da realidade histórica pré-existente", no contexto da Constituição, como o único caminho para o resgate da plenitude de seu sentido.[72]

Essa realidade profundamente contingente necessita de um referencial capaz de justificar a busca de um consenso mínimo, na construção daquilo que se chamou de novo "contrato social". Talvez a primeira questão – que se encontra no bojo da perspectiva dos direitos humanos – esteja na "concepção plural da humanidade: não é o homem que habita a terra, são

---

[70] HERVADA, Javier. Problemas que una nota esencial de los derechos humanos plantea a la filosofía del derecho. In: MASSINI-CORREAS, Carlos I. (Compil.). *El Iusnaturalismo Actual*. Buenos Aires: Abeledo-Perrot, 1996, p. 110.

[71] BIELEFELDT, Heiner. Op. cit., p. 37 e 116.

[72] GARCÍA, Pedro de Vega. *Mundialización y Derecho Constitucional*, op. cit., p. 33 e 38.

os homens". Com isso pretende-se destacar que, apesar da vinculação do homem aos mais diversos círculos coletivos, "não deve jamais perder sua individualidade e ser reduzido a um mero elemento cambiável por outros e rejeitado como tal". Entretanto, isso não significa que estejamos defendendo o isolamento de homens e mulheres. Pelo contrário, "o que se afirma é a singularidade de cada ser humano e sua igual pertença à comunidade humana".[73] Esse é o fundamento que não se pode perder de vista no que tange aos direitos humanos, a saber, trata-se de uma preocupação que mescla o individual e o coletivo. Aí estaria a relação entre o universal e o particular (pensado em termos culturais) que deverá perspectivar a análise dos direitos humanos.

Nessa linha de idéias, os direitos humanos favorecem uma dialética bastante interessante entre igualdade e diferença, globalidade e particularismo, individualidade e coletividade. Não se trata de identificar a igualdade entre os sujeitos envolvidos, mas de respeitar as diferenças (inclusive em termos culturais), de tal modo que possa surgir um estatuto que garanta essa defesa de maneira prolongada no tempo. Assim sendo, "por universalidade dos direitos humanos entendemos aqui, portanto, validade universal dos direitos humanos".[74]

De certo modo, a proposta de Michele Carducci, no sentido de um "Direito Constitucional altruísta", surge como uma alternativa para equacionar a universalidade – que historicamente é a característica dos direitos humanos apresentada pela doutrina – e a necessidade de respeitar as particularidades culturais, a partir de sujeitos que não são iguais. Na verdade é uma proposta de inclusão e trabalho com a diferença, como forma de aproximar a igualdade do tratamento das pessoas envolvidas no processo de consolidação das promessas da Constituição. O projeto de um

> Direito Constitucional "altruísta" significa colocar-se o problema do outro não simplesmente como "destinatário" de normas e de interpretações consolidadas e compartilhadas, mas sim como sujeito ativo desta mesma comunhão constitucional, como ator do desenvolvimento das teorias constitucionais e dos métodos de compreensão dos problemas da igualdade complexa, da eqüidade, da ponderação, do julgar; [...].[75]

Resta bem definida a tese de inclusão dos indivíduos envolvidos com a realidade constitucional, como verdadeiros sujeitos ativos, co-partícipes do projeto de implementação das promessas da Constituição.

---

[73] DELMAS-MARTY, Mireille, op. cit., p. 187.

[74] SAAVEDRA, Modesto. La universalidad de los derechos humanos en un mundo complejo: igualdad moral y diferencias jurídicas. In: *El Vínculo Social: Ciudadanía y Cosmopolitismo*. Valencia: Tirant Lo Blanch, 2002, p. 239-243.

[75] CARDUCCI, Michele. *Por um Direito Constitucional Altruísta*. Tradução de Sandra Regina Martini Vial e outros. Porto Alegre: Livraria do Advogado, 2003, p. 11.

Essa linha do Direito Constitucional está voltada ao favorecimento do "confronto de idéias e o pluralismo da compreensão, para tornar-se um instrumento capaz de traçar os novos vínculos de amizade do 'homem mundializado' e do 'mundo mundializado'".[76] A globalização parece que busca um sujeito que possa participar, embora com um limite bem visível, ditado pelo poder econômico. Apesar disso, não deixa de ser uma possibilidade de participação e de abertura para a construção de um sujeito que tenha condições de acessar e beneficiar-se das promessas lançadas no texto constitucional. Entretanto, não podemos esquecer que "o 'homem mundializado' continua ainda finito, ou melhor, mais do que nunca relegado ao peso e ao fardo da sua contingência".[77] A existência humana como finita (Heidegger) chama a atenção para a proteção dos direitos humanos, respeitando as diferenças humanas e as particularidades culturais. Para tanto, Carducci propõe "desterritorializar a idéia de democracia [que] significa, neste caso, fundamentar a salvaguarda efetiva dos direitos do homem não sobre o pertencer a uma Nação ou a um Estado, mas sobre o seu ser membro do gênero humano".[78] É em nome dessa proteção que deverá ser assentada a legitimidade do Direito Constitucional e do próprio processo da globalização. No fundo a constatação de Michele Carducci está alinhada com a idéia de "alteridade", que aparece em André-Jean Arnaud[79] como uma das palavras-chave que resume as preocupações dos juristas na atualidade.

Tudo indica, portanto, que a igualdade como um dos aspectos estruturais dos direitos humanos deverá ser substituída pela diferença, onde a liberdade e a solidariedade servirão como elos, que favorecerão a aproximação dos sujeitos transnacionais. Fica evidente, assim, que a diferença deverá ser elevada à categoria de "um valor jurídico-político", para evitar que as diferenças fáticas de qualquer natureza possam ser "utilizadas para inferiorizar e para justificar, por tanto, situações de dominação, marginalização ou exclusão".[80] A individualidade e a particularidade não poderá ser "soterrada" pela aspiração universalista e pública da mera igualdade formal de todos os homens e mulheres. No fundo, o que isso pretende demonstrar, é a necessidade de uma igualdade material, onde as diferenças estarão asseguradas, como a mais singela forma de expressão dos direitos humanos.

---

[76] CARDUCCI, Michele. Op. cit., p. 13.
[77] Idem, p. 19.
[78] Idem, p. 50.
[79] Da regulação pelo direito na era da globalização. In: *Anuário Direito e Globalização*, op. cit., p. 23 e seguintes.
[80] DULCE, María José Fariñas. Ciudadanía "universal" versus ciudadanía "fragmentada". In: *El Vínculo Social: Ciudadanía y Cosmopolitismo*. Valencia: Tirant lo Blanch, 2002, p. 168.

Essas preocupações necessitam ser equacionadas, para que a proposta de um novo "contrato social" possa experimentar algum sucesso. Especialmente porque os modos de vida produzidos pela modernidade e suas interfaces com a globalização são tão inéditas, separando-as de todos os tipos tradicionais precedentemente construídos. O trabalho com a diferença circunscreve-se também ao processo de "desencaixe" na estrutura das relações sociais provocado pela globalização, a saber, ocorre um gradativo "'deslocamento' das relações sociais de contextos locais de interação e sua reestruturação através de extensões indefinidas de tempo-espaço".[81] É nesse contexto que a discussão acerca dos direitos humanos ganha importância como fio condutor ético dos entrelaçamentos entre o local e o global, na construção de uma ordem jurídico-constitucional que seja capaz de contemplar os anseios de ambas as partes.

6. A jurisdição constitucional e a linguagem como condição do acontecer (*ereignen*) da Constituição

Para Paulo Bonavides, estamos na "idade dos direitos fundamentais e do constitucionalismo da liberdade", onde o Poder Judiciário passa a representar um papel fundamental, "que o liga inapartavelmente ao futuro da democracia, enquanto expressão, síntese e substância de quatro gerações de direitos, cuja concretude, garantia e universalidade, arrimada a elementos constitucionais de proteção, [não poderão] prescindir da [sua] intervenção criativa".[82]

Apesar disso, o Poder Judiciário não poderá ser o único que operacionalizará esta tarefa, de tal modo que se possa falar de uma jurisprudencialização ou tribunalização da matéria constitucional. Segundo José Luis Bolzan de Morais:

> A jurisprudencialização configura-se na definição do texto constitucional por intermédio das decisões da jurisdição constitucional, mormente por intermédio das sentenças proferidas pelo Supremo Tribunal Federal. Esse fenômeno provoca uma mutação das normas constitucionais, um "diritto vivente", cujo principal autor é o órgão que exerce a jurisdição constitucional.[83]

A intervenção do Poder Judiciário, seja por intermédio do Supremo Tribunal Federal – como no caso do Brasil – ou do Tribunal Constitucional

---

[81] GIDDENS, Anthony. *As Conseqüências da Modernidade*, op. cit., p. 14 e 29.

[82] BONAVIDES, Paulo, op. cit., p. 74.

[83] BOLZAN DE MORAIS, José Luis e AGRA, Walber de Moura. A Jurisprudencialização da Constituição e a Densificação da Legitimidade da Jurisdição Constitucional. In: *(Neo)Constitucionalismo*, op. cit., p. 219.

– onde este órgão integra a estrutura estatal – modifica, dado o caráter da mutação constitucional, o texto da Constituição a partir das circunstâncias que envolvem os casos que julga. Parece que é necessário um pouco de cautela e maior reflexão sobre essas questões, pois corremos o risco de instauração do "governo dos juízes", que se caracteriza pela "transgressão, que dá o ponto de ruptura, na medida em que o juiz renuncia a qualquer critério objetivo para decidir sobre o sentido, segundo sua própria subjetividade".[84] Isso se dá pelo próprio fato de tomarem decisões que, visando à interpretação da Constituição, modificam o seu texto, sem critérios previamente elegidos, fugindo completamente da proposta democrática.

A atividade da jurisdição constitucional, que busca concretizar a Constituição mediante a sua aplicação aos casos concretos, forma um novo Direito Constitucional junto às Constituições: "que é material por seu modo de criação, forma de operar e teleologia garantista". Apesar disso, trata-se de um conjunto de normas constitucionais de origem distinta das únicas fontes formais legitimamente autorizadas para o seu desenvolvimento: "o poder constituinte e o poder de reforma constitucional".[85] Não podemos olvidar, apesar disso, que a Constituição é um espaço onde se processam constantes transformações. Assim, como a jurisdição constitucional é chamada para defendê-la, acaba naturalmente modificando-a. A hermenêutica proposta por Hans-Georg Gadamer talvez poderá, como se verá mais adiante, servir para construir alguns parâmetros objetivos para esta verdadeira criação de um novo conceito de constituição material.

Apesar da importância da jurisdição constitucional, parece que não poderá ser a única referência interpretativa da Constituição, ou seja,

> a única referência de legitimidade do sistema, refugiando-se a doutrina na exegese das interpretações dos tribunais constitucionais. [...] Ao contrário do que afirmam os tribunais, o direito constitucional não é monopólio do judiciário. O direito constitucional e a interpretação constitucional são fruto de uma ação coordenada entre os poderes políticos e o judiciário.[86]

Uma possibilidade para equilibrar a situação assim delineada em relação à jurisdição constitucional, de modo a minimizar um eventual "governo dos juízes", para não cairmos no arbítrio, vincula-se à forma de origem dos critérios adotados: "os critérios serão 'extraídos', mais que definidos, pelos juízes; serão extraídos a partir das informações existentes".[87]

---

[84] DELMAS-MARTY, Mireille, op. cit., p. 83.

[85] SÁNCHEZ, José Acosta. Transformaciones de la Constituición en el Siglo XX. In: *Revista de Estudios Políticos* n. 100 (nueva época), abril/junio 1998, Madrid: Centro de Estudios Políticos y Constitucionales, p. 67.

[86] BERCOVICI, Gilberto. Dilemas da Concretização da Constituição de 1988. In: *(Neo)Constitucionalismo*, op. cit., p. 109 e 112.

[87] DELMAS-MARTY, Mireille, op. cit., p. 121.

Inevitavelmente, com isso, estamos indicando, novamente, as contribuições da hermenêutica filosófica gadameriana, especialmente com a valorização da pré-compreensão. Além disso, essa postura sinaliza para a revalorização da *iurisdictio*, que representou um dos aspectos essenciais do constitucionalismo medieval. Vale dizer, com algumas "pitadas" de adaptação que cabem ao Poder Judiciário, no exercício da *iurisdictio*, administrar a justiça, dizendo-a no caso concreto. Assim, o entendimento de Nicola Matteucci: "estes novos problemas podem ser todavia afrontados e resolvidos inspirando-se no velho princípio da *iurisdictio*, já que sem direito não é possível a liberdade".[88]

Para dar conta dessa situação da concretização do conteúdo constitucional, sem descuidar dos efeitos da globalização, tentando equacionar a própria crise constitucional, é importante trazer à tona a proposta de Peter Häberle, ou seja, no lugar da interpretação constitucional atrelada apenas ao Poder Judiciário, deve pensar-se numa "sociedade aberta dos intérpretes da Constituição".

Häberle propõe a passagem

> de uma sociedade fechada dos intérpretes da Constituição para uma interpretação constitucional pela e para uma sociedade aberta. [...] No processo de interpretação constitucional estão potencialmente vinculados todos os órgãos estatais, todas as potências públicas, todos os cidadãos e grupos, não sendo possível estabelecer-se um elemento cerrado ou fixado com 'numerus clausus' de intérpretes da Constituição".[89]

A preocupação com a interpretação da Constituição não poderá estar vinculada apenas a determinada categoria, mas precisa ser deixada ao cargo de todo aquele que vive o texto, que é considerado o seu verdadeiro destinatário. Portanto, o processo hermenêutico deverá integrá-los, aspecto que afasta a exclusividade da interpretação constitucional do Poder Judiciário.[90] O que Häberle pretende demonstrar é a necessidade de abrir a Constituição para o pluralismo, pois plural é a nossa realidade atual, especialmente pelos influxos da globalização.[91] Assim, "a ampliação do círculo dos intérpretes aqui sustentada é apenas a conseqüência da necessidade, por todos defendida, de integração da realidade no processo de

---

[88] MATTEUCCI, Nicola. Op. cit., p. 27; 39 e 291.

[89] HÄBERLE, Peter. *Hermenêutica Constitucional: A Sociedade Aberta dos Intérpretes da Constituição: Contribuição para a interpretação pluralista e "procedimental" da Constituição*. Tradução de Gilmar Ferreira Mendes. Porto Alegre: Fabris, 1997, p. 12-13.

[90] Idem, p. 15.

[91] A pluralidade é aqui pensada em termos da produção jurídica, que não está mais restrita ao Estado, visto que todos os sujeitos transnacionais pruduzem normas de conduta, como fruto do chamado "direito reflexivo". Por outro lado, a pluralidade também entendida na própria configuração das situações que exigirão a intervenção do Direito, as quais não estão mais restritas aos sujeitos de direito oficialmente reconhecidos, pois a multiplicidade de atores produzidos pela globalização, também estarão forjando situações que interferem no dia-a-dia daqueles.

interpretação. É que os intérpretes em sentido amplo compõem essa realidade pluralista".[92]

Uma das possibilidades para enfrentar a crise constitucional está vinculada à abrangência dos atores que trabalham com a interpretação constitucional, como um modo de aproximar a realidade viva do texto da Constituição. Dentro dos limites aqui propostos, a ampliação dos intérpretes da Constituição implica incluir também os sujeitos transnacionais, que também são partes interessadas na sua consecução. Com isso, não serão perdidas as potencialidades transformadoras, pois se amplia o raio de inclusão de sujeitos intérpretes, favorecendo, por outro lado, a execução das decisões e o respeito aos próprios limites traçados constitucionalmente. Como sentido do texto constitucional é produzido no contexto social, seja nacional ou transnacional, estaria aí a condição de possibilidade para a construção da pré-compreensão do círculo hermenêutico constitucional. Com isso, a jurisdição constitucional precisa pensar mecanismos para incluir a "sociedade aberta dos intérpretes da Constituição", como condição para continuar mantendo – ou, em alguns casos, conquistando – o seu efetivo papel na constante (re)leitura da Constituição.

Sem entrar na discussão de que se a perspectiva de ampliar o âmbito dos intérpretes da Constituição tem aplicação nos países de modernidade tardia, como é o caso do Brasil, precisamos estar atentos sobre a necessidade de descentralizar a interpretação constitucional, além de valorizar aquilo que Lassalle chamou dos "fatores reais de poder", ou seja, as questões políticas. "Não se pode, portanto, entender a Constituição fora da realidade política, com categorias exclusivamente jurídicas. A Constituição não é exclusivamente normativa, mas também política; as questões constitucionais são também questões políticas".[93] Cada vez mais é preciso ter em conta a aproximação entre o político e o jurídico, especialmente em matéria constitucional. Ao se limitar a discussão da interpretação ao Poder Judiciário, e nele num órgão especializado, talvez estejamos afastando estes dois aspectos, acirrando a crise constitucional e fechando os olhos para os efeitos da globalização. Estes poderão ser percebidos e trabalhados, se os sujeitos produtores forem acolhidos no círculo dos intérpretes da Constituição. Caso contrário, o novo "contrato social" também estará comprometido, pela simples exclusão de atores fundamentais na realidade atual.

A flexibilidade do texto constitucional parece ser uma característica bastante relevante para enfrentar os desafios atuais. Assim, a Constituição deverá ser entendida "como um compromisso das possibilidades, e não

---

[92] Idem, p. 30.
[93] BERCOVICI, Gilberto, op. cit., p. 115.

como um projeto rígido de ordenação".[94] Aquela idéia original do constitucionalismo moderno centrada na rigidez constitucional parece que está ultrapassada, assim como a própria noção original do Estado Constitucional, onde tal perspectiva foi pensada.

Entretanto, nem tudo está perdido e, muito menos, que a Constituição perdeu completamente o seu espaço. Está na hora de valorizarmos os seguintes pressupostos: a construção efetiva das promessas constitucionais deve levar em consideração que

> o fundamento no direito não é algo a descobrir senão que está por construir. Fundamentar a Constituição é imaginá-la, e a imaginação não descansa. [...] A Constituição não é um ponto fixo para o direito. [...] A Constituição não reafirma o direito senão que o surpreende e o encontra inadaptado. [...] Como horizonte do pensamento jurídico a Constituição não encerra nenhuma plenitude, não representa a totalidade dos consensos possíveis. Seus princípios não são identidades senão diferenças, formas e limites que a separam de um espaço exterior não marcado, que sempre a estão distinguindo.[95]

No contexto da crise constitucional, afrontada pelo processo da globalização, parece que o papel da Constituição deverá ser este espaço aberto, verdadeiro palco onde poderão ser "encenadas" as mais diversas possibilidades de proteção aos direitos fundamentais-humanos e como um meio articulador entre as promessas constitucionais e os desafios do mundo globalizado. Portanto, a Constituição deve ser vista como um núcleo compromissário e dirigente delineado a partir dos direitos fundamentais-humanos, que representam um modo de internacionalização do Direito Constitucional, além de ser os potencializadores de uma constituição material global.

Para o desenvolvimento dessa proposta, tudo indica que as contribuições da hermenêutica jurídica serão fundamentais. Evidentemente não se pensa na perspectiva tradicional, mas na concepção de hermenêutica filosófica formulada por Hans-Georg Gadamer, a partir dos delineamentos esboçados por Martin Heidegger.[96]

Gadamer, ao propor o desenvolvimento da hermenêutica filosófica, pretendeu resgatar, de certo modo, a chamada "sabedoria humana", considerada como um legado socrático. Esta valorização foi significativa para a estrutura hermenêutica, pois justamente pretendia resgatar a sua impor-

---

[94] GORRÁIZ, Queralt Tejada. La crisis de la Ley. In: *El Vínculo Social: Ciudadanía y Cosmopolitismo*. Valencia: Tirant lo Blanch, 2002, p. 487.

[95] MARTINEZ GARCIA, Jesus Ignacio. La Constitucion, Fundamento inquieto del Derecho. In: *Revista Española de Derecho Constitucional*. n. 55, enero-abril 1999, Madrid: Centro de Estudios Politicos y Constitucionales, p. 187; 188; 201.

[96] Devido aos limites do presente trabalho, não serão objeto de estudo as idéias da filosofia hermenêutica de Martin Heidegger.

tância frente ao saber eminentemente técnico e objetivado. De certo modo, a proposta gadameriana aparece numa passagem do prefácio à Segunda edição de "Verdade e Método", quando refere que a sua idéia não é formular uma teoria geral da interpretação, tal como havia pensado Emílio Betti. Pelo contrário, a sua pretensão era "procurar o comum de todas as maneiras de compreender e mostrar que a compreensão jamais é um comportamento subjetivo frente a um 'objeto' dado, mas frente à história efeitual, e isto significa, pertence ao ser daquilo que é compreendido".[97] Gadamer não pretende associar o sujeito e o objeto mediante a tarefa da compreensão, mas mostrar que esta é um reflexo dos efeitos da história na vivência do homem.

Ao longo da principal obra de Gadamer – Verdade e Método – surge claramente a sua oposição e crítica ao apego exagerado ao método. O autor procura mostrar exatamente o inverso, ou seja, o método não pode ser visto como uma espécie de caminho para a verdade. O que ocorre, e muitas vezes não nos damos conta, "a verdade zomba do homem metódico". E, dentro desse contexto, a compreensão surge como um modo de ser do homem. Dessa forma, "a hermenêutica não se define enquanto disciplina geral, enquanto auxiliar das humanidades, mas sim como tentativa filosófica que avalia a compreensão, como processo ontológico – o processo ontológico – do homem".[98] Na medida em que se trabalha com o processo de compreensão das situações que envolvem o humano, não poderá haver a submissão a um método, pois estas nem sempre cabem dentro dos estritos limites deste. Há, com isso, por parte de Gadamer uma crítica ao caráter mecanicista do pensamento. Vale dizer, a técnica não consegue captar a riqueza do conhecimento produzido pela inteligência humana.

As propostas de Gadamer encontram-se circunscritas ao seguinte aspecto: sempre chegamos tarde quando submetemos algo a um método: "na medida em que compreendemos, estamos incluídos num acontecer da verdade e quando queremos saber o que temos que crer, parece-nos que chegamos demasiado tarde".[99] O acontecer da verdade, a atribuição de sentido dado à norma frente às múltiplas facetas do caso concreto,[100]

---

[97] GADAMER, Hans-Georg. *Verdade e Método I*, op. cit., p. 18-19.

[98] PALMER, Richard E. *Hermenêutica*. Traduzido por Maria Luísa Ribeiro Ferreira. Lisboa: Edições 70, 1996, p. 168.

[99] GADAMER, Hans-Georg. *Verdade e Método I*, op. cit., p. 708.

[100] "A desconfiança de Gadamer não se dirige nunca contra a ciência mesma, porque esta seria uma necessidade, senão contra à fascinação, o deslumbramento e o atordoamento que provoca sua divinização. O metodicamente controlável somente abrange uma ínfima parte de nossa experiência de vida. Por outro lado, o universo do estar um com o outro e do tratar-se, do reproduzível e transmissível graças à linguagem, do amor, a simpatia e a antipatia, tudo isso segue estando em boa medida fora do alcance do controle metodológico". GRONDIN, Jean. *Hans-Georg Gadamer. Una Biografía*. Tradução de Angela Ackermann Pilári, Roberto Bernet e Eva Martín-Mora. Barcelona: Herder, 2000, p. 376-377.

ocorre particularmente. Assim, é incabível pretender condicioná-la ao caminho pré-determinado pelo método. Não podemos esquecer que "a consciência hermenêutica tem sua consumação não na certeza metodológica sobre si mesma, mas na pronta disposição à experiência que caracteriza o homem experimentado face ao que está preso dogmaticamente".[101] É esta flexibilidade e criatividade que o trabalho com os direitos humanos exige e, especialmente, os novos desafios que são lançados sobre o papel da Constituição, a fim de dar conta dos novos delineamentos definidos pelo contexto da globalização. A certeza exigida pela modernidade estava em consonância com a regidez e a inflexibilidade da Constituição. A crítica da Gadamer ao método pretende justamente desvelar que não estamos mais na época da certeza, mas de incertezas,[102] que exigirão espaços normativos abertos e flexíveis.

As idéias de Gadamer sinalizam para uma nova realidade que deverá ser considerada na formulação do novo "contrato social", a saber, "a integração social, política e jurídica de vários grupos diferenciados numa única comunidade política aberta e plural – e, às vezes, fragmentada – somente se pode conseguir mediante a vontade de partilhar e de 'dialogar'".[103] Tudo indica que o constitucionalismo e a própria percepção sobre Constituição poderão ser enriquecidos para a construção das integrações referidas, visando a resgatar um novo papel para o Estado.

A perspectiva do diálogo apenas é possível, na medida em que o homem é dotado de *logos*. Com efeito, Aristóteles apresenta tal característica que distingue o homem dos animais.[104] A palavra *logos*, de origem grega, pode ser traduzida como "no sentido de razão ou pensar". Entretanto, segundo Gadamer,[105] ela significa "também e sobretudo: linguagem".

---

[101] GADAMER, Hans-Georg. *Verdade e Método I*, op. cit., p. 533.

[102] Ulrich Beck refere que estamos vivenciando "o retorno da incerteza". A Reinvenção da Política: rumo a uma teoria da modernização reflexiva. In: BECK, Ulrich *et al. Modernização Reflexiva: política, tradição e estética na ordem social moderna*. Tradução de Magda Lopes. São Paulo: UNESP, 1997, p. 19.

[103] DULCE, María José Fariñas. *Ciudadanía "universal" versus ciudadanía "fragmentada"*, op. cit., p. 176.

[104] "[...] É evidente que o homem é um animal mais político do que as abelhas ou qualquer outro ser gregário. A natureza, como se afirma freqüentemente, não faz nada em vão, e o homem é o único animal que tem o dom da palavra. E mesmo que a mera voz sirva para nada mais do que uma indicação de prazer ou de dor, e seja encontrada em outros animais [...], o poder da palavra tende a expor o conveniente e o inconveniente, assim como o justo e o injusto. Essa é uma característica do ser humano, o único a ter noção do bem e do mal, da justiça e da injustiça. E é a associação de seres que têm uma opinião comum acerca desses assuntos que faz uma família ou uma cidade. [...]." ARISTÓTELES. *Política*. Tradução de Therezinha Monteiro Deutsch e Baby Abrão. São Paulo: Nova Cultural. Coleção "Os Pensadores", 1999, Livro I, 2, 9.

[105] GADAMER, Hans-Georg. *Verdade e Método II*: complementos e índices. Tradução de Enio Paulo Giachini e revisão da tradução de Marcia Sá Cavalcante-Schuback. Petrópolis: Vozes, 2002, p. 173 (doravante esta obra será identificada apenas como "Verdade e Método II").

Desse modo, a capacidade para o diálogo é um atributo natural do homem, meio onde a linguagem é considerada fundamental. A relação entre diálogo e linguagem aponta para uma circunstância fundamental, isto é, a perspectiva de novos rumos ao constitucionalismo: a capacidade de comunicação favorecida pela linguagem não tem limites, a qual poderá ser utilizada para pensar o comum, ou seja, "conceitos comuns e sobretudo aqueles conceitos comuns, pelos quais se torna possível a convivência humana sem assassinatos e homicídios, na forma de uma vida social, de uma constituição política, de uma convivência social articulada na divisão do trabalho".[106] Talvez na linguagem esteja a chave que possa viabilizar a (re)construção das articulações do Estado, à luz da Constituição em perfeita sintonia com os compassos ditados pelos sujeitos transnacionais. O texto da Constituição parece apresentar-se como o centro de confluência do diálogo, na busca dos aspectos comuns, especialmente pensando em termos teleológicos, expressos no respeito aos direitos humanos.

É por tudo isso que Gadamer, articulando a constituição ontológica fundamental, refere: "ser que pode ser compreendido é linguagem".[107] A linguagem é o ser que pode ser compreendido. Significa dizer que somente poderemos conceber o ser do ente homem, a partir das possibilidades projetadas pela linguagem. A linguagem aponta para a totalidade do mundo onde ocorre a experiência da tradição. Entretanto, alerta Gadamer, "a tradição não é simplesmente um acontecer que se pode conhecer e dominar pela experiência, mas é linguagem, isto é, fala por si mesma, como faz um tu".[108] A linguagem surge como a condição de possibilidade de toda experiência hermenêutica, ou seja, "é o *medium* universal em que se realiza a própria compreensão. A forma de realização da compreensão é a interpretação".[109]

Nessa perspectiva, fica sublinhado que a compreensão traz consigo, de forma inseparável, o ato da interpretação e da aplicação. Assim, deve ser afastada a concepção da hermenêutica tradicional que a concebe em fatias, como se fosse possível separar a compreensão, da interpretação e da aplicação.[110] Não se trata de três momentos distintos, mas simultâneos, pois aplicar é ao mesmo tempo compreender e interpretar. A par disso, um determinado texto não pode ser considerado um geral, que pode simplesmente ser aplicado a um caso particular. Esta postura mecânica efetiva-

---

[106] GADAMER, Hans-Georg. *Verdade e Método II*, op. vit., p. 174.

[107] GADAMER, Hans-Georg. *Verdade e Método I*, op. cit., p. 687.

[108] Idem, p. 528.

[109] Idem, p. 566.

[110] Trata-se, no caso, das *subtilitas*. Ou seja, a *subtilitas intelligendi*, tratava da compreensão, a *subtilitas explicandi*, buscava trabalhar com a interpretação, e a *subtilitas applicandi*, relacionada à aplicação. GADAMER, Hans-Georg. *Verdade e Método I*, op. cit., p. 459.

mente não poderá ser observada, posto que vislumbra apenas parcialmente a situação hermenêutica. Vale dizer, a aplicação não poderá ser vislumbrada subsidiariamente em relação à compreensão, pois "o objeto para o qual se dirige a nossa aplicação determina, desde o início e em sua totalidade, o conteúdo efetivo e concreto da compreensão hermenêutica".[111]

O desencadeamento do processo hermenêutico, a partir do seu não fracionamento, aponta para o chamado círculo hermenêutico, que provoca

> um movimento antecipatório da compreensão, cuja condição ontológica é o círculo hermenêutico. (...) Por isso, as condições de possibilidade para que o intérprete possa compreender um texto implicam uma pré-compreensão (seus pré-juízos) acerca da totalidade (que a sua linguagem lhe possibilita) do sistema jurídico-político-social.[112]

A referida circularidade ocorre numa espécie de espiral hermenêutica,[113] onde a compreensão sempre é precedida pela pré-compreensão. Esta circularidade também sofre paradas, uma delas é a interpretação vinculante, que pretende ser aplicada a futuro caso, mas sem preocupação com o contexto onde ele foi gerado. A ideologia da modernidade ao preconizar a certeza e a segurança como dois critérios fundamentais, considerava as paradas no círculo hermenêutico perfeitamente aceitáveis. No entanto, é preciso atentar para o seguinte alerta: "compreender um texto significa sempre aplicá-lo a nós próprios, e saber que, embora se tenha de compreendê-lo em cada caso de uma maneira diferente, continua sendo o mesmo texto que, a cada vez, se nos apresenta de modo diferente".[114] É nesse cenário que a interpretação deverá ser renovada a cada caso concreto, pois todos os aspectos históricos legados pela tradição não serão mais os mesmos que animaram a interpretação anterior.

As características apontadas até o momento confirmam o caráter produtivo da hermenêutica gadameriana, sendo

> impossível reproduzir um sentido. O aporte produtivo do intérprete forma parte inexoravelmente do sentido da compreensão. [...] o ato de interpretar implica uma produção de um novo texto, mediante a adição de sentido que o intérprete lhe dá. [...] Gadamer acentua que a interpretação da lei é uma tarefa criativa.[115]

---

[111] GADAMER, Hans-Georg. FRUCHON, Pierre (Org.). *O problema da consciência histórica*. Tradução de Paulo Cesar Duque Estrada. Rio de Janeiro: FGV, 1988, p. 57.

[112] STRECK, Lenio Luiz. A hermenêutica e a tarefa da construção de uma crítica do direito a partir da ontologia fundamental. In: *Revista do Programa de Pós-Graduação em Filosofia da Universidade do Vale do Rio dos Sinos*, n 4, vol. 3, jan./jun 2002. São Leopoldo: Unisinos, p. 109.

[113] Segundo Lenio Luiz Streck, *Jurisdição Constitucional e Hermenêutica*, op. cit., p. 195-196.

[114] GADAMER, Hans-Georg. *Verdade e Método I*, op. cit., p. 579.

[115] STRECK, Lenio Luiz. *Hermenêutica Jurídica e(m) Crise: uma exploração hermenêutica da construção do Direito*. 3. ed. rev. Porto Alegre: Livraria do Advogado, 2001, p. 204-208.

Essa é a postura que deverá ser privilegiada no momento em que projetamos alternativas para o Direito Constitucional e a Constituição, frente aos desafios lançados pela globalização. Tudo indica que não há mais lugar para a pretensão de certeza. Em seu lugar surgem as incertezas e as rápidas transformações. A Constituição, na procura de um novo lugar, necessita estar equipada com normas flexíveis, rapidamente ajustáveis a fatos cada vez mais inéditos. Assim, é inaceitável a parada na circularidade hermenêutica, que geraria uma interpretação correta em si. Nesse sentido, a assertiva de Gadamer: "uma interpretação correta em si seria um ideal sem pensamentos incapaz de conhecer a essência da tradição. Toda interpretação está obrigada a entrar nos eixos da situação hermenêutica a que pertence".[116]

A peculiaridade do círculo hermenêutico produtivo está em equilibrar as contribuição da tradição com as novidades produzidas pelo contexto social onde será aplicado determinado entendimento. Tais características deverão sensibilizar a jurisdição constitucional, pois a tarefa hermenêutica não está mais circunscrita ao mero ato reprodutivo (*auslegung*) – como se tudo já estivesse previamente concebido pelo texto constitucional. Pelo contrário, é necessário acentuar o caráter produtivo (*sinngebung*), onde a Constituição é ponto de partida para a atribuição de sentido às suas regras e princípios – respondendo criativamente aos novos enlaces das demandas.

Os diversos intérpretes que estarão presentes na interpretação da Constituição, estarão vivenciando um aspecto fundamental: "a linguagem é, pois, o centro do ser humano, quando considerada no âmbito que só ela consegue preencher: o âmbito da convivência humana, o âmbito do entendimento, do consenso crescente, tão indispensável à vida como o ar que respiramos".[117] A linguagem, como "*medium* universal", demonstra claramente que a crise constitucional pressupõe o diálogo entre os diversos sujeitos transnacionais, visando o estabelecimento do acordo, que convergirá na consolidação do novo "contrato social". Isso pressupõe uma conversação visando a "atender realmente ao outro, deixar valer os seus pontos de vista e pôr-se em seu lugar, e talvez não no sentido de que se queira entendê-lo como esta individualidade, mas sim no de que se procura entender o que diz".[118] Essa conversação é favorecida por um traço essencial do ser da linguagem e aponta justamente para a ausência do eu, a saber, "falar significa falar a alguém. A palavra quer ser palavra que vai ao encontro de alguém. [...], o falar não pertence à esfera do eu, mas à

---

[116] GADAMER, Hans-Georg. *Verdade e Método I*, op. cit., p. 578.
[117] Idem, *Verdade e Método II*, op. cit., p. 182.
[118] GADAMER, Hans-Georg. *Verdade e Método I*, op. cit., p. 561.

esfera do nós".[119] De certo modo, a interferência da linguagem inaugura a possibilidade da solidariedade entre os diversos atores que integram o mundo globalizado, num nítido movimento de aproximação com o Estado e a sua Constituição.

Os direitos humanos colocam-se como os verdadeiros articuladores desse diálogo de múltiplas formas e faces. Com certeza não se busca uma uniformização, mas uma harmonização, como já dito anteriormente. Para tanto, é preciso ter presente que "a verdadeira realidade da comunicação humana é o fato de o diálogo não ser nem a contraposição de um contra a opinião do outro e nem o aditamento ou soma de uma opinião à outra. O diálogo transforma a ambos". Assim, o diálogo coloca-se na possibilidade de que cada uma das partes envolvidas respeite a opinião do outro, sem necessariamente ocorrer a preponderância de um dos sujeitos, formando uma "solidariedade ética" centrada "na comunhão de opiniões, que é tão comum que já não é nem minha nem tua opinião, mas uma interpenetração comum do mundo". Para tanto, é preciso ter presente que " 'compreender' as articulações e ordenamentos de nosso mundo, compreender-nos mutuamente nesse mundo, pressupõe tanto a crítica e a contestação do que se estagnou e tornou-se estranho quanto o reconhecimento e a defesa das ordens estabelecidas".[120] Nesses contornos estão assentados os pressupostos para a possibilidade de diálogo entre os diversos sujeitos envolvidos pela globalização. Vale dizer, ocorre o favorecimento do diálogo, visando à crítica sobre os aspectos dados até então, mas, especialmente, à valorização e à defesa de alguns pressupostos básicos remodelados: o Estado e a Constituição.

Esse parece ser o viés para a construção de uma nova ordem constitucional, capaz de responder aos caminhos dialéticos desenhados pela globalização, respeitando as interfaces entre o local e o global. Não se poderá dizer que esse é o único caminho, mas, certamente, é o mais provável para "manter a coesão e o equilíbrio sociais, sendo o ponto de partida desta, precisamente, a política de reconhecimento e aceitação de igual direito de todos a ser diferentes".[121] Tais contornos sinalizam para a solidariedade, que será a marca de uma nova resocialização e resgate de espaços públicos flexíveis e abertos.

A solidariedade começa a trazer a preocupação com a exclusão e aponta para as chamadas "cláusulas sociais",[122] que estão surgindo no

---

[119] GADAMER, Hans-Georg. *Verdade e Método II*, op. cit., p. 179.
[120] Idem, p. 221.
[121] DULCE, María José Fariñas. *Ciudadanía "universal" versus ciudadanía "fragmentada"*, op. cit., p. 177.
[122] Ver, sobre a "necessária cláusula social", DELMAS-MARTY, Mireille, op. cit., p. 55-65.

âmbito da OIT e OMC, por exemplo. Tais cláusulas serão a marca característica do referido novo "contrato social". A preocupação com o outro – que aponta para um Direito Constitucional altruísta – provoca uma espécie de adensamento dos vínculos sociais, que será o cenário atual para a valorização dos direitos humanos. Com tais contornos, estão lançadas as bases substanciais para aquilo que Mireille Delmas-Marty chama de "direito mundial", que especifica um eixo do pluralismo, conjugando o público e o privado, sem sobreposição de um dos dois, utilizando "noções políticas, como a subsidiariedade, ou jurídicas, como margem nacional de apreciação, para conjugar democracia e pluralismo".[123] A democracia dentro desse cenário deverá ser conquistada e, para tanto, necessitará ser buscada, apontando muito mais para incertezas do que para certezas. Para tanto, é preciso ordenar a multiplicidade de normas e possibilidades interpretativas projetadas pela hermenêutica filosófica, num autêntico exercício de harmonização. O "ordenar", no caso, implica vislumbrar as fronteiras que deverão ser resguardadas, isto é, "restar intransponíveis, porque franqueá-las significaria destruir a própria idéia de humanidade".[124]

Uma dessas fronteiras, talvez a mais importante, é a relacionada ao Direito Natural, cuja projeção é a própria concepção de direitos humanos. No entanto, não se pensa numa perspectiva metafísica acerca dos Direitos Naturais, mas num conjunto de princípios relacionados à razão prática. Para tanto, atualmente a teoria proposta por John Finnis parece que responde a estes propósitos, ou seja, uma teoria do Direito Natural, como uma preliminar ética para uma teoria social. Portanto, pode-se dizer que o Direito Natural é composto por dois conjuntos de princípios:

> (i) uma série de princípios práticos básicos que mostram as formas básicas de realização humana plena como bens que se devem perseguir e realizar, e que são usados de uma maneira ou outra por qualquer que reflita acerca do que fazer, não importa quanto erradas sejam suas conclusões; (ii) uma série de exigências metodológicas básicas da razoabilidade prática (sendo esta uma das formas básicas de realização humana plena) que distinguem o pensamento prático correto do incorreto, e que, quando se fazem todas operativas, proporcionam os critérios para distinguir entre atos que são (sempre ou em circunstâncias particulares) razoáveis-consideradas-todas-as-coisas (e não simplesmente em relação-a-um-objetivo-particular) e atos que são irrazoáveis-consideradas-todas-as-coisas, isto é, entre modos de atuar que são moralmente retos ou moralmente desviados – fazendo assim possível formular uma série de pautas morais gerais.[125]

---

[123] DELMAS-MARTY, Mireille, op. cit., p. 169.

[124] Ibidem.

[125] FINNIS, John. *Ley Natural y Derechos Naturales*. Tradução de Cristóbal Orrego Sánchez. Buenos Aires: Abeledo-Perrot, 2000, p. 57.

Tais princípios apontam para o aspecto teleológico, pois o Direito, para a implementação de determinado fim, está representado pelos bens humanos básicos[126] – dimensão substancial – que buscarão nas exigências da razoabilidade prática[127] – a sua dimensão procedimental ou metodológica – a forma de se buscar aqueles bens. Tem-se, portanto, os pressupostos para o delineamento de uma dimensão ética do Direito, servindo como substrato para a justificação de sua finalidade. Ao se valorizarem esses contornos, com certeza, estaremos abrindo as possibilidades para a integração de uma outra categoria jurídica: da humanidade, buscando conjugar não apenas democracia com pluralismo, mas também democracia com humanidade, a fim de implementar a busca da democracia. Esses sinais apontam para uma espécie de "competência compartilhada", onde a competência exclusiva dos Estados de estabelecer as regras jurídicas – incluindo as da Constituição – passa a ser dividida pelos outros sujeitos que surgem no espaço da globalização. O papel do Direito sofre uma profunda transformação, pois estará restrito ao delineamento de "princípios de organização" dos povos, visando "estruturar o compartilhamento de competências de modo compatível com a soberania".[128]

O Estado Constitucional, dentro destes novos marcos, precisará revisar as fórmulas que deposita na Constituição, pois não deterá mais a exclusividade de dizer o que é jurídico e o que é constitucional. Por isso, igualmente, a jurisdição constitucional não poderá estar fechada sobre os intérpretes do Poder Judiciário. Desta forma, a já referida "sociedade aberta dos intérpretes da Constituição" surge como uma alternativa viável. O próprio Direito Constitucional, se quiser continuar servindo "como critério de ação ou de juízo para a *praxis*, deve encontrar uma combinação que já não deriva do dado indiscutível de um 'centro' de ordenação".[129] O Estado como o centro da produção jurídica e política não é mais aceitável, frente à emergência de outras formas de poder, especialmente aquelas oriundas do poder econômico dos agentes transnacionais. Assim, o diálogo entre os diversos sujeitos que estão no cenário nacional e internacional é

---

[126] Segundo John Finnis, os bens humanos básicos são os seguintes, não tendo a enumeração o caráter exaustivo: a vida, o conhecimento, o jogo, a experiência estética, a sociabilidade (amizade), a razoabilidade prática, a religião. Op. cit., p. 117-121.

[127] As exigências da razoabilidade prática, que são os meios para a obtenção dos bens humanos básicos, segundo John Finnis, são: um plano de vida coerente; nenhuma referência arbitrária entre os valores; nenhuma referência arbitrária entre as pessoas; o desprendimento e o compromisso; a imparcialidade; a relevância das conseqüências, que aponta para a eficiência, dentro do razoável; o respeito por todo valor básico em todo ato; as exigências do bem comum; seguir a própria consciência. Op. cit., p. 131-154.

[128] DELMAS-MARTY, Mireille. Op. cit., p. 169-171.

[129] ZAGREBELSKY, Gustavo. *El derecho dúctil. Ley, derechos, justicia*. 2. ed. Tradução de Marina Gascón. Madrid: Trotta, 1997, p. 13.

a alternativa para a sobrevivência do Estado, fragmentado em todos os seus aspectos constitutivos.

O interessante é sublinhar que a Constituição passa a ter um novo papel, com relativa fragilização de seu caráter soberano: a sua tarefa não é mais "estabelecer diretamente um projeto pré-determinado de vida em comum, senão a de realizar as condições de possibilidade da mesma". É necessário, assim, desenvolver uma verdadeira "política constitucional", que tome como referência uma "visão aberta da Constituição". Com isso, "já não pode pensar-se na Constituição como centro de onde tudo derivava por irradiação através da soberania do Estado em que se apoiava, senão como centro sobre o qual tudo deve convergir; quer dizer, muito mais como centro a alcançar que como centro do que partir".[130]

A globalização e o surgimento de outros centros de poder, acabaram restringindo e redirecionando o papel e a idéia acerca de soberania dos Estados. Nessa linha, também muda o foco de projeção da Constituição, que não é mais o ponto de partida, mas o ponto de chegada. Parece que nesse espaço efetivamente o constitucionalismo compromissário e dirigente não morreu. Pelo contrário, parece que ganha novas forças. É preciso, portanto, especialmente em países de modernidade tardia – como o Brasil – estabelecer metas e prospectar objetivos sociais. A própria noção de Constituição como um texto rígido e flexível, desenhado pelo constitucionalismo moderno, necessita ser revisado, pois a tônica será a flexibilidade, especialmente para dar conta dos vínculos de solidariedade, como elos de construção efetiva para a instalação dos direitos humanos. Vale dizer, estes parecem que serão o grande objetivo a ser perseguido pela nova configuração da Constituição.

O papel da jurisdição constitucional também deverá ser adaptado, onde a proposta da hermenêutica filosófica de Hans-Georg Gadamer poderá ser fundamental, especialmente pela concepção prática do direito que a interpretação passa a assumir. Nessa linha hermenêutica, a interpretação jurídica passa a ser considerada como "a busca da norma adequada tanto para o caso como ao ordenamento", com um relevante papel desempenhado pelos princípios jurídicos, os quais contém valores de justiça. Com isso, parece que estarão excluídos definitivamente os pressupostos de certeza e segurança defendidos pelo positivismo jurídico. Devemos ter presente que os juízes nesse contexto são os "guardiões da complexidade estrutural do Direito no Estado Constitucional, quer dizer, os guardiões da necessária e flexível coexistência entre lei, direitos e justiça".[131] Os juízes que integram a jurisdição constitucional têm um papel fundamental para o equilíbrio

---

[130] ZAGREBELSKY, Gustavo. Op. cit., p. 13-14.
[131] Idem, p. 133; 146 e 153.

entre as forças oriundas dos sujeitos transnacionais e a necessária preservação de alguma autonomia interna dos Estados. Nesse sentido, a sua tarefa deverá ser aberta a outros participantes, como já visto, pautando a atividade jurisdicional pelo respeito aos direitos humanos. Com isso, estará construindo um novo contorno da legitimidade, não mais centrada necessariamente na vontade popular, mas no caráter substancial de suas decisões e contribuindo para "aproximar a sociedade de si mesma", reinserindo a solidariedade no contexto social,[132] tanto no âmbito local como global. O delicado alinhamento e aproximação desses aspectos parece que deverá nortear a regulamentação e constitucionalização do Estado na atualidade.

Considerações Finais

As características do constitucionalismo moderno, especialmente a pretensão de uma Constituição rígida e inflexível, sofreram os impactos dos efeitos da globalização, os quais gradativamente foram afetando o próprio papel do Estado. Verifica-se o desrespeito aos limites oriundos do texto constitucional, bem como a sua própria legitimidade de norma maior, provocada pelo surgimento de outros locais de regulação. Esse cenário da crise, tal qual descrito ao longo do trabalho, precisará ser enfrentado exatamente para resgatar o caráter substancial da Constituição, atrelado à proteção dos direitos humanos e a instauração da justiça nas relações sociais locais e globais.

Com a emergência dos sujeitos transnacionais, o Estado sofre alterações bastante significativas, pois a decisão e a ação autoritárias, no sentido tradicional do poder de comando com caráter de subordinação, dá lugar "ao Estado de negociação, que prepara os palcos e as negociações e dirige o espetáculo".[133] O que fica evidente, apesar do enfraquecimento do papel do Estado, é uma nova conformação da sua atuação nos espaços abertos pela globalização. Não obstante, como visto, as conseqüências da globalização produzem aspectos positivos e negativos, demonstrando claramente a existência de um processo dialético, que necessita ser mensurado no enfrentamento da crise constitucional.

Nesse processo, a concepção do Estado Democrático de Direito – como um aprofundamento das propostas do Estado de Direito e o *Welfare State* – deverá estar atenta à incorporação de um aspecto teleológico, onde

---

[132] Ver, para tanto, ROSANVALLON, Pierre. *A crise do Estado-providência*. Tradução de Joel Pimentel de Ulhôa. Goiânia: Editora da UFG; Brasília: UnB, 1997, p. 90.
[133] BECK, Ulrich, op. cit., p. 54.

a Constituição passa a ter um papel garantidor, especialmente nos países de modernidade tardia – como é o caso do Brasil.

Isso está indicando que a Constituição deve ser concebida como "um projeto de comunidade política global, econômica sem dúvida, mas social e cultural também, de convivência cívica, de organização e limitação do poder".[134] Tem-se, assim, reafirmada a idéia da Constituição dirigente, reforçada pela necessidade dos laços de solidariedade. Vale dizer, uma Constituição com contornos flexíveis, por isso, Constituição dúctil, no dizer de Zagrebelsky. Por conseqüência, parece correto dizer que "a Constituição é o resultado de sua interpretação, uma vez que uma coisa só é (algo, uma coisa) na medida em que é interpretada (porquê compreendida 'como' algo)".[135] A Constituição – como projeto – surgirá como Constituição, a partir do momento da sua interpretação, dentro dos contornos da hermenêutica filosófica de Gadamer. Assim, está sublinhada a importância da jurisdição constitucional, dentro da perspectiva de ampliar o raio dos intérpretes do texto constitucional. A Constituição, portanto, não é mais um texto acabado e fechado, mas um conjunto flexível de regras e princípios que aponta para o ponto de chegada da organização estatal.

Nas interfaces entre os sujeitos transnacionais e a recuperação do papel e do lugar da Constituição e do Estado, surge a proposta de um novo "contrato social". Busca-se, com isso, uma harmonização entre os diversos centros produtores normativos, incluindo o próprio Estado, bem como a revisão da noção de unidade jurídica centrada neste último. Essa tentativa estará ancorada numa tomada consensual de decisões, ou seja, na "formação de uma razão coletiva para estarmos juntos, a produção de normas negociadas", a partir de "formas de socialização transversais e solidariedades curtas. A solidariedade não pode repousar apenas em regras e processos. Ela deve ter igualmente uma dimensão *voluntária*".[136] A condição de possibilidade para a construção desses objetivos está na valorização da relação hermenêutica do "tu" ou do "nós", em substituição ao "eu" e na concepção universal da linguagem.

A consolidação do referido "contrato social" exigirá, na proposta de Pierre Rosanvallon,[137] uma espécie de "compromisso pós-social-democrata", mediante a mensuração de três compromissos distintos, mas convergentes: "compromisso com o patronato, de ordem socieconômica", onde

---

[134] MOREIRA, Vital. O Futuro da Constituição. In: *Direito Constitucional. Estudos em homenagem a Paulo Bonavides*. São Paulo: Malheiros, 2001, p. 333.

[135] STRECK, Lenio Luiz. A hermenêutica e o acontecer (*ereignen*) da constituição: a tarefa de uma nova crítica do direito. In: ROCHA, Leonel Severo e Outros (Org.). *Anuário do Programa de Pós-Graduação em Direito-Mestrado e Doutorado*. São Leopoldo: Unisinos, 2000, p. 123.

[136] ROSANVALLON, Pierre. Op. cit., p. 96.

[137] Op. cit., p. 103-104.

está o envolvimento dos atores transnacionais e a canalização do seu poder econômico; um "compromisso com o Estado, de ordem sociopolítica", indicando claramente uma reorganização dos objetivos internos do Estado, notadamente a implementação – no caso brasileiro – das promessas da modernidade e, por último, um "compromisso da sociedade consigo mesma", onde abrem-se possibilidades para "solidariedades negociadas e já não impostas no quadro de uma maior visibilidade social", integrando-se o elemento humano e a busca do respeito aos direitos humanos. É esse compromisso democrático, baseado na insegurança e no desejo, que poderá restituir o "sentido concreto à idéia de contrato social".

Os direitos humanos serão o referencial ético para a formulação desses compromissos, apontando para a preocupação com a alteridade. Dito de outro modo, é preciso "promover a universalidade do humano na convivência social", como forma de refundar o Estado.[138] A preocupação central dessa operação está na legitimação de um modelo de Estado que sirva para "uma universalização autêntica da liberdade e da dignidade de todos os homens".[139] O Estado e a Constituição que cabem nesse modelo buscariam o seu fundamento ético nos direitos humanos, com os limites oriundos do Direito Natural, na vertente da teoria desenvolvida por John Finnis. A inserção dos direitos humanos nesse debate aponta para a necessidade de se pensar o sujeito como pessoa – e não como um ente abstrato e desconectado da vida. É necessário respeitar o ser humano como um sujeito desejante e pensante. E é exatamente este sujeito que deverá ter acesso às condições mínimas de vida definidos no texto constitucional, ou seja, os bens humanos básicos (Finnis).

Tudo indica que a articulação dos sujeitos transnacionais com o Estado e a reconfiguração interna deste último, a concepção de Constituição dirigente e o papel da jurisdição constitucional nesse cenário, será medida pelo diálogo que se ampara na linguagem. Com isso, haverá a valorização das relações de contingência, aspecto que justifica o caráter sempre produtivo da hermenêutica de Gadamer.

É interessante observar que – no diálogo "Protágoras" – Platão, apontando a importância da ciência política, apresenta os aspectos relevantes para a concepção da cidade, de tal modo que aquela é fundamental para que os homens não façam mal uns aos outros. Desta forma, Zeus encarregou Hermes "de levar aos homens o pudor e a justiça para servirem de normas às cidades e unir os homens pelos laços da amizade". A par disso,

---

[138] Sobre a refundação do Estado, consultar CALERA, Nicolás María López. *Yo, el Estado*. Madrid: Trotta, 1992, p. 83.
[139] Idem, p. 101.

Hermes pergunta a Zeus qual a maneira de partilhar aos homens a justiça e o pudor:

> devo distribuí-los, como se distribuíram as artes? Ora as artes foram divididas de maneira que um único homem, especializado na arte médica, basta para um grande número de profanos e o mesmo quanto aos outros artistas. Devo repartir assim a justiça e o pudor pelos homens, ou fazer que pertençam a todos?

Zeus respondeu categoricamente:

> que pertençam a todos; que todos tenham a sua parte, porque as cidades não poderiam existir se estas virtudes fossem, como as artes, quinhão exclusivo de alguns. [...] Mas quando se delibera sobre política, em que tudo assenta na justiça e na temperança, têm razão de admitir toda a gente, porque é necessário que todos tenham parte na virtude cívica. Doutra forma, não pode existir a cidade.[140]

Assim, os direitos humanos são de todos e para todos. Portanto, o desafio que precisamos enfrentar para tentar minimizar os efeitos da crise constitucional é efetivamente fortalecer os vínculos de solidariedade, de tal modo que o processo da globalização possa ser colocado como um aliado na implementação de uma sociedade local e global alicerçada sob o manto do respeito ao ingrediente mais importante: o ser humano, sem o qual, inclusive, os "atores globais" não sobreviverão.

Além disso, o diálogo de Platão também está indicando para a necessidade da valorização do público em detrimento do privado, aspecto que o novo "contrato social" deverá tomar em consideração, resgatando-se os espaços públicos, em substituição aos espaços privados dos sujeitos transnacionais. Além disso, todas as pessoas devem ter acesso às condições mínimas de vida, surgindo claramente a concepção de Constituição dirigente, encarregada de fazer valer as promessas da modernidade, pois sem aquela, "o Estado fica sem programa econômico e social (o que equivale à dessubstancialização do próprio Estado)." O abandono da idéia de Constituição dirigente, e aí a necessidade de se facultar os seus efeitos a todos, é deixar de lado "a idéia moderna de conformação de política, do desenvolvimento e dos direitos em troca de um evolutivismo-conservadorismo sistêmico-liberal". Não poderá, assim, haver uma preocupação com alguns, seja alguns Estados ou algumas pessoas ou alguns sujeitos transnacionais, mas com todos – sem distinção – haja vista que "se a constituição dirigente é uma constituição afeiçoada às 'especificidades histórico-factuais de cada Estado Nacional', isso significa que ela é também o símbolo de um 'patriotismo nacional-constitucional' que está antes e sobre o constitucionalismo cosmopolita e transnacional".[141]

---

[140] PLATÃO. *Protágoras ou Os Sofistas*. Tradução, prefácio e notas de A. Lobo Vilela. 2. ed. Lisboa: Editorial Inquérito, s/d., p. 28-29.
[141] CANOTILHO, José Joaquim Gomes. *O Estado Adjetivado e a Teoria da Constituição*, mimeo, p. 5-6.

A republicização também aponta para a reafirmação do "papel da Constituição como um instrumento de sentido de superioridade",[142] mas dentro de uma perspectiva de negociação e diálogo, marcada pelo seu dirigismo, centrado no viés substancialista de proteção dos direitos humanos. Para tal concretização, não podemos esquecer a advertência de Gadamer:

> a linguagem não constitui o verdadeiro acontecer hermenêutico enquanto linguagem, enquanto gramática nem enquanto léxico, mas no vir à fala do que foi dito na tradição, que é ao mesmo tempo apropriação e interpretação. Por isso, é aqui, onde se pode dizer com toda razão, que esse acontecer não é nossa ação na coisa, mas a ação da própria coisa.[143]

Necessitamos buscar na memória legada pela tradição o verdadeiro papel da Constituição, que sempre continuou agindo, apesar da perda de seus espaços, dados os efeitos fragmentadores da globalização. Ao olharmos para esse contexto, teremos condições de avaliar a verdadeira ação do papel da Constituição dirigente e compromissária, onde estão lançados os pressupostos mínimos para a construção de uma sociedade justa e solidária, que sabe equilibrar os desafios e as contradições da convivência, cada vez mais intensa, entre o global e o local. Esse processo "do dar-se conta" da ação do texto constitucional é a corporificação do seu acontecer hermenêutico.

De tudo isso, resta dizer que o Estado Constitucional está sendo desfeito, surgindo, em substituição, uma ordem sem fronteiras previamente delimitadas, calcada na idéia de flexibilidade.[144] Portanto, é necessário desenvolver um constitucionalismo que possa dar conta dos aspectos vistos, preocupado em construir um espaço social dialogado – mediado pela hermenêutica – capaz de responder e desenvolver mecanismos que assegurem o mínimo existencial para o ser do ente homem.

Referências

ARNAUD, André-Jean. *O Direito entre Modernidade e Globalização: Lições de Filosofia do Direito e do Estado*. Tradução de Patrice Charles Wuillaume. Rio de Janeiro: Renovar, 1999.

——. Da regulação pelo direito na era da globalização. In: MELLO, Celso de Albuquerque (Coord.). *Anuário: Direito e Globalização*, 1: a soberania. Rio de Janeiro: Renovar, 1999.

---

[142] Adaptação a partir de VIEIRA, José Ribas (Org.). *A Constituição Européia: o projeto de uma nova Teoria Constitucional*. Rio de Janeiro: Renovar, 2004, p. 168.

[143] GADAMER, Hans-Georg. *Verdade e Método I*, op. cit., p. 672.

[144] BOLZAN DE MORAIS, José Luis. *Revisitando o Estado*. Op. cit., p. 98.

ARISTÓTELES. Política. Tradução de Therezinha Monteiro Deutsch e Baby Abrão. São Paulo: *Nova Cultural*. Coleção "Os Pensadores", 1999.

BECK, Ulrich. *O que é globalização? Equívocos do globalismo: respostas à globalização*. Tradução de André Carone. São Paulo: Paz e Terra, 1999.

——. A Reinvenção da Política: rumo a uma teoria da modernização reflexiva. In: BECK, Ulrich et all. *Modernização Reflexiva: política, tradição e estética na ordem social moderna*. Tradução de Magda Lopes. São Paulo: UNESP, 1997.

BERCOVICI, Gilberto. Dilemas da Concretização da Constituição de 1988. In: *(Neo)Constitucionalismo: ontem, os Códigos. Hoje, as Constituições*. Porto Alegre: Instituto de Hermenêutica Jurídica, 2004, vol. 1, n. 2.

BIELEFELDT, Heiner. *Filosofia dos Direitos Humanos: fundamentos de um ethos de liberdade universal*. Tradução de Dankwart Bernsmüller. São Leopoldo: Unisinos, 2000.

BOLZAN DE MORAIS, José Luis. *As Crises do Estado e da Constituição e a Transformação Espacial dos Direitos Humanos*. Porto Alegre: Livraria do Advogado, 2002.

——. *Do Direito Social aos Direitos Transindividuais: o Estado e o Direito na ordem contemporânea*. Porto Alegre: Livraria do Advogado, 1996.

——. Revisitando o Estado! Da crise conceitual à crise institucional (constitucional). In: ROCHA, Leonel Severo e Outros (Orgs.). *Anuário do Programa de Pós-Graduação em Direito-Mestrado e Doutorado*. São Leopoldo: Unisinos, 2000.

——; AGRA, Walber de Moura. A Jurisprudencialização da Constituição e a Densificação da Legitimidade da Jurisdição Constitucional. In: *(Neo)Constitucionalismo: ontem, os Códigos. Hoje, as Constituições*. Porto Alegre: Instituto de Hermenêutica Jurídica, 2004, vol. 1, n. 2.

——. *Do Estado Liberal ao Estado Social*. 6. ed. rev. e ampl. São Paulo: Malheiros, 1996.

BONAVIDES, Paulo. *Do país constitucional ao país neocolonial: a derrubada da Constituição e a recolonização pelo golpe de Estado institucional*. 2. ed. São Paulo: Malheiros, 2001.

CALERA, Nicolás María López. *Yo, el Estado*. Madrid: Trotta, 1992.

CANOTILHO, José Joaquim Gomes. *Constituição Dirigente e Vinculação do Legislador: contributo para a compreensão das normas constitucionais programáticas*. 2. ed. Coimbra: Coimbra Editora, 2001.

——. *O Estado Adjetivado e a Teoria da Constituição*, mimeo.

CARDUCCI, Michele. *Por um Direito Constitucional Altruísta*. Tradução de Sandra Regina Martini Vial e outros. Porto Alegre: Livraria do Advogado, 2003.

DELMAS-MARTY, Mireille. *Três Desafios para um Direito Mundial*. Tradução de Fauzi Hassan Choukr. Rio de Janeiro: Lumen Juris, 2003.

DULCE, María José Fariñas. Ciudadanía "universal" versus ciudadanía "fragmentada". In: *El Vínculo Social: Ciudadanía y Cosmopolitismo*. Valencia: Tirant lo Blanch, 2002.

FARIA, José Eduardo. Globalização e Justiça. In: OLIVEIRA JÚNIOR, José Alcebíades de. *O Poder das Metáforas: Homenagem aos 35 anos de docência de Luis Alberto Warat*. Porto Alegre: Livraria do Advogado, 1998.

FINNIS, John. *Ley Natural y Derechos Naturales*. Tradução de Cristóbal Orrego Sánchez. Buenos Aires: Abeledo-Perrot, 2000.

GADAMER, Hans-Georg. *Verdade e Método I: Traços fundamentais de uma hermenêutica filosófica*. Tradução de Flávio Paulo Meurer; revisão da tradução de Ênio Paulo Giachini. 4. ed. Petrópolis: Vozes, 2002. Vol. I.

——. *Verdade e Método II*: complementos e índices. Tradução de Enio Paulo Giachini e revisão da tradução de Marcia Sá Cavalcante-Schuback. Petrópolis: Vozes, 2002. Vol. II.

_____; FRUCHON, Pierre (Org.). *O problema da consciência histórica.* Tradução de Paulo César Duque Estrada. Rio de Janeiro: FGV, 1988.

GARCÍA, Pedro de Vega. Mundialización y Derecho Constitucional: la crisis del principio democrático en el constitucionalismo actual. In: *Revista de Estudios Políticos.* n.100 (Nueva Época), abril/junio 1998, Madrid: Centro de Estudios Políticos y Constitucionales.

GARCÍA-PELAYO, Manuel. *Las transformaciones del Estado contemporáneo.* Madrid: Alianza Editorial, 1996.

GIDDENS, Anthony. *As Conseqüências da Modernidade.*Tradução de Raul Fiker. 2. ed. São Paulo: UNESP, 1991.

GORRÁIZ, Queralt Tejada. La crisis de la Ley. In: *El Vínculo Social: Ciudadanía y Cosmopolitismo.* Valencia: Tirant lo Blanch, 2002.

GRONDIN, Jean. Hans-Georg Gadamer. *Una Biografía.* Tradução de Angela Ackermann Pilári, Roberto Bernet e Eva Martín-Mora. Barcelona: Herder, 2000.

HÄBERLE, Peter. *Hermenêutica Constitucional: A Sociedade Aberta dos Intérpretes da Constituição: Contribuição para a interpretação pluralista e "procedimental" da Constituição.* Tradução de Gilmar Ferreira Mendes. Porto Alegre: Fabris, 1997.

HERVADA, Javier. Problemas que una nota esencial de los derechos humanos plantea a la filosofía del derecho. In: MASSINI-CORREAS, Carlos I. (Compil.). *El Iusnaturalismo Actual.* Buenos Aires: Abeledo-Perrot, 1996.

HIRST, Paul e THOMPSON, Grahame. *Globalização em Questão: a economia internacional e as possibilidades de governabilidade.* Tradução de Wanda Caldeira Brant. Petrópolis: Vozes, 1998.

MARTINEZ GARCIA, Jesus Ignacio. La Constitucion, Fundamento inquieto del Derecho. In: *Revista Española de Derecho Constitucional.* N. 55, enero-abril 1999, p.185-205, Madrid: Centro de Estudios Politicos y Constitucionales.

MATTEUCCI, Nicola. *Organización del poder y libertad. Historia del constitucionalismo moderno.* Tradução de Francisco Javier Ansuátegui Roig y Manuel Martínez Neira. Madrid: Trotta, 1998.

MOREIRA, Vital. O Futuro da Constituição. *In: Direito Constitucional. Estudos em homenagem a Paulo Bonavides.* São Paulo: Malheiros, 2001.

NOVAIS, Jorge Reis. *Contributo para uma Teoria do Estado de Direito: do Estado de Direito Liberal ao Estado Social e Democrático de Direito.* Coimbra: Coimbra, 1987.

OST, François. *O Tempo do Direito.* Tradução de Maria Fernanda Oliveira. Lisboa: Instituto Piaget, 1999.

PALMER, Richard E. *Hermenêutica.* Traduzido por Maria Luísa Ribeiro Ferreira. Lisboa: Edições 70, 1996.

PIOVESAN, Flávia. Direitos Humanos, o princípio da dignidade humana e a Constituição Brasileira de 1988. In: *(Neo)Constitucionalismo: ontem, os Códigos. Hoje, as Constituições.* Porto Alegre: Instituto de Hermenêutica Jurídica, 2004, vol. 1, n. 2.

PLATÃO. *Protágoras ou Os Sofistas.* Tradução, prefácio e notas de A. Lobo Vilela. 2. ed. Lisboa: Editorial Inquérito, s/d.

ROSANVALLON, Pierre. *A crise do Estado-providência.* Tradução de Joel Pimentel de Ulhôa. Goiânia: Editora da UFG; Brasília: UnB, 1997.

ROTH, André-Noël. O Direito em Crise: Fim do Estado Moderno? In: FARIA, José Eduardo (Org.). *Direito e Globalização Econômica: implicações e perspectivas.* São Paulo: Malheiros, 1996.

SAAVEDRA, Modesto. La universalidad de los derechos humanos en un mundo complejo: igualdad moral y diferencias jurídicas. In: *El Vínculo Social: Ciudadanía y Cosmopolitismo.* Valencia: Tirant Lo Blanch, 2002.

SÁNCHEZ, José Acosta. Transformaciones de la Constituición en el Siglo XX. In: *Revista de Estudios Políticos* n. 100 (nueva época), abril/junio 1998, Madrid: Centro de Estudios Políticos y Constitucionales.

SANTOS, Milton. *Por uma outra globalização: do pensamento único à consciência universal*. Rio de Janeiro: Record, 2000.

SARLET, Ingo Wolfgang. *A eficácia dos direitos fundamentais*. Porto Alegre: Livraria do Advogado, 1998.

SARMENTO, Daniel. Constituição e Globalização: A crise dos paradigmas do Direito Constitucional. In: MELLO, Celso de Albuquerque (Coord.). Anuário: *Direito e Globalização*, 1: a soberania. Rio de Janeiro: Renovar, 1999.

SPOSATI, Aldaíza. Globalização: um novo e velho processo. In: DOWBOR, Ladislau; IANNI, Octavio e RESENDE, Paulo-Edgar A. (Orgs.). *Desafios da Globalização*. Petrópolis: Vozes, 1998.

STRECK, Lenio Luiz. *Jurisdição Constitucional e Hermenêutica: uma nova crítica do Direito*. Porto Alegre: Livraria do Advogado, 2002.

——. A hermenêutica e a tarefa da construção de uma crítica do direito a partir da ontologia fundamental. In: *Revista do Programa de Pós-Graduação em Filosofia da Universidade do Vale do Rio dos Sinos*, n 4, vol. 3, jan./jun 2002. São Leopoldo:Unisinos.

——. *Hermenêutica Jurídica e(m) Crise: uma exploração hermenêutica da construção do Direito*. 3. ed. rev. Porto Alegre: Livraria do Advogado, 2001.

——. A hermenêutica e o acontecer (*ereignen*) da constituição: a tarefa de uma nova crítica do direito. In: ROCHA, Leonel Severo e Outros (Org.). *Anuário do Programa de Pós-Graduação em Direito-Mestrado e Doutorado*. São Leopoldo: Unisinos, 2000.

VIEIRA, José Ribas (Org.). *A Constituição Européia: o projeto de uma nova Teoria Constitucional*. Rio de Janeiro: Renovar, 2004.

ZAGREBELSKY, Gustavo. *El derecho dúctil. Ley, derechos, justicia*. 2. ed. Tradução de Marina Gascón. Madrid: Trotta, 1997.

— 7 —

A Crise Política no mal-estar pós-moderno: (di)lemas e desafios dos Estados democráticos na contemporaneidade[1]

THIAGO FABRES DE CARVALHO

Mestre e Doutorando em Direito pela UNISINOS-RS. Professor da Faculdade de Direito da Pontifícia Universidade Católica do Rio Grande do Sul – PUC-RS. Advogado.

Sumário: 1. Considerações iniciais; 2. As aventuras da política; 3. Do horror econômico ao horror político; 4. A crise política (e da representação) diante do mal-estar pós-moderno; 5. O mal-estar da Constituição e dos Direitos Humanos na condição pós-moderna: (di)lemas e desafios da crise política na contemporaneidade; 6. A democracia entre a permanência das *promessas* e o *requestionamento* necessário; 7. Considerações Finais; Referências.

Ele subiu o morro sem gravata
Dizendo que gostava da massa
Foi lá na tendinha bebeu cachaça
E até bagulho fumou
Foi no meu barracão e lá usou
Lata de goiabada como prato
Eu logo percebi é mais um candidato
Às próximas eleições
Meu irmão se liga no que eu vou te dizer
Hoje ele pede o seu voto
Amanhã manda a polícia lhe bater.
(Bezerra da Silva, *Candidato Caô Caô*).

---

[1] Texto apresentado no seminário "Transformações do Estado Contemporâneo", ministrado pelo Prof. Dr. José Luis Bolzan de Morais, no Programa de Pós-Graduação em Direito da UNISINOS-RS, nível Doutorado.

Ousemos dar um passo em frente, substituamos o silêncio pela palavra, acabemos com este estúpido e inútil fingimento de que nada aconteceu antes, falemos abertamente sobre o que foi a nossa vida, se era vida aquilo, durante o tempo em que estivemos cegos, que os jornais recordem, que os escritores escrevam, que a televisão mostre as imagens da cidade tomadas depois de termos recuperado a visão, convençam-se as pessoas a falar dos males de toda a espécie que tiveram de suportar, falem dos mortos, dos desaparecidos, das ruínas, dos incêndios, do lixo, da podridão, e depois, quando tivermos arrancado os farrapos da falsa normalidade com que temos andado a querer tapar a chaga, diremos que a cegueira desses dias regressou sob uma nova forma, chamaremos a atenção da gente para o paralelo entre a brancura da cegueira de há quatro anos e o voto em branco de agora (...) que se perguntem diante do espelho se não estarão outra vez cegas, se esta cegueira, ainda mais vergonhosa que a outra, não os estará a desviar da direcção correcta, a empurrar para o desastre extremo que seria o desmoronamento talvez definitivo do sistema político que, sem que nos tivéssemos apercebido da ameaça, transportava desde a origem, no seu núcleo vital, isto é, no exercício do voto, a semente de sua própria destruição.
(José Saramago, *Ensaio sobre a lucidez*, p. 175).

1. Considerações iniciais

No simbolismo mitológico grego, tanto a política quanto a ética parecem emergir como alternativas ao caos. Desde o Homero, ética e política constituíram espaços simbólicos de mediação entre os homens que teriam o objetivo de interromper a violência incessante e sempre ameaçadora do caos original. A narrativa mítica grega assinala que no princípio de tudo havia apenas o Caos (*Kháos*). Tratava-se, pois, na expressão de Vernant, de "um vazio escuro onde não se distingue nada. Espaço de queda, vertigem e confusão, sem fim, sem fundo". Como "uma boca imensa e aberta que tudo tragasse numa mesma noite indistinta", o caos consiste num "abismo cego, noturno, ilimitado".[2]

Desse momento caótico originário, *Gaia* (Terra) e *Urano* (Céu) forjam-se entrelaçados numa união ininterrupta. Como está o tempo todo deitado sobre *Gaia*, Urano não permite que seus filhos venham à luz, comprimindo-os no ventre de *Gaia* que aí continuam alojados, não podendo, desta forma, assumir uma existência autônoma. Não podem se transformar em seres individualizados, pois não conseguem sair do ventre absorto. Diante disso, emerge a explosão raivosa de *Gaia*, que sufocada, inchada, aturdida, resolve libertar-se das investidas constantes e insaciá-

---

[2] VERNANT, Jean-Pierre. *O Universo, os Deuses, os Homens.* Trad. de Rosa Freire d'Aguiar. São Paulo: Companhia das Letras, 2000, p. 17.

veis de *Urano*. Assim, incita os filhos a revoltarem-se contra o Pai-céu. Apenas *Crono* (Tempo), o caçula, aceita ajudar sua mãe e enfrentar o pai. Com efeito, *Gaia* concebe um plano engenhoso. Fabrica uma foice e coloca-a na mão do jovem *Crono*. Ele está no ventre da mãe, ali onde *Urano* se uniu a Terra, e fica à espreita, em emboscada. Quando *Urano* se deita sobre *Gaia*, ele agarra com a mão esquerda as partes sexuais do pai e corta-as. Ao castrar *Urano*, *Crono* cumpre uma etapa fundamental do nascimento do cosmo. Separa o Céu e a Terra. Cria um espaço livre entre ambos onde a vida é possível. No entanto, inaugura a transformação do tempo, posto que permite a sucessão de gerações.[3]

Na imagem narrada, é sem dúvida o desejo da autonomia e da liberdade que inaugura a possibilidade da vida em comum. Livre das amarras do tempo estagnado, da opressão de *Urano*, a vida autônoma emerge como inevitável. A inauguração da dimensão temporal, da necessidade evolutiva, recalcada pela força opressora de *Urano*, é que permite a consolidação das existências individualizadas, conscientes e dispostas a enfrentar o mistério da existência.

No entanto, a liberdade e a autonomia nascem, paradoxalmente, de um crime de *Crono*, trazendo consigo a necessidade de expiação da culpa. Se a vida nasce de um crime, é necessário que a discórdia inicial que o gerou não seja recalcada, sob pena de retornar indefinidamente. Ao simbolizar a ânsia devoradora da vida, o desejo insaciável, e ao inaugurar um sentimento de duração que escorre entre a excitação e a satisfação, *Crono* se vê diante da culpa existencial.[4] Isto porque, as gotas de sangue que cobrem a Terra após o seu ato, farão surgir as *Erínias*, que representam a memória do erro, a recordação, e a exigência de que o crime seja castigado.

No reinado de *Crono*, o tempo é todavia cego, restrito a uma vida inconsciente de seus fins. O tempo não possui dimensões precisas, nem a vida se entende a si mesma. *Crono* a todos devora. Receoso de que fosse também vingado por um de seus filhos, conforme lhe havia professado o pai, *Crono* engole seus sucessores após o nascimento. No entanto, sua esposa *Rea*, cansada dessas atrocidades planeja uma arte-manha. Quando *Zeus*, o caçula, está prestes a nascer, Rea vai à Creta e dá à luz clandestinamente. Ao ser indaga da gravidez por *Crono*, entrega-lhe uma pedra envolta nas fraldas do filho recém nascido. *Crono* por sua vez devora a pedra em lugar de *Zeus*. Ao tornar-se adulto, o filho liberto ousa impor ao pai que vomite a prole que tem na barriga. Novamente enganado por *Reia*, que lhe faz ingerir um remédio, *Crono* vomita todos os filhos que havia devorado.

---

[3] Idem, op. cit., p. 20 e segs.
[4] DIEL, Paul. *El simbolismo en la mitología griega*. Trad. de Mario Satz. Barcelona: Labor, 1985, p. 108 e segs.

Da luta violenta entre os deuses de gerações distintas, geradora de uma espécie de decaída ao caos original, a paz emerge apenas com o triunfo de *Zeus*, que armado da força e da astúcia, inaugura uma nova etapa evolutiva, o reino da vida consciente, o reino da vida submissa à lei do espírito. Com efeito, no reinado de *Zeus* emerge o imperativo ético-político da sublimação da violência ameaçadora do caos originário sempre prestes a regressar. Isto porque, perdendo o impulso evolutivo o homem pode bestializar-se, trivializar seu ser. Assim, *Zeus* delineia um universo diferente, ao instituir uma soberania mais equilibrada, mais comedida, afirmada sobre o reconhecimento dos seus pares, a justiça e a eqüidade.

O simbolismo da mitologia grega parece servir de chave de leitura para a presente fase do processo civilizatório. Perdidos na ausência de referências éticas e de vida consciente, vivemos num momento que parece oscilar entre o reinado de *Crono*, marcado pela negação da sucessão, tempo privado de perspectiva, sempre ameaçado por um ciclo de violência interminável, uma espécie de passado que não passa, tempo do tirano, dirá Ost, que se esgota num presente estéril, sem memória nem projeto, e um tempo da volatilidade, da instantaneidade, marcado pela incapacidade de articular passado e futuro, pela sobre-valorização do instante e do presente.[5]

Nesse sentido, a crise (da) política e da possibilidade de realização do Estado democrático (constitucional) inserem-se, pois, num cenário extremamente marcado por um mundo em transição que não deixa de nos remeter às tentações do caos original. Estaremos condenados à vida destituída de autonomia e liberdade, como nos reinados de *Urano* e *Crono*, sempre tendentes a sufocar a sucessão, a mudança e a incerteza, ou poderemos fazer ressurgir, a partir da vingança de *Reia*, o triunfo de Zeus, representado pela ação consciente de uma vida partilhada, ciente de suas tensões e contradições? Será possível recalcar constantemente a ruptura e a transgressão ou será mais adequado superá-las por meio da deliberação racional entre homens livres e autônomos? Trata-se de esconder a discórdia original e o ato de transgressão que pretende ultrapassá-lo, ou de trazê-los novamente ao consciente e convertê-los em processos harmonizadores dos desejos humanos?

Eis os desafios da política e da democracia que nos assolam desde a antiguidade. Se o sentido da política é a liberdade, como nos ensina Arendt,[6] então cabe debater as razões pelas quais a ação política vem perdendo sua capacidade de articular o sentido e o destino da vida em

---

[5] OST, François. *O tempo do direito*. Trad. de Maria Fernanda Oliveira. Lisboa: Instituto Piaget, 1999, p. 10 e segs.
[6] ARENDT, Hannah. *O que é política?* Trad. de Reinaldo Guarany. 3ª. ed. Rio de Janeiro: Bertrand Brasil, 2002, p. 20.

comum. Mormente neste período de transição paradigmática e de crise da modernidade, os desafios parecem ainda mais aterradores. Nunca a humanidade experimentou formas tão requintadas de alienação e violência. Nunca o caos originário, representando sobretudo a derrota do espírito frente ao mistério da existência e da *vita activa*, esteve tão próximo e tão ameaçador.

Pretendemos, pois, enfrentar esses desafios a partir de um diálogo com alguns autores da tradição do pensamento social e político ocidental, a fim de pontuar alguns diagnósticos da crise das instituições políticas contemporâneas e refletir sobre suas possibilidades de superação. A presente análise busca assentar-se em dois aspectos específicos. A complexidade e a abrangência do tema exigem a delimitação do campo de investigação de modo que nos permita vislumbrar algumas alternativas possíveis.

Nesse sentido, o estudo tem por objetivo diagnosticar a crise (da) política em duas dimensões precisas. Primeiramente, busca-se analisar a crise *da* política, em termos restritos, no sentido da obsolescência dos mecanismos tradicionais construídos pelo pensamento político moderno, especialmente a noção de representação política no âmbito do Estado-nação. Em seguida, propõe-se uma discussão acerca da *crise política* em termos mais amplos, percebida a partir de seu sentido clássico enquanto forma de organização democrática da sociedade e estratégia de tratamento legítimo dos conflitos, articuladas com base no exercício da deliberação racional no espaço público.

A partir das aventuras da política, cingida pela necessidade de oferecer uma alternativa à guerra de todos contra todos, visamos a expor alguns contornos da crise da cultura e da racionalidade política no cenário do mal-estar pós-moderno. Apenas com a compreensão da complexidade e das tensões que marcam o momento histórico atual é que poderemos atribuir um novo sentido para a ação política no espectro das democracias pluralistas contemporâneas.

2. As aventuras da política

Na tradição ocidental, a política emerge como um mecanismo ou estratégia, inventada sobretudo pelo pensamento greco-romano, de solução racional para o confronto entre classes e grupos antagônicos e como alternativa ao poder despótico (ou patriarcal) de origem divina existente no mundo arcaico. Ao impor a separação entre o poder pessoal do chefe da família do poder impessoal e público sob o império da lei como expressão da vontade coletiva, os gregos e romanos rompem com a origem mágica do poder.

Assim, a divisão social do trabalho e o conseqüente aumento da complexidade dos conflitos e antagonismos existentes entre grupos e segmentos sociais contraditórios impõem a necessidade de criação de um universo de representações simbólicas capazes de estabelecer um elo social durável. Com efeito, as regras e as instituições nascem como instrumentos de racionalização das disputas e como momentos fundantes da cessação da violência e do caos original.

No dizer de Chauí, "para responder às diferentes formas assumidas pela luta de classes, a política é inventada de tal maneira que, a cada solução encontrada, um novo conflito ou uma nova luta podem surgir, exigindo novas soluções. Em lugar de reprimir os conflitos pelo uso da força e da violência das armas, a política aparece como trabalho legítimo dos conflitos, de tal modo que o fracasso nesse trabalho é a causa do uso da força e da violência".[7]

No mundo greco-romano, porém, a finalidade da vida política é determinada pela vida boa ou pela justiça. A ação política não se encontra dissociada da ética e da busca da felicidade na *polis*. A comunidade política tem como finalidade a busca do bem comum, entendido como o conjunto das condições materiais e morais que permitem ao indivíduo alcançar o seu *telos*. Desde Platão e Aristóteles, a política funda-se na natureza ou na razão, na medida em que a própria essência do ser humano é a base da formação da cidade, naturalmente voltada para a vida em comunidade. Já no universo medieval, a política ergue-se sobre pilares teológicos, visto que o poder ancora-se numa divindade sobrenatural e transcendente. Posteriormente, a teologia política da Idade Média, fincada na doutrina do cristianismo, afirma que o Príncipe deve apresentar as virtudes morais cristãs (fé, esperança e caridade), e percebe a hierarquia social e política como sendo ordenada por Deus e natural. A justiça, por seu turno, é a hierarquia de submissão e obediência do inferior ao superior, posto que essa ordem natural deriva das leis divinas.

A teoria política moderna, no entanto, é marcada por transições e rupturas profundas. As transformações econômicas ocorridas na Europa nos séculos XV, XVI e XVII mudam as faces das relações sociais e consolidam o surgimento e o fortalecimento político de uma nova classe: a burguesia. A noção de sociedade vista como una, indivisível e homogênea, típica do medievo, não correspondia mais à realidade, impondo o surgimento de novos modelos de explicação. Nesse cenário, a *revolução maquiaveliana* marca definitivamente a ruptura com a tradição clássica,

---

[7] CHAUÍ, Marilena. *Convite à filosofia*. 8ª ed. São Paulo: Ática, 1997, p. 376.

ao rejeitar um fundamento anterior e exterior à política e ao percebê-la como o resultado da ação humana a partir das divisões e tensões sociais.

Assim sendo, a partir deste rompimento, as teorias contratualistas e, num estágio mais avançado, com o pensamento de Max Weber, a teoria política moderna passa a rejeitar qualquer idéia de finalidade da política ou do Estado. O Estado é definido apenas pelo meio que utiliza para assegurar a realização de qualquer fim que se proponha, a coerção. Por meio da "dominação racional-legal", ou "dominação burocrática", a racionalização do poder atende definitivamente aos anseios de segurança, certeza e previsibilidade exigidos pelo capitalismo e pelas sociedades de massas nascentes.[8]

Em termos políticos, a dominação burocrática exercida a partir do monopólio do uso legítimo da violência representado pelo Estado Liberal Moderno, indispensável à reprodução das relações sociais forjadas no seio de uma economia de mercado competitiva e individualista, inaugura uma nova concepção de democracia absolutamente dissociada de fins éticos. A democracia assume uma natureza estritamente formal e procedimental, limitada a estabelecer os mecanismos para a tomada de decisões políticas entre indivíduos e grupos em competição, elaboradas a partir da regra da maioria.

Nesse contexto, "a política desprovida de fins, é concebida como uma arena onde enfrentam-se indivíduos e grupos e na qual a coerção é necessária para manter a ordem". Desse modo, "a política democrática é aquela em que a ordem social é produzida em conformidade com a vontade do maior número possível de indivíduos e aplicada de um modo burocrático".[9]

Na trajetória da modernidade, até mesmo as revoluções sociais dos séculos XIX e XX, inspiradas pelos ideais socialistas de luta contra a servidão voluntária, não lograram ultrapassar o quadro institucional forjado no seio das democracias procedimentais. A arena política permitiu apenas a ampliação de novas demandas e anseios de atores sociais novos e organizados. Com efeito, as conquistas políticas democráticas transitaram em torno de um paradoxo inerente aos limites da democracia de massas. Ao mesmo tempo em que ampliou o espectro dos direitos humanos, abrangendo os chamados direitos sociais e supra-individuais, resultou num aumento da complexidade dos mecanismos decisórios cada vez mais amplos e burocratizados.

No cenário liberal, o Estado apresenta-se apenas como regulador da livre circulação de mercadorias, pessoas e idéias. A organização burocrá-

---

[8] BARZOTTO, Luiz Fernando. "Modernidade e Democracia – os fundamentos da teoria da democracia de Hans Kelsen". In: *Direito e Justiça – Revista da Faculdade de Direito da PUCRS*, Vol. 26, 2002, p. 95 e segs.
[9] Idem, op. cit., p. 111.

tica da administração tem por objetivo primordial os valores da garantia da liberdade, da convivência pacífica, da segurança e da propriedade. No seu interior, o direito funcionava como garantia contra o poder e o seu excesso, limitando a intervenção estatal na autonomia privada e individual. Assim, a democracia tende a se limitar a permitir que as regras do jogo político sejam previamente definidas e consolidadas como forma de conter o poder nos marcos da legalidade estrita. O Estado Social, ao contrário,

> parte de la experiencia de que la sociedad dejada total o parcialmente a sus mecanismos autorreguladores conduce a la pura irracionalidad y que solo la acción del Estado hecha posible por el desarrollo de las técnicas administrativas, económicas, de programación de decisiones, etc., puede neutralizar los efectos disfuncionales de un desarrollo económico y social no controlado. Por consiguiente, el Estado no puede limitarse a asegurar las condiciones ambientales de un supuesto orden social inmanente, ni a vigilar los disturbios de un mecanismo autorregulado, sino que, por el contrario, ha de ser el regulador decisivo del sistema social y ha de disponerse a la tarea de estructurar la sociedad a través de medidas directas o indirectas.[10]

Nesse espectro, o direito deixa de ser um mecanismo meramente ordenador e pretende erigir-se como um instrumento a serviço de metas concretas do Estado, visando ultrapassar as contradições da economia de mercado e garantir o bem-estar dos indivíduos.[11] Assim sendo, a democracia representativa liberal, construída, consolidada e institucionalizada a partir das lutas anti-absolutistas, percebia a liberdade e a igualdade como valores a serem conquistados contra o Estado. Com o surgimento do Estado intervencionista, a liberdade e a igualdade deixam de ser um mero vínculo negativo e formal para assumirem as dimensões de vínculos positivos, que só se concretizam mediante prestações do Estado.

No entanto, em virtude de demandas e reivindicações cada vez mais acirradas e crescentes, o arcabouço institucional do Estado Social não consegue evitar uma inflação jurídica e legislativa. Em decorrência, evidencia-se que, "ao multiplicarem-se os direitos, se multiplicam na mesma proporção as obrigações, que, ao multiplicarem-se os créditos, se multiplicam igualmente as dívidas e os devedores, num processo drástico cuja prossecução não pode deixar de levar a que só hajam devedores, só hajam deveres, portanto já sem direitos. Tal é, de fato, a lógica própria ao direito, que a sua inflação só pode levar à sua própria anulação".[12]

---

[10] GARCÍA-PELAYO, Manuel. *Las Transformaciones del Estado Contemporáneo*. Madrid: Alianza Editorial, 1996, p. 22-3.

[11] Sobre o tema ver: STRECK, Lenio Luiz & BOLZAN DE MORAIS, José Luis. *Ciência Política e Teoria Geral do Estado*. 3ª ed. Porto Alegre: Livraria do Advogado, 2003, p. 91-2.

[12] EWALD, François. *Foucault, a norma e o direito*. Trad. de Antonio Fernandes Cascais. 2ª ed. Lisboa: Veja, 2000, p. 186. Como no cenário da morte por indigestão, referido aos deuses por

A explosão de conflitos e a crescente intervenção do Estado na gestão das tensões, clivagens e conflitos existentes entre grupos, segmentos e classes sociais cada vez mais diferenciados exigem do Estado uma atuação intensamente ampliada, o que termina por redundar numa sobre-juridificação da realidade social. Em vista disso, vislumbra-se uma situação de absoluto caos normativo e erosão gradativa do princípio da legalidade, tornando o ordenamento jurídico cada vez mais poroso, ambíguo e inevitavelmente contraditório.[13]

Diante desse complexo quadro, o Estado Social se vê gradativamente perante uma crise de sua própria legitimidade, na medida em que a democratização do acesso aos direitos cada vez mais amplos conflita com a burocratização crescente de seu atendimento. De outro lado, percebe-se, ainda, enquanto elemento de sua *crise estrutural*, além da inviabilidade fiscal de sua realização material efetiva, uma fulminação de sua própria base filosófica, erigida a partir de uma concepção estatal de solidariedade.[14]

Ademais, os processos de globalização econômica e de fortalecimento de um novo ideário econômico e político forjado no final da Guerra Fria – o neoliberalismo – reduzem o potencial regulatório do Estado-Nação, na medida em que a superação das fronteiras nacionais pelo capital atinge em cheio a concepção clássica de soberania. Com efeito, o processo de intercâmbio instantâneo de mercadorias, capitais, signos, símbolos e métodos de poder e de domínio, permitem que a economia e o mercado substituam a política e o Estado enquanto instâncias privilegiadas da regulação social.[15]

Assim, a emergência de uma nova fase do capitalismo, sobretudo a partir da revolução tecnológica e informacional, e a erosão do bloco socialista enquanto única ameaça à expansão inexorável da economia de mercado, simbolizada pela queda de seu símbolo máximo, o Muro de Berlim, conduzem-nos a um mundo que nos amedronta, ao expor a face de um horror econômico que reflete em toda e qualquer superfície a face de um horror político.

Nietzsche, Ewald afirma que existem sem dúvida várias formas do direito morrer. E uma é certa: "a inflação do direito traz em si a sua própria morte".

[13] SANTOS, Boaventura de Sousa (et alli). *Os tribunais nas sociedades contemporâneas*. Porto: Afrontamento, 1996.

[14] BOLZAN DE MORAIS, José Luis. "Revisitando o Estado! Da crise conceitual à crise institucional (constitucional)". In: *Anuário do Programa de Pós-Graduação em Direito da Unisinos (Mestrado e Doutorado)*. São Leopoldo: Unisinos, 2000, p. 69-104.

[15] FARIA, José Eduardo. "Direito Humanos e globalização econômica: notas para uma discussão". In: *O Mundo da Saúde*, São Paulo, ano 22, v. 22, n. 2, março/abril 1998, p. 73-80.

3. Do horror econômico ao horror político

Em obra excitante e de considerável impacto, Viviane Forrester descreve vivamente as catástrofes e as terríveis conseqüências econômicas, políticas, sociais, éticas e humanas proporcionadas pelo desenvolvimento frenético do capitalismo financeiro contemporâneo. O *horror econômico* suscita o debate acerca das crises das relações humanas de produção e sociabilidade marcadas pela competitividade, pelo lucro e pela escassez de trabalho. A argumentação de Forrester pode ser sintetizada a partir de seus pontos centrais. Primeiramente, a autora sugere que vivemos num mundo em que o trabalho está em vias de extinção. No entanto, o trabalho ainda se mantém como a única via possível para a integração dos indivíduos na vida social. Assim, uma grande quantidade de seres humanos é obrigada a procurar o que não mais existe: o emprego. Em conseqüência, a ameaça presente do desemprego conduz à possibilidade de uma exploração sempre mais dura da mão-de-obra ainda útil. Essa situação desfavorável à grande maioria já não consegue ser combatida pelos Estados democráticos, na medida em que a globalização dilacera as ações políticas estatais. Para a autora, o poder é exercido apenas no interior de grandes centros decisórios transnacionais que prescrevem as leis favoráveis ao mercado em escala global. E, enfim, a descartabilidade de grande parcela da humanidade nos empurra para tensões sociais marcadas pelo temor da barbárie. Na expressão de Forrester,

> uma quantidade importante de seres humanos já não é mais necessária ao pequeno número que molda a economia e detém o poder. Segundo a lógica reinante, uma multidão de seres humanos encontra-se assim sem razão razoável para viver neste mundo, onde, entretanto, encontraram a vida.[16]

Com efeito, a globalização econômica, ao projetar uma nova forma de exercício do poder em escala planetária, torna frágil os mecanismos do diálogo e da ação política em virtude da explosão da marginalidade econômica e social que empurram milhares de seres humanos para a condição de supérfluos. A sua falta de utilidade os relega para a vida horrificada. Nesse sentido, a democracia não mais consegue erigir-se como opção de tratamento legítimo das demandas e dos conflitos a partir da deliberação racional e pública. Ao contrário, o fracasso visível das democracias contemporâneas redunda na emergência de formas despóticas de exercício do poder político e na repressão generalizada como únicas formas de amenizar as conseqüências do estado de natureza (econômico) produzidas pela liberalização dos mercados.

---

[16] FORRESTER, Viviane, *O Horror Econômico*, São Paulo, Unesp/Boitempo, 1997, p. 27.

No entanto, Jacques Généreux vislumbra que as razões do caos econômico e social surgidos com a globalização não resultam exclusivamente das forças onipotentes das leis do mercado. Para ele, não podemos atribuir a circunstâncias eminentemente econômicas a degradação das relações humanas de produção e sociabilidade, desencadeadoras do desemprego e da exclusão em massa, eximindo a nossa responsabilidade nesse tenebroso processo. Não podemos atribuir o fracasso da democracia exclusivamente aos desígnios do capitalismo global. Isto porque, "a pobreza, o desemprego, a exclusão social não constam de modo algum das 'leis da Economia'. Constam das leis dos homens, e a vocação da política é, justamente, redefini-las em função de escolhas coletivas que saem do debate democrático".[17]

Não obstante, estamos mergulhados no horror político, caracterizado pela impossibilidade de definição de metas coletivas duráveis e abertas ao incessante diálogo plural. A miséria social contemporânea resulta de opções políticas claras e definidas e não de forças ocultas forjadas pelos gerenciadores do capitalismo internacional. Por óbvio que as pressões econômicas e a revolução tecnológica trouxeram novas características para a divisão social e internacional do trabalho e acentuaram a complexidade da luta de classes. Sem dúvida alguma, as revoluções informacional e tecnológica proporcionaram um desenvolvimento extraordinário das formas e mecanismos de produção e reprodução do capital em escala planetária.

A característica mais marcante desse processo consistiu na aceleração das trocas instantâneas de mercadorias, valores, bens e serviços em âmbito mundial e na volatilidade das transações financeiras globais, o que permite a dilaceração dos instrumentos tradicionais de regulação jurídica. Com isso, assistimos a desnecessidade de vinculações territoriais da produção e dos investimentos, ante a dinâmica da fragmentação e da reorganização do espaço da produção e das atividades produtivas. Nesse cenário, o reaparecimento da *Lex Mercatoria* acaba por criar um espaço jurídico e decisório próprio e autônomo, dotado de uma oficialidade intrinsecamente extra-estatal, verificando-se, desta maneira, a transnacionalização do direito paralelamente à transnacionalização das fontes econômicas.[18]

Com efeito, tanto a decomposição estatal quanto a decadência das instituições e práticas democráticas derivam, efetivamente, do "surgimento de um pequeno conglomerado de gigantescas empresas transnacionais,

---

[17] GÉNÉREUX, Jacques. *O Horror Político: o horror não é econômico*. Trad. de Eloá Jacobina. 4ª ed. Rio de Janeiro: Bertrand Brasil, 2001, p. 22.
[18] FARIA, José Eduardo. *O direito na economia globalizada*. São Paulo: Malheiros, 1999, p. 15 e segs. CAMPILONGO, Celso Fernandes. *Direito e Democracia*. São Paulo: Max Limonad, 1997, p. 100.

os 'novos Leviatãs', cuja escala planetária e gravitação social os torna atores políticos de primeiríssima ordem, quase impossíveis de controlar e causadores de um desequilíbrio dificilmente reparável no âmbito das instituições e práticas democráticas das sociedades capitalistas". A grande novidade reside, paradoxalmente, que "as ameaças estão no próprio interior dos capitalismos democráticos. Não são externas ao sistema e, o que é pior, têm um rosto 'democrático'".[19]

Entretanto, o terreno institucional que preparou e permitiu a desregulamentação deliberada da economia e forçou o desmantelamento do papel regulador e orquestrador do Estado resultou de decisões políticas tomadas por governantes eleitos democraticamente. Em termos mais específicos, as características desse horror, segundo Généreux, resultam do descompromisso social de sujeitos cada vez mais distantes e alheios às decisões coletivas. Desse modo,

> as estratégias políticas, hesitantes, oscilam entre três opções pouco atraentes: a impotência e o imobilismo; o combate na retaguarda, que consiste em apenas atenuar, dentro do possível, a miséria crescente, com uma magra distribuição de renda; e a adesão deliberada ao dogma ultraliberal, que considera a competição individual e a guerra econômica mundial como as únicas vias para o progresso.[20]

Nesse contexto, o cenário do horror político deixa de nos inocentar da responsabilidade pela perda gradativa da confiança na democracia e pela barbárie que perpassa o nosso cotidiano. Ao contrário dos discursos que preconizam a incapacidade de ações coletivas para a transformação dessa realidade, posto que tais ações estariam impedidas de apresentar qualquer resultado concreto diante de um mundo dominado por leis econômicas irrevogáveis, o horror político consiste justamente não na sentença de morte da democracia, das Constituições e dos Estados democráticos, mas sim do seu uso completamente desvirtuado.

Evidencia-se, pois, que a dinâmica da economia globalizada depende em muitos aspectos de mecanismos institucionais e de uma contribuição ainda bastante sensível dos Estados nacionais para atingir a sua expansão desejada. Apesar da vitória ideológica e cultural das propostas ultra-liberais vivenciada contemporaneamente, impondo com afinco a adesão de diversos países aos princípios do "livre mercado", a realidade nos mostra que "os capitalismos desenvolvidos continuam tendo estados grandes e ricos, muitíssimas regulações que 'organizam' o funcionamento dos mercados, arrecadando muitos impostos, promovendo formas encobertas e

---

[19] BORON, Atílio A. "Os 'novos Leviatãs' e a *polis* democrática: neoliberalismo, decomposição estatal e decadência da democracia na América Latina". In: SADER, Emir & GENTILI, Pablo (orgs.). *Pós-neoliberalismo II: que Estado para que democracia?* Petrópolis: Vozes, 2000, p. 7-8.
[20] GÉNÉREUX, Jacques, op. cit., p. 12.

sutis de protecionismo e subsídios e convivendo com déficits fiscais extremamente elevados".[21]

O Estado e as decisões políticas continuam sobremaneira presentes na proteção e organização das economias dos países centrais. Desse modo, falar em eliminação completa do papel do Estado e da política na consolidação das redes econômicas transnacionais parece algo precipitado. Assim, tanto o horror econômico quanto o horror político não possuem uma existência autônoma, compartimentada. Não podemos afirmar qual deles determina o outro. As suas realidades se imbricam mutuamente, apresentado-se, portanto, como as faces de uma mesma moeda.

Em termos mais precisos, o horror político percebido e descrito argutamente por Généreux, possui três graus que se articulam, minando as estratégias para a construção de metas coletivas que não beneficiem apenas uma minoria privilegiada, mas que consiga dar conta daqueles que estão condenados pelas sociedades atuais à exclusão contínua. Além disso, os três graus do horror político permitem visualizar que o desemprego e a exclusão não resultam de fatalidades econômicas, mas sim de processos políticos efetivos que não deixam de receber a nossa anuência.

O *primeiro grau do horror político* consiste justamente na percepção de que o desemprego e a pobreza não são uma fatalidade tecnológica nem uma punição imposta por forças externas. Na realidade, resultam de leis votadas por nossos deputados e executadas por nossos governos. São conseqüências de nossas opções políticas, de nossa ação – ou falta de ação, diríamos nós – coletiva. Mas uma tal eventualidade parece contrariar a qualquer lógica. Por isso, acabamos por forjar bodes expiatórios para algo que resulta de nossa própria escolha. A chamada 'pressão externa' apenas serve de álibi para a covardia e a omissão política, de pretexto para a passividade.[22]

A destruição do crescimento partilhado ou mesmo o seu sucesso temporário nos chamados "trinta anos gloriosos", estabeleceu-se a partir de sacrifícios suportados sempre pelos menos favorecidos. Ainda assim, a manutenção do modelo de bem-estar ou mesmo a construção de outro modelo econômico e social, fundado na distribuição eqüitativa do crescimento se colocava como alternativa possível, desde que adequado inteligentemente às novas circunstâncias. Ademais, mesmo as pressões internacionais não impediam a conservação e a adaptação do modelo. Todavia, a lógica da distribuição deixou de ser 'politicamente lucrativa', sendo o seu abandono resultado de uma opção coletiva específica.[23]

---

[21] BORON, Atílio A., op. cit., p. 9.
[22] GÉNÉREUX, Jacques. op. cit, p. 49-50.
[23] Idem, ibidem, p. 51.

O desmantelamento do Estado Social emergiu de escolhas políticas efetivas e não apenas das transformações sociais e econômicas vividas a partir da década de 70. É fácil notar que as pressões externas não eram tão presentes neste período, e ainda assim a lógica do crescimento com partilha fora substituída por um modelo não-igualitário. Todas as alternativas ao modelo econômico financeiro especulativo que degrada a soberania dos estados nacionais em termos de moeda e de câmbio, por exemplo, resultaram de obstáculos políticos. A recusa a partilhar e a forjar um modelo inteligente de crescimento solidário consiste, pois, no primeiro estágio do horror político.

De outra sorte, o *segundo estágio do horror político*, ainda conforme análise de Généreux, consiste na tirania do mercado político. Para ele, "a natureza *concorrencial* da democracia estimula os políticos a se conduzirem como qualquer *empresário* na disputa de um *mercado* qualquer". O jogo político passa a ser uma resposta imediata e pragmática às demandas políticas postas por eleitores nem sempre (cons)cientes de seus verdadeiros objetivos. Assim, os políticos tendem a apresentar uma *oferta* política adequada para interesses setoriais e particularizados, o que inviabiliza a busca de metas coletivas comuns. Como aponta Généreux, "o objetivo dos responsáveis políticos é melhorar sua parcela de mercado com repetidos sucessos eleitorais. E para isso, têm de 'vender' seus programas, da melhor maneira, aos 'clientes' em potencial, os eleitores". Eis, portanto, o segundo estágio do horror político: a mercantilização da política.[24]

A busca do sucesso se coloca acima da busca dos valores e objetivos comuns. A própria natureza do processo democrático atual (competição eleitoral permanente) força os políticos a se comportarem como se seu objetivo prioritário fosse a conquista ou a manutenção do poder. A lição de Maquiavel parece cada vez mais viva e atual. Porém, a capacidade de domar habilmente o jogo dialético entre a *virtú* e a *fortuna*, não aparece como qualidade indispensável à figura do Príncipe. "No fundo, não são as motivações dos políticos que provocam as escolhas coletivas, mas a lei da oferta e da procura política no mercado de votos".[25]

---

[24] GÉNÉREUX, Jacques. op. cit, p. 77, (grifo do autor).

[25] Idem, ibidem, p. 78. Este fenômeno também é percebido argutamente por Bolzan de Morais quando afirma que tanto a mercantilização da política quanto a sua especialização conduzem à possibilidade de uma "*fantochização* da democracia", na medida em que o mercado político determina previamente quais as alternativas podem ser consideras viáveis ou desprezáveis antecipadamente, configurando, assim, um estereótipo de desdiferenciação de propostas, de desidentificação de candidaturas, o que conduz a um processo de apatia política diante da percepção da total desnecessidade mesmo dos próprios instrumentos de escolha dos representantes – as eleições. BOLZAN DE MORAIS, José Luis. *As crises do Estado e da Constituição e a transformação espacial dos Direitos Humanos*. Porto Alegre: Livraria do Advogado, 2002, p. 54-5.

Ao organizar as percepções coletivas a partir da lógica do mercado, o político obriga-se a ser midiático, a existir como produto da mídia. O seu trabalho enquanto homem político consiste, pois, em representar da melhor forma o seu papel, para estar presente, o mais freqüentemente possível, nos inúmeros psicodramas exibidos durante o ano nas nossas telas de televisão. Nesse sentido, "a 'midiatização', ingenuamente censurada, da vida política contemporânea traduz simplesmente a evolução de uma sociedade onde a sucessão efêmera das percepções, como representadas pela mídia, vem substituindo a consciência de um destino comum vivido através do tempo".[26]

Finalmente, *o terceiro estágio do horror político* refere-se ao fato de que estamos inseridos num momento de ausência de palavras que expressem as nossas ambições coletivas. Trata-se de uma democracia muda e uivante. Embora a credibilidade do discurso político repouse num amplo processo de informação, de negociação e de debate público, capaze de construir a promessa de um mundo diferente, o esvaziamento do espaço público nos conduz a uma democracia ora muda, ora uivante, onde a deliberação racional não encontra mais lugar. "Eis o terceiro grau do horror político: aquele em que talvez não seja mais que uma questão de palavras, onde simples palavras impediriam o horror, mas elas não ocorrem, ficam entaladas na garganta como nesses terríveis pesadelos em que queremos gritar, porém continuamos mudos, petrificados de angústia e de impotência. E, com nossa palavra sufocada, é a democracia que se extingue pouco a pouco".[27]

Nas democracias contemporâneas, a ausência de fissuras ideológicas claras e definidas acaba por gerar um completo desprezo pelo confronto dos programas apresentados como solução para os problemas sociais, gerando uma desconfiança que mina o nosso relacionamento com a ação governamental. Assim sendo, os discursos políticos ficam restritos aos símbolos publicitários.

A vida política, nesses termos, assume as dimensões de um imenso espetáculo midiático, um jogo de resultado nulo, que tende a produzir e reproduzir os mal-estares dessa sociedade que nos dá medo. Os ideais emancipatórios que permearam as ações políticas na modernidade, ligadas ao desejo de eliminação da colonização da vida privada pelas teias burocráticas da racionalidade instrumental, parecem não mais corresponder ao presente estágio do processo civilizador. A sobrevalorização da esfera privada e a erosão ou dispersão do espaço público emergem como os

---

[26] GUÉHENNO, Jean-Marie. *O Fim da Democracia*. Trad. de Howars Maurice Johnson e Amaury Temporal. 2. ed. Rio de Janeiro: Bertrand Brasil, 1999, p. 36-7.
[27] GÉNÉREUX, Jacques. op. cit, p. 103.

grandes empecilhos para a construção das ações coletivas. Deste modo, os mecanismos tradicionais da democracia representativa mergulham num momento de profundo esgotamento, caracterizados pelo aparecimento de novas formas e instrumentos de construção da soberania e da hegemonia.

4. A crise política (e da representação) diante do mal-estar pós-moderno

Zigmunt Bauman, ao reler Freud, propõe que o edifício da sociedade moderna (o que Freud designa pelo termo *civilização*) se constrói sobre uma renúncia ao instinto, impondo grandes sacrifícios à sexualidade e agressividade do homem. Assim, na modernidade os prazeres da vida civilizada vêm num pacote fechado com os sofrimentos. Nesse sentido, os mal-estares da modernidade estariam associados ao excesso de ordem e a sua decorrência inevitável, a escassez de liberdade. Ou seja, "dentro da estrutura de uma civilização concentrada na segurança, mais liberdade significa menos mal-estar. Dentro da estrutura de uma civilização que escolheu limitar a liberdade em nome da segurança, mais ordem significa mais mal-estar". No entanto, estamos vivendo a era da desregulamentação, onde reina soberano o princípio do prazer. A necessidade de segurança vem sendo sacrificada no altar da busca da felicidade e da liberdade. Nesta medida, os mal-estares da pós-modernidade provêm de uma espécie de liberdade de procura do prazer que tolera uma segurança individual pequena demais.[28]

Assim, a condição pós-moderna ergue-se sobre novos pilares, consolidando relações sociais tecidas pelo individualismo, pelo medo, pela insegurança e pelo refreamento ou abandono absoluto dos horizontes emancipatórios, conseqüências inevitáveis da busca desenfreada do prazer e da satisfação pessoal.

No bojo da modernidade pesada/sólida,[29] a tarefa eminentemente política da busca da liberdade e da emancipação humanas consistia num

---

[28] BAUMAN, Zigmunt. *O mal-estar da pós-modernidade*. Trad. de Mauro Gama e Cláudia Martinelli Gama. Rio de Janeiro: Jorge Zahar, 1998, p. 8 e segs. Citação retirada da p. 9.

[29] O conceito de *modernidade sólida* é utilizado por Bauman para descrever o estágio inicial da sociedade moderna, que, embora forjada a partir do derretimento dos sólidos pré-modernos da tradição, pretendeu consolidar uma nova solidez caracterizada pela elaboração de noções, categorias e conceitos que estariam alheias a alterações substanciais. Assim, a burocracia, o Estado, a fábrica fordista, a disciplina panóptica, seriam alguns arquétipos dessa sociedade fundada na necessidade de segurança, certeza e previsibilidade para a produção e reprodução do capital. Em contraposição a esse conceito, Bauman sugere que entramos na era da *modernidade líquida*, caracterizada pela erosão gradativa das noções que permitiram a consolidação da sociedade moderna em seu estado sólido. A fragmentação, a desregulação, a volatilidade dos movimentos do capital em escala global, a destruição

horizonte irrenunciável no interior de uma sociedade marcada por fortes inclinações totalitárias. A tarefa da reflexão crítica, inclusive, diante dos pesadelos da opressão da dominação burocrática, constitutiva da perda da liberdade e da autonomia, fora a de levantar trincheiras contra a invasão dos tentáculos burocráticos sobre a autonomia privada e individual. No estágio atual da modernidade, entretanto, a mesa foi virada. A nova tarefa da crítica social e da ação política é a de defender o evanescente espaço público, amplamente esvaziado devido a sua colonização pela esfera privada. Um dos mal-estares da pós-modernidade representa justamente a esfumação da emancipação humana, ante a ausência do embate inter-subjetivo num *locus* apropriado, aquele lugar intermediário onde as aflições e problemas privados são traduzidos para a linguagem das questões públicas e soluções públicas para problemas privados são buscadas, negociadas e acordadas por meio de ações coletivas deliberadas.[30]

O esvaziamento do espaço público como decorrência da sobrevalorização do privado, permitiu a disfunção da própria ação política como mecanismo de realização de metas coletivas concretas e de tratamento legítimo dos conflitos, clivagens e antagonismos sociais. Vislumbra-se, hodiernamente, que "para o indivíduo, o espaço público não é muito mais que uma tela gigante em que as aflições privadas são projetadas sem cessar, sem deixarem de ser privadas ou adquirirem novas qualidades coletivas no processo da ampliação: o espaço público é onde se faz a confissão de segredos e intimidades privadas".[31]

De outra sorte, o deslocamento do poder para a virtualidade das redes eletrônicas, torna-os mais ou menos invisíveis, e guiados pelos princípios estratégicos da fuga, da evitação e do descompromisso. Assim, a esfera pública fica cada vez mais vazia de questões públicas. Deixa, simplesmente, de emergir como local de encontro e diálogo sobre problemas privados e questões públicas. Nesse contexto, o principal obstáculo à emancipação é hoje paradoxalmente a ausência de esfera pública e de poder público. Deste modo, o trabalho da atividade política e do pensamento crítico deve ser o "de recoletivizar as utopias privadas da 'política-vida' de tal modo que possam assumir novamente a forma de visões da sociedade 'boa' e 'justa'".[32]

Sem dúvida alguma, a colonização do espaço público pela esfera privada se deve em razão da afirmada liberdade de procura do prazer,

---

da soberania do Estado-nação, marcam o surgimento de um mundo fluido, liquefeito, sem as referências seguras e precisas da modernidade sólida. Cf. BAUMAN, Zigmunt. *Modernidade Líquida*. Trad. de Plínio Dentzien. Rio de Janeiro: Jorge Zahar, 2001, p. 9 e segs.

[30] BAUMAN, Zigmunt. *Modernidade Líquida*, p. 23 e segs.
[31] Ibidem, p. 49.
[32] Ibidem, p. 50.

traduzidas em termos exclusivamente individualistas. "A sociedade não existe, a única realidade é o indivíduo", anunciava Margaret Thatcher no início da década de 80. No paradigma pós-moderno, "tudo, por assim dizer, corre agora por conta do indivíduo", descreve Bauman.[33]

O excesso de individualismo que grassa na sociedade contemporânea afeta as fronteiras entre o privado e o público. Antes vista como espaço do tratamento legítimo e racional dos conflitos e dramas coletivos e de tradução das ambições pessoais em problemas comuns, o espaço público foi redefinido e parece resumir-se a um palco em que dramas e problemas pessoais privados são encenados, publicamente expostos e publicamente assistidos. Difunde-se, por meio dos mecanismos de comunicação de alcance planetário, a banalização da vida cotidiana como algo de interesse público. Nesta medida, fica esvaziada a própria noção de liberdade individual, reduzida ao âmbito do individualismo sem limites.[34]

A conseqüência elementar desse processo consiste num desvirtuamento da ação política, a sua simplificação, pasteurização, ao transfigurá-la num mero espetáculo alienante e passivo. Isto porque, "o que cada vez mais é percebido como 'questões públicas' são os *problemas privados de figuras públicas*".[35]

Nesse complexo quadro, os mecanismos tradicionais da democracia moderna, especialmente a representação política, são conduzidos e determinados pela força compulsória da agenda midiática. Isso ocorre na medida em que a exposição pública dos dramas privados é protagonizada sobretudo pela mídia de massa, mormente pela televisão. As pautas das notícias e das questões eleitas como "publicamente" relevantes geralmente são marcadas exclusivamente pelo espetáculo do escândalo, pelo mexerico e pela trivialidade. A política tende a transmutar-se, assim, numa trama de novela encenada diariamente nos noticiários, nos programas de entrevistas e nas propagandas eleitorais veiculadas. E o conteúdo dos capítulos, se de conteúdo podemos chamar, consiste em acompanhar fragmentos da vida e da atividade pessoal das autoridades públicas, mescladas com pronunciamentos, discursos e afirmações que legitimam as decisões políticas, e que, carregadas de um aparente conteúdo técnico e sacro, parecem resultar justificadamente da experiência e da sabedoria individual de personagens célebres, quase míticos.

De forma efetiva e concreta, a televisão impõe seu ritmo ao debate político. Em primeiro lugar, nota-se que os jornais televisados quase não conseguem ter mais de um assunto importante, e o medo de perder audiên-

---

[33] BAUMAN, Zigmunt. Op. cit., p. 74.
[34] Idem. *Em busca da política*. Trad. Marcus Penchel. Rio de Janeiro: Jorge Zahar, 2000, p. 70 e segs.
[35] Idem, *Modernidade Líquida*, p. 83.

cia faz com que muitas vezes os responsáveis dos diferentes canais coloquem o mesmo assunto na manchete. Portanto, só se fala de um assunto, e rapidamente perde-se o interesse. As notícias selecionadas e transmitidas, quer possuam ou não um forte conteúdo político, não têm nenhum vínculo entre si, o que é ao mesmo tempo uma vantagem e uma barreira: tanto as falhas quanto os sucessos são rapidamente esquecidos. A dinâmica da política eletrônica é pautada, assim, pela fragmentação das imagens e dos assuntos, desagregação do tempo, simplificação das percepções: ou se fala, ou não se fala, eis o mais importante e muitas vezes o único critério, pois um assunto do qual não se fala, não existe.[36]

De outro lado, como observa Bauman, percebe-se que "nos programas de entrevistas, palavras e frases que se referem a experiências consideradas íntimas e, portanto, inadequadas como tema de conversa, são pronunciadas em público e para a aprovação, divertimento e aplausos universais. Pela mesma razão, os programas de entrevistas, legitimam o discurso público sobre questões privadas".[37]

No que tange ao espectro da representação política, a radicalização de sua crise parece resultar, também, desse fenômeno absolutamente novo e nunca antes imaginado da virtualização da política. A política do espetáculo tende a gerar como conseqüência inexorável o Estado espetáculo, reduzindo sua ação a um jogo de símbolos, signos e imagens virtuais e de resultado nulo.

O novo *Príncipe*, assinala argutamente Octávio Ianni, responsável pela construção da soberania e produção da hegemonia, caracteriza-se pela sua figuração eletrônica. O Príncipe de Maquiavel, com o qual se inaugura o pensamento político moderno, consistia num tipo ideal ou arquétipo referido à capacidade de construir hegemonias, simultaneamente à organização, consolidação e desenvolvimento de soberanias. "Para Maquiavel, o príncipe é uma pessoa, uma figura política, o líder ou *condottiere*, capaz de articular inteligentemente suas qualidades de atuação e liderança (*virtú*) e as condições sociopolíticas (*fortuna*) nas quais deve atuar. A *virtú* é essencial, mas defronta-se todo o tempo com a *fortuna*, que pode ser ou não favorável, podendo ser tão adversa que a *virtú* não encontra possibilidades de realizar-se. Mas a *fortuna* pode ser influenciada pelo descortino, a atividade e a diligência do príncipe".[38]

Tempos depois, no século XX, Antonio Gramsci formula a teoria do *Moderno Príncipe*, isto é, do partido político como intérprete e tradutor

---

[36] GUÉHENNO, Jean-Marie, *O Fim da Democracia*, p. 37-8.
[37] BAUMAN, Zygmunt, *Modernidade Líquida*, p. 84.
[38] IANNI, Octávio. *Enigmas da Modernidade-Mundo*. Rio de Janeiro: Civilização Brasileira, 2000, p. 145.

fiel das aspirações de grupos e classes sociais. "O moderno príncipe é, simultaneamente, 'intelectual coletivo', capaz de interpretar tanto os seguidores do partido como os outros setores da sociedade, indiferentes e adversários. Nesse sentido, o moderno príncipe se revela capaz de construir, realizar e desenvolver a hegemonia de um projeto de Estado-nação, envolvendo a organização, o desenvolvimento e a transformação da sociedade".[39] Para Gramsci, o Príncipe já não é uma pessoa, um líder, mas uma organização. É o partido político, enquanto instituição capaz de aglutinar os interesses comuns de grupos e classes a fim de realizar a metamorfose essencial das inquietações e reivindicações sociais.

Contemporaneamente, no entanto, a figura do príncipe, voltada ao trabalho de instituição e construção da soberania e produção da hegemonia, não pode ser representada nos termos desses arquétipos tradicionais. Nesses termos, o *príncipe eletrônico* não é nem *condottiere* nem partido político, mas realiza e ultrapassa essas duas caracterizações clássicas. "O príncipe eletrônico é uma entidade nebulosa e ativa, presente e invisível, predominante e ubíqua, permeando continuamente todos os níveis da sociedade, em âmbito local, nacional, regional e mundial. É o intelectual coletivo e orgânico das estruturas e blocos de poder presentes, predominantes e atuantes em escala nacional, regional e mundial, sempre em conformidade com os diferentes contextos socioculturais e político-econômicos desenhados no novo mapa do mundo".[40]

Apesar de não ser nem homogêneo e muito menos monolítico, é inegável que o príncipe eletrônico expressa principalmente a visão de mundo dos blocos de poder predominantes em escala nacional, regional e planetária, habitualmente articulados. Ao realizar limpidamente a metamorfose da mercadoria em ideologia, do mercado em democracia e do consumismo em cidadania, e ao combinar a produção e reprodução cultural com a produção e reprodução do capital, a mídia de massa, na qual se destaca especialmente a televisão, opera decisivamente na formação de 'mentes' e 'corações' em escala global. Nesse cenário, a democracia eletrônica tende a diluir as fronteiras entre o público e o privado, o político e o econômico, o mercado e a cultura, o consumidor e o cidadão. De modo que o programa televisivo de debate e informação política tende a organizar-se sob a forma do programa de entretenimento. O formato dos debates políticos assume, assim, a estética da teatralidade e da encenação.[41]

Como descreve Ianni, "são programas multimídia, coloridos, sonoros, recheados de surpresas, movimentados, combinando assuntos diversos

---

[39] IANNI, Octávio. Op. cit., p. 142.
[40] Ibidem, p. 148.
[41] Idem, ibidem, p. 149-52.

e díspares, alternando locução, diálogo, depoimento, comportamento, auto-ajuda, conjuntos musicais, cantores etc. Esse é o clima no qual a política tem sido levada a inserir-se, como espetáculo semelhante a espetáculo dentro do espetáculo".[42] Assiste-se, assim, a dissolução da política na cultura eletrônica de massa. De forma instantânea e fugaz, muito do que é pura e essencialmente político se revela espetáculo, entretenimento, consumismo, publicidade.[43]

Por óbvio, não se trata de restringir as ações políticas ao espectro dos escalões acadêmicos ou tecnoburocráticos, portadores de um *discurso competente*, único capaz de promover a "interpretação correta" da realidade social, posto que proveniente e proferido de um ponto determinado da hierarquia organizacional. Marilena Chauí já nos alertara dos perigos para a democracia quando esta engendra suas bases de sustentação nos discursos dos especialistas, nos discursos instituídos, e não em um saber

---

[42] Idem, ibidem, p. 153. Tal fenômeno pode ser facilmente percebido no âmbito das últimas eleições presidenciais brasileiras. Depois de percorrer a quase totalidade dos tele-jornais nacionais, entre eles o de maior audiência, o *Jornal Nacional* da Rede Globo de televisão, os candidatos à Presidência da República enfrentaram sem nenhum pudor a dinâmica de programas televisivos os mais variados, calcados pela estética do espetáculo e pela superficialidade do tratamento das questões debatidas. Os presidenciáveis participaram, inclusive, de um programa televiso completamente alheio a qualquer parâmetro de racionalidade (política) deliberativa, apresentado por um ex-cantor *punk*, o João Gordo, que conduzia as entrevistas a partir do escárnio, por meio de uma linguagem debochada, irônica e limitada a perguntas sobre a vida íntima e afetiva dos candidatos, especialmente a do Candidato Ciro Gomes, por ser o mesmo casado com uma conhecida atriz de telenovelas. Tal fato, aparentemente banal, demonstra e corrobora a análise desenvolvida por Ianni, sinalizando um esvaziamento e um desprezo completo pelo diálogo e pela ação política. De outro lado, corrobora também a hipótese levantada por Généreux com relação ao desenvolvimento do mercado político. Cabe aos candidatos, nessa conjuntura, vender os seus "produtos" em todos os "mercados" de votos possíveis.

[43] Idem, ibidem, p. 154. Um exemplo ilustrativo dessa problemática, no Brasil, consiste na forma de abordagem de questões graves de nossa sociedade, especialmente as que assolam o cotidiano de nossos centros urbanos. A temática da violência e suas implicações correlatas, como as adoções da pena de morte e da prisão perpétua, bem como a redução da imputabilidade penal, questões cruciais numa sociedade democrática e de cunho essencialmente político, são tratados em diversos programas televisivos, todos pautados pela dimensão do espetáculo, do entretenimento, do consumismo e da publicidade. Assim, misturam-se "pareceres" e "opiniões" de supostos especialistas (psicólogos, sociólogos, políticos) com manifestações esdrúxulas das ditas "celebridades", isto é, atrizes, modelos, cantores de pagode e âncoras que trazem para as conversas suas experiências íntimas com a "realidade social", contribuindo, desse modo, com o indispensável "material empírico" que permitirá à *multidão solitária* de telespectadores passivos tirar as suas próprias conclusões individuais. Nesse cenário, inúmeras pesquisas revelam a forma como os discursos midiáticos e publicitários, na suas mais variadas formas, atuam como mecanismos poderosos de legitimação da intervenção penal como instrumento básico de compreensão e tratamento dos conflitos sociais. Além disso, muitos desses programas não influenciam apenas a produção de legislações e a posição de um Tribunal, mas realizam diretamente o próprio julgamento. Sobre o tema ver: BATISTA, Nilo. "Mídia e sistema penal no capitalismo tardio". In: *Discursos Sediciosos: crime, direito e sociedade (12)*. Rio de janeiro: ICC/Revan, 2002, p. 271-288; MORETZSOHN, Sylvia. "O Caso Tim Lopes: o mito da 'mídia cidadã'", In: op. cit., p. 291-316; CALEIRO, Maurício de Medeiros. "O Clone: mistificação, omissão e o marketing social como discurso totalitário", In: op. cit., p. 325-332; MENDONÇA, Kleber. "A não-voz do criminoso: o Linha Direta como crônica moral contemporânea", In: op. cit., p. 333-345.

instituinte e inaugural, na medida em que, enquanto conhecimentos instituídos, têm o papel de dissimular sob a capa da cientificidade a existência real da dominação.[44]

Ocorre que o fenômeno da virtualização da política, conforme acima descrito, acaba por produzir um instigante paradoxo. Isto porque, o surgimento das novas tecnologias de informação e comunicação globais tende a criar uma falsa aparência de exercício da democracia direta, ampliando a possibilidade de participação e opinião imediata e instantânea no amplo leque das redes e programas midiáticos que pretendem remontar uma arena onde experiências políticas coletivas poderiam ser ampliadas e universalizadas. No entanto, essa nova forma de exercício da política, transfigura o exercício democrático da palavra e da ação no espaço público livre. Esse exercício, ao deixar de ser vislumbrado como forma de (re)criação da comunidade política, assume a caricatura de um grande teatro, que passa a adquirir uma influência tanto mais forte quanto maior for a ausência de elos sociais duráveis e de convicções compartilhadas, quanto mais estiver disseminada aquela espécie de indiferença desiludida, que cria um terreno propício a todas as influências e aumenta a volatilidade das opiniões: os cidadãos/consumidores não pedem mais para serem convencidos, só pedem que sejam distraídos de seu isolamento.[45]

Portanto, é fácil notar que, por meio de sua poderosa articulação sistêmica, "o príncipe eletrônico influencia, subordina, transforma ou mesmo apaga partidos políticos, sindicatos, movimentos sociais, correntes de opinião, Legislativo, Executivo e Judiciário". Qualquer forma ou mecanismo de ação política que não traduza a linguagem hegemônica das opiniões engendradas por esse novo "intelectual orgânico" dos blocos de poder dominantes, tende a ser deslegitimada sem nem mesmo ter sido posta em prática. A estratégia do *markenting político* e do tratamento especular da política sob a forma da trivialidade, podem realizar tanto o milagre da criação quanto a tragédia da destruição. Podem tanto exaltar quanto aniquilar pessoas, ações e idéias, antes mesmo de sua realização prática. Essa é, nos dias de hoje, a grande fábrica da hegemonia e da soberania, dotada que está da faculdade de trabalhar a *virtú* e a *fortuna*, o problema e a solução, a crise e a salvação, o exorcismo e a sublimação.[46]

Nesse contexto, os mal-estares da política narrados acima, bem como a crise da representação, fulminam as bases e os horizontes normativos da Constituição e dos Direitos Humanos. Enquanto espaço de articulação das

---

[44] CHAUÍ, Marilena. *Cultura e Democracia: o discurso competente e outras falas*. São Paulo: Cortez, 1993, p. 3-13.

[45] GUÉHENNO, Jean-Marie. *O futuro da liberdade: a democracia no mundo globalizado*. Trad. de Rejane Janowitzer. Rio de Janeiro: Bertrand Brasil, 2003, p. 63.

[46] Idem, ibidem, p. 161-6. Citação reproduzida da p. 161.

relações democráticas entre o poder (do Estado) e a sociedade, isto é, de mediação entre o ético e o político, a Constituição perde a sua capacidade de se *constituir* como reservatório da *memória* social e como aquele *momento instituinte* que, como no mito de *Zeus*, pretende engendrar e estreitar o elo social e oferecer aos indivíduos os pontos de referência necessários à sua identidade e autonomia, ao suprimir a violência sempre ameaçadora do estado de natureza (Ost).

Assim, a tarefa que nos cabe, tanto árdua quanto necessária, é debater as possibilidades, os (di)lemas e os desafios da Constituição e dos Direitos Humanos a partir dos horizontes da ação política e da reconstrução do espaço público.

5. O mal-estar da Constituição e dos Direitos Humanos na condição pós-moderna: (di)lemas e desafios da crise política na contemporaneidade

O complexo cenário da crise política (e da representação) na condição pós-moderna conduz definitivamente a um mal-estar da Constituição e dos Direitos Humanos, na medida em que ambos constituem as fórmulas e os pilares por excelência das democracias contemporâneas. Tanto a Constituição quanto os Direitos Humanos projetam-se como canais institucionais e simbólicos que delimitam o campo da ação coletiva, uma vez que se afirmam como o espaço de articulação ético-política da sociedade.

Partindo de François Ost, podemos perceber a Constituição como o instante inaugural, o momento fundador, o ato instituinte, aquele rasgo de abertura para a construção de um tempo social e histórico. Assim, a Constituição representa a tessitura de ficções operatórias que pretende exprimir o sentido e o valor da vida em sociedade. Ao marcar a interrupção da violência e do caos do estado de natureza, a Contituição institui um espaço social temporal e político, cessando um estágio de ausência completa de vínculos sociais e políticos. Instituir, no dizer do autor francês, significa engendrar e estreitar o elo social e oferecer aos indivíduos os pontos de referência necessários à sua identidade e autonomia.[47]

Com efeito, esse ato de instituição, no momento em que inaugura uma temporalidade social e histórica, pretende igualmente forjar e consolidar uma memória partilhada. É apenas sobre essa memória que uma

---

[47] OST, François. *O tempo do Direito*, p. 13-4. Trata-se, pois, de percebê-la como instante simbólico e discursivo, e não como hipótese simplesmente abstrata de justificação racional do surgimento da sociedade, como nos teóricos do contrato social.

coletividade se constrói, dirá o autor, e é ao direito que cabe concebê-la. Nas palavras de Ost,

> no pano de fundo deste caos original – estado de natureza sempre ameaçador –, cabe ao direito dizer o limite: dizer quem é quem, quem fez o quê, quem é responsável. Estabelecer os fatos, certificar os atos, estabelecer as responsabilidades. Lembrar a ordem genealógica, distribuir os papéis, desempatar os queixosos. Contar a narrativa fundadora, reavivar os valores colectivos, fortalecer a consistência da linguagem comum, a "instituição das instituições" – a linguagem das promessas que o corpo social fez a si mesmo, a linguagem das leis graças à qual dispomos de "palavras para o dizer", para dizer aquilo que nos liga e nos diferencia, para dizer onde passa o limite do aceitável e do inaceitável.[48]

Assim, a Constituição não existe apenas e tão-somente como um corpo de normas jurídicas de organização dos elementos constitutivos do Estado, como a doutrina tradicional pretende sugerir.[49] Antes e muito mais do que isso, a Constituição busca nos responder à questão da origem da sociedade, faz recordar que há o dado e o instituído, onde se enraíza a identidade coletiva que permite fundamentar as ações sociais possíveis.[50]

Como novamente leciona Ost, a Constituição busca assentar-se num paradoxo dialético irrenunciável. Isto porque, ao mesmo tempo em que surge como ato desconstituinte, pois busca estabelecer uma ruptura irreversível com a ordem anterior, um abandono definitivo das instituições herdadas do passado, procura reconstruir, investindo na duração, num comprometimento do futuro, numa palavra, na instituição do social. Desde a Constituição no sentido aristotélico de *politeia*, de organização consuetudinária da sociedade, produtora de tradição, história e experiência, muito mais um reflexo da natureza das coisas do que produção deliberada da razão legisladora, até a noção advinda da Revolução Francesa de texto fundador, podemos reviver essa dialética insuperável, posto que a primeira concepção não pode estar completamente dissociada da segunda. A dialética constitucional nos evidencia, pois, que

> por detrás do preceito imperativo, não param de se valorizar o pacto e os valores que o cimentam; para lá da desordem revolucionária perfila-se a vontade de estabelecer uma ordem durável...de forma que somos levados a pensar que através da *Constituição-acto de vontade* nunca parou de se fazer a ouvir a *Constituição-produto da história*.[51]

A importância dessas considerações reside justamente na necessidade de se reconhecer que a Constituição, forma jurídica por excelência da

---

[48] Idem, op. cit., p. 49-50.
[49] SILVA, José Afonso da. *Curso de Direito Constitucional Positivo*. São Paulo: Malheiros, 2002, p. 38.
[50] OST, François. Op. cit., p. 52.
[51] Idem, ibidem, p. 269. (grifos nossos)

democracia contemporânea, expressa, também, para além da elaboração dos procedimentos indispensáveis à tomada de decisões, um conjunto de valores substanciais compartilhados intersubjetivamente no seio da coletividade.

Como um conjunto de promessas que a sociedade faz a si mesma, a Constituição busca inscrever essas promessas num tempo durável, capaz de fornecer as referências para a construção da sociedade "boa" e "justa" no futuro. Simplesmente, "Constitutions express our desire to build a better society in the future. (...) Our vision, however, considers the constitution as a political, creative and foundational document that connects the origins of our society to its future".[52] Assim sendo, por mais que ela possa ser vista como o local da definição rígida de um conjunto de procedimentos que legitimam a tomada das decisões políticas (as regras do jogo político democrático), como advogam as correntes procedimentais, jamais seria possível suplantar a idéia "inpired by Aristotle and taken up again by Montesquieu and the English jurists of the 18 th Century for whom the constitution was derived from the historical essence of a people".[53]

Portanto, a democracia, vista como forma de *tratamento legítimo dos conflitos* (Chauí), encontra na Constituição a expressão máxima dessa mediação, ao permitir que os antagonismos e conflitos que marcam as sociedades pluralistas se articulem e se instituam sob a forma de direitos (humanos) historicamente produzidos. É por essa razão que a democracia se apresenta como sociedade verdadeiramente histórica, isto é, aberta ao tempo, às transformações e ao novo.[54]

Nesse sentido, os direitos humanos consolidam assim um espectro de aspirações que tendem a refletir os conflitos e as contradições de uma sociedade historicamente situada. Conforme consagrada proposição de Bobbio, tais direitos engendram-se como produtos históricos, sociais e culturais concretos a partir de circunstâncias determinadas, e sempre ligados a certas exigências e lutas em defesa de novas liberdades contra velhos poderes, emergindo de forma gradual, não todos de uma vez e nem de uma vez por todas.[55] Isto é, muito para além de prescrições abstratas e metafísicas, os direitos humanos são um constante processo de luta contra as injustiças e as violências de condições históricas concretas.

No entanto, os impasses da sociedade pós-moderna, traduzidos pelas drásticas conseqüências tanto do horror econômico quanto do horror polí-

---

[52] GARCÍA-VILLEGAS, Mauricio. *Law as hope. Constitutions, Courts and Social Change in Latin America 1*. Coimbra: Colóquio Internacional Direito e Justiça no Século XXI, 2003, p. 1.

[53] Idem, op. cit., p. 2. Para o autor, "this vision can be designated 'essencialist', in that it considers constitutional norms a response to the essence of the people".

[54] CHAUÍ, Marilena. *Convite à filosofia*, op. cit., p. 433.

[55] BOBBIO, Norberto. *A era dos direitos*. Rio de Janeiro: Campus, 1992, p. 5.

tico, projetam determinados sintomas de mal-estar no bojo das Constituições e dos direitos humanos, tanto no plano teórico quanto no plano estritamente da práxis política.

A perda gradativa da força normativa da Constituição, o que impossibilita a sua afirmação como reservatório de uma memória socialmente partilhada, bem como o estágio de regressão dos direitos humanos que presenciamos no período atual, repousam na própria eliminação gradativa da soberania nacional, como já assinalado. Simplesmente, esse mal-estar expressa justamente o fato de que o Estado vem se tornando cada vez menos a expressão da soberania.

Ele não se acha mais colocado acima da sociedade, afirmando-se apenas como uma das instituições que a organizam. O Estado deixou de ser, segundo sugere Guéhenno, a manifestação laica de uma ordem que dá a ele sentido e verdade. Tornou-se uma combinação precária e modificável de serviços que permitem às comunidades humanas, elas mesmas mutantes, administrar seus destinos. Tal fenômeno consiste na "desintermediação da política", consubstanciado no fato elementar de que o

> Estado não é mais o mediador comprometido entre o 'interesse geral' e as administrações particulares. Torna-se uma soma de agências especializadas gerindo mais os interesses públicos do que o hipotético interesse geral. Sua legitimidade passa a depender menos da fidelidade à vontade geral popular do que sua capacidade de mobilizar de forma útil os saberes especializados. Sua unidade não repousa nem na tirania tecnocrática do saber centralizado, que imporia a todos sua lei, nem na vontade geral de uma comunidade política – cuja evidência seria imposta a todos. O Estado não é mais o ponto de passagem obrigatório entre o particular e o geral, entre o interesse público e o particular.[56]

Em vista disso, o Estado abandona gradativamente a condição de eixo central em torno do qual se organiza a comunidade política, o que coloca para a efetivação dos direitos humanos problemas absolutamente novos de contornos pouco definidos. Isto porque, como sabemos, todas as gerações de direitos humanos estão umbilicalmente ligadas, em maior ou menor grau, ao Estado. Seja como a afirmação de garantias da proteção do indivíduo contra a interferência estatal na autonomia privada, proveniente das lutas burguesas contra o absolutismo, seja como um leque de prestações materiais que pretendem garantir o bem-estar coletivo, nos moldes do Estado Social ou, ainda, como proteção e amparo dos direitos de natureza pós-material, todas estas dimensões de direitos necessitam e dependem dos mecanismos institucionais do Estado para o seu efetivo cumprimento.

Com efeito, diante de tal conjuntura, nota-se que os valores sedimentados na Constituição, bem como os direitos humanos historicamente pro-

---

[56] GUÉHENNO, Jean-Marie, *O futuro da liberdade*, p. 54.

duzidos, não mais conseguem firmar-se como aquele conjunto de promessas que a sociedade pretende estabelecer a si mesma, visando à consolidação de uma comunidade "boa" ou "justa" no futuro. Como bem percebe François Ost, não há promessa que subsista fora de um quadro constitucional e de um campo de valores previamente estabelecidos.[57]

Sem as referências do Estado, da Constituição e dos direitos humanos é a própria memória social que se extingue pouco a pouco. Como um conjunto de promessas que mergulham na escuridão do esquecimento, esses valores deixam de postar-se como um horizonte de sentido para as ações coletivas. Nesse cenário, o mal-estar que assola os direitos humanos, vistos enquanto pilares constitutivos das democracias constitucionais contemporâneas, podem ser analisados a partir de vários aspectos centrais.

O primeiro aspecto desse mal-estar reside, fundamentalmente, no paradoxo de visualização tradicional dos direitos humanos. Isto pelo fato de que, de um lado, tais direitos sempre foram associados às exigências de proteção cidadã contra a arbitrariedade do Estado e a sua intervenção na autonomia individual. De outro lado, e ao mesmo tempo, emergiram como demandas políticas de intervenção do mesmo Estado, com o objetivo de limitar as conseqüências da liberdade irrestrita do mercado nas relações sociais.

Essa dupla atitude frente ao Estado conduziu a um fenômeno que Herrera Flores denomina de *mal-estar da dualidade*. Esse paradoxo fomenta uma tendência extremamente ambígua, caracterizada, de um lado, pela reivindicação de uma esfera autônoma livre de interferências, e, de outro, pela exigência de interferência estatal visando a limitar os desdobramentos sem restrições das forças perversas do mercado capitalista: destruição do meio ambiente, desemprego, privatização do patrimônio histórico e artístico, concentração de riqueza, etc.[58]

Os direitos humanos foram vislumbrados, a partir de sua matriz liberal-individualista, sobretudo como processos e prescrições formais que asseguram nossa esfera de atuação autônoma. Todavia, emergiram em seguida como processos e prescrições materiais que pretendem enfrentar e minimizar as conseqüências perversas dessa autonomia, sobretudo quando esta é entendida como a possibilidade de atuar irrestrita e corporativamente com o objetivo de aprofundar os diferentes modos de acumulação e apropriação do capital.

Podemos notar que o mal-estar da dualidade descrito por Herrera Flores reflete, irrefutavelmente, as marcas do horror político. A dissolução

---

[57] OST, François. *O tempo do direito*, p. 268.
[58] HERRERA FLORES, Joaquín. *Los derechos humanos en el contexto de la globalización: tres precisiones conceptuales*. Coimbra: Colóquio Internacional Direito e Justiça no Século XXI, 2003.

da separação entre o espaço público e a esfera privada tende a demarcar as fronteiras dos direitos humanos de forma intransponível e oponível. A potencialização e hipervalorização da esfera privada e o desprezo pelo espaço público, visto como arena da construção de metas coletivas comuns, acaba por colocar o reconhecimento dos direitos que visam a obstar as dimensões perversas dessa autonomia como obstáculos a essa mesma autonomia.

Ergue-se, assim, uma lógica pouco frutífera que percebe o reconhecimento dos direitos de segundo tipo como um passo largo no sentido da morte dos direitos de primeiro tipo. Em outras palavras, a racionalidade instrumental da economia sistêmica globalizada decreta a impossibilidade da articulação dos dois tipos de processos e prescrições. De forma que, para o pensamento único neoliberal, qualquer interferência na autonomia privada, especialmente quando entendida como acumulação e apropriação capitalista irrestrita, se constituiriam como negação e destruição da liberdade.

Essa tensão se agudiza na medida em que a visão neoliberal apresenta como lema principal que a liberdade econômica é o fundamento da liberdade política. Assim, a democracia estaria estruturada sob a manutenção e afirmação do livre jogo das forças do mercado, processo que tenderia à generalização, beneficiando setores cada vez mais amplos da sociedade, como correspondência dos princípios organizacionais da milagrosa e providencial "mão-invisível". Supõe, portanto, que a economia mundial, isto é, o capitalismo global, é auto-regulável, tendente à natural superação das crises, desequilíbrios e capaz de distribuir eqüitativamente os seus benefícios a todos, em todo o mundo.[59]

Na precisa análise de Ianni,

> O neoliberalismo é bem uma expressão da economia política da sociedade global. Forjou-se na luta contra o estatismo, o planejamento, o protecionismo, o socialismo, em defesa da economia de mercado, da liberdade econômica concebida como fundamento da liberdade política, condição de prosperidade coletiva e individual.[60]

No plano jurídico-cultural, por seu turno, a noção de igualdade formal perante a lei, tão cara à tradição liberal-individualista, acaba gerando uma tensão entre as categorias da identidade e da diferença. Segundo Herrera Flores, a abstração da igualdade conduziu a uma prevalência das concepções formais e procedimentais da justiça. Isto porque, a homogeneidade constitui o ingrediente ideológico necessário à construção do Estado liberal burguês.

A vontade geral formulada por Rousseau deveria expressar uma vontade uníssona, indivisa, homogênea, erguida, pois, com fundamento na

---

[59] IANNI, Octávio. *A sociedade global*. Rio de Janeiro: Civilização Brasileira, 1997, p. 140.
[60] Ibidem, p. 139.

igualdade plena. Qualquer dissidência na construção da vontade coletiva deveria ser barrada pelos demais cidadãos, legitimando-os, inclusive, a obrigar o portador da voz divergente a ser livre, isto é, a fazer parte do contrato social. Tal fato conduz, segundo Herrera, ao *mal-estar da emancipação*. Segundo ele, a conquista da igualdade de direitos não parece haver se apoiado nem parece ter impulsionado o reconhecimento das, e o respeito pelas, diferenças. "El afán homogeneizador ha primado sobre el de la pluralidad y diversidad".[61]

Por conseguinte, apesar de suas conotações concretas, a figura do contrato social se funda num conjunto de abstrações que, ao se separar ideológica e ficticiamente dos contextos onde se operam as situações concretas entre os indivíduos e os grupos, normalizam, legitimam e legalizam posições prévias de desigualdade com o objetivo de se reproduzirem infinitamente. Tal fato reforça a clivagem radical entre o espaço público e a esfera privada, visto como espaço particular e autônomo, que acaba por tornar-se invisível para o âmbito institucional. Daí as imensas dificuldades que a teoria política-liberal encontra no momento de reconhecer institucionalmente a proliferação de reivindicações de gênero, raciais e étnicas.[62]

A igualdade fundamentada pela democracia representativa moderna, erguida sobre postulados eminentemente abstratos e reduzida ao plano "privado", representa uma característica indispensável e fundamental para a consolidação do sistema social-capitalista. O fato de serem percebidos abstratamente como sujeitos livres e iguais, sob o rótulo de sujeitos de direitos, representa apenas e tão-somente uma igualdade num determinado âmbito discursivo, que permite a dissimulação, a ocultação e o funcionamento das relações de produção de vida material. Essa postura impõe uma representação determinada da vida social, apresentando, de fato, uma função prática: a de ocultar a dominação.

No plano social, vislumbra-se, com relação às condições de acesso aos direitos humanos e à democracia, o que Herrera Flores denomina de *malestar del desarrollo*. A abundância tecnológica para uns parece repousar na exploração de grande parte das populações mundiais. Desse modo, as condições sociais, econômicas e culturais permitem um acesso extremamente diferenciado aos direitos humanos e aos mecanismos democráticos. Apenas uma política de redistribuição das possibilidades de acesso aos recursos, com uma política de reconhecimento da diferença como um recurso público a garantir, conduziriam a uma revitalização e democratização do jurídico.

---

[61] IANNI, Octávio. Op. cit., p. 9.
[62] Idem, ibidem, p. 11.

Finalmente, no plano político, as complexas articulações do poder global vêm erodindo as bases da ação política coletiva ao promover a decomposição acentuada do espaço público. Assim, assistimos, novamente segundo Herrera Flores, ao *malestar del individualismo abstracto*. Trata-se, nesse aspecto, de compreender as relações entre igualdade e liberdade. A liberdade, no sentido liberal clássico, sempre foi percebida como autonomia privada de sujeitos abstratos, indivíduos morais e racionais, sem corpo, sem comunidade, sem contexto. Essa interpretação da liberdade nos conduz ao mal-estar do individualismo abstrato. Isto significa dizer que a independência de qualquer contexto intersubjetivo supõe um tipo de sujeito completamente passivo e imóvel ante aos diferentes e cambiantes embates que procedem das relações sociais concretas e da posição do sujeito individual na divisão social do trabalho.

O relato político da democracia representativa moderna inaugura, com a Ilustração e o contratualismo, a noção de que o indivíduo erige-se como o ponto de partida para qualquer forma racional de sociabilidade. Livres de toda a rigidez estamental do sistema feudal, os indivíduos são vistos agora como seres autômatos e programados, identicamente, segundo princípios egoístas de satisfazer os seus interesses particulares. Ou seja, o indivíduo, despido da necessidade de recorrência à fé religiosa, é definido à margem da sociabilidade. A teoria política moderna aceita, pois, passivamente, a noção hobbesiana de que a sociabilidade seria uma função acidental da individualidade, e não um conceito fundamental ou primário, fazendo do homem um ser racional abstrato e alheio às formas concretas de reprodução da sua existência. A razão empírica dessa aceitação reside no fato de que os seres humanos funcionais ao capitalismo em via de impor-se eram efetivamente egoístas, perseguiam seus próprios benefícios para evitar as perdas, e crescentemente alheios aos valores da solidariedade social. O conceito de estado de natureza, sobretudo em Hobbes, visto como um cenário caótico do império força e da busca ilimitada da satisfação individual, serve, assim, ideologicamente, como riquíssima fonte de legitimação das instituições básicas da economia capitalista (propriedade privada, trabalho assalariado, acumulação, contrato abstrato), tomando-os como instituições naturais, portanto, existentes independentemente de que o poder político ou estatal lhes conferissem eficácia social prática.[63]

---

[63] CAPELLA, Juan Ramón. *Fruta prohibida. Una aproximación histórico-teorética al estudio del derecho y del estado*. Madrid: Trotta, 1997, p. 104 e segs. MACPHERSON, C. B. *A teoria política do individualismo possessivo de Hobbes até Locke*. Trad. de Nélson Dantas. Rio de Janeiro: Paz e Terra, 1979, p. 15 e segs. Para Macpherson, o individualismo presente no pensamento liberal do século XVII continua uma dificuldade central, consubstanciada na sua qualidade de possessivo. Tal qualidade se encontra na concepção do indivíduo como sendo essencialmente o proprietário de sua própria pessoa e de suas próprias capacidades, nada devendo à sociedade por elas (p. 15).

A narrativa política da democracia moderna, pois, esconde o fato de que tanto a liberdade quanto a igualdade só podem ser vislumbradas a partir dos antagonismos concretos que marcam a sociedade civil. É no interior da dinâmica da divisão social do trabalho e das contradições e lutas daí advindas que os direitos devem ser pensados e articulados. A crença numa individualidade abstrata e hipotética, despida de referências sociais e materiais concretas, acarreta a conclusão de que a sociedade é a manifestação de uma ordem natural racional ou o aglomerado conflitante de indivíduos, famílias, grupos e corporações, cujos interesses serão conciliados pelo contrato social, que instituiria a ação reguladora e ordenadora do Estado, expressão do interesse e da vontade geral. No entanto, Marx já dissolvera definitivamente essa ficção ao perceber que a sociedade civil é o sistema de relações sociais que organiza a produção econômica (agricultura, indústria e comércio), realizando-se através de instituições sociais encarregadas de reproduzi-lo.

Desta forma, todos os produtos culturais carregam as marcas das condições históricas reais e particulares. Daí deriva a conclusão intocável de que "no hay productos culturales al margen del sistema de relaciones que constituye sus condiciones de existencia. No hay productos culturales en sí mesmos. Todos surgen como respuestas simbólicas a determinados contextos de relaciones".[64]

Assim, falar de liberdade e igualdade significa construí-las além dos limites impostos pelas categorias abstratas da teoria política do individualismo possessivo, percebendo-as como a possibilidade de construção de espaços sociais em que os indivíduos e os grupos possam levar adiante suas lutas por sua própria concepção de dignidade humana.[65]

A crise da política e da representação, bem como os mal-estares da Constituição e dos Direitos Humanos inserem-se, assim, muito além de uma simples decomposição das formas institucionais da democracia liberal moderna. Ela projeta-se acima de tudo como uma crise das próprias concepções filosóficas, culturais, sociais, econômicas e epistemológicas que sustentaram as formas institucionais pelas quais as ações políticas e a democracia ganharam forma.

As alternativas a essa crise repousam, necessariamente, numa revisão e inversão ideológica das categorias forjadas pela modernidade, operando-se, com isso, a aproximação já realizada pelos clássicos entre a política e a ética, as construções teóricas e a realidade concreta. Com efeito, a matriz liberal-individualista, ao desvincular o ser humano de seu contexto e de toda a sua teia de sociabilidade, cria uma institucionalidade dissimu-

---

[64] HERRERA FLORES, Joaquín. Op. cit., p. 5.
[65] Idem, ibidem , p. 14-5.

ladora da tessitura ideológica dos vínculos políticos advindos com o contrato social.

De outro lado, a recoletivização do espaço público, hoje devastado pela esfera privada, o que conduz a dissolução dos vínculos sociais tradicionais (da família, da classe, da espionagem do vizinho), tornando os indivíduos indiferentes e fungíveis, coloca-se como a única via de acesso ao resgate dos horizontes democráticos da liberdade e da igualdade solidárias. Na sociedade pós-moderna, cidadãos se dobraram em servos ao ter dissolvido o seu poder, ao confiar apenas e tão-somente ao Estado a tutela de seus "direitos", ao tolerar a democratização falsa e insuficiente que não impede o poder político privado modelar a "vontade estatal", que facilita o crescimento, supra-estatal e extra-estatal, desse poder privado.[66]

Em realidade, trata-se de perceber definitivamente que as conquistas democráticas inscritas sob a forma de direitos humanos, não são algo dado e construído de uma vez por todas, senão que se manifestam como *processos*. Emergem, pois, inevitavelmente "de dinámicas y luchas históricas resultado de resistencias contra la violencia que las diferentes manifestaciones del poder, tanto de las burocracias públicas como privadas, han ejercido contra los indivíduos y los colectivos".[67]

6. A democracia entre a permanência das promessas e o requestionamento necessário

Como visto acima, os mal-estares da Constituição e dos direitos humanos parecem estar assentados num abandono das promessas e na perda dos laços sociais duráveis. A contingência e a urgência impõem os seus ritmos acelerados às decisões políticas e construções jurídicas, pautadas pela velocidade e volatilidade das trocas financeiras. O tempo do mercado, instantâneo e frenético, sobrepuja o tempo da democracia e das práticas sociais, cingidas ao tempo mais comedido do diálogo no espaço público.

Diante desse quadro, é imprescindível resgatar as questões suscitadas no início deste estudo. Sufocada entre o reinado de *Crono*, marcado por uma temporalidade estéril, privada de perspectiva, imersa num ciclo de violência que sempre regressa, e o tempo instantâneo e aleatório das trocas mercantis e da informação digital, a democracia parece atingir o seu estertor. Cumpre, pois, perceber se a ação política e o diálogo público

---

[66] CAPELLA, Juan Ramón. *Los ciudadanos siervos*, p. 147.
[67] HERRERA FLORES, Joaquín. Op. cit., p. 27.

podem sobreviver como alternativas a um mundo cuja incerteza e a imprevisibilidade impedem a manutenção das promessas e da construção de uma vida conscientemente partilhada.

A impossibilidade de suplantamento definitivo dos conflitos e do ato transgressor que promove a abertura para um mundo de autonomia e liberdade, como operado no triunfo de *Zeus*, exige que a política transite sem exitação entre a conservação das promessas e o requestionamento sempre necessário e oportuno. Se a sociedade democrática se forja a partir da resolução racional dos conflitos e não do seu recalcamento, é fundamental perceber que a negação da violência e do caos dependem, inexoravelmente, da negociação cotidiana das tensões e conflitos que perpassam qualquer sociedade pluralista.

Como nos demonstra François Ost, o tempo do requestionamento – esse tempo que desobriga o futuro – exprime a radicalidade do gesto emancipador da crítica. O requestionamento – digamos a suspensão do instante que autoriza as iniciativas – alimenta a trama do tempo. Segundo o autor, é

> como se o requestionamento, doravante reflexivo, incidisse sobre si mesmo: desobrigação de desobrigação, incerteza ao quadrado, indecidibilidade radical. Esta abertura radical do futuro, e mesmo a sua indeterminação, constituiria um novo progresso que significaria, finalmente, o acesso de todos a um mercado livre e a uma sociedade aberta, livre das ideologias funestas e das previsões sempre errôneas que entravam o seu curso.[68]

A incerteza do futuro, diz Ost, seria uma oportunidade para valorizar e não um perigo sobre o qual se precaver: garantir a abertura do futuro seria a tarefa prioritária tanto da ciência (liberta dos dogmas), como do mercado (libertados dos limites institucionais), e da democracia (privada das 'grandes narrativas', finalmente adulta). No entanto, a radicalização absoluta do requestionamento é virtualmente desinstituinte. Quando libertado da dialética que o liga à promessa e à memória, o requestionamento em breve se torna inútil e se encerra num instante insignificante e ausente de qualquer perspectiva. Isto significa dizer, outrossim, que as promessas podem e devem ser revistas, mas jamais podem cair no esquecimento absoluto ou na ocultação obscura de suas negações tirânicas.

A sociedade democrática necessita estar imersa nessa alquimia primordial. Ao mesmo tempo em que não pode absolutizar as promessas, sob pena de vê-las apenas como horizontes utópicos distantes e sem possibilidades concretas de realização, não pode negá-las completamente, seja pela simples omissão do esquecimento, seja pela violência tirânica de seu recalcamento obtuso. Por isso mesmo, a democracia precisa conjugar um

---

[68] OST, François. *O Tempo do Direito*, p. 324-5.

certo apego às promessas com doses sempre racionais de uma interpelação incessante. Trata-se, pois, de uma sociedade colocada incessantemente sob o regime da crítica e da dissenção.

A democracia, lembra-nos Claude Lefort, traduz-se pela entrada do indecidível no campo da política, fazendo com que a incerteza se instale no centro de todos os dispositivos do poder. Pare ele, a democracia consiste num regime construído a partir da dissolução das referências de certeza. A invenção democrática, explica Chauí, "significa que a democracia tem a capacidade extraordinária de questionar-se a si mesma questionando as suas próprias instituições e abrindo-se para a história, sem dispor de garantias prévias quanto aos resultados da prática política. A democracia não é algo que foi inventado certa vez. É reinvenção contínua da política".[69]

A democracia tem a pretensão de tornar o poder infigurável. Ninguém tem o poder natural de detê-lo, ninguém pode monopolizá-lo de forma eterna. Constantemente posto em jogo, o poder na sociedade democrática é um lugar vazio, de que nenhum partido poderia apropriar-se sem abuso. Além disso, a democracia não pretende eliminar os conflitos. Ao contrário, ela esforça-se por torná-los visíveis, garantido-lhes um desfecho negociável com a ajuda de procedimentos aceites. Segundo o autor francês, o que se encontra tacitamente reconhecido é a existência do conflito e, mais profundamente, a da divisão social. Na sociedade democrática "permanece sensível o enigma de uma sociedade que não possui sua própria definição, que permanece às voltas com sua própria invenção".[70]

Contudo, o requestionamento não poderia constituir a última palavra. Isto porque, a democracia deve precaver-se de dois perigos opostos: quer a exacerbação do conflito, quer a sua ocultação. Privado do mínimo de confiança que a promessa que obriga o futuro pressupõe, a democracia se desmancha sem uma base mínima de valores compartilhados. Quando os conflitos são ocultados e as oposições minimizadas por detrás de consensos de fachada, é grande o risco de ver desenvolverem-se futuros focos de violência. Nesse sentido, a tarefa da política é justamente dominar essa violência sempre ameaçadora a partir da construção de espaços abertos de diálogo racional e de ações públicas. Transformar o antagonismo potencialmente destruidor em antagonismo democrático; criar uma ordem política num fundo de desordem sempre ameaçador.[71]

---

[69] CHAUÍ, Marilena. Apresentação. In: LEFORT, Claude. *A invenção democrática: os limites do totalitarismo*. São Paulo: Brasiliense, 1983, p. 7.

[70] LEFORT, Claude. *A invenção democrática*, op. cit., p. 26.

[71] OST, François. *O tempo do direito*, p. 334.

Nesse sentido, se devemos dar razão a Arendt, para quem a finalidade da política é a liberdade, nunca a sua defesa e valorização foi tão necessária e primordial. Num mundo marcado pelo individualismo e pela racionalidade instrumental da economia, da tecnologia e da armas de destruição em massa, nunca as ações coletivas e a minimização das manifestações de barbárie, ainda que "civilizadas", foram tão indispensáveis e prementes.

A perspectiva teórica da autora alemã parece oferecer respostas claras e precisas das possibilidades de construção de alternativas para os mal-estares das democracias constitucionais contemporâneas. No que tange ao *mal-estar da dualidade*, a integralidade dos direitos depende da singela percepção de que não há sociedade possível sem o reconhecimento da liberdade. Para o enfretamento da integralidade dos direitos, a alternativa possível seria a construção de novas formas de ação, pois o *vita activa* emerge como a possibilidade de forjar sempre novos começos. Para ela, "o milagre da liberdade está contido nesse poder começar que, por seu lado, está contido no fato de que cada homem é em si um novo começo, uma vez que, por meio do nascimento, veio ao mundo que existia antes dele e vai continuar existindo depois dele".[72]

Nesses termos, a tarefa e o objetivo da política é a garantia da vida no sentido mais amplo. Primeiramente, ao garantir o provimento da vida relativa a todos por meio do monopólio da violência e da interrupção do caos originário. Posteriormente, engendrando as condições materiais, morais e espirituais capazes de oferecer aos homens a liberdade e a autonomia suficientes para a fixação dos valores substanciais da "vida boa" e da "sociedade justa".

Para Arendt, a liberdade não é a liberdade moderna e privada de não-interferência, mas sim a liberdade pública de participação ativa na sociedade. Ou seja, a liberdade da palavra e da ação no espaço público, que corresponde à condição humana da pluralidade, isto é, ao fato de que os homens, e não o Homem, vivem na Terra e habitam o mundo, jamais descura do problema da necessidade, na medida em que tanto o labor (referente às necessidades corporais) quanto o trabalho (referente a sua capacidade de criação) também possuem relação com a política. Desse modo, a ação política jamais se encontra divorciada das atividades assinaladas pela necessidade e concomitante futilidade do processo biológico, contidas no repetitivo ciclo vital da espécie (labor), e das atividades concernente à transformação de seu espaço e produção de objetos e bens (trabalho).[73]

---

[72] ARENDT, Hannah. *O que é política?*, op. cit., p. 44. ———. *A condição humana*. Trad. de Roberto Raposo. Rio de Janeiro: Forense Universitária, 2001, caps. 1 e 2.
[73] ARENDT, Hannah. *A condição humana*, p. 15 e segs.

Assim, a liberdade dos modernos, percebida como liberdade individual, autonomia privada e não-interferência, precisa conviver harmoniosamente com a liberdade dos antigos, apreendida como exercício da soberania política concretizada na participação na vida da comunidade. Sem dúvida alguma, devemos evitar tanto a ilusão da liberdade de um indivíduo abstrato, apartado de uma comunidade particular, quanto a da comunidade natural, que limitaria fortemente nosso horizonte, fechando-se à indeterminação e à incerteza e, portanto, à mudança.[74] Nessa linha idéias, o mal-estar da dualidade, inscrito na visão liberal-individualista dos direitos humanos, não possui qualquer base de sustentação. O exercício pleno da liberdade exige a satisfação das condições materiais de existência.

Quanto ao *mal-estar da emancipação*, é imprescindível notar que o individualismo liberal concebe a igualdade de forma estritamente abstrata, consolidando a reprodução das desigualdades de raça, classe, gênero etc. Assim, a homogeneidade serve como véu ideológico que dissimula as desigualdades reais e concretas. No entanto, tal posição seria, na proposição de Arendt, a decretação da própria morte da política. Isto porque, a política nasce para regular e permitir a convivência entre diferentes e não entre iguais, como a abstração teórica liberal pretende sedimentar. A formulação liberal parece repousar sobre uma fórmula que tende a anular o próprio sentido da política.

Como assinala Arendt, "os homens se organizam politicamente para certas coisas em comum, essenciais num caos absoluto, ou a partir do caos absoluto das diferenças".[75] Assim, é na garantia e na concessão voluntária de uma reivindicação juridicamente equânime que se reconhece a pluralidade dos homens, os quais devem a si mesmos sua pluralidade, atribuindo à sua existência um sentido de criação própria. Nesses exatos termos, evidencia-se que o reconhecimento da pluralidade e da diferença é uma condição *sine qua non* da ação e da prática políticas.

A análise da condição jurídica e política dos apátridas empreendida pela autora, coloca um ponto final na questão metafísica da igualdade abstrata forjada pelo pensamento liberal. Isso pelo simples e elementar fato de que a igualdade não é um *dado*, nem muito menos deriva da *physis* ou resulta de um absoluto transcendente externo à comunidade política. Ela é um construído, elaborado convencionalmente pela ação conjunta dos homens por meio da organização da comunidade política.[76]

---

[74] GUEHENNO, Jean-Marie. *O futuro da liberdade*, p. 171 e segs.
[75] ARENDT, Hannah. *O que é política?*, p. 21-2.
[76] LAFER, Celso. *A reconstrução dos direitos humanos: um diálogo com o pensamento de Hannah Arendt*. São Paulo: Companhia das Letras, 1988, p. 146 e segs.

Segundo Lafer,

de fato, a asserção de que a igualdade é algo inerente à condição humana é mais do que uma abstração destituída de realidade. É uma ilusão facilmente verificável numa situação-limite como a dos refugiados ou dos internados em campos de concentração. Estes se deram conta de que a única dimensão que lhes sobrava era o fato de serem humanos. Pessoas forçadas a viver fora de um mundo comum, vale dizer, excluídas de um repertório compartilhado de significados que uma comunidade política oferece e que a cidadania garante, vêem-se jogadas na sua *natural givennes*. As *displaced persons*, precisamente por sua falta de relação com um mundo, foram e continuam sendo tentação constante para os assassinos e para as nossas próprias consciências. É como se não existissem. São supérfluas.[77]

Posteriormente, no que concerne ao *mal-estar do desenvolvimento*, emerge como inevitável a conclusão de que o desenvolvimento desigual da humanidade, produtos dos avanços tecnológicos, correspondem, igualmente, a uma forma de negação da política. Isso pelo visível fato de que muitos desses avanços, ao contrário de pretender fundar uma relação duradoura, consolidam-se como instrumentos perversos de exercício da dominação.

Portanto, a racionalidade instrumental que varre nosso cotidiano, longe de contribuir para a fixação e o desenvolvimento do espaço público, promovem a sua colonização freqüente e o seu esvaziamento. Desde as armas atômicas até os meios de comunicação de massa, podemos evidenciar que o desenvolvimento tecnológico acentuado das últimas décadas, ao contrário de reforçar os horizontes políticos democráticos, tende justamente a negá-los descaradamente.

A visão de Arendt, nesse aspecto, corrobora facilmente as nossas conclusões ao asseverar que desde o sentido grego clássico, o espaço público só se torna político quando assegurado numa cidade, quer dizer, quando ligado a um lugar palpável que possa sobreviver tanto aos feitos memoráveis quanto aos nomes dos memoráveis autores, e possa ser transmitido à posteridade na seqüência das gerações. Ou seja, apenas num espaço livre de coações e dominações instrumentais é possível se falar efetivamente em liberdade. E esta funda-se justamente na durabilidade das promessas partilhadas. Apenas na liberdade do falar-um-com-o-outro nasce o mundo sobre o qual se fala, em sua objetividade visível de todos os lados. O viver-num-mundo-real e o falar-sobre-ele-com-os-outros são, no fundo, a mesma e única coisa.[78]

Tanto o poder dissimulatório dos meios de comunicações globais quanto a força das armas terminam por construir, inevitavelmente, um

---

[77] LAFER, Celso, op. cit., p. 150.
[78] ARENDT, Hannah. *O que é política?*, p. 54.

mundo de seres inteiramente privados. Tanto o isolamento radical, pelo domínio do *Princípe* eletrônico, quanto o império da violência brutal, típicos das tiranias e dos imperialismos, promovem uma manipulação das perspectivas e dos valores. O espaço público é eliminado completamente, diz Arendt, quando somos privados de ver e ouvir os outros e privados de ser vistos e ouvidos por eles. No momento em que somos todos prisioneiros da subjetividade de nossa própria existência singular, que continua a ser singular ainda que a mesma seja multiplicada inúmeras vezes, perdemos de vez a arena do diálogo comum. "O mundo comum acaba quando é visto somente sob um aspecto e só se lhe permite uma perspectiva".[79]

Assim, as reconstruções das singularidades e das identidades locais precisam ser resguardadas se a democracia pretende preservar-se no mundo contemporâneo. A uniformização dos valores, pensamentos, princípios e modos de vida, significa a morte inevitável da política e da democracia como formas de tratamento legítimo dos conflitos. A realidade da autonomia e da liberdade na esfera publica depende do dissenso na interpretação dos valores sociais partilhados. Ela conta inexoravelmente com a presença simultânea de inúmeros aspectos e perspectivas nos quais o mundo comum se apresenta e para os quais nenhuma medida ou denominador comum pode jamais ser inventado. Com efeito,

> ser visto e ouvido por outros é importante pelo fato de que todos vêem e ouvem de ângulos diferentes. É este o significado da vida pública, em comparação com a qual até mesmo a mais fecunda e satisfatória vida familiar pode oferecer somente o prolongamento ou a multiplicação de cada indivíduo, com os seus respectivos aspectos e perspectivas.(...) Somente quando as coisas podem ser vistas por muitas pessoas, numa variedade de aspectos, sem mudar de identidade, de sorte que os que estão à sua volta sabem que vêem o mesmo na mais completa diversidade, pode a realidade do mundo manifestar-se de real e fidedigna.[80]

Finalmente, no que diz respeito ao *mal-estar do individualismo abstrato*, a conclusão parece ser tão fácil quanto salutar. Justamente pelo fato de que, nesse terreno, o idealismo da construção política liberal é mais nitidamente percebido. Como visto, ao fundar a política a partir da noção de indivíduo, visto não a partir de sua posição concreta na divisão social do trabalho e na contextura do social, mas como entidade abstrata, racionalmente livre e igual, a teoria política liberal apaga sub-repticiamente o fato de que todas as categorias, conceitos e instituições engendradas no bojo desse espectro de representações sociais, sistematizam como universais a visão de mundo construída a partir de um contexto social e histórico particular. Assim, tendem a considerar justas e aceitáveis, como se de uma

---

[79] ARENDT, Hannah. *A condição humana*, p. 68.
[80] Idem, p. 67.

"ordem natural" se tratasse, as instituições e práticas da economia capitalista.

Tudo isso obnubila o fato de que ao contrário de um aglomerado de seres autômatos, de individualidades abstratas, a sociedade não nasce de uma mera representação figurativa e contemplativa (contrato social) que tende a fazer tábula rasa de todo e qualquer tipo de relação, indivíduos, portanto, sem corpo, sem comunidade, sem contexto. Ao contrário, Arendt nos ensina que o homem, apesar não ser um ser naturalmente social, só nasce enquanto individualidade e singularidade a partir da mediação política pela palavra e, assim, traz consigo todas as marcas dessa singularidade irrenunciável. Os homens devem a si mesmo a sua pluralidade, dirá a nossa autora. Nesse sentido, a política não surge nem antes nem depois dos homens. Surge no *entre-os-homens*. Portanto, totalmente fora dos homens. A política emerge, pois, no intra-espaço e se estabelece como relação.

A faceta metafísica e abstrata do individualismo liberal é também desmontada por Hannah Arendt, ao afirmar que "todas as atividades humanas são condicionadas pelo fato de que os homens vivem juntos", sendo que "a ação é a única que não pode sequer ser imaginada fora da sociedade dos homens".[81] Ou seja, nenhum indivíduo, enquanto animal político e não meramente social, pode ser percebido como despido de qualquer referência às suas condições concretas de existência.

7. Considerações Finais

Por derradeiro, podemos afirmar sem receio, nas pegadas deixadas por Hannah Arendt sobre o sentido e as razões da política, que a (re)construção e a (re)elaboração do espaço público se apresentam como as únicas alternativas viáveis à construção de uma sociedade fundada na durabilidade das promessas democráticas.

Todos os mal-estares percebidos e analisados suscitam, evidentemente, inúmeros inconvenientes e desafios para a permanência e realização da democracia na complexidade da sociedade globalizada. Como assinalado, as alternativas exigem, de fato, uma superação das próprias bases culturais e epistemológicas que sustentaram os mecanismos da democracia representativa moderna. Os limites evidentes da teoria política moderna para o enfrentamento dessas questões, sobretudo em sua matriz liberal-individualista, torna-se uma evidência inexorável.

---

[81] Idem, ibidem, p. 31.

O futuro da liberdade e da autonomia repousa, assim, na necessidade de se estabelecer um ponto de equilíbrio entre a liberdade dos modernos e a liberdade dos antigos, isto é, entre comunidades de escolha e comunidades de herança. Trata-se, pois, de elaborar mecanismos institucionais sólidos capazes de garantir o controle do poder no cenário da economia globalizada – sempre tendente a criar novos espaços de produção de normatividade e configurações do poder privado –, a fim de garantir a liberdade dos modernos, sempre reconhecendo, entretanto, a importância das comunidades particulares, porém abertas, nas quais continue se processando a experiência da liberdade dos antigos.

Essa é a empreitada aparentemente contraditória da qual depende o futuro de nossa liberdade. A democracia hoje deve fundar-se na idéia de que uma comunidade humana é sempre o resultado de contingências históricas, como o produto de uma decisão política na qual a razão tem que se expressar. Encontrar o justo equilíbrio entre a memória e o contrato (social) é o desafio primordial das democracias contemporâneas. Os fundamentos dessa nova ordem democrática devem repousar, assim, na aceitação sem reservas da liberdade do modernos, mas organizada de acordo com esquemas diferentes das democracias representativas modernas, ou seja, a partir de uma prudente distribuição do poder e de seu desmembramento decisório. Ao mesmo tempo, deve guardar da liberdade dos antigos a idéia de que nenhuma lei, nenhuma regra, pode ter para sempre como fundamento o simples fato de ser útil: ela tem que ser criada por uma comunidade humana.

No entanto, precisa abandonar "a ilusão que uma comunidade humana pode ser qualificada de 'natural', recusando a arrogância dos antigos gregos: como não há bárbaros que possam nos servir de contraste conveniente, o racionalismo universalista que dá fundamento a uma comunidade democrática deverá sempre continuar incerto e restrito. As comunidades democráticas do futuro serão ao mesmo tempo comunidades de razão e comunidades de memória, frutos ambiciosos de nossa liberdade e herança sempre precária de nossa História".[82]

Como vimos, a construção de uma sociedade democrática emerge sobre a indispensabilidade da dissolução de toda referência à certeza. A mobilidade discursiva impõe-se à realização plena da democracia. Na visão de Warat, a razão instrumental conduz a uma desumanização da relação desejo-saber e não aponta para a necessidade do entendimento de que "nenhuma verdade perdura historicamente se não é capaz de provocar a subversão do saber que a fundamenta." Nesse sentido, as visões unívocas do mundo, projetadas por uma sociedade marcada pelo individualismo,

---

[82] GUÉHENNO, Jean-Marie. *O futuro da liberdade*, p. 190-1. Citação reproduzida da p. 191.

consumismo e decomposição da espaço público, acabam por redundar em práticas políticas totalitárias. Para o autor, as idéias não podem servir de armas para um combate intolerante. A idéia da verdade, do sonho perfeito, sempre escamoteia o exercício de uma prática política que precisa administrar as contradições.[83]

Assim, as concepções unívocas do mundo e da realidade social consolidam uma espécie de "pensamento único" que elimina a crença nas possibilidades de transformação. Uma espécie de admirável mundo novo às avessas, onde a felicidade manipulada é substituída pelo mal-estar compulsivo de seres privados autômatos e destituídos de laços comunitários. Como afirma Warat, a cultura pós-moderna, provocando com seus fundamentos um quadro de desagregação simbólica inquietante, tende a nos transformar em seres sem capacidade de significação. A sociedade caracterizada pela informação veloz do cotidiano, provocará uma cultura do vazio existencial.[84] Assim, diante da ausência de palavras, da conformação de uma democracia cada vez mais muda e uivante, é a liberdade e autonomia que se extinguem pouco a pouco.

Nesse contexto, fica fácil perceber que muito mais grave do que a ausência de liberdade e a frouxidão das palavras, é a absoluta resignação diante da realidade horrificada. Pior do que a falta de liberdade, mais grave que a reprodução dos discursos hegemônicos do pensamento único neoliberal, é a passividade, a aceitação inerte e calada de um mundo que não pretendemos compartilhar. Pior do que a prisão é a renúncia a sair dela, como nos mostra o poema de José Paulo Paes:

A torneira seca
(mas pior: a falta de sede)
a luz apagada
(mas pior: o gosto do escuro)
a porta fechada
(mas pior: a chave por dentro).

Referências

ARENDT, Hannah. *O que é política?* Trad. de Reinaldo Guarany. 3. ed. Rio de Janeiro: Bertrand Brasil, 2002.

——. *A condição humana*. Trad. de Roberto Raposo. Rio de Janeiro: Forense Universitária, 2001.

---

[83] WARAT, Luis Alberto. *Introdução Geral ao Direito III*. Porto Alegre: Fabris, 1997, p. 13 e segs.
[84] Ibidem, p. 32 e segs.

BAUMAN, Zygmunt. *Em busca da política*. Trad. Marcus Penchel. Rio de Janeiro: Jorge Zahar, 2000.

——. *O mal-estar da pós-modernidade*. Trad. de Mauro Gama e Cláudia Martinelli Gama. Rio de Janeiro: Jorge Zahar, 1998.

——. *Modernidade Líquida*. Trad. de Plínio Dentzien. Rio de Janeiro: Jorge Zahar, 2001.

BARZOTTO, Luiz Fernando. "Modernidade e Democracia – os fundamentos da teoria da democracia de Hans Kelsen". In: *Direito e Justica – Revista da Faculdade de Direito da PUCRS*, Vol. 26, 2002.

BOBBIO, Norberto. *A era dos direitos*. Rio de Janeiro: Campus, 1992.

BOLZAN DE MORAIS, José Luis. *As crises do Estado e da Constituição e a Transformação Espacial dos Direitos Humanos*. Porto Alegre: Livraria do Advogado, 2002.

——. "Revisitando o Estado! Da crise conceitual à crise institucional (constitucional)". In: *Anuário do Programa de Pós-Graduação em Direito da Unisinos (Mestrado e Doutorado)*. São Leopoldo: Unisinos, 2000, p. 69-104.

CAMPILONGO, Celso Fernandes. *Direito e Democracia*. São Paulo: Max Limonad, 1997.

CAPELLA, Juan Ramón. *Fruta prohibida. Una aproximación histórico-teorética al estudio del derecho y del estado*. Madrid: Trotta, 1997.

——. *Los ciudadanos siervos*. Madrid: Trotta, 1993.

CHAUÍ, Marilena. *Convite à filosofia*. 8. ed. São Paulo: Ática, 1997.

——. *Cultura de Democracia: o discurso competente e outras falas*. São Paulo: Cortez, 1993.

DIEL, Paul. *El simbolismo en la mitología griega*. Trad. de Mario Satz. Barcelona: Labor, 1985.

EWALD, François. *Foucault, a norma e o direito*. Trad. de Antonio Fernandes Cascais. 2. ed. Lisboa: Veja, 2000.

FARIA, José Eduardo. "Direito Humanos e globalização econômica: notas para uma discussão". In: *O Mundo da Saúde*, São Paulo, ano 22, v. 22, n. 2, março/abril 1998.

——. *O direito na economia globalizada*. São Paulo: Malheiros, 1999.

FORRESTER, Viviane. *O Horror Econômico*. São Paulo: Unesp/Boitempo, 1997.

GARCÍA-PELAYO, Manuel. *Las Transformaciones del Estado Contemporáneo*. Madrid: Alianza Editorial, 1996.

GARCÍA-VILLEGAS, Mauricio. *Law as hope. Constitutions, Courts and Social Change in Latin America 1*. Coimbra: Colóquio Internacional Direito e Justiça no Século XXI, 2003.

GÉNÉREUX, Jacques. *O Horror Político: o horror não é econômico*. Trad. de Eloá Jacobina. 4. ed. Rio de Janeiro: Bertrand Brasil, 2001.

HERRERA FLORES, Joaquín. *Los derechos humanos en el contexto de la globalización: tres precisiones conceptuales*. Coimbra: Colóquio Internacional Direito e Justiça no Século XXI, 2003.

IANNI, Octávio. *A sociedade global*. Rio de Janeiro: Civilização Brasileira, 1998.

——. *Enigmas da modernidade-mundo*. Rio de Janeiro: Civilização Brasileira, 2000.

MACPHERSON, C. B. *A teoria política do individualismo possessivo de Hobbes até Locke*. Trad. de Nélson Dantas. Rio de Janeiro: Paz e Terra, 1979.

OST, François. *O Tempo do Direito*. Lisboa: Instituto Piaget, 1999.

SANTOS, Boaventura de Sousa (et al). *Os tribunais nas sociedades contemporâneas*. Porto: Afrontamento, 1996.

SILVA, José Afonso da. *Curso de Direito Constitucional Positivo*. São Paulo: Malheiros, 2002.

STRECK, Lenio Luiz & BOLZAN DE MORAIS, José Luis. *Ciência Política e Teoria Geral do Estado*. 3. ed. Porto Alegre: Livraria do Advogado, 2003.

VERNANT, Jean-Pierre. *O Universo, os Deuses, os Homens*. Trad. de Rosa Freire d'Aguiar. São Paulo: Companhia das Letras, 2000.

Impressão:
Editora Evangraf
Rua Waldomiro Schapke,77 - P. Alegre, RS
Fone: (51) 3336-2466 - Fax: (51) 3336-0422
E-mail: evangraf@terra.com.br